Arbeitnehmerweiterbildung

Schriften zum Recht der Arbeit

Herausgegeben von Olaf Deinert und Rüdiger Krause

Band 8

Jennifer Rasche

Arbeitnehmerweiterbildung

Gesetzlicher Rahmen und kollektive Gestaltungsmöglichkeiten

Bibliografische Information der Deutschen Nationalbibliothek
Die Deutsche Nationalbibliothek verzeichnet diese Publikation
in der Deutschen Nationalbibliografie; detaillierte bibliografische
Daten sind im Internet über http://dnb.d-nb.de abrufbar.

Zugl.: Hannover, Univ., Diss., 2013

D 89
ISSN 2191-4079
ISBN 978-3-631-64910-7 (Print)
E-ISBN 978-3-653-03964-1 (E-Book)
DOI 10.3726/978-3-653-03964-1

© Peter Lang GmbH
Internationaler Verlag der Wissenschaften
Frankfurt am Main 2014
Alle Rechte vorbehalten.
PL Academic Research ist ein Imprint der Peter Lang GmbH.

Peter Lang – Frankfurt am Main · Bern · Bruxelles · New York ·
Oxford · Warszawa · Wien

Das Werk einschließlich aller seiner Teile ist urheberrechtlich
geschützt. Jede Verwertung außerhalb der engen Grenzen des
Urheberrechtsgesetzes ist ohne Zustimmung des Verlages
unzulässig und strafbar. Das gilt insbesondere für
Vervielfältigungen, Übersetzungen, Mikroverfilmungen und die
Einspeicherung und Verarbeitung in elektronischen Systemen.

Dieses Buch erscheint in einer Herausgeberreihe bei
PL Academic Research und wurde vor Erscheinen peer reviewed.

www.peterlang.com

Meinem Mann Carsten
und
meinen Eltern

Vorwort

Die vorliegende Arbeit wurde im Sommersemester 2013 von der Juristischen Fakultät der Leibniz Universität Hannover als Dissertation angenommen. Gesetzgebung, Rechtsprechung und Literatur wurden bis September 2013 berücksichtigt.

Ich möchte mich an dieser Stelle bei Frau Prof. Dr. Ulrike Wendeling-Schröder bedanken. Da ich seit dem fünften Semester an ihrem Lehrstuhl arbeiten konnte, gab sie mir die Gelegenheit, mich schon während des Studiums mit dem Arbeitsrecht vertraut zu machen und mich für dieses Rechtsgebiet zu begeistern. Ihre Unterstützung meiner Dissertation war stets hilfreich und keineswegs selbstverständlich. Ebenfalls bedanke ich mich bei Herrn Prof. Dr. Heinrich Kiel für die zügige Erstellung des Zweitgutachtens.

Mein besonderer Dank gilt meinem Mann Carsten Sowinski, der mich in allen erdenklichen Lebenslagen bedingungslos unterstützt. Insbesondere während des Studiums, des Referendariats und der Anfertigung der Dissertation erwies er sich als hilfsbereiter Krisenmanager.

Abschließend möchte ich herzlich meinen Eltern Gabriele und Frank Rasche danken, die mich von Kindesbeinen an motiviert, unterstützt und fortwährend an mich geglaubt haben. Tschaka!

Inhaltsverzeichnis

Teil 1: Einleitung 1

A. Grundlagen 3
   I. Begriff 4
   II. Gesellschaftliche Bedeutung 7
      1. Globalisierung 8
      2. Tertiarisierung 8
      3. Veränderung des Arbeitsplatzes 9
      4. Wechsel des Arbeitsplatzes 9
      5. Alternde Gesellschaft 10
      6. Individualisierung 10
      7. Persönlichkeitsentwicklung 10
   III. Öffentliche Aufmerksamkeit und Förderung 11
   IV. Persönliche Einstellung zur Weiterbildung 13

B. Problemaufriss und Gang der Untersuchung 15
   I. Weiterbildung aller Arbeitnehmer 16
   II. Weiterbildung von Betriebsratsmitgliedern 17
   III. Weiterbildung anderer betrieblicher Interessenvertreter 17
   IV. Weiterbildung von Beauftragten des Arbeitgebers 18
   V. Weiterbildung und Tarifvertrag 18
   VI. Weiterbildung und Betriebsvereinbarung 18

Teil 2: Hauptteil 19

A. Weiterbildung aller Arbeitnehmer 21
   I. Allgemeine rechtliche Grundlagen 21
      1. Weiterbildung als außergesetzlicher, vertragsimmanenter
         Grundsatz 21
         a) Anspruch auf Weiterbildung 22
            aa) Meinungsstand in der Literatur 22
            bb) Bewertung 23
               (1) Die Auffassung *Käufers* 23
               (2) Die Auffassung *Nagels* 27
               (3) Zusammenfassung 28
         b) Verpflichtung zur Weiterbildung 28

aa) Vertretene Auffassungen	28
bb) Bewertung	29
(1) Die Auffassung *Worzallas*	29
(2) Die übrigen Auffassungen	30
(3) Zusammenfassung	31
c) Zwischenfazit	31
2. Bundesrechtliche Regelungen	32
a) Sozialrecht	32
b) Qualifizierungsmitbestimmung des Betriebsrats	33
aa) Einleitung	33
(1) Systematik der Beteiligungsrechte	34
(2) Begriff der Berufsbildung und Abgrenzung ..	35
(a) Abgrenzung zur Unterrichtung gem. § 81 BetrVG	35
(aa) Abgrenzung anhand von Umfang und Qualität der vermittelten Kenntnisse	36
(bb) Entbehrlichkeit einer Abgrenzung	36
(cc) Bewertung	37
(b) Abgrenzung von sonstigen Bildungsmaßnahmen	39
(3) Begriff der betrieblichen und außerbetrieblichen Berufsbildungsmaßnahme	39
bb) Die Bedeutung des § 92a BetrVG	40
cc) Die Beteiligungsrechte gem. § 96 BetrVG	42
(1) Ermittlung des Berufsbildungsbedarfs gem. § 96 Abs. 1 S. 2, 1. Hs. BetrVG	42
(2) Beratungs- und Vorschlagsrecht gem. § 96 Abs. 1 S. 2, 2. Hs. und 3 BetrVG	43
(3) Ermöglichungspflicht gem. § 96 Abs. 2 BetrVG	43
dd) Die Beteiligungsrechte gem. § 97 BetrVG	44
(1) Beratungsrecht gem. § 97 Abs. 1 BetrVG	44
(2) Mitbestimmungsrecht gem. § 97 Abs. 2 BetrVG	44
(a) Tätigkeitsändernde Maßnahme des Arbeitgebers	47
(b) Qualifikationsdefizit	47
(aa) Mitbestimmungsrecht nur bei erheblichem Qualifikationsdefizit	47
(bb) Mitbestimmungsrecht bei jedem Qualifikationsdefizit	48
(cc) Bewertung	48

		(c) Fehlerhafte Einschätzung des Qualifikationsdefizits ..	49
		(d) Umfang der Qualifizierung	51
		(aa) Anpassungsqualifizierung	51
		(bb) Weitergehende Qualifizierung	51
		(cc) Zumutbarkeit	52
		(e) Teilnehmerkreis	54
		(f) Erfordernis eines kollektiven Tatbestands?	55
		(aa) Definition	55
		(bb) Erfordernis eines kollektiven Tatbestands	56
		(cc) Entbehrlichkeit eines kollektiven Tatbestands	56
		(dd) Bewertung	57
	ee)	Die Beteiligungsrechte gem. § 98 BetrVG	60
		(1) Mitbestimmungsrecht gem. § 98 Abs. 1 BetrVG	60
		(2) Mitbestimmungsrecht gem. § 98 Abs. 2 BetrVG	61
		(a) Gründe für Widerspruch und Abberufungsverlangen	62
		(b) Rechtsfolge	63
		(aa) Unterlassungsverpflichtung	63
		(bb) Keine Unterlassungsverpflichtung	63
		(cc) Bewertung	63
		(3) Mitbestimmungsrecht gem. § 98 Abs. 3 BetrVG	64
		(a) Zusammenwirken mit § 97 Abs. 2 BetrVG	64
		(aa) Gemeinsames Auswahlrecht der Betriebspartner	65
		(bb) Arbeitgeberseitiges alleiniges Auswahlrecht	65
		(cc) Bewertung	65
		(b) Weitere Anwendungsfälle	66
	ff)	Anspruch auf Weiterbildung	67
		(1) Beteiligung gem. § 92a BetrVG	67
		(2) Beteiligung gem. § 96 BetrVG	67
		(3) Beteiligung gem. § 97 BetrVG	69
		(a) § 97 Abs. 1 BetrVG	69
		(b) § 97 Abs. 2 BetrVG	69
		(aa) Meinungsstand in der Literatur	70
		(bb) Bewertung	70
		(4) Beteiligung gem. § 98 BetrVG	72
		(a) § 98 Abs. 1 BetrVG	73

(b) § 98 Abs. 2 BetrVG	74
(c) § 98 Abs. 3 BetrVG	74
(aa) Kein Durchführungsanspruch, aber Teilnahmeanspruch	74
(bb) Weder Durchführungsanspruch noch Teilnahmeanspruch	75
(cc) Bewertung	75
gg) Verpflichtung zur Weiterbildung	76
(1) § 92a BetrVG	76
(2) § 96 BetrVG	76
(3) § 97 BetrVG	77
(4) § 98 BetrVG	79
hh) Zusammenfassung	80
c) Die Beteiligungsrechte des Betriebsrats über Bildungsurlaub	80
d) Zwischenfazit	82
3. Landesrecht	83
a) Anspruch auf Weiterbildung	84
aa) Umfang	85
bb) Inhalte	87
cc) Praktische Inanspruchnahme	87
b) Verpflichtung zur Weiterbildung	87
c) Zwischenfazit	88
4. Sonderfall: Von Kündigung bedrohtes Arbeitsverhältnis	88
a) Anwendungsbereich	89
b) Umschulungs- und Fortbildungsmaßnahme	91
aa) Orientierung an Legaldefinitionen anderer Gesetze	91
bb) Selbständige Definition für das KSchG	92
cc) Bewertung	92
dd) Abgrenzung zur Unterrichtung gem. § 81 BetrVG	93
ee) Abgrenzung zwischen Umschulung und Fortbildung	93
c) Einverständnis des Arbeitnehmers	94
d) Weiterbildungsbedürfnis	95
e) Anspruch auf Weiterbildung	96
aa) Bestehen eines Anspruchs	96
(1) Wortlautauslegung	96
(2) Historische Auslegung	97
(3) Systematische Auslegung	97
(4) Teleologische Auslegung	98

	(5) Bewertung	98
	bb) Inhalt des Anspruchs	99
	(1) Freistellung	100
	(2) Entgeltfortzahlung	100
	(a) Wortlautauslegung	100
	(b) Teleologische Auslegung	101
	(c) Bewertung	102
	(3) Kosten der Maßnahme selbst	102
	cc) Begrenzung des Anspruchs	103
	f) Verpflichtung zur Weiterbildung	105
	aa) Wortlautauslegung	105
	bb) Teleologische Auslegung	105
	cc) Bewertung	106
	dd) Selbstverpflichtung zur Weiterbildung	106
	ee) Sozialrechtliche Verpflichtung?	107
	g) Exkurs: Scheitern der Qualifizierungsmaßnahme	108
	aa) Erfolg der Qualifizierungsmaßnahme als Bedingung	108
	bb) Schadensersatzanspruch	109
	cc) Beendigung des Vertragsverhältnisses	110
	h) Zusammenfassung	111
	5. Zwischenfazit	112
II.	Regelungen für besondere Arbeitnehmergruppen	113
	1. Ältere Arbeitnehmer	113
	a) Weiterbildungsbedürfnis	113
	b) Anspruch auf Weiterbildung	115
	c) Verpflichtung zur Weiterbildung	118
	d) Weiterbildung Älterer und Diskriminierungsschutz	118
	2. Geringqualifizierte Arbeitnehmer	119
	a) Weiterbildungsbedürfnis	119
	b) Anspruch auf Weiterbildung	119
	c) Verpflichtung zur Weiterbildung	121
	3. Behinderte und schwerbehinderte Arbeitnehmer	121
	a) Weiterbildungsbedürfnis	121
	b) Anspruch auf Weiterbildung	122
	c) Verpflichtung zur Weiterbildung	124
	4. Elternzeitler	124
	a) Weiterbildungsbedürfnis	124
	b) Anspruch auf und Verpflichtung zur Weiterbildung	125

	5. Atypisch Beschäftigte		126
	a) Weiterbildungsbedürfnis		126
	b) Anspruch auf und Verpflichtung zur Weiterbildung		127
	aa) Teilzeitbeschäftigte		127
	bb) Befristet Beschäftigte		128
	cc) Geringfügig Beschäftigte		128
	dd) Leiharbeitnehmer		129
	6. Zusammenfassung		129
III.	Fazit		130
B. Weiterbildung von Betriebsratsmitgliedern			133
I.	Schulung und Bildung nach § 37 Abs. 6 und 7 BetrVG		134
	1. Die Zielsetzung von § 37 Abs. 6 und 7 BetrVG		134
	a) Meinungsstand in der Rechtsprechung		134
	b) Meinungsstand in der Literatur		135
	c) Bewertung		136
	2. Der Anspruch nach § 37 Abs. 6 BetrVG		138
	a) Anspruchsinhaber		138
	aa) Kollektivanspruch des Betriebsrats		139
	bb) Kollektivanspruch und (abgeleiteter) Individualanspruch		140
	cc) Eigene Würdigung		140
	(1) Wortlautauslegung		140
	(2) Wortlaut der Gesetzesbegründung		141
	(3) Systematische Auslegung		141
	(4) Historische Auslegung		141
	(5) Teleologische Auslegung		142
	(6) Bewertung		142
	b) Anspruchsvoraussetzungen		144
	aa) Erforderlichkeit		144
	(1) Objektive oder subjektive Betrachtungsweise?		144
	(a) Objektive Betrachtungsweise		145
	(b) Zweistufige objektive und subjektive Betrachtungsweise		145
	(c) Bewertung		146
	(2) Teilweise Erforderlichkeit		147
	(a) Handhabung		148
	(b) Kritik		149
	(c) Bewertung		149

(3) Zulässige Inhalte von Schulungs- und Bildungsveranstaltungen	149
(a) Umstrittener Schulungsinhalt: Rhetorik	150
(b) Bewertung	152
bb) Betriebsratsbeschluss	153
cc) Unterrichtung des Arbeitgebers	154
c) Anspruchsinhalte	155
aa) Arbeitsbefreiung unter Fortzahlung des Arbeitsentgelts	155
bb) Freizeitausgleich	156
cc) Kostentragung	157
dd) Begrenzung des Anspruchs durch den Verhältnismäßigkeitsgrundsatz?	158
(1) Prüfung der Verhältnismäßigkeit als Korrektiv	158
(2) Keine Prüfung der Verhältnismäßigkeit	159
(3) Bewertung	159
d) Rechte des Arbeitgebers	160
3. Der Anspruch nach § 37 Abs. 7 BetrVG	161
a) Verhältnis zu dem Anspruch nach § 37 Abs. 6 BetrVG	162
b) Anspruchsvoraussetzungen	162
aa) Geeignetheit	162
(1) Erfordernis eines Bezugs zur Betriebsratstätigkeit	163
(2) Entbehrlichkeit eines Bezugs zur Betriebsratstätigkeit	164
(3) Bewertung	164
bb) Anerkennungsverfahren	165
cc) Betriebsratsbeschluss	165
c) Anspruchsinhalte	166
aa) Arbeitsbefreiung unter Fortzahlung des Arbeitsentgelts	166
bb) Freizeitausgleich	166
(1) Anspruch auf Freizeitausgleich	166
(2) Kein Anspruch auf Freizeitausgleich	167
(3) Bewertung	167
cc) Kostentragung	168
d) Rechtsschutz	168
4. Verpflichtung nach § 37 Abs. 6 und 7 BetrVG?	169
a) Weiterbildung als Teil der Betriebsratstätigkeit	169
b) Bestehen einer Verpflichtung zur Weiterbildung	169
aa) Verpflichtung gegenüber der Belegschaft	170

		bb) Verpflichtung gegenüber dem Arbeitgeber	171
		cc) Verpflichtung gegenüber dem Betriebsrat	172
	II.	Die Schulungsansprüche als Gegenstand von Tarifvertrag und Betriebsvereinbarung	172
	III.	Fazit	174
C.	Weiterbildung anderer Interessenvertreter	177
	I.	Ersatzmitglieder des Betriebsrats	177
		1. Anforderungen an Ersatzmitglieder des Betriebsrats	177
		2. Anspruch auf Weiterbildung	177
		3. Verpflichtung zur Weiterbildung	178
	II.	Mitglieder des Wahlvorstandes	179
		1. Anforderungen an Mitglieder des Wahlvorstandes	179
		2. Anspruch auf Weiterbildung	179
		3. Verpflichtung zur Weiterbildung	180
	III.	Mitglieder des Gesamt- und des Konzernbetriebsrats	180
		1. Anforderungen an Mitglieder des Gesamt- und Konzernbetriebsrats	180
		2. Anspruch auf Weiterbildung	181
		a) Kein selbständiger Schulungsanspruch	181
		b) Bewertung	182
		3. Verpflichtung zur Weiterbildung	182
	IV.	Mitglieder des Wirtschaftsausschusses	183
		1. Anforderungen an die Mitglieder Wirtschaftsausschusses	183
		2. Anspruch auf Weiterbildung	183
		a) Kein selbständiger Schulungsanspruch	183
		b) Selbständiger Schulungsanspruch analog § 37 Abs. 6 BetrVG ...	185
		c) Bewertung	185
		3. Verpflichtung zur Weiterbildung	187
	V.	Mitglieder der Jugend- und Auszubildendenvertretung	187
		1. Anforderungen an die Mitglieder der Jugend- und Auszubildendenvertretung	187
		2. Anspruch auf Weiterbildung	188
		a) Anspruchsinhalte	188
		b) Anspruchsumsetzung	189
		3. Verpflichtung zur Weiterbildung	190
	VI.	Mitglieder der Schwerbehindertenvertretung	190
		1. Anforderungen an die Mitglieder der Schwerbehindertenvertretung	190

		2. Anspruch auf Weiterbildung	191
		3. Verpflichtung zur Weiterbildung	191
	VII.	Mitglieder des Sprecherausschusses	191
		1. Anforderungen an die Mitglieder des Sprecherausschusses	191
		2. Anspruch auf Weiterbildung	192
		3. Verpflichtung zur Weiterbildung	193
	VIII.	Mitglieder des Europäischen Betriebsrats	193
		1. Anforderungen an Mitglieder des Europäischen Betriebsrats	193
		2. Anspruch auf Weiterbildung	194
		a) Frühere Rechtslage	194
		b) Heutige Rechtslage	195
		3. Verpflichtung zur Weiterbildung	196
	IX.	Mitglieder des Aufsichtsrats	196
		1. Anforderungen an die Mitglieder des Aufsichtsrats	196
		2. Anspruch auf Weiterbildung	198
		3. Verpflichtung zur Weiterbildung	202
		4. Exkurs: Anteilseignervertreter	203
	X.	Zusammenfassung und Fazit	204
D.	Weiterbildung von Beauftragten des Arbeitgebers		209
	I.	Betriebsbeauftragte im Bereich Arbeits- und Gesundheitsschutz	210
		1. Der Sicherheitsbeauftragte	210
		a) Anforderungen an Sicherheitsbeauftragte	210
		b) Anspruch auf Weiterbildung	211
		c) Verpflichtung zur Weiterbildung	212
		2. Der Betriebsarzt	213
		a) Anforderungen an Betriebsärzte	213
		b) Anspruch auf Weiterbildung	214
		c) Verpflichtung zur Weiterbildung	214
		3. Die Fachkraft für Arbeitssicherheit	215
		a) Anforderungen an Fachkräfte für Arbeitssicherheit	215
		b) Anspruch auf Weiterbildung	215
		c) Verpflichtung zur Weiterbildung	215
	II.	Betriebsbeauftragte im Bereich Umweltschutz	216
		1. Der Betriebsbeauftragte für Immissionsschutz	216
		a) Anforderungen an Immissionsschutzbeauftragte	216
		b) Anspruch auf Weiterbildung	217
		c) Verpflichtung zur Weiterbildung	217
		2. Der Störfallbeauftragte	218
		a) Anforderungen an Störfallbeauftragte	218

		b) Anspruch auf Weiterbildung	219
		c) Verpflichtung zur Weiterbildung	219
	3.	Der Betriebsbeauftragte für Abfall	220
		a) Anforderungen an Betriebsbeauftragte für Abfall	220
		b) Anspruch auf Weiterbildung	220
		c) Verpflichtung zur Weiterbildung	221
	4.	Der Betriebsbeauftragte für Gewässerschutz	221
		a) Anforderungen an Gewässerschutzbeauftragte	221
		b) Anspruch auf Weiterbildung	222
		c) Verpflichtung zur Weiterbildung	222
	5.	Der Gefahrgutbeauftragte	223
		a) Anforderungen an Gefahrgutbeauftragte	223
		b) Anspruch auf Weiterbildung	223
		c) Verpflichtung zur Weiterbildung	224
	6.	Der Beauftragte für Strahlenschutz	225
		a) Anforderungen an Strahlenschutzbeauftragte	225
		b) Anspruch auf Weiterbildung	225
		c) Verpflichtung zur Weiterbildung	226
	7.	Der Betriebsbeauftragte für Biologische Sicherheit	226
		a) Anforderungen an Betriebsbeauftragte für Biologische Sicherheit	226
		b) Anspruch auf Weiterbildung	227
		c) Verpflichtung zur Weiterbildung	227
III.	Der Beauftragte für Datenschutz		227
	1.	Anforderungen an Datenschutzbeauftragte	227
	2.	Anspruch auf Weiterbildung	228
	3.	Verpflichtung zur Weiterbildung	228
IV.	Fazit		229
V.	Ausblick		231
E. Weiterbildung und Tarifvertrag			233
I.	Tarifliche Regelbarkeit		235
	1.	Verfassungsrechtliche Grundlage	235
	2.	Einfachgesetzliche Einschränkung	236
	3.	Wirksamkeitskontrolle tariflicher Regelungen	236
II.	Mögliche Inhalte		237
	1.	Inhaltsnormen i. S. d. § 4 Abs. 1 S. 1 TVG	238
		a) Qualifizierungsgespräch	238
		b) Teilhabeanspruch	238

		c) Bestandsschutz-Qualifizierung	239
		d) Selbständiger Weiterbildungsanspruch	239
		e) Förderung besonders schutzwürdiger Arbeitnehmergruppen	240
		f) Kostenbeteiligungs- und Rückzahlungsklauseln	241
		g) Verpflichtung des Arbeitnehmers	242
		2. Betriebsnormen i. S. d. § 4 Abs. 1 S. 2, 1. Alt. TVG	242
		3. Betriebsverfassungsrechtliche Normen i. S. d. § 4 Abs. 1 S. 2, 2. Alt. TVG	243
		a) Erweiterung der Beteiligungsrechte zulässig	244
		b) Erweiterung der Beteiligungsrechte unzulässig	245
		c) Bewertung	245
		d) Anspruch auf und Verpflichtung zur Weiterbildung	247
		4. Gemeinsame Einrichtungen gem. § 4 Abs. 2 TVG	248
	III.	Fazit	249
F.	Weiterbildung und Betriebsvereinbarung	251
	I.	Funktionelle Zuständigkeit der Betriebspartner	252
	II.	Grenzen der Regelungsbefugnis	252
	III.	Art der Betriebsvereinbarung	253
		1. Mitbestimmte und freiwillige Betriebsvereinbarungen	253
		2. Teilmitbestimme Betriebsvereinbarungen	254
		3. Anwendung auf Weiterbildung	254
		a) Weiterbildung als tauglicher Gegenstand einer freiwilligen Betriebsvereinbarung	254
		aa) Freiwillige Betriebsvereinbarung nur in sozialen Angelegenheiten	255
		bb) Berufsbildung als soziale Angelegenheit i. S. d. § 88 BetrVG	255
		cc) Freiwillige Betriebsvereinbarung auch in personellen Angelegenheiten	256
		dd) Bewertung	257
		ee) Zwischenergebnis	257
		b) Rechtsfolgen	258
		aa) Gemeinsame oder getrennte Behandlung	258
		bb) Anwendbare Vorschriften	258
		(1) Erzwingbarkeit	259
		(2) Nachwirkung	259
		(3) Tarifliche Begrenzung der Regelungsbefugnis	260

		(a) Teilweise Regelung durch mitbestimmte Betriebsvereinbarung	262
		(aa) Berufsbildung als soziale Angelegenheit i. S. d. § 88 BertVG	262
		(bb) Berufsbildung als personelle Angelegenheit	262
		(b) Teilweise Regelung durch freiwillige Betriebsvereinbarung	263
		(c) Umfassende Regelung durch teilmitbestimmte Betriebsvereinbarung	263
		(d) Sperrwirkung zwingender tariflicher Bestimmungen kraft Natur der Sache	263
		(e) Bewertung	264
	IV.	Mögliche Inhalte	266
		1. Inhaltsnormen	266
		a) Anspruch auf Weiterbildung	266
		b) Kostenbeteiligungs- und Rückzahlungsklauseln	267
		c) Verpflichtung zur Weiterbildung	268
		2. Betriebliche Normen	268
		3. Betriebsverfassungsrechtliche Normen	269
	V.	Fazit	270

Teil 3: Schlussbetrachtung 271

A. Zusammenfassung.. 273

B. Fazit.. 281

C. Literaturverzeichnis 283

Teil 1: Einleitung

A. Grundlagen

„Bildung, insbesondere Weiterbildung, ist ein persönlicher und ein gesellschaftlicher Auftrag zugleich."[1] Mit diesen Worten stellte die damalige Bundesministerin für Bildung und Forschung Annette Schavan anlässlich des 12. Deutschen Volkshochschultages am 4. Mai 2006 die Bedeutung der Weiterbildung für das Individuum und die Gesellschaft heraus und betonte die öffentliche Verantwortung hierfür.

Die Worte der damaligen Bundesbildungsministerin bringen die Thematik in knappen Worten auf den Punkt: Bildung ist Deutschlands wichtigste Ressource.[2] Entgegen der einst landläufigen Meinung ist der Bildungsprozess nicht mit dem Erhalt des Abschlusszeugnisses in der Berufsschule oder der Universität beendet, sondern begleitet Arbeitnehmer ein ganzes Leben lang. Aus *„Was Hänschen nicht lernt, lernt Hans nimmermehr"* ist *„Man lernt nie aus!"* geworden. Ein Arbeitsleben lang wird man mit unbekannten Situationen konfrontiert, in denen der vorhandene Wissensstand nicht ausreicht. Neue Kenntnisse müssen erworben werden. Die Arbeitsbedingungen und die Anforderungen des eigenen Arbeitsplatzes verändern sich, ganze Berufsbilder fallen weg oder wandeln sich gravierend, es gilt, neue Maschinen, Software oder Arbeitsprozesse zu beherrschen oder neue Aufgabenfelder zusätzlich zu übernehmen. Um der Dynamik des (weltweiten) Arbeitsmarktes gerecht zu werden, müssen die Unternehmen und deren Arbeitnehmer den sich stetig verändernden Bedingungen gewachsen sein. Um wettbewerbsfähig zu bleiben, bedarf es einer ständigen Wissenserweiterung, Qualifikationsanpassung und Vorbereitung auf kommende Neuerungen aller Beteiligten. Lernen ist ein lebenslanger Prozess geworden und Weiterbildung zum ständigen Begleiter.

Vor diesem Hintergrund stellt sich die Frage nach einem Anspruch auf bzw. einer Verpflichtung zur Weiterbildung. Denn nur beim Vorliegen eines Anspruchs auf bzw. einer Verpflichtung zur Weiterbildung geht die Bedeutsamkeit der Thematik über die persönliche und gesellschaftliche Relevanz hinaus und ist von juristischem, namentlich arbeitsrechtlichem Interesse. Auf diese Weise

---

1   BMBF, Bildungsperspektiven für Deutschland, http://www.bmbf.de/pubRD/mr_20060504.pdf, abgefragt am 02.10.2012, S. 3.
2   BMBF, Lernen im Lebenslauf, http://www.bmbf.de/de/lebenslangeslernen.php, abgefragt am 02.10.2012.

ließe sich die arbeitnehmerseitige Willigkeit zur Teilnahme an bzw. die arbeitgeberseitige Ermöglichung von Weiterbildung steigern. Die Erhöhung der Weiterbildungsbeteiligung stellt einen wichtigen Aspekt dar. Zwar ist die berufliche Weiterbildung in den vergangenen Jahren zum wichtigsten Bildungsbereich gewachsen, gemessen an Teilnehmerzahlen und finanziellem Gesamtaufwand.[3] Gleichwohl belegte Deutschland im internationalen Vergleich bei der Teilnahmequote an Weiterbildung im Jahr 2003 nur Platz 12 unter den damals 15 EU-Mitgliedstaaten.[4] Die niedrige Teilnahmequote an Weiterbildung in Deutschland wurde allgemein kritisiert.[5] Im aktuellen europäischen Vergleich stehen die deutschen Arbeitnehmer mit einer Teilnahmequote von immerhin 43 Prozent auf dem vierten Platz.[6] Da dies aber einen Durchschnittswert dargestellt,[7] besteht in vielen Bereichen noch deutlicher Verbesserungsbedarf.

I. Begriff

Bevor Inhalte besprochen werden, soll der Gegenstand der vorliegenden Arbeit begrifflich geklärt sein. Eine Definition von Weiterbildung ist insbesondere deshalb wichtig, weil es sich hierbei um ein interdisziplinär praktiziertes und diskutiertes Thema handelt, das ein Herangehen unter ganz unterschiedlichen Gesichtspunkten ermöglicht.

Erziehungswissenschaftler setzen sich mit Lern- und Lehrmethoden auseinander, analysieren Lerntypen und suchen nach Verbesserungsmöglichkeiten für die Wissensvermittlung in der Erwachsenenbildung.[8] Aus sozialwissenschaftlicher Sicht sind die Geschichte, Theorien, Forschungsmethoden und Institutionen zu dem Thema Weiterbildung von Bedeutung sowie die Ermittlung der Teilnehmerstrukturen.[9] Wirtschaftswissenschaftler und Betriebswirte

---

3   Füssel in: Lernzeiten, S. 31.
4   Nagel in: FS Schäfer, S. 677, 678.
5   BMBF, Aufstieg durch Bildung, S. 46; Busse/Seifert, Tarifliche und betriebliche Regelungen zur beruflichen Weiterbildung, S. 8; Schömann/Baron in: Altern, Bildung und lebenslanges Lernen, S. 31, 32.
6   Kuwan, Weiterbildung im Europäischen Vergleich, S. 9.
7   Siehe zu den unterschiedlichen Beteiligungsquoten Teil 2: A. II.
8   Siehe eines der Standardwerke zum Thema: Döring, Handbuch Lehren und Trainieren in der Weiterbildung.
9   Siehe exemplarisch: Tippelt/v. Hippel, Handbuch Erwachsenenbildung/Weiterbildung; Schiersmann, Berufliche Weiterbildung; Wittpoth, Einführung in die Erwachsenenbildung.

interessieren sich für Qualifizierungskonzepte als Teil der Personalentwicklung und erarbeiten Möglichkeiten zur Einführung, Umsetzung und Evaluation von betrieblicher Weiterbildung.[10] Aus juristischer Sicht sind die gesetzlichen Grundlagen von Weiterbildung sowie die Möglichkeiten und Grenzen hiervon abweichender Regelugen Gegenstand der diesbezüglichen Literatur und Rechtsprechung.

Wie man sieht, kann das Thema Weiterbildung aus verschiedenen Richtungen angegangen werden. Je nachdem, mit welcher Zielsetzung man sich dem Thema nähert, ergeben sich andere Schwerpunkte für eine Definition.

Was also ist Weiterbildung aus juristischer Sicht und damit im Sinne der vorliegenden Arbeit?

In der Rechtswissenschaft existiert weder eine gesetzesübergreifende Legaldefinition noch gibt es einen allgemein tauglichen Weiterbildungsbegriff.[11] Der Deutsche Bildungsrat definierte Weiterbildung 1970 als die *„Fortsetzung oder Wiederaufnahme organisierten Lernens nach Abschluss einer unterschiedlich ausgedehnten ersten Bildungsphase"*.[12] Auf diese Weise wurde speziell die berufliche Weiterbildung betont. In der Erwachsenenbildung wird Weiterbildung darüber hinaus auch als *„Instrument der persönlichen Qualifizierung"* verstanden, die auch weniger planmäßige Bildungsmöglichkeiten erfasst.[13]

Weiterbildung wird im deutschen Recht neben den Begriffen Qualifizierung, Schulung, Umschulung und Fortbildung genannt. Es kommt stets auf das jeweilige Gesetz bzw. den jeweiligen Kontext an. Weiterbildung findet Erwähnung in verschiedenen Gesetzen:

Die sozialrechtliche Förderung von Weiterbildung ist von beachtlicher Bedeutung. Die Förderung ist nach aktuellem Stand umfangreich[14] und gehört historisch zu den ältesten Leistungen der aktiven Arbeitsförderung.[15] Bildungsmaßnahmen wurden schon nach dem Gesetz über Arbeitsvermittlung und Arbeitslosenversicherung vom 16.07.1927 gefördert.[16] Dem entspricht es, dass der Gesetzgeber ein soziales Recht auf individuelle Förderung der beruflichen Weiterbildung

---

10 Siehe das sehr anschauliche Konzept von Lotter, Beschäftigungssicherung, S. 194 ff.
11 Alexander, NZA 1992, 1057, 1060; Käufer, Weiterbildung im Arbeitsverhältnis, S. 23 ff.
12 Deutscher Bildungsrat, Strukturplan für das Bildungswesen 1970, S. 197.
13 Arnold/Nolda/Nuissl, Wörterbuch Erwachsenenbildung, S. 299.
14 Siehe Teil 2: A. II.
15 B. Schmidt in: Eicher/Schlegel SGB III vor §§ 77 bis 96 Rn. 7.
16 Grühn in: Gagel SGB II /SGB III vor § 81 SGB III Rn. 1; Niewald in: Kasseler Handbuch Arbeitsförderungsrecht § 4 Rn. 1.

in § 3 Abs. 2 Nr. 2 SGB I benennt und in den §§ 81 ff. SGB III Regelungen zur staatlichen Förderung der beruflichen Weiterbildung trifft.

Arbeitsrechtlich trifft das BBiG Regelungen zur Weiterbildung: Das BBiG regelt neben der Berufsausbildung auch die berufliche Fortbildung und die berufliche Umschulung, § 1 Abs. 1 BBiG. Die berufliche Fortbildung soll es gem. § 1 Abs. 4 BBiG ermöglichen, die berufliche Handlungsfähigkeit zu erhalten und anzupassen oder zu erweitern und beruflich aufzusteigen. Gem. § 1 Abs. 5 BBiG soll berufliche Umschulung zu einer anderen beruflichen Tätigkeit befähigen.

Das BetrVG baut auf dem Berufsbildungsbegriff des BBiG auf und bestimmt daher in den §§ 96 bis 98 BetrVG lediglich die Beteiligungsrechte des Betriebsrats in Fragen der Berufsbildung, ohne auf die Begriffsbedeutungen von Weiterbildung oder Fortbildung einzugehen. Eine selbständige Definition erfolgt nicht.

In anderen Bundesgesetzen werden zwar die Begriffe Fortbildung oder Weiterbildung verwendet,[17] aber nicht begrifflich festgelegt, sondern vielmehr als bekannt vorausgesetzt.

In allen Landesweiterbildungsgesetzen setzt sich der Weiterbildungsbegriff zumindest aus den Bereichen der beruflichen Fortbildung und der politischen Bildung zusammen;[18] überwiegend wird auch die allgemeine Weiterbildung erfasst.[19] Gerade die letztgenannte Differenzierung erweist sich als zunehmend schwierig. Die steigende Bedeutung von sogenannte Schlüsselqualifikationen und Softskills im Arbeitsleben verwischt die Trennlinie zwischen beruflicher Fortbildung und allgemeiner Weiterbildung.

Letztlich ist eine genaue Abgrenzung entbehrlich, wenn nicht sogar hinderlich.[20] Denn es ergibt sich trotz der sprachlichen Unschärfe ein Weiterbildungsbegriff, der durch seine Breite gekennzeichnet ist. Weiterbildung soll daher als Oberbegriff verstanden werden. Auf diesem weiten Verständnis von Weiterbildung baut die vorliegende Arbeit auf. Denn ein solcher breiter Weiterbildungsbegriff ist erforderlich, um die Komplexität der Materie und die verschiedenen Blickwinkel auf die Thematik erfassen zu können. Eine weitere Differenzierung und

---

17 So beispielsweise in § 19 TzBfG.
18 § 1 Abs. 2 S. 1 BiUrlG Berlin; § 1 Abs. 1 AWbG NRW; § 3 Abs. 1 BFG R-Pf.
19 § 2 Abs. 1 BFV Brandenburg; § 1 Abs. 1 S. 1 BiUrlG Bremen; § 3 Abs. 2 WBG M-V; § 1 BiUrlG Nds. i. V. m. § 1 Abs. 1 S. 1 EBG Nds.; § 2 Abs. 2 WBG Saarland; § 2 Abs. 2 BFQG S-H.
20 Dazu Schiersmann, Berufliche Weiterbildung, S. 24; Dehnbostel, Berufliche Weiterbildung, S. 12.

Abgrenzung, beispielsweise nach der Trägerschaft der Maßnahme, erfolgen unterhalb dieses Oberbegriffs und daher in den jeweiligen Kapiteln.

Als Ergebnis lässt sich Weiterbildung wie folgt definieren:
Der Begriff der Weiterbildung erfasst alle Formen von Qualifizierungs- und Bildungsmaßnahmen, die keine Erst- oder Grundausbildung darstellen.[21]

II. Gesellschaftliche Bedeutung

Der Deutsche Bildungsrat vertrat bereits 1970 die Auffassung, dass Weiterbildung *„weder als beliebige Privatsache noch als eine nur Gruppeninteressen dienende Maßnahme"* betrachtet und behandelt werden könne.[22] Er betonte daher die doppelte Relevanz, die Weiterbildung sowohl für den individuellen Arbeitnehmer, als auch für die Gesellschaft zukommt.

Auch das Bundesverfassungsgericht vertrat schon im Jahr 1987 die Auffassung, dass lebenslanges Lernen unter den Bedingungen des fortwährenden und sich beschleunigenden technischen und sozialen Wandels zur Voraussetzung individueller Selbstbehauptung und gesellschaftlicher Anpassungsfähigkeit im Wechsel der Verhältnisse geworden sei. Dem Einzelnen helfe die Weiterbildung, die Folgen des Wandels beruflich und sozial besser zu bewältigen. Für Wirtschaft und Gesellschaft ermögliche sie die erforderliche Flexibilität, unter veränderten Umständen zu funktionieren. Es liege dabei im Interesse des Allgemeinwohls, die Bildungsbereitschaft der Arbeitnehmer zu verbessern, weil eine solche mit Blick auf die begrenzt verfügbare Zeit und den engen finanziellen Rahmen nicht vorausgesetzt werden könne.[23]

Indikator für die hiermit angesprochene gestiegene Leistungsbereitschaft der Arbeitnehmer sowie für das zunehmende Verständnis der Bedeutung von Weiterbildung auf Seiten der Arbeitgeber ist beispielsweise der Anstieg der jährlichen privaten Investitionen für Weiterbildung:[24] Während im Jahr 1990 noch 26 Mrd. DM[25] in Weiterbildung investiert wurden, beziffern Zahlen aus dem Jahr 2007

---

21 So auch Reinecke in: Küttner Personalbuch 2012 „Weiterbildung" Rn. 1.
22 Deutscher Bildungsrat, Strukturplan für das Bildungswesen 1970, S. 199.
23 BVerfG, Beschluss vom 15.12.1987, Az. 1 BvR 563/85, NJW 1988, 1899, 1900.
24 Die folgenden Zahlen betreffen sowohl die direkten Kosten (d.h. die Ausgaben für die Weiterbildungsteilnahme) als auch die indirekten Ausgaben (d.h. die entgangenen Erträge, die bei einer alternativen Verwendung der für die Weiterbildung investierten Zeit entstanden wären).
25 Goos, ZfA 1991, 61, 61.

die jährlichen Investitionskosten der Unternehmen für Weiterbildung mit 27 Mrd. EUR.[26] Insgesamt (d.h. unter Berücksichtigung staatlicher Leistungen) ist das Volumen der jährlichen Investitionen in Weiterbildung auf 35 Mrd. EUR gestiegen.[27] Trotz dieses Anstiegs befinden sich die betrieblichen Ausgaben seit Mitte der 90er-Jahre wieder im Abwärtstrend, während Privatpersonen den größten Kostenanteil unter den drei Beteiligten (Staat, Unternehmen, Privatpersonen) tragen.[28]

Die gestiegenen Investitionen sind erforderlich und sinnvoll, denn in den vergangenen Jahrzehnten hat sich der Qualifizierungsbedarf erhöht. Nahezu alle diesbezüglichen Abhandlungen verweisen auf ökonomische, politische und soziale sogenannte Megatrends, die kennzeichnend für die heutige Berufswelt seien:

1. Globalisierung

Infolge der Globalisierung ordnet sich der Arbeitsmarkt neu und es entsteht eine weltweite Konkurrenz, bei der es mitzuhalten gilt. Aus dem globalen Wettbewerb entsteht das Bildungsziel der „*Employability*",[29] das nur durch ständige Weiterqualifizierung der Arbeitnehmer erreicht werden kann. Außerdem ist eine Entwicklung dahingehend zu erkennen, dass innerhalb eines Unternehmens eine transnationale Organisation von Arbeitsprozessen stattfindet, und zwar nicht nur in Spezialabteilungen: Die internationale Kooperation betrifft nahezu alle Qualifikationsgruppen.

2. Tertiarisierung

Ferner fällt die Entwicklung zur Dienstleistungsgesellschaft auf, die sogenannte Tertiarisierung.[30] Einerseits bedeutet dies, dass gegenwärtig doppelt so viele Beschäftigte im tertiären Sektor (Dienstleistungen aller Art) tätig sind wie im Jahr 1950.[31]

---

26 Lenske/Werner, Umfang, Kosten und Trends der betrieblichen Weiterbildung, http://www.iwkoeln.de/Portals/0/pdf/trends01_09_3.pdf, abgefragt am 02.10.2012, S. 13.
27 Beicht /Berger/Moraal, Sozialer Fortschritt 2005, 256, 256; Dehnbostel, Berufliche Weiterbildung, S. 18.
28 Bayer/Haag, Arbeitshilfe zur tarifpolitischen Gestaltung der beruflichen Weiterbildung, S. 9.
29 Ackermann in: Employability, S. 339, 339; v. Hauff/Seitz in: Employability S. 31, 32.
30 BMBF, Konzeptionelle Grundlagen für einen Nationalen Bildungsbericht, S. 21; Dehnbostel in: Kompetenzen für eine zukunftsfähige arbeitsorientierte Allgemeinbildung, S. 231, 233.
31 Vester/Teiwes-Kügler/Lange-Vester, Der neue Arbeitnehmer, S. 56.

Der Umgang mit Menschen anstatt mit Material stellt für zwei Drittel der Arbeitnehmer den Hauptteil ihrer Berufstätigkeit dar. Die Tertiarisierung betrifft aber auch die Berufe, die eigentlich dem sekundären Sektor (Industrie und Handwerk) angehören. Den Arbeitnehmern werden zunehmend Fähigkeiten wie analytisches Denken und Handeln, kommunikative Sensibilität und auch Problem- und Konfliktmanagement abverlangt. Ursachen für eine solche sogenannte interne Tertiarisierung bei den Tätigkeiten in Handwerk und industrieller Produktion sind die wachsenden Markt- und Kundenbezüge sowie das zunehmende Gewicht von Technik und Wissenschaft. Die Durchdringung von Berufsfeldern mit Technik und Wissenschaft lässt sich in allen Arbeitsbereichen feststellen.[32] Arbeitnehmer müssen deren Einsatz bewältigen lernen. Das hat erhebliche Auswirkungen auf die Arbeitsorganisation und Arbeitsstrukturierung. Damit einher geht auch eine Entwicklung von der Vermittlung abgeschlossener Wissensbestände zu prozessorientiertem und exemplarischem Lernen.

3. Veränderung des Arbeitsplatzes

Die vorstehend genannten Trends sind zwei Erklärungen für den grundsätzlichen Umstand, dass ein und derselbe Arbeitsplatz sich fortwährend verändert. Auch wenn ein Arbeitnehmer seinen Arbeitsplatz lange Jahre besetzt, verändern sich die ihm abverlangten Fertigkeiten. Hinzu kommt, dass jede Form von Wissen einer Halbwertszeit unterliegt und beispielsweise spezifisches Berufswissen nach fünf Jahren überholt ist, EDV-Kenntnisse bereits nach einem Jahr.[33] Um einem Qualifikationsverlust entgegenzuwirken, hat hier zumindest eine Anpassungsqualifizierung zu erfolgen.

4. Wechsel des Arbeitsplatzes

Das Grundmuster eines Arbeitsverhältnisses, das vom Abschluss der Ausbildung bis zur Rente besteht, ist nicht mehr der Regelfall, zahlreiche Wechsel der Beschäftigungsverhältnisse sind üblich geworden. Daher bedarf es einer ständigen Qualifikationsanpassung, um den wechselnden Anforderungen gerecht zu werden.[34]

---

32 Dehnbostel, Berufliche Weiterbildung, S. 25.
33 Klier, Die Zukunft der Arbeit, S. 12; Petersen, Handbuch zur beruflichen Weiterbildung, S. 13.
34 Dehnbostel, Berufliche Weiterbildung, S. 27.

5. Alternde Gesellschaft

Deutschland ist weltweit eine der am schnellsten alternden Gesellschaften. Seit 1997 liegt der Bevölkerungsanteil der über 60-Jährigen höher als derjenige der unter 20-Jährigen.[35] Es kann nicht mehr darauf gebaut werden, den Strukturwandel allein über den Generationenwechsel ausgleichen zu können, weil die Gruppe der nachrückenden Generation verhältnismäßig kleiner wird. Auf Grund dieses demografischen Wandels in ganz Europa, aber speziell in Deutschland,[36] ist es von zunehmender Bedeutung, ältere Arbeitnehmer und Immigranten weiterzubilden und mit neuen Aufgaben zu betrauen, um die mit dem Bevölkerungsrückgang einhergehende Abnahme der qualifizierten Arbeitnehmerschaft auszugleichen.[37]

Speziell bei der letztgenannten Gruppe kommt die Schwierigkeit hinzu, dass in Deutschland lebende Ausländer überdurchschnittlich häufig über keinen Schulabschluss verfügen.[38] Es müssen hier zunächst Grundlagen geschaffen werden, bevor spezifische Kenntnisse vermittelt werden können. Auch das begründet ein verstärktes Bedürfnis nach (Weiter-)Bildung.

6. Individualisierung

Wegen der veränderten Familienstruktur, die durch Patchwork-Familien, Scheidung und Vereinzelung geprägt ist, entwickelt sich ein Trend hin zur Individualisierung. In diesem Wertemuster erlangt die Selbstverantwortung an Bedeutung. Das Lernen für die eigene Bildungs- und Erwerbsbiographie nimmt an Wichtigkeit zu.

7. Persönlichkeitsentwicklung

Darüber hinaus hat Weiterbildung einen Aspekt der Persönlichkeitsbildung für den einzelnen Arbeitnehmer: Denn gerade die Einstellung einer Vielzahl der

---

35 Schiersmann, Berufliche Weiterbildung, S. 19.
36 Dohmen, PersF 2007 Heft 9, S. 24, 26; Kade, Altern und Bildung, S. 19; Walter in: Employability, S. 1, 1.
37 Dehnbostel, Berufliche Weiterbildung, S. 26; Zachert/Queck, Demografischer Wandel und Beschäftigungssicherung, S. 11 f.
38 Birg, Integration und Migration im Spiegel harter Daten, FAZ vom 09.04.2009, S. 37; Eichert in: Employability, S. 19, 20.

Arbeitnehmer zu ihrem Arbeitsplatz hat sich insofern weiterentwickelt, als sie den Beruf als Bestätigung der eigenen Fähigkeiten und Gelegenheit zur Selbstverwirklichung begreifen. Mithin definiert sich die Persönlichkeit vielfach über Leistung und Erfolg im Berufsleben. Zu einem diese Einschätzung ergänzenden Ergebnis kam eine Studie der Bertelsmann Stiftung, die ergab, dass 47 Prozent der Befragten die Anerkennung durch Leistung bei der Arbeit glücklich macht und 40 Prozent glücklich sind, wenn sie Neues lernen können.[39] Unter diesem Aspekt ist es nachvollziehbar ein, dass eine Vielzahl der Arbeitnehmer sich beruflich weiterentwickeln will.

III. Öffentliche Aufmerksamkeit und Förderung

Die dargestellte gesellschaftliche Bedeutung bewirkt auch eine zunehmende öffentliche und politische Aufmerksamkeit. In zahlreichen Massenmedien existiert mittlerweile eine Rubrik zur Weiterbildung beispielsweise in Form von Sonderseiten, Beilagen oder Internetformaten.[40] Das Bundesinstitut für Berufsbildung (BIBB) vergibt seit 2000 jährlich den sogenannten Weiterbildungs-Innovations-Preis für sechs innovative Konzepte zur beruflichen und betrieblichen Fort- und Weiterbildung.[41]

Auch die Bundesregierung ist im Bereich Weiterbildung seit Jahren aktiv und bestrebt, die Weiterbildungskultur zu verbessern.[42] Zu diesem Zweck unterstützt der Bund Aufstiegsqualifizierung, beispielsweise durch das sogenannte Meister-BAföG, bieten die Länder eigene Weiterbildungsprogramme an und fördert die Bundesagentur für Arbeit nach dem SGB III Weiterbildungsmaßnahmen, die der Wiedereingliederung von Arbeitslosen in den Beruf dienen, um drohende Arbeitslosigkeit abwenden oder Arbeitslosen zu einem Berufsabschluss verhelfen. Gegenstand dieser

---

39 Bertelsmann Stiftung, Glück, Freude, Wohlbefinden – welche Rolle spielt das Lernen?, http://www.bertelsmann-stiftung.de/bst/de/media/xcms_bst_dms_23599_23600_2.pdf, abgefragt am 02.10.2012, S. 10.
40 Siehe beispielsweise: Forum Berufsbildung, http://www.forum-berufsbildung.de/, abgefragt am 02.10.2012; Netzwerk Weiterbildung, http://www.netzwerk-weiterbildung.info/, abgefragt am 02.10.2012; Zeitschrift Weiterbildung, http://www.personalwirtschaft.de/de/html/content/500/Zeitschrift-Weiterbildung/, abgefragt am 10.11.2012.
41 BIBB, Weiterbildungs-Innovations-Preis (WIP), http://www.bibb.de/de/1898.htm, abgefragt am 02.10.2012.
42 BMBF, Aufstieg durch Bildung, S. 32 ff., 46 ff.

Förderung ist die umfassende Übernahme der unmittelbaren und mittelbaren Weiterbildungskosten.[43]

Ein weiterer Schritt in Richtung präventive Arbeitsmarktpolitik wurde Ende 2001 durch Verabschiedung des Job-AQtiv-Gesetzes getan. Hiernach werden Anreize zur Weiterbildung Geringqualifizierter gesetzt, indem Arbeitgeber für die Dauer der Freistellung des Arbeitnehmers einen Zuschuss zu den Lohnkosten erhalten. Außerdem werden seit Ende 2002 sogenannte Bildungsgutscheine[44] ausgegeben, die zur Teilnahme an Bildungsmaßnahmen eines frei zu wählenden Bildungsträgers berechtigen.[45] Die Agentur für Arbeit trägt gem. §§ 83 bis 87 SGB III die Weiterbildungskosten, wozu neben Lehrgangskosten, Fahrtkosten und Kosten für eine auswärtige Unterbringung auch Kosten für eine eventuelle Kinderbetreuung fallen. Der Staat ist also bemüht, die nicht ausreichend Qualifizierten zu fördern und unter größtmöglicher Entlastung der Teilnehmenden Anreize für die Weiterbildung zu setzen. Darüber hinaus sieht § 86 SGB III eine Überprüfbarkeit durch die Arbeitsagenturen vor, um die Qualität der angebotenen Weiterbildungsveranstaltungen sicherzustellen.

Das Bundesministerium für Bildung und Forschung (BMBF) hat einen Innovationskreis Weiterbildung eingesetzt, der am 05.03.2008 zehn Empfehlungen für die Stärkung der Weiterbildung vorgelegt hat.[46] Diese richteten sich an Staat, Unternehmen, Sozialpartner, Verbände, Bildungsträger und öffentliche Arbeitgeber und bauen auf dem Verständnis auf, Weiterbildung als gemeinsame Aufgabe zu begreifen und zu bewältigen. Dabei hebt der Innovationskreis Weiterbildung die Förderung der Motivation des Einzelnen, die Flexibilität und Transparenz des Weiterbildungsprozesses, die Integration aller Bevölkerungsgruppen in die Weiterbildung und das Lernen für und mit Unternehmen besonders hervor. Bundesbildungsministerin Dr. Annette Schavan hat 2008 angekündigt, bis 2015 eine

---

43 Siehe im Einzelnen Teil 2: A. I. 2. a) und Teil 2: A. II. 1., 2. und 3.
    Für einen aktuellen Überblick über die Förderung von Weiterbildung auf Bundesebene siehe: BMBF, Berufsbildungsbericht 2012, S. 56 bis 60; auf Bundes-, Landes- und EU-Ebene: Hansen, Hinein in den Förderdschungel, Handelsblatt, http://www.handelsblatt.com/unternehmen/buero-special/weiterbildung-hinein-in-den-foerderdschungel/6844890.html, abgerufen am 02.10.2012.
44 § 81 Abs. 4 SGB III.
45 Die praktische Wahrnehmung ist allerdings gering: In vielen Bezirken der Arbeitsagenturen wurden weniger als 50 Prozent der Gutscheine eingelöst. Siehe hierzu: Kühnlein/Klein, Bildungsgutscheine, S. 8.
46 BMBF, Empfehlungen des Innovationskreises Weiterbildung, S. 12 ff.

Weiterbildungsbeteiligung von 50 Prozent erreichen zu wollen.[47] Nach bisherigem Zwischenstand ist ein Anstieg der Weiterbildungsbeteiligung zu verzeichnen, so dass die Zielsetzung nicht unrealistisch ist.[48]

Auch auf europäischer Ebene ist Weiterbildung ein Thema. Die Europäische Union hat sich zum Ziel gesetzt, in Europa einen wettbewerbsfähigen Wirtschaftsraum zu schaffen, indem sie lebenslanges Lernen zum Programm gemacht hat. So benennt die Charta der EU in Art. 14 das Recht jeder Person auf Bildung sowie auf Zugang zur beruflichen Ausbildung und Weiterbildung. Ferner normiert Art. 3 EG das Ziel, einen qualitativ hochstehenden Beitrag zur allgemeinen und beruflichen Bildung zu leisten. Jedoch ist die EU drauf beschränkt, Ziele und Programmsätze zu formulieren und die Zusammenarbeit zwischen den Mitgliedstaaten bei der Verfolgung dieser Ziele zu fördern. Eine Kompetenz für eine Bildungsreform oder die anderweitige Festsetzung von Bildungsstandards besteht nicht. Allerdings werden Anreize über die Vergabe von Fördergeldern gesetzt, die bei Befolgung bestimmter programmatischer Vorgaben vergeben werden, wodurch zugleich die einheitliche Entwicklung in den Mitgliedstaaten forciert wird.[49] Unter dem Namen Programm für Lebenslanges Lernen (PLL) sind alle europäischen Programme im Bereich des lebenslangen Lernens (Leonardo da Vinci, Erasmus, Comenius, Grundtvig, E-Learning, Jean Monnet) zusammengefasst. Hierbei können Unternehmen als Projektpartner teilnehmen und beispielsweise die Bildungsinhalte mitbestimmen.[50]

IV. Persönliche Einstellung zur Weiterbildung

Diese politische und öffentliche Präsenz hat sich positiv auf das Bild von Weiterbildung innerhalb der Bevölkerung ausgewirkt. Verschiedene Untersuchungen der jüngeren Vergangenheit zeigten, dass das öffentliche Interesse groß ist und Weiterbildung ein überwiegend positives Image hat.[51] Dieses positive Image von

---

47 BMBF, Pressemitteilung vom 05.03.2008, http://www.bmbf.de/press/2254.php, abgefragt am 02.10.2012.
48 BMBF, Berufsbildungsbericht 2012, S. 56, 57.
49 Dazu ausführlich: Benz, Auf dem Weg zum lebenslangen Lernen, s. 47 ff.
50 BMBF, Programm für Lebenslanges Lernen, http://www.bmbf.de/de/919.php, abgefragt am 02.10.2012.
51 Bertelsmann Stiftung, Glück, Freude, Wohlbefinden – welche Rolle spielt das Lernen?, http://www.bertelsmann-stiftung.de/bst/de/media/xcms_bst_dms_23599_23600_2.pdf, abgefragt am 02.10.2012, S. 13.

Weiterbildung ist eine gesellschaftliche Rahmenbedingung, die das Teilnahmeverhalten beeinflusst hat:

Während 1979 noch 23 Prozent der Arbeitnehmer zwischen 19 und 64 Jahren an Weiterbildungsmaßnahmen teilgenommen haben, ist die Teilnahmequote im Jahr 1988 bereits auf 35 Prozent[52] gestiegen. Im Jahr 1997 war mit 48 Prozent der bisherige Höhepunkt der Teilnahmebereitschaft erreicht.[53] Aktuelle Zahlen zeigen ein leicht rückläufiges Bild, indem im Jahr 2007 43 Prozent[54] der Arbeitnehmer zwischen 19 und 64 Jahren an Weiterbildungsmaßnahmen teilnahmen.

Als Gründe für die insgesamt eher verhaltene Teilnahme an Weiterbildungsmaßnahmen werden eine zu geringe formale Qualifikation, die Ausübung von einfach auszuführenden Tätigkeiten, ein geringes Einkommen, Migrationshintergrund und familiäre Eingebundenheit angesehen.[55]

Anhand der Entwicklungen am Arbeitsmarkt, des sich verstärkenden Bedürfnisses nach qualifizierten Arbeitnehmern und der tatsächlich erbrachten zeitlichen und finanziellen Investitionen in Weiterbildung wird die gesellschaftliche Bedeutung fassbar. Vor diesem Hintergrund sollte die ganze Thematik Gegenstand einer dynamischen Diskussion sein, die Bewegung und Veränderung in der Berufspraxis bewirkt. Umso unverständlicher ist es, dass die Diskussion in der Rechtswissenschaft äußerst schleppend verläuft, teilweise wird von „*Abstinenz*"[56] gesprochen. Diese Arbeit soll deswegen einen neuen Anstoß zu weiteren Diskussionen der juristischen Aspekte geben.

---

52 Rund 30 Prozent laut: Losch, Ordnungsgrundsätze der Weiterbildung, S. 12.
53 Dehnbostel, Berufliche Weiterbildung, S. 20.
54 DIE, Trends der Weiterbildung, S. 27.
55 Jäger, Außerschulische Bildung 2007, Heft 2, 174, 174.
56 Käufer, Weiterbildung im Arbeitsverhältnis, S. 45; Sandmann/Schmitt-Rolfes, ZfA 2002, 295, 295.

B. Problemaufriss und Gang der Untersuchung

Ein Grund für die zurückhaltende Diskussion und das mäßige Interesse in der juristischen Literatur an der Thematik Weiterbildung könnte sein, dass die Regelungen zur Weiterbildung im deutschen Bundes- und Landesrecht komplex und daher unübersichtlich, zugleich aber auch verstreut und äußerst lückenhaft sind. Gegenstand der vorliegenden Arbeit ist daher eine Analyse des gesetzlichen Rahmens von Weiterbildung sowie in Ergänzung dessen die Untersuchung von Möglichkeiten der kollektivrechtlichen Gestaltung von Weiterbildung.

Der Aufbau der Arbeit orientiert sich in erster Linie an den für unterschiedliche Arbeitnehmergruppen bestehenden unterschiedlichen Regelungen. Diese sollen untersucht und verglichen werden. Innerhalb dieser Gruppen erfolgen weitere Untergliederungen anhand der bestehenden gesetzlichen Vorschriften. Zudem wird Allgemeines vor Speziellem erörtert. Im Anschluss an die Auseinandersetzung mit den gesetzlichen Bestimmungen erfolgt eine Darlegung der kollektiven Gestaltungsmöglichkeiten für Koalitions- und Betriebspartner. Leitmotiv eines jeden Abschnitts ist die Frage nach dem Bestehen eines Anspruch auf oder einer Verpflichtung zur Weiterbildung unter Berücksichtigung der praktischen Probleme bei der konkreten Umsetzung.

Ausgangsfrage ist, ob das Arbeitsverhältnis ohne entsprechende gesetzliche Regelung schon kraft seiner Natur eine Aussage in Bezug auf Weiterbildung trifft, die die Rechte und Pflichten der Arbeitsvertragsparteien festlegt. Im Anschluss daran erfolgt eine Untersuchung der bestehenden gesetzlichen Bestimmungen. Für den zahlenmäßig größten Teil der Arbeitnehmer besteht kein bundesgesetzlich normierter Anspruch auf Weiterbildung. In diesem Bereich kommt es auf die Qualifizierungsmitbestimmung des Betriebsrats an. Auf Landesebene gibt es in den meisten Bundesländern Regelungen zum Bildungsurlaub, die miteinander verglichen werden. Einen Sonderfall bildet die Situation, dass der Bestand des Arbeitsverhältnisses i. S. d. § 1 Abs. 2 S. 3 KSchG konkret von Kündigung bedroht ist. Daher erfolgt diesbezüglich eine gesonderte Betrachtung. Für einige wenige Arbeitnehmergruppen lässt sich ein besonderes Weiterbildungsbedürfnis erkennen. Einen Schwerpunkt der Auseinandersetzung bildet daher die Frage, ob in diesen Bereichen Besonderheiten gelten, die zu Ansprüchen und Verpflichtungen führen. Für bestimmte Arbeitnehmergruppen, namentlich betriebliche Interessenvertreter und Betriebsbeauftragte, hat der Bundesgesetzgeber explizit Ansprüche geschaffen, die zum Teil mit einer Verpflichtung korrespondieren. Beim Vergleich der verschiedenen Arbeitnehmergruppen lassen sich allerdings deutliche Unterschiede in der genauen Ausgestaltung der Ansprüche bzw. Verpflichtungen feststellen. Es stellen sich die Fragen, welche Arbeitnehmer durch bestehende Vorschriften begünstigt und welche verpflichtet werden, welche Weiterbildungsinhalte vorgesehen sind und welche Pflichten den Arbeitgeber in diesem Zusammenhang treffen.

Ferner stellt sich die Frage nach der Rolle der Koalitionspartner beim Thema Weiterbildung und nach der Möglichkeit, Weiterbildung durch Tarifvertrag zu regeln. Schließlich ist zu klären, ob Weiterbildung durch den Abschluss spezifischer Betriebsvereinbarungen regelbar ist.

Die Möglichkeiten und Grenzen individualvertraglicher Vereinbarung zu Weiterbildung sind – wie sich aus dem Arbeitstitel ergibt – nicht Gegenstand der vorliegenden Arbeit. Das gilt insbesondere für sogenannte Rückzahlungsklauseln, die häufig in Form von Allgemeinen Geschäftsbedingungen Einzug in das Arbeitsverhältnis finden. Insoweit sei auf die hierzu spezifische Literatur[57] und Rechtsprechung[58] verwiesen.[59]

Im Einzelnen gliedert sich die vorliegende Arbeit in folgende Themenkreise:

I. Weiterbildung aller Arbeitnehmer

In Teil 2 Abschnitt A. geht es um die Weiterbildungssituation aller Arbeitnehmer. Den Einstieg bildet eine Diskussion um das Bestehen eines außergesetzlichen, vertragsimmanenten Grundsatzes, aus dem sich ein Anspruch auf und eine Verpflichtung zur Weiterbildung ergeben könnten.

Es werden sodann Bundesgesetze untersucht, die allgemeine Regelungen zur Weiterbildung treffen und sich auf alle Arbeitnehmer beziehen. Von Bedeutung ist dabei die Qualifizierungsmitbestimmung der Betriebsräte. Da das BetrVG in den §§ 92, 92a, 96 bis 98 BetrVG Beteiligungsrechte vorsieht, die die Berufsbildung betreffen, werden diesbezüglich vorhandene Probleme erörtert und einer Lösung zugeführt.

Auf landesgesetzlicher Ebene werden die in den meisten Bundesländern vorhandenen Weiterbildungsgesetze miteinander verglichen.

---

57 Linck in: Schaub Arbeitsrechts-Hdb. § 78 Rn. 60 ff.; Lübbersmann, Rückzahlungsklauseln; Schönhöft, NZA-RR 2009, 625 ff; Gesamtüberblick in Hanau/Stoffels, Beteiligung von Arbeitnehmern an den Kosten der beruflichen Fortbildung.
58 BAG, Urteil vom 18.03.2008, Az. 9 AZR 186/07, NZA 2008, 1004 ff.; BAG, Urteil vom 14.01.2009, Az. 3 AZR 900/07, NZA 2009, 666 ff.
59 Zu den Möglichkeiten und Grenzen arbeitsvertraglicher Regelung von Weiterbildung insgesamt siehe: Fracke, Die betriebliche Weiterbildung, S. 217 ff.

Eine besondere Aufmerksamkeit liegt sodann bei Arbeitnehmern, deren Arbeitsverhältnis konkret bestandsgefährdet ist. Anlass für diese differenziere Betrachtung bietet § 1 Abs. 2 S. 3 KSchG, wonach der Arbeitgeber zur Vermeidung einer Kündigung solche Beschäftigungsmöglichkeiten berücksichtigen muss, die sich für den betroffenen Arbeitnehmer nach einer zumutbaren Umschulungs- oder Fortbildungsmaßnahme ergeben.

Schließlich wird die Weiterbildungssituation derjenigen Arbeitnehmer, für die sich auf Grund ihrer persönlichen Situation ein besonderes Weiterbildungsbedürfnis ausmachen lässt, einer gesonderte Untersuchung unterzogen. Dabei handelt es sich um ältere Arbeitnehmer, geringqualifizierte Arbeitnehmer, behinderte und schwerbehinderte Arbeitnehmer, Elternzeitler und atypisch Beschäftigte.

II. Weiterbildung von Betriebsratsmitgliedern

In Teil 2 Abschnitt B. geht es um die Weiterbildung von Betriebsratsmitgliedern. Für alle betrieblichen Interessenvertreter ist aktuelles Fachwissen besonders wichtig, da sie auf Augenhöhe mit dem Arbeitgeber verhandeln, die Arbeitnehmer repräsentieren und deren Rechte durchsetzen müssen. Aus ihrer Funktion und Verantwortung heraus ergibt sich, dass sie zur Erfüllung ihrer besonderen Aufgaben über entsprechende Kenntnisse und Fähigkeiten verfügen müssen. Die Aufgaben des Betriebsrats namentlich sind so vielseitig und jedenfalls teilweise so schwierig, dass ohne eine hinreichende Schulung die Wahrnehmung des Amtes für das einzelne Mitglied kaum möglich ist. Der Gesetzgeber hat für Mitglieder des Betriebsrats in § 37 Abs. 6 und 7 BetrVG explizite Regelungen zur Weiterbildung getroffen. Die Problematik liegt – wie die folgenden Ausführungen zeigen werden – in der praktischen Anwendung der Ansprüche nach § 37 Abs. 6 und 7 BetrVG. Dabei geht es um die Zielsetzung der Regelungen und deren Verhältnis zueinander, um die Fragen nach Anspruchsinhaber, Anspruchsvoraussetzungen und Anspruchsinhalten, um die Rechte und Rechtsschutzmöglichkeiten des Arbeitgebers in diesem Zusammenhang sowie um die Frage nach einer über den Gesetzeswortlaut hinausgehenden Verpflichtung zur Weiterbildung.

III. Weiterbildung anderer betrieblicher Interessenvertreter

Außer durch den Betriebsrat werden Arbeitnehmer noch durch andere Gremien vertreten. Dabei sind die verschiedenen Gruppen von Arbeitnehmervertretern trotz teilweise vergleichbarer Anforderungen vom Gesetzgeber mit unterschiedlichen Ansprüchen und Rechten ausgestattet. Es stellt sich die Frage, ob das angemessen ist.

Es werden daher in Teil 2 Abschnitt C. die Weiterbildungsansprüche der verschiedenen Arbeitnehmervertreter dargestellt und miteinander verglichen. Als Ausgangspunkt der Darstellung dienen die Ansprüche des Betriebsrats nach § 37 Abs. 6 und Abs. 7 BetrVG. Es wird geklärt, ob und ggf. inwieweit in Ermangelung expliziter gesetzlicher Regelungen auf § 37 Abs. 6 und 7 BetrVG zurückgegriffen werden kann.

IV. Weiterbildung von Beauftragten des Arbeitgebers

In Teil 2 Abschnitt D. geht es um die Weiterbildungssituation von Beauftragten des Arbeitgebers. Zunächst wird geklärt, welchen Zweck Betriebsbeauftragte erfüllen und worin funktionell die Unterschiede zu Arbeitnehmervertretern einerseits und regulären Arbeitnehmern andererseits liegen. Im Folgenden werden die für Betriebsbeauftragte bestehenden gesetzlichen Regelungen besprochen und miteinander verglichen.

V. Weiterbildung und Tarifvertrag

Teil 2 Abschnitt E. hat die Rolle der Tarifverträge beim Thema Weiterbildung zum Gegenstand. Die Erörterung dreht sich um die Regelungsbefugnis der Koalitionspartner sowie um Möglichkeiten, Grenzen und Zweckmäßigkeit verschiedener Regelungsinhalte.

VI. Weiterbildung und Betriebsvereinbarung

Die vorliegende Arbeit schließt in Teil 2 Abschnitt F. mit einer Untersuchung der Rolle von Betriebsvereinbarungen zum Thema Weiterbildung. Die Regelungsbefugnis der Betriebspartner wird – auch im Hinblick auf die tarifliche Regelbarkeit von Weiterbildung – diskutiert und geklärt. Es werden Möglichkeiten und Grenzen sowie verschiedene Inhalte und deren Zweckmäßigkeit von Regelungen zur Weiterbildung in Betriebsvereinbarungen besprochen.

Teil 2: Hauptteil

Eine rechtliche Auseinandersetzung mit dem Thema Weiterbildung fragt nicht zuvorderst nach Lehr- und Lernmethoden oder nach anderen Umständen der praktischen Umsetzung, sondern orientiert sich an der Kernfrage juristischer Arbeitstechnik: *Wer will was von wem woraus?*

Dabei steuert jedes Interrogativpronomen auf einen Aspekt der vorliegenden Arbeit zu: Das „Was" ist unschwer mit „Weiterbildung" zu beantworten. Die Frage nach dem „Wer" lässt Antworten aus drei Richtungen zu: Arbeitnehmer wollen ihre Kenntnisse aktualisieren, erweitern oder verändern. Arbeitgeber wollen gut qualifizierte Arbeitnehmer beschäftigen. Der Staat will, dass der Arbeitsmarkt trotz der sich verändernden Rahmenbedingungen funktioniert, was über Weiterbildung zu erreichen ist.

„Von wem" ist Weiterbildung zu fordern? Auch hier gehen die Erwartungen auseinander: Arbeitnehmer wollen die zeitlichen und finanziellen Investitionen durch den Arbeitgeber oder den Staat ersetzt bekommen. Arbeitgeber wollen, dass die weiterzubildenden Arbeitnehmer sich die Qualifikation während ihrer Freizeit und unentgeltlich aneignen. Der Gesetzgeber geht davon aus, dass die Weiterbildung der in Beschäftigung stehenden Arbeitnehmer vorrangige Aufgabe der Unternehmen und der Beschäftigten selbst sei, da eine private und keine staatliche Verantwortungszuweisung bestehe.[60]

---

60 BT Drucks. 14/6944, S. 26 und 51.

„Woraus" ist die Kernfrage, nämlich diejenige nach der Rechtsgrundlage. Ihre Beantwortung zieht eine Klärung der vorangegangenen Fragen nach sich. Im folgenden Abschnitt sollen die verschiedenen möglichen Rechtsgrundlagen untersucht werden, um Ansprüche und Pflichten in den jeweiligen Rechtsbeziehungen zu ermitteln. Aus der Natur der Sache heraus kann dabei nicht allen Interessen entsprochen werden.

A. Weiterbildung aller Arbeitnehmer

Da Weiterbildung für jedes Arbeitsverhältnis von Bedeutung ist, geht es zunächst um allgemeine Vorschriften, die jeden Arbeitnehmer betreffen können.

Obwohl Art. 7 Abs. 1 GG das gesamte Schulwesen der Aufsicht des Staates unterstellt, ist eine allgemeine Weiterbildungspflicht im Gegensatz zu der allgemeinen Schulpflicht nicht gegeben und auch nicht möglich. Das BVerfG hat „Schule" im Sinne des Art. 7 GG ausdrücklich abgegrenzt von „*Kursen, Lehrgängen und ähnlichen Unterrichtsveranstaltungen*",[61] die aber typische Weiterbildungsformate sind.

Da auf Verfassungsebene keine Vorgaben existieren, ist das Bestehen eines außergesetzlichen, vertragsimmanenten Grundsatzes der Weiterbildung im Arbeitsverhältnis zu prüfen. In einem zweiten Schritt sind einfachgesetzliche Regelungen zu untersuchen. Auf bundesgesetzlicher Ebene wird insbesondere die Rolle des Betriebsrats thematisiert, da diesem nach dem BetrVG Mitbestimmungsrechte und Gestaltungsmöglichkeiten bei Weiterbildung zustehen. Auf landesrechtlicher Ebene werden die verschiedenen Landesweiterbildungsgesetze besprochen und verglichen.

Einen Sonderfall bildet die Situation, dass das Arbeitsverhältnis von Kündigung bedroht ist, weshalb diesbezüglich eine separate Auseinandersetzung stattfindet.

Besonderes Augenmerk wird abschließend auf solche Arbeitnehmer gelegt, für die typischerweise ein besonderes Weiterbildungsbedürfnis besteht.

I. Allgemeine rechtliche Grundlagen

1. Weiterbildung als außergesetzlicher, vertragsimmanenter Grundsatz

Wegen der hohen gesellschaftlichen Bedeutung, die Weiterbildung zukommt, einerseits und mit Bedacht auf die – wie noch zu zeigen sein wird – lückenhafte Gesetzeslage andererseits stellt sich die Frage, ob dem Arbeitsverhältnis nicht schon qua seiner Natur als vertrauensgeprägtes Dauerschuldverhältnis ein Anspruch auf bzw.

---

61 BVerfG, Urteil vom 08.04.1987, Az. 1 BvL 8/84, NJW 1987, 2359, 2364.

eine Verpflichtung zur Weiterbildung immanent ist, ohne dass es einer gesetzlichen Anspruchsgrundlage bzw. Leistungsverpflichtung bedarf.

a) Anspruch auf Weiterbildung

aa) Meinungsstand in der Literatur

In der Literatur wird vereinzelt, insbesondere von *Käufer*,[62] die Auffassung vertreten, es bestehe ohne weiteres ein genereller Weiterbildungsanspruch für alle Arbeitnehmer sowie eine arbeitsvertragliche Verpflichtung des Arbeitgebers zur Ermöglichung von Weiterbildung.[63]

Ausgangspunkt für diese Überlegung ist die Horizontalwirkung der Grundrechte im Privatrecht, insbesondere im Arbeitsverhältnis. Aus den hierin enthaltenen Werteentscheidungen entstünden Auslegungsrichtlinien, Schutzpflichten und Konkretisierungsmaßstäbe, die zur Bestimmung der Nebenpflichten aus dem Arbeitsverhältnis heranzuziehen seien.[64] Als solche Nebenpflichten aus dem Arbeitsverhältnis seien insbesondere die Verantwortung des Arbeitgebers, die Voraussetzungen zur Erbringung der Arbeitsleistung zu schaffen, und die Beachtung des grundrechtlich geschützten allgemeinen Persönlichkeitsrechts des Arbeitnehmers zu nennen. Als Konsequenz dieser beiden Nebenpflichten ergebe sich die weitere arbeitsvertragliche Nebenpflicht des Arbeitgebers, dem Arbeitnehmer Weiterbildung zu ermöglichen.

Die Auffassung *Käufers* geht von dem privatrechtlichen Nebenpflichtensystem aus und ergänzt dieses um eine weitere speziell auf Weiterbildung bezogene Nebenpflicht, die sich im Grunde auf bereits allgemein anerkannte Nebenpflichten zurückführen lässt.

Nagel[65] indessen vertritt einen stark öffentlich-rechtlich geprägten Ansatz und stellt zur Begründung eines subjektiven Rechts auf Weiterbildung auf das Sozialstaatsprinzip gemäß Art. 20 Abs. 3 GG in Kombination mit dem Grundrecht auf Berufsfreiheit gemäß Art. 12 GG und dem allgemeinen Gleichheitssatz gemäß Art. 3 Abs. 1 GG ab und konstruiert so ein Teilhabegrundrecht auf Weiterbildung.[66]

---

62 Käufer, Weiterbildung im Arbeitsverhältnis.
63 Käufer, Weiterbildung im Arbeitsverhältnis, S. 241.
64 Käufer, Weiterbildung im Arbeitsverhältnis, S. 196.
65 Nagel in: FS Schäfer, S. 677, 682.
66 Nagel in: FS Schäfer, S. 677, 285 f.; ähnlich: Fracke, Die betriebliche Weiterbildung, S. 81.

Gleichzeitig betont er, dass sich aus diesem Teilhaberecht kein individueller Anspruch auf Weiterbildung ergeben kann, sondern – entsprechend dem öffentlich-rechtlichen Charakter als Teilhaberecht – nur auf Zugang zu vorhandenen Weiterbildungsangeboten unter dem Vorbehalt des Möglichen. Nach der Auffassung *Nagels* besteht ein auf Weiterbildung zugeschnittener Anspruch auf allgemeine Gleichbehandlung, der in seiner Wirkung hinter dem von Käufer entwickelten Anspruch zurückbleibt.

Demgegenüber wird überwiegend in der Literatur die Auffassung vertreten, dass allein aus der Natur des Arbeitsverhältnisses und auf Grund der aus § 242 BGB i. V. m. den Grundrechten des Arbeitnehmers hergeleiteten Fürsorgepflicht des Arbeitgebers kein Anspruch auf Weiterbildung resultiere.[67]

Rieble[68] verneint einen Anspruch auf Weiterbildung. Er begründet seine Auffassung mit der allgemeinen Risikoverteilung hinsichtlich der eigenen Leistungsfähigkeit im Schuldrecht. Er ordnet das Vorhandensein der Beschäftigungsfähigkeit der alleinigen Risikosphäre des Arbeitnehmers zu und stellt die Weiterbildung als Teil dieser Beschäftigungsfähigkeit argumentativ dem Betriebsrisiko des Arbeitgebers gegenüber.

Die Grundsatzfrage nach einem Anspruch auf Weiterbildung aus dem Arbeitsverhältnis heraus war noch nicht Gegenstand der (veröffentlichten) Rechtsprechung. Insoweit lässt sich keine Auswertung vornehmen.

bb) Bewertung

Bei der Diskussion um das Bestehen eines grundsätzlichen Anspruchs auf Weiterbildung allein aus dem Arbeitsverhältnis heraus handelt es sich um ein rein wissenschaftlich erörtertes Problem. Die praktische Relevanz dieses Ansatzes ist mangels streitiger Fälle vor Gericht als gering zu bewerten.

Die vertretenen Lösungsansätze sind gleichwohl auf ihre Überzeugungskraft und praktische Tauglichkeit hin zu untersuchen.

(1) Die Auffassung Käufers

Käufer geht – wie dargelegt – von einer Nebenpflicht des Arbeitgebers aus, den Arbeitnehmer erforderlichenfalls weiterzubilden. Diese Auffassung überzeugt aus folgenden zwei Gründen nicht:

---

67 Fracke, Die betriebliche Weiterbildung, S. 251; Rieble in: FS 50 Jahre BAG, S. 831, S. 842; Sandmann/Schmitt-Rolfes, ZfA 2002, 295, 323.
68 Rieble in: FS 50 Jahre BAG, S. 831, S. 842.

Zum einen baut die Argumentation darauf auf, dass das Zusammenwirken der anerkannten Nebenpflichten des Arbeitgebers, die Voraussetzungen für die Arbeitserbringung zu schaffen und das allgemeine Persönlichkeitsrecht des Arbeitnehmers zu wahren, sich zu einem individuellen Anspruch auf Weiterbildung verdichteten. Dem kann nicht gefolgt werden.

Zwar wirken die Grundrechte des Arbeitnehmers nach allgemeiner Auffassung mittelbar im Verhältnis zwischen Arbeitgeber und Arbeitnehmer (horizontal).[69] Auch ist es unbestritten, dass das Arbeitsverhältnis durch verfassungsrechtliche Wertungen und die Grundrechte des Arbeitnehmers beeinflusst wird. Jedoch ergeben sich aus den hieraus hervorgegangenen Nebenpflichten keine selbständigen Ansprüche. Die anerkannten arbeitsvertraglichen Nebenpflichten lassen sich in wenige Fallgruppen zusammenfassen:[70] Den Arbeitgeber treffen insbesondere Schutzpflichten (früher unter dem Oberbegriff der Fürsorgepflicht behandelt), in bestimmten Fällen eine Pflicht zum Aufwendungsersatz, unterschiedliche Freistellungspflichten[71] und eine allgemeine Beschäftigungspflicht.[72] Ferner steht das Arbeitsverhältnis unter dem arbeitsrechtlichen Gleichbehandlungsgrundsatz, den der Arbeitgeber zusätzlich zu beachten hat.[73]

Die von *Käufer* angesprochene Schaffung der Voraussetzungen zur Arbeitserbringung und die Beachtung des Persönlichkeitsrechts des Arbeitnehmers lassen sich beide mit der Beschäftigungspflicht erfassen. Denn während der Schutz des Persönlichkeitsrechts der Grund dafür ist, dass das BAG in ständiger Rechtsprechung[74] eine Beschäftigungspflicht gegenüber dem Arbeitnehmer bejaht, schließt sich die Schaffung der für die Arbeitserbringung notwendigen Voraussetzungen hieran an, um dem Beschäftigungsanspruch des Arbeitnehmers nachzukommen. Die Argumentation, dass die tatsächliche Beschäftigung des Arbeitnehmers nur möglich ist, wenn dieser die erforderliche Qualifikation aufweist, ist zutreffend. Sofern erforderlich, ist die Qualifikation durch Weiterbildung zu erlangen. Es ist jedoch

---

69 Für einen Überblick siehe: Müller-Glöge in: MüKo BGB § 611 Rn. 278 bis 293.
70 Joussen in: BeckOK Arbeitsrecht § 611 BGB Rn. 218.
71 Etwa aus dem BUrlG oder dem BEEG, aber auch aus den Landesweiterbildungsgesetzen.
72 Zum Beschäftigungsanspruch des Arbeitnehmers siehe grundlegend: BAG, Urteil vom 10.11.1955, Az. 2 AZR 591/54, NJW 1956, 359, 360; Joussen in: BeckOK Arbeitsrecht § 611 BGB Rn. 219 bis 224.
73 Die Beschäftigungspflicht und die Pflicht zur Gleichbehandlung werden teilweise auch als sogenannte hauptleistungsnahe Pflichten gesondert behandelt. Siehe: Preis in: ErfK § 611 BGB Rn. 614.
74 Grundlegend: BAG, Urteil vom 10.11.1955, Az. 2 AZR 591/54, NJW 1956, 359, 360.

nicht ersichtlich, warum dieses durch den Arbeitgeber zu gewährleisten sein sollte. Aus der Pflicht, dem Arbeitnehmer die Beschäftigung zu ermöglichen und ihm zu diesem Zweck einen Arbeitsplatz und die erforderlichen Arbeitsmittel zur Verfügung zu stellen sowie aus der gleichlautenden Obliegenheit des Arbeitgebers, die wegen der Risikozuweisung gem. § 615 BGB besteht,[75] geht eine solche Verpflichtung jedenfalls nicht hervor. Denn sowohl die Pflicht als auch die Obliegenheit beziehen sich stets auf sachliche Mittel und solche Umstände, die überhaupt in die Sphäre des Arbeitgebers fallen, z.B. Räumlichkeiten, Maschinen, Arbeitskleidung, Bürobedarf, technische Hilfsmittel etc. Diese hat er bereitzustellen, damit der Arbeitnehmer die Arbeitsleistung erbringen kann. Der Arbeitgeber ist hingegen nicht dafür verantwortlich, dass der Arbeitnehmer am Arbeitsplatz erscheint oder dass er körperlich arbeitsfähig ist. Diese Dinge fallen naturgemäß in die Risikosphäre des Arbeitnehmers.[76] Die bereitstellenden Mittel sind allesamt arbeitsplatz- bzw. betriebsbezogen, nie arbeitnehmerbezogen. Endet das Arbeitsverhältnis, kann der Arbeitgeber mit denselben Arbeitsmitteln die Arbeitsleistung durch einen Nachfolger auf demselben Arbeitsplatz erbringen lassen. Die grundsätzliche Pflicht und Obliegenheit des Arbeitgebers, einen Arbeitsplatz und Arbeitsmittel bereitzustellen, betrifft nur die Umstände, die aus seinem Bereich stammen und dort verbleiben.

Wendet man diese Erkenntnis auf die Weiterbildung an, so ist festzustellen, dass die Qualifikation des Arbeitnehmers genau wie andere personenbezogene Merkmale in die Sphäre des Arbeitnehmers fällt. Die Qualifikation ist personenbezogen und verbleibt bei Beendigung des Arbeitsverhältnisses beim Arbeitnehmer. Die Bereitstellung von Know-how kann schon vom Ansatz her nicht mit der Bereitstellung sonstiger Arbeitsmittel gleichgestellt werden, da die Qualifikation weder in die Sphäre des Arbeitgebers fällt noch ihm nach Beendigung des Arbeitsverhältnisses die Vorteile der Weiterbildung erhalten blieben.

Auch stellt die Verbesserung der Qualifikation keinen Bestandteil des Persönlichkeitsrechts dar, für den der Arbeitgeber Sorge zu tragen hätte: Der allgemeine Beschäftigungsanspruch wird mit dem ideellen Beschäftigungsinteresse des Arbeitnehmers und dem in den Artt. 1 Abs. 1, 2 Abs. 1 GG garantierten Schutz

---

75 Nach § 615 BGB trägt der Arbeitgeber das Risiko, dass er die Arbeitsleistung des Arbeitnehmers nicht annehmen oder nicht verwerten kann.
76 Von arbeitnehmerschützenden Sondervorschriften, die ihm dieses Risiko abnehmen, wie beispielsweise § 3 EFZG, sei einmal abgesehen, da diese aus sozialstaatlichen Gründen korrigierend auf die Leistungsbeziehung einwirken, nicht aber kennzeichnend für die grundsätzliche Risikoverteilung sind.

des Persönlichkeitsrechts begründet. Die Anerkennung eines Arbeitnehmers beruhe nach Auffassung des BAG nicht nur auf dessen finanzieller Stellung, sondern auch auf seiner beruflichen Fähigkeit. Eine nicht nur kurzfristige Freistellung würde den Arbeitnehmer faktisch zum Nichtstun zwingen, wodurch er zum unnützen Glied der Berufsgemeinschaft degradiert und dadurch in seiner Menschenwürde herabgesetzt werde.[77] Zum Zwecke der Sicherung und Weiterentwicklung des Status-quo-, wozu die Arbeitstätigkeit an sich ausreichend Gewähr bietet, ist es nicht erforderlich, dass eine Weiterbildung durch den Arbeitgeber erfolgt. Allein der Umstand, dass Weiterbildung dem Persönlichkeitsrecht förderlich wäre, kann nicht genügen. Hinzukommen müssten noch weitere gewichtige Umstände, seien sie in den betrieblichen Umständen, der Art des Arbeitsverhältnisses, einer unternehmerischen Entscheidung oder der Person des Arbeitnehmers begründet. Beim Hinzutreten solcher besonderen Umstände ist eine separate und nicht zu verallgemeinernde Untersuchung geboten, die allerdings gesonderten Abschnittenvorbehalten bleibt.[78]

Zu beachten ist schließlich, dass die Pflicht des Arbeitgebers zur Wahrung des Allgemeinen Persönlichkeitsrechts seines Arbeitnehmers einen Niederschlag in § 75 BetrVG gefunden hat. Dessen Abs. 2 erlegt Arbeitgeber und Betriebsrat die Verantwortung auf, die freie Entfaltung der Persönlichkeit der im Betrieb beschäftigten Arbeitnehmer zu schützen und zu fördern. Aber selbst aus dieser speziellen Erwähnung kann nach h. M. kein Individualanspruch auf Förderung hergeleitet werden.[79]

Zum anderen qualifiziert *Käufer* die Weiterbildungsverpflichtung des Arbeitgebers als *eigenständige* Nebenpflicht aus dem Arbeitsverhältnis. Diese sei mit der Schutzpflicht des Arbeitgebers gegenüber seinem Arbeitnehmer zu begründen.

Auch dieser Argumentation ist zu widersprechen. Die Schutzpflicht des Arbeitgebers umfasst allgemeine Schutzpflichten gegenüber Körper und Leben des Vertragspartners, aber auch hinsichtlich seines allgemeinen Persönlichkeitsrechts, schützt das Vermögen des Arbeitnehmers und begründet Aufklärungspflichten sowie die Pflicht zur Wahrung des Datenschutzes.[80] Eine Schutzpflicht besteht dabei auch im Hinblick auf das allgemeine Persönlichkeitsrecht des Arbeitnehmers. Anerkannte Fälle, in denen das allgemeine Persönlichkeitsrecht

---

77 BAG, Urteil vom 10.11.1955, Az. 2 AZR 591/54, NJW 1956, 359, 360; Bächle, NJW 1979, 1663, 1663.
78 Siehe Teil 2: A. I. 2. b); Teil 2: D.; Teil 2: A. I. 4.; Teil 2: A. II.
79 Fitting BetrVG § 75 Rn. 141; Kreutz in: GK BetrVG II § 75 Rn. 139.
80 Joussen in: BeckOK Arbeitsrecht § 611 BGB Rn. 240.

betroffen ist, sind technische Überwachung in unzulässigem Umfang, ehrverletzende Äußerungen, sexuelle Belästigung oder Mobbing.[81] Wie diese Fallgruppen zeigen, dient der Schutz des allgemeinen Persönlichkeitsrechts der Verhinderung von Eingriffen. Dem entsprechend hat der Arbeitnehmer beim Vorliegen eines Eingriffs durch den Arbeitgeber einen Unterlassungsanspruch analog § 1004 BGB bzw. wenn der Eingriff von anderen Arbeitnehmern ausgeht, einen Anspruch auf Einschreiten. Der Schutzzweck ist dagegen nicht auf die Verschaffung zusätzlicher Ansprüche gerichtet.

Für den Arbeitgeber besteht daher keine eigenständige Nebenpflicht zur Weiterbildung seines Arbeitnehmers im Sinne einer Schutzpflicht aus dem Arbeitsverhältnis.

(2) Die Auffassung *Nagels*

Der Ansatz *Nagels* überzeugt zwar in sich, kann aber für die vorliegende Frage nach einem privatrechtlichen Anspruch aus dem Arbeitsverhältnis nicht fruchtbar gemacht werden.

Die Herleitung eines Teilhabegrundrechts auf Weiterbildung ist schlüssig. So ist ein solches beispielsweise auch für die Hochschulzulassung[82] oder die Referendarausbildung von angehenden Juristen und Lehrern anerkannt.[83] Auch der Vergleich zu anderen derivativen Teilhaberechten zeigt, dass es plausibel ist, ein Recht auf Teilhabe an Weiterbildung anzuerkennen, da diese die Berufsausübungsfreiheit ebenso betrifft wie beispielsweise die Zulassung von Gewerbetreibenden zu staatlichen Märkten und Messen.

Jedoch kann sich hieraus als Konsequenz kein privatrechtlicher Anspruch auf Weiterbildung gegenüber dem Arbeitgeber ergeben. Zum einen besteht lediglich ein derivatives Teilhaberecht, mithin das Recht, in gerechter Weise an bestehenden Bildungsangeboten zu partizipieren. Der Anspruch ist nicht auf die Schaffung neuer Kapazitäten gerichtet, da es sich um keinen selbständigen Anspruch handelt. Zum anderen fußt das Teilhaberecht auf dem Sozialstaatsprinzip und ist ausschließlich staatsadressiert. Der Umweg über eine mittelbare Grundrechtswirkung im Arbeitsverhältnis hilft diesbezüglich nicht weiter, denn ein Anspruch könnte sich auch dann (unter Berufung auf den allgemeinen Gleichbehandlungsgrundsatz) nur ergeben, wenn der Arbeitgeber manchen Mitarbeitern bereits

---

81 Joussen in: BeckOK Arbeitsrecht § 611 BGB Rn. 244.
82 BVerfG, Urteile vom 18.07.1972, Az. 1 BvL 25/71 und 1 BvL 32/70, NJW 1972, 1561.
83 Ruffert in: BeckOK GG Art. 12 GG Rn. 25.

Weiterbildung ermöglicht. Ein originärer Anspruch, der von keinen weiteren Bedingungen abhängt, ergibt sich hieraus keinesfalls.

(3) Zusammenfassung

Der Ansatz, wonach ein Anspruch des Arbeitnehmers auf Weiterbildung schon aus der Natur des Arbeitsverhältnisses heraus besteht, ohne dass es einer gesetzlichen Anspruchsgrundlage bedarf, ist von äußerst geringer praktischer Relevanz. Zudem überzeugen die hierzu im Wesentlichen vertretenen Auffassungen rechtsdogmatisch nicht. Es lässt sich lediglich ein derivatives Teilhaberecht konstruieren, wonach die arbeitgeberseitig bestehende Pflicht zur Gleichbehandlung der Arbeitnehmer auch auf die Ermöglichung von Weiterbildung zu erstrecken ist.

b) Verpflichtung zur Weiterbildung

Im Anschluss an die Diskussion um einen Anspruch auf Weiterbildung stellt sich die Frage nach einer hiermit korrespondierenden Verpflichtung des Arbeitnehmers zur Weiterbildung.

aa) Vertretene Auffassungen

Worzalla vertritt die Auffassung, es bestehe grundsätzlich eine vertragliche Nebenpflicht aus dem Arbeitsvertrag, wonach der Arbeitnehmer zur fortwährenden Weiterbildung verpflichtet sei.[84] Er sei verpflichtet, seine Kenntnisse „*up to date*" zu halten.[85] Zur Begründung stütz sich *Worzalla* auf § 2 Abs. 2 S. 2 Nr. 1 SGB III, der dem Arbeitnehmer eine Mitverantwortung für die Entwicklung seiner beruflichen Leistungsfähigkeit und für die Anpassung an sich ändernde Anforderungen zuschreibt. Die sozialrechtliche Vorschrift gelte zwar nicht unmittelbar im Arbeitsverhältnis. Gleichwohl ergebe sich hieraus eine arbeitsvertragliche Nebenpflicht, weil die Vorschrift sonst leer laufe.

Käufer bejaht in Ergänzung zu einem Weiterbildungsanspruch das Bestehen einer entsprechenden generellen Verpflichtung des Arbeitnehmers.[86] Diese lasse sich ebenfalls unmittelbar aus dem Arbeitsverhältnis herleiten und werde durch das Direktionsrecht des Arbeitgebers gem. § 106 GewO konkretisiert. Das

---

84 Worzalla in: Hess u.a. BetrVG § 96 Rn. 22.
85 Worzalla in: Hess u.a. BetrVG § 97 Rn. 28.
86 Käufer, Weiterbildung im Arbeitsverhältnis, S. 256.

Direktionsrecht umfasse auch eine Anweisung zur Weiterbildung, da diese in unmittelbarem Zusammenhang mit der vertraglichen Arbeitsleistung stehe und deren Erfüllung diene.

Denselben Ansatz, allerdings in differenzierterer Vorgehensweise, verfolgt auch *Tillmanns*.[87] Ausgangspunkt auch seiner Überlegung ist die Frage, ob die Anordnung von Weiterbildungsmaßnahmen durch das Direktionsrecht gem. § 106 GewO gedeckt ist. Dabei stellt er auf den konkreten Inhalt des Arbeitsvertrages ab. Nur wenn bereits bei Vertragsschluss erkennbar war, dass die Tätigkeit auf Dauer Weiterbildungsmaßnahmen des Arbeitnehmers erfordert, sei die Anweisung zur Weiterbildung vom Direktionsrecht umfasst. Dagegen könne der Arbeitgeber keine über die vertraglich vereinbarte Leistungspflicht des Arbeitnehmers hinausgehende Anstrengung des Arbeitnehmers verlangen.[88]

Zum Teil wird eine Weiterbildungsverpflichtung schon unter den Voraussetzungen bejaht, dass die Weiterbildung zur Ausübung des Arbeitsplatzes erforderlich ist und sie während der Arbeitszeit erfolgt.[89]

Die Frage nach einer arbeitnehmerseitig bestehenden Verpflichtung zur Weiterbildung war bereits mehrfach Gegenstand arbeitsgerichtlicher Entscheidungen. Hierzu wurde in der Instanzrechtsprechung die Auffassung vertreten, dass eine Weiterbildungsverpflichtung zumindest dann besteht, wenn der Arbeitnehmer nicht über Kenntnisse verfügt, die zu seinem Berufsbild gehören und für die Erbringung der vertraglich geschuldeten Arbeitsleistung erforderlich sind.[90]

bb) Bewertung

Die vertretenen Auffassungen bedürfen einer argumentativen Auseinandersetzung.

(1) Die Auffassung *Worzallas*

Die von *Worzalla* vertretene Ansicht überzeugt argumentativ nicht. Eine vertragliche privatrechtliche Nebenpflicht kann nicht ausschließlich mit einer sozialrechtlichen Norm begründet werden. Die Norm stellt einen Programmsatz dar und macht

---

87 Tillmanns in: BeckOK Arbeitsrecht § 106 GewO Rn. 18.
88 Ähnlich: Waltermann, NJW 2008, 2529, 2530, der eine Weiterverpflichtung dann annimmt, wenn der Arbeitgeber sie dem Arbeitnehmer anbietet.
89 Wisskirchen/Bissels/Schmidt, NZA 2008, 1386, 1388.
90 ArbG Bonn, Urteil vom 04.07.1990, Az. 4 Ca 751/90, NZA 1991, 512, 512; LAG Hamm, Urteil vom 08.06.1994, Az. 14 Sa 2054/93, BeckRS 2009, 56014, unter 3. der Gründe; LAG Hessen, Urteil vom 11.04.2007, Az. 8 Sa 1279/06, BeckRS 2007, 47240, unter 1. der Gründe.

die gesetzgeberische Vorstellung von der Verantwortungsverteilung hinsichtlich Weiterbildung deutlich. Es ist hingegen nicht die Aufgabe des Sozialgesetzgebers, privatrechtliche Leistungsbeziehungen zu regeln. Sofern man das Vorliegen einer vertraglichen Weiterbildungsverpflichtung auf anderer Grundlage bejaht, so kann § 2 Abs. 2 S. 2 Nr. 1 SGB III als zusätzliches Argument oder bei der Ausgestaltung des „Wie" der Weiterbildung als ermessenskonkretisierende Norm herangezogen werden. Eine taugliche Anspruchsgrundlage für den Arbeitgeber, seinen Arbeitnehmer auf dieser Grundlage zu verpflichtet, ist hierin aber nicht zu sehen.

(2) Die übrigen Auffassungen

Die übrigen Auffassungen bejahen eine Weiterbildungsverpflichtung, wobei einzig *Käufer* keine weiteren Einschränkungen vornimmt. Diese unbedingte Verpflichtung überzeugt nicht. Auch im Arbeitsrecht gilt der Grundsatz pacta sunt servanda. Der einmal festgelegte Vertragsinhalt kann nicht ohne weiteres Hinzukommen einseitig durch den Arbeitgeber erweitert werden. Eine Ausdehnung der vertraglichen Pflichten kann auch nicht allein mit dem Direktionsrecht begründet werden. Die Reichweite des Direktionsrechts ist im Wege der Auslegung des Arbeitsvertrags zu bestimmen und nach billigem Ermessen auszuüben. Ohne konkreten Anlass für eine Weiterbildung – und sei sie noch so wünschenswert – ist der Arbeitgeber nicht berechtigt, eine entsprechende Maßnahme anzuordnen. Andererseits ist der Arbeitnehmer auch zur Ausübung von sogenannten Nebenarbeiten verpflichtet,[91] die zwar nicht Inhalt des Arbeitsvertrages, aber Voraussetzung für die geschuldete Arbeitsleistung sind oder ihr zumindest anhängen. Unter diesem Aspekt lässt sich vertreten, dass die Weiterbildung zu der vertraglich geschuldeten Leistung gehört. Allerdings müssen dann gewisse Einschränkungen, etwa wie nach der Auffassung *Tillmanns*, gelten. In Weiterentwicklung dessen könnte man wie folgt differenzieren:

Findet sich im Arbeitsvertrag keine Regelung zur Weiterbildung, ist entscheidend, welche Leistung der Arbeitnehmer vertraglich schuldet.

Schuldet er das Vorhandensein einer bestimmten Qualifikation, muss er sich eigeninitiativ um Weiterbildung bemühen, um die vertraglichen Anforderungen erfüllen zu können. In diesem Zusammenhang lässt sich § 2 Abs. 2 S. 2 Nr. 1 SGB III als zusätzliches Argument heranziehen, weil die Norm deutlich macht, dass nach der gesetzgeberischen Vorstellung Weiterbildung ein Thema ist, für das auch der Arbeitnehmer verantwortlich ist. Erst recht muss der Arbeitnehmer Weiterbildungsanordnungen

---

[91] BAG, Urteil vom 29.08.1991, Az. 6 AZR 593/88, NZA 1992, 67, 68; Reichold in: MüArbR § 36 Rn. 22.

beachten und umsetzen. Die Verpflichtung ergibt sich aber wie oben dargelegt nicht aus der sozialrechtlichen Norm, sondern aus dem Arbeitsverhältnis.

Schuldet der Arbeitnehmer zwar keine bestimmte Qualifikation, kann er aber auf Grund von äußeren Veränderungen seine Arbeit nicht mehr sach- und fachgerecht ausüben, so ist erneut zu differenzieren:

Beruhen die Veränderungen nicht auf dem Willen des Arbeitgebers, hat der Arbeitnehmer sich aber zur Erbringung einer bestimmten Tätigkeit verpflichtet, so trägt er grundsätzlich selbst das Risiko dafür, diese Aufgaben ordnungsgemäß erfüllen zu können. Ist hierfür eine zusätzliche Qualifikation erforderlich, so ist er zwar nicht zur Weiterbildung verpflichtet, erbringt aber mangels ausreichender Fachkenntnisse eventuell eine Schlechtleistung, die seinem Arbeitgeber Anlass zur Kündigung gibt. In einem solchen Fall ist daher von dem Bestehen einer bloßen Weiterbildungsobliegenheit auszugehen.

Ebenso ist denkbar, dass der Arbeitnehmer auf Grund von solchen Veränderungen seine Arbeit nicht mehr sach- und fachgerecht ausüben kann, die der Arbeitgeber zu vertreten hat. In diesem Fall hat sich das Anforderungsprofil des Arbeitsplatzes verändert und damit die Anforderungen des Arbeitgebers an den Arbeitnehmer. Die eingetretene Leistungsstörung hat also ihre Ursache in der Sphäre des Arbeitgebers. Für diese Konstellation kann sich erst recht keine Verpflichtung des Arbeitnehmers zur Weiterbildung ergeben, da die Leistungsstörung weder aus seiner Sphäre stammt noch regelmäßig von ihm vorhersehbar war.[92]

(3) Zusammenfassung

Eine unbedingte und generelle Weiterbildungsverpflichtung allein aus der Natur des Arbeitsverhältnisses heraus ist abzulehnen. Es kommt maßgeblich auf den Inhalt des Arbeitsvertrages an.

Anhand des Inhalts des Arbeitsverhältnisses und in Abhängigkeit von den Begleitumständen, die Weiterbildung erforderlich werden lassen, ergeben sich unterschiedliche Konstellationen, in denen je nach Einzelfall ein Verpflichtung zu bejahen bzw. abzulehnen ist.

c) Zwischenfazit

Aus der Natur des Arbeitsverhältnisses lässt sich weder ein selbständiger Anspruch auf noch eine unbedingte Verpflichtung zur Weiterbildung herleiten. Ein

---

92 Zu der Problematik des wegen Veränderung des Anforderungsprofils bestandsgefährdeten Arbeitsverhältnisses siehe ausführlich Teil 2: A. I. 4.

Anspruch auf Weiterbildung kommt dabei ohne weitere vertragliche Vereinbarung oder gesetzliche Regelung nur unter dem Gesichtspunkt der arbeitsrechtlichen Gleichbehandlung als derivatives Teilhaberecht gegenüber dem Arbeitgeber in Betracht. Für eine Verpflichtung des Arbeitnehmers zur Weiterbildung kommt es auf die konkreten Umstände des Einzelfalls, insbesondere auf den genauen Inhalt der vertraglichen Verpflichtung und diejenigen Umstände an, die eine Weiterbildung erforderlich machen.

2. Bundesrechtliche Regelungen

Eine grundsätzliche Anspruchsgrundlage oder eine die Weiterbildung umfassend regelnde Vorschrift gibt es auf Bundesebene nicht. Von entscheidender Bedeutung für die Weiterbildungssituation in den Betrieben ist die Mitbestimmung durch den Betriebsrat. Diesem stehen gem. §§ 96 bis 98 BetrVG Beteiligungsrechte bei der Berufsbildung zu. Hierdurch will der Gesetzgeber die Berücksichtigung der Belegschaftsinteressen im Rahmen der Berufsbildung, insbesondere eine ordnungsgemäße Durchführung und eine gerechte Beteiligung der Arbeitnehmer, sicherstellen.[93]

a) Sozialrecht

In sozialrechtlicher Hinsicht ist zunächst auf § 2 SGB III hinzuweisen. Hier werden sowohl der Arbeitgeber als auch der Arbeitnehmer als Hauptbeteiligte benannt. Auch verpflichtet der Wortlaut beide Vertragsparteien. Nach § 2 S. 2 Nr. 1 SGB III sollen Arbeitgeber im Rahmen ihrer Mitverantwortung für die Entwicklung der beruflichen Leistungsfähigkeit der Arbeitnehmer zur Anpassung an sich ändernde Anforderungen sorgen. Hierin könnte man eine Verpflichtung des Arbeitgebers (und damit einen Anspruch des einzelnen Arbeitnehmers) zur Weiterbildung seiner Arbeitnehmer erblicken. In § 2 Abs. 4 S. 2 SGB III wird der Grundsatz aufgestellt, dass jeder Arbeitnehmer seine berufliche Leistungsfähigkeit den sich ändernden Anforderungen anpassen solle, was als Verpflichtung zur fortwährenden Weiterbildung ausgelegt werden könnte.

Jedoch stellen beide Regelungen zum einen Soll-Vorschriften dar, die nicht geeignet sind, eine klagbare Verpflichtung zu begründen. Zum anderen stellen sie reine Programmsätze dar, die viel zu wenig konkret gefasst sind, als dass sich hieraus etwas Rechtsverbindliches herleiten ließe; § 2 SGB III kann im Wesentlichen nur als Auslegungshilfe herangezogen werden.[94] Auch wurde eine arbeitsrechtliche

---

93 Kania in: ErfK § 96 BetrVG Rn. 3; Raab in: GK BetrVG II § 96 Rn. 1.
94 Marschner in: BeckOK Sozialrecht § 2 SGB III.

Wirkung dieser Vorschrift nur im Verhältnis der Parteien jeweils zum Staat, nicht im Verhältnis von Arbeitgeber und Arbeitnehmer untereinander diskutiert (und im Übrigen im Ergebnis ebenfalls verneint).[95]

Ferner sind die §§ 81 bis 87 SGB III von Interesse. Sie regeln die Förderung beruflicher Weiterbildung von Arbeitnehmern und dienen damit der Verbesserung der Eingliederungschancen am Arbeitsmarkt.[96] § 81 SGB III legt den generellen Kreis der Anspruchsberechtigten fest, § 82 SGB III trifft ergänzende Regelungen für ältere Arbeitnehmer. Die § 83 bis 87 SGB III haben die Modalitäten der Kostentragung zum Gegenstand.

Gem. § 81 Abs. 1 SGB III wird Weiterbildung gefördert, die notwendig ist, um die Arbeitnehmer bei drohender Arbeitslosigkeit einzugliedern, eine drohende Arbeitslosigkeit abzuwenden oder weil bei ihnen wegen fehlenden Berufsabschlusses die Notwendigkeit der Weiterbildung anerkannt ist. Die Förderung durch die Bundesagentur für Arbeit erfolgt dabei gegenüber dem Arbeitnehmer und setzt das Bestehen eines Arbeitsverhältnisses weder voraus noch beeinflusst es ein solches. Aus arbeitsrechtlicher Sicht ist diese Förderung daher ohne Relevanz. Ansprüche und Verpflichtungen ergeben sich nicht in der Rechtsbeziehung zwischen Arbeitgeber und Arbeitnehmer.[97]

Im Ergebnis ergibt sich für den Arbeitnehmer im Allgemeinen aus sozialrechtlichen Regelungen weder ein Anspruch gegenüber seinem Arbeitgeber auf Weiterbildung noch eine entsprechende Verpflichtung hierzu.

Das Gesetz trifft Sonderregelungen für Geringqualifizierte in § 81 Abs. 5 SGB III sowie für ältere Arbeitnehmer in § 82 SGB III, die an entsprechender Stelle einer gesonderten Untersuchung zugeführt werden.[98]

b) Qualifizierungsmitbestimmung des Betriebsrats

aa) Einleitung

Dem Betriebsrat kommt durch die sukzessiv erfolgte Überarbeitung des BetrVG im Bereich der Berufsbildung mittlerweile achtbares Gewicht zu, was Ausdruck der allgemein anerkannten Bedeutung dieses Bereichs ist.[99] In den §§ 96 bis 98

---

95 Rolfs, NZA 1998, 17, 18; Rüthers, NZA 1998, 283, 284; Worzalla in: Hess u.a. BetrVG § 96 Rn. 21, der aber aus dem Vorhandensein des § 2 SGB III den Rückschluss auf die Existenz einer arbeitsvertraglichen Nebenpflicht zieht.
96 Für einen kurzen Gesamtüberblick siehe: Voelzke in: Küttner Personalbuch 2012 „Weiterbildung" Rn. 8 ff.
97 Daher soll in der vorliegenden Arbeit keine nähere Auseinandersetzung erfolgen.
98 Im Einzelnen siehe Teil 2: A. II. 1 und 2.
99 BT Drucks. 6/2729, S. 6; Fitting BetrVG § 96 Rn. 2.

BetrVG erhält der Betriebsrat in vielerlei Hinsicht die Möglichkeit, auf die berufliche Weiterbildung der Mitarbeiter des Betriebes Einfluss zu nehmen: Er kann in bestimmten Fällen bei der Einführung mitbestimmen, hat Beratungs- und Vorschlagsrechte, kann bei Entscheidungen hinsichtlich der Durchführung von Bildungsmaßnahmen mitwirken und nimmt Einfluss auf die Teilnahme innerhalb der Belegschaft. Da individuelle Weiterbildungsansprüche nur selten normiert sind, kommt der betrieblichen Mitbestimmung erhebliche Bedeutung zu. Weiterbildung stellt laut einer WSI-Betriebsrätebefragung aus dem Jahr 2005 die zweithäufigste Thematik dar, mit der sich Betriebsräte beschäftigen.[100]

(1) Systematik der Beteiligungsrechte

Die Berufsbildung zählt laut der amtlichen Überschrift des Fünften Abschnitts des Vierten Teils des BetrVG zu den personellen Angelegenheiten, während früher die Berufsausbildung in § 56 Abs. 1d BetrVG 1952 als Gegenstand der Mitbestimmung in sozialen Angelegenheiten genannt war.[101] Durch diese neue systematische Verortung kommt es zur Verknüpfung mit den Vorschriften über allgemeine personelle Angelegenheiten, insbesondere mit §§ 92, 92a BetrVG.

Die Beteiligungsrechte des Betriebsrats in Fragen der Berufsbildung folgen einem abgestuften System: Nach §§ 92, 92a BetrVG hat der Betriebsrat die Rechte auf Unterrichtung, Anhörung und Beratung sowie ein Vorschlagsrecht bezogen auf die Personalplanung. Dieselben Rechte stehen ihm gem. § 96 Abs. 1 BetrVG für die Ermittlung des Berufsbildungsbedarfs und gem. § 97 Abs. 1 BetrVG hinsichtlich der Errichtung und Ausstattung betrieblicher Berufsbildungseinrichtungen und der Teilnahme an außerbetrieblichen Berufsbildungsmaßnahmen zu. In § 97 Abs. 2 BetrVG ist ein echtes Mitbestimmungsrecht des Betriebsrats hinsichtlich der Einführung betrieblicher Berufsbildungsmaßnahmen geregelt.

Bei der Durchführung solcher Maßnahmen hat der Betriebsrat gem. § 98 BetrVG mitzubestimmen.

Sinn und Zweck der §§ 96 bis 98 BetrVG sind darauf gerichtet, die Interessen der Arbeitnehmer bei der Berufsbildung zu berücksichtigen, insbesondere imHinblick auf eine ordnungsgemäße Durchführung der Maßnahme und die gleichen Möglichkeiten zur Partizipation.[102]

---

100 Bayer/Haag, Arbeitshilfe zur tarifpolitischen Gestaltung der beruflichen Weiterbildung, S. 12.
101 Thüsing in: Richardi BetrVG § 96 Rn. 1.
102 Raab in: GK BetrVG II § 96 Rn. 1; Woitaschek in: G/T/A/W BetrVG § 96 Rn. 1.

(2) Begriff der Berufsbildung und Abgrenzung

Der Begriff der Berufsbildung i. S. d. BetrVG ist weit auszulegen und geht über die Definition des § 1 Abs. 1 BBiG hinaus.[103] Das BAG vertrat schon zu dem Begriff der Berufsausbildung des früheren § 56 Abs. 1d BetrVG 1952 die Ansicht, dass hierunter nicht nur die berufliche Erstausbildung, sondern auch die berufliche Weiterbildung falle, soweit sie in den Betrieben durchgeführt werde.[104] Seit der Neufassung ist ein weites Verständnis vom Gesetzgeber intendiert und allgemein anerkannt, so dass die Berufsausbildung, die berufliche Fortbildung und die berufliche Umschulung von dem Begriff der Berufsbildung umfasst sind.[105] Nach überzeugender Auffassung definiert sich Berufsbildung daher als jede Maßnahme, die in systematischer, lehrplanartiger Form Kenntnisse und Fertigkeiten vermittelt, die den Betroffenen für die jetzige und zukünftige berufliche Tätigkeit qualifizieren.[106]

Gemeint ist nur die Berufsbildung derjenigen Arbeitnehmer, die vom Anwendungsbereich des BetrVG erfasst sind. Nicht betroffen sind demzufolge die leitenden Angestellten, deren Berufsbildung mitbestimmungsfrei ist.

(a) Abgrenzung zur Unterrichtung gem. § 81 BetrVG

Von Maßnahmen der Berufsbildung ist die mitbestimmungsfreie[107] Unterrichtung durch den Arbeitgeber gem. § 81 BetrVG abzugrenzen. Bei dieser Unterrichtung

---

103 BAG, Beschluss vom 05.11.1985, Az. 1 ABR 49/83, AP Nr. 2 zu § 98 BetrVG 1972, unter B. I. 1. der Gründe; Kania in: ErfK § 96 BetrVG Rn. 5; Mauer in: BeckOK Arbeitsrecht § 96 BetrVG Rn. 2.
104 BAG, Beschluss vom 31.01.1969, Az. 1 ABR 18/68, AP Nr. 1 zu § 56 BetrVG Berufsausbildung.
105 BT Drucks. 6/1786, S. 32 und 51; BAG, Beschluss vom 05.11.1985, Az. 1 ABR 49/83, AP Nr. 2 zu § 98 BetrVG 1972, unter B. I. 1. der Gründe; BAG, Beschluss vom 24.08.2004, Az. 1 ABR 28/03, NZA 2005, 371, 372; Alexander, NZA 1992, 1057, 1057; Fitting BetrVG § 96 Rn. 9, 10; Raab in: GK BetrVG II § 96 Rn. 7; Rieble, NZA Sonderheft 2001, 48, 51; Rumpff/Boewer, Mitbestimmung in wirtschaftlichen Angelegenheiten, F. Rn. 20; Worzalla in: Hess u.a. BetrVG § 96 Rn. 4.
106 Fitting BetrVG § 96 Rn. 9; Gilberg, Die Mitwirkung des Betriebsrats bei der Berufsbildung, S. 169; Haßlöcher, Mitarbeiterqualifizierung, S. 79.
107 BAG, Beschluss vom 05.11.1985, Az. 1 ABR 49/83, AP Nr. 2 zu § 98 BetrVG 1972, unter B. I. 1. der Gründe; Matthes in: MüArbR § 262 Rn. 15; Reinecke in: Küttner Personalbuch 2012 „Betriebliche Berufsbildung" Rn. 2; Rumpff/Boewer, Mitbestimmung in wirtschaftlichen Angelegenheiten, F. Rn. 27; Sandmann/Schmitt-Rolfes, ZfA 2002, 295, 303; Thüsing in: Richardi BetrVG § 81 Rn. 17.

durch den Arbeitgeber handelt es sich um eine gesetzlich konkretisierte Nebenpflicht, auf deren Einhaltung der Arbeitnehmer einen Individualanspruch hat.[108] § 81 Abs. 1 BetrVG regelt die Unterrichtung vor Beschäftigungsbeginn, mithin eine erstmalige Einweisung in den Arbeitsplatz, wohingegen Abs. 2 eine Unterrichtung bei Veränderung des Arbeitsbereichs vorsieht. Eine solche Unterrichtung erfolgt mit der Zielsetzung, dem Arbeitnehmer die ordnungsgemäße Erfüllung seiner vertraglichen Pflicht zu ermöglichen.[109] Hierbei werden berufsbezogene Kenntnisse vermittelt, wodurch sich eine Schnittstelle zur Weiterbildung ergibt, so dass eine Abgrenzung erforderlich ist. Diese wird in Rechtsprechung und Literatur nicht einheitlich vorgenommen.

(aa) Abgrenzung anhand von Umfang und Qualität der vermittelten Kenntnisse

Das BAG und ein Teil der Literatur nehmen die Abgrenzung anhand des Umfangs und der Qualität der vermittelten Kenntnisse vor: Maßnahmen, die auf den Einsatz des Arbeitnehmers an einem konkreten Arbeitsplatz abzielen und über den für die Ausübung der Tätigkeit erforderlichen Kenntnisstand hinausgehen, fielen in den Anwendungsbereich des § 81 BetrVG. Sofern hingegen durch die Kenntnisvermittlung eine berufliche Qualifikation erst erlangt werde, die unabhängig von dem konkreten Arbeitsplatz des Arbeitnehmers Verwendung finden kann, so handele es sich um eine Berufsbildungsmaßnahme i. S. d. §§ 96 bis 98 BetrVG.[110]

(bb) Entbehrlichkeit einer Abgrenzung

In der Literatur wird überwiegend die Auffassung vertreten, dass eine trennscharfe Abgrenzung kaum möglich und überdies entbehrlich sei.[111] Es könne zu

---

108 Buschmann in: DKKW BetrVG § 81 Rn. 1; Fitting BetrVG § 81 Rn. 2, 3; Haßlöcher, Mitarbeiterqualifizierung, S. 81; Kania in: ErfK § 81 BetrVG Rn. 1; Thüsing in: Richardi BetrVG § 81 Rn. 1.
109 Fracke, Die betriebliche Weiterbildung, S. 109; Kania in: ErfK § 81 BetrVG Rn. 2.
110 BAG, Beschluss vom 05.11.1985, Az. 1 ABR 49/83, AP Nr. 2 zu § 98 BetrVG 1972, unter B. I. 1. der Gründe; BAG, Beschluss vom 28.01.1992, Az. 1 ABR 41/91, AP Nr. 1 zu § 96 BetrVG 1972, unter B. II. 1. a) der Gründe; Franzen, NZA 2001, 865, 867; Hamm, AuR 1992, 326, 332; Koch in: Schaub Arbeitsrechts-Hdb. § 234 Rn. 3; Kraft, NZA 1990, 457, 459; Matthes in: MüArbR § 262 Rn. 12; Rumpff/Boewer, Mitbestimmung in wirtschaftlichen Angelegenheiten, F. Rn. 28.
111 Alexander, NZA 1992, 1057, 1059; Buschmann in: DKKW BetrVG § 96 Rn. 10; Gilberg, Die Mitwirkung des Betriebsrats bei der Berufsbildung, S. 168; Hamm, AuR 1992, 326, 331 f.; Lotter, Beschäftigungssicherung, S. 62; Oetker, Die Mitbestimmung der Betriebs- und Personalräte, S. 94; Raab in: GK BetrVG II § 96 Rn. 14; Thüsing in: Richardi BetrVG § 96 Rn. 14. Anders Hammer, Berufsbildung und Betriebsverfassung, S. 71 bis 73, der Überschneidungen für den Ausnahmefall, eine strikte Trennung für die Regel hält.

Überschneidungen kommen, so dass beispielsweise in dem Fall, dass der Arbeitnehmer einen Anspruch auf Unterrichtung gem. § 81 Abs. 1 BetrVG hat, der Arbeitgeber diesem Anspruch mittels Durchführung einer Berufsbildungsmaßnahme i. S. d. § 96 BetrVG nachkommen könne.[112] Die strikte Entweder-oder-Zuordnung anhand der durch das BAG vorgegebenen Negativabgrenzung führe hingegen dazu, die §§ 96 bis 98 BetrVG extensiv und § 81 BetrVG restriktiv auszulegen oder umgekehrt. Beides sei im Hinblick auf die unterschiedlichen Schutzrichtungen nicht gerechtfertigt.[113] Eine Berufsbildungsmaßnahme sei vielmehr positiv zu definieren als Wissensvermittlung, die die Qualifikation des Arbeitnehmers, seine berufliche Verwendungsbreite, seine Arbeitsplatzsicherheit oder seine Aufstiegschancen erhöht.[114]

(cc) Bewertung

Der zweitgenannten Ansicht ist zuzustimmen. Für das strikte Entweder-oder-Prinzip, das das BAG vertritt, findet sich kein gesetzliches Erfordernis. Eine strenge Abgrenzung in jedem Fall wäre nur dann erforderlich, wenn beide Vorschriften auf dasselbe Ziel gerichtet wären und eine Konkurrenz dahingehend bestünde, dass die Anwendung der einen Vorschrift die Anwendbarkeit der anderen verkürzte. Beides ist aber nicht der Fall, da Maßnahmen der Berufsbildung i. S. d. §§ 96 bis 98 BetrVG ein anderes Ziel verfolgen als die Unterrichtung i. S. d. § 81 BetrVG: Während die Beteiligung des Betriebsrats bei Maßnahmen der Berufsbildung dem Zweck dient, die Persönlichkeit und die Würde des Arbeitnehmers zu sichern,[115] und eine Gleichbehandlung dahingehend zu erreichen, dass einzelne Arbeitnehmer mit den Neuerungen nicht überfordert sind,[116] verfolgt die Unterrichtungspflicht gem. § 81 BetrVG den Zweck, dem Arbeitnehmer seine Stellung und Aufgaben im Betrieb deutlich zu machen.[117] Es spricht also nichts dagegen, Überschneidungen zuzulassen.

Zudem ergeben sich auch inhaltliche Überschneidungen, wenn berufsspezifische und damit anderweitig verwendbare Kenntnisse individuell und am konkreten Arbeitsplatz vermittelt werden, sogenanntes *learning on the job*.[118] Durch eine trennscharfe Abgrenzung nach dem Entweder-oder-Prinzip darf weder

---

112 Buschmann in: DKKW BetrVG § 96 Rn. 10; Raab in: GK BetrVG II § 96 Rn. 14.
113 Alexander, NZA 1992, 1057, 1059; Hammer, Berufsbildung und Betriebsverfassung, S. 71 bis 73; Thüsing in: Richardi BetrVG § 96 Rn. 14.
114 Alexander, NZA 1992, 1057, 1061; Thüsing in: Richardi BetrVG § 96 Rn. 14.
115 Hammer, Berufsbildung und Betriebsverfassung, S. 33; Fitting BetrVG § 96 Rn. 5.
116 Mosch/Oelkers, NJW-Spezial 2008, 594, 594.
117 BT Drucks. 6/1786, S. 47; Buschmann in: DKKW BetrVG § 81 Rn. 09; Thüsing in: Richardi BetrVG § 81 Rn. 1.
118 Busse/Heidemann, Betriebliche Weiterbildung, S. 124.

der Charakter einer mitbestimmungspflichtigen Berufsbildungsmaßnahme noch der Charakter eines Individualanspruchs verloren gehen.

Aus Sicht des Arbeitnehmers ist darauf hinzuweisen, dass sich seine Rechte im Zweifel durch die Beteiligung des Betriebsrats verbessern, wenn den Arbeitgeber eine Unterrichtungspflicht gem. § 81 BetrVG trifft und er sich entschließt, dieser Pflicht mittels Durchführung einer Berufsbildungsmaßnahme nachzukommen. Denn in diesem Fall kann der Betriebsrat seine Beteiligungsrechte zugunsten der Arbeitnehmer ausüben.

Eine Abgrenzung der beiden Maßnahmen ist daher nur erforderlich, für den Fall dass der Arbeitgeber die Beteiligung des Betriebsrats umgehen wollte, beispielsweise indem er die betroffenen Arbeitnehmer individuell unterrichtet und die erforderliche Kenntnisvermittlung allein auf § 81 BetrVG stützt.

Eine erste Grobabgrenzung kann über das Zeitmoment erfolgen. Die Regelung des Abs. 1 betrifft allein die erstmalige Einweisung in den Arbeitsplatz und findet vor Aufnahme der Beschäftigung statt. Berufsbildungsmaßnahmen i. S. d. §§ 96 bis 98 BetrVG hingegen stellen Maßnahmen der Kenntnisvermittlung während des laufenden Arbeitsverhältnisses dar.

Somit verbleibt noch die Abgrenzung zu Abs. 2, der ebenfalls an ein während des laufenden Arbeitsverhältnisses auftretendes Qualifizierungsbedürfnis anknüpft.

Als zweites Abgrenzungskriterium der Unterrichtung im laufenden Arbeitsverhältnis von der Berufsbildungsmaßnahme ist die sprachliche Grenze heranzuziehen. Der Begriff der Berufsbildung gibt zum einen vor, dass es sich um für einen „Beruf" spezifische Kenntnisse handeln muss. Zum anderen gibt er vor, dass „Bildung" vermittelt wird, also Kenntnisse, an die ein gewisser intellektueller Anspruch zu stellen ist. Beides ist lediglich bei evident arbeitsplatzbezogenen, auf die Bedürfnisse und Üblichkeiten des Betriebs zugeschnittenen Anweisungen zu verneinen. Denn nur in diesem Fall sind Kenntnisse Gegenstand der Maßnahme, die unter keinem Gesichtspunkt prägend für das Berufsbild sind bzw. die ohne ausreichenden intellektuellen Gehalt rein praktische und betriebsspezifische Umstände erläutern:

Beispiele: Anwendung einer individuell für den Betrieb programmierten Software; Anpassung an den Schreibstil des Vorgesetzten zwecks einheitlicher Außenwirkung; Bedienung speziell auf den Betrieb zugeschnittener Maschinen.

Die Abgrenzungsfrage stellt sich aber auch aus Sicht des Arbeitgebers, der ein nachvollziehbares Interesse daran hat, aus Praktikabilitäts- und Kostengründen Berufsbildungsmaßnahmen nur dann durchzuführen, wenn die §§ 96 bis 98 BetrVG einschlägig sind. Die aufgezeigten Kriterien taugen jedoch aus Arbeitgebersicht gleichermaßen für eine Abgrenzung. Bei einer arbeitsplatzspezifischen Anweisung vor Beschäftigungsaufnahme liegt eine Unterrichtung i. S. d. § 81 Abs. 1 BetrVG vor, bei evident arbeitsplatzbezogenen, auf die Bedürfnisse und Üblichkeiten des Betriebs zugeschnittenen Anweisungen im laufenden Arbeitsverhältnis eine Unterrichtung i. S. d. § 81 Abs. 2 BetrVG. In Fällen, in denen dem Arbeitnehmer – zumindest auch – berufsspezifische und damit anderweitig verwendbare Kenntnisse vermittelt werden, liegt eine mitbestimmungspflichtige Berufsbildungsmaßnahme i. S. d. §§ 96 bis 98 BetrVG vor, was aber das Bestehen eines Individualanspruchs auf Unterrichtung gem. § 81 BetrVG nicht zwingend ausschließt.

(b) Abgrenzung von sonstigen Bildungsmaßnahmen

Die Abgrenzung der Berufsbildungsmaßnahmen von sonstigen Bildungsmaßnahmen i. S. d. § 98 Abs. 6 BetrVG lässt sich einfacher vornehmen. Hier richtet sich die Abgrenzung nach allgemeiner Auffassung nach dem Wortlaut, so dass Bildungsmaßnahmen, die keinerlei Berufsbezug aufweisen, sondern den Arbeitnehmer auf anderen Gebieten weiterbilden, sonstige Bildungsmaßnahmen darstellen.[119] Hierfür kommen beispielsweise Lehrgänge in Erster Hilfe oder Sprachkurse in Betracht.[120]

(3) Begriff der betrieblichen und außerbetrieblichen Berufsbildungsmaßnahme

In den §§ 96 bis 98 BetrVG wird an mehreren Stellen zwischen betrieblichen und außerbetrieblichen Berufsbildungsmaßnahmen unterschieden. Da die Intensität der Beteiligungsrechte diesbezüglich unterschiedlich ist, kommt es auf genaue Definitionen an.

Nach allgemeiner Auffassung ist der Begriff „betrieblich" nicht örtlich, sondern funktional zu verstehen.[121] Es kommt demnach also nicht darauf an, dass die Bildungsmaßnahme in den Räumlichkeiten des Betriebes durchgeführt wird,

---

119 Burkert, Das neue Mitbestimmungsrecht des Betriebsrats gemäß § 97 Abs. 2 BetrVG, S. 80; Fitting BetrVG § 98 Rn. 37.
120 Fitting BetrVG § 98 Rn. 37; Mauer in: BeckOK Arbeitsrecht § 98 BetrVG Rn. 5; Thüsing in: Richardi BetrVG § 98 Rn. 67.
121 BAG, Beschluss vom 12.11.1991, Az. 1 ABR 21/91, AP Nr. 8 zu § 98 BetrVG 1972, unter B. II. 2. der Gründe; BAG, Beschluss vom 18.04.2000, Az. 1 ABR 28/99, NZA 2001, 167, 169; Fitting BetrVG § 98 Rn. 6; Raab in: GK BetrVG II § 98 Rn. 3; Worzalla in: Hess u.a. BetrVG § 98 Rn. 8.

sondern darauf, ob der Arbeitgeber als Träger der Veranstaltung anzusehen ist.[122] Das wiederum ist dann der Fall, wenn der Arbeitgeber die Maßnahme allein durchführt oder im Falle der Zusammenarbeit mit Dritten auf Inhalt und Durchführung der Maßnahme rechtlich oder tatsächlich einen beherrschenden Einfluss hat.[123]

bb) Die Bedeutung des § 92a BetrVG

Die durch das BetrVG-ReformG 2001 eingeführte Vorschrift § 92a BetrVG konkretisiert die allgemeine Aufgabe zur Beschäftigungsförderung und -sicherung gem. § 80 Abs. 1 Nr. 8 BetrVG und normiert ein umfassendes Vorschlagsrecht des Betriebsrats in diesem Bereich.[124] Dabei wird in § 92a Abs. 1 S. 2 BetrVG die Qualifizierung der Arbeitnehmer explizit als ein möglicher Gegenstand dieses Vorschlagsrechts benannt. Hierdurch wird das Thema Mitarbeiterqualifizierung offensiv angegangen und deren Bedeutsamkeit für die Beschäftigungssicherung und -förderung[125] hervorgehoben. Objekt der Beschäftigungssicherung und -förderung ist allerdings nach h. M. ausschließlich die bereits vorhandene Belegschaft.[126] Entgegen der Ansicht *Däublers*[127] kann der Betriebsrat nicht zur Förderung des Gemeinwohlinteresses aktiv werden und Vorschläge zur Beschäftigungsförderung Arbeitsloser mit dem Arbeitgeber beraten. Gegen eine derartige Auslegung der Norm sprechen schon Funktion und Stellung des Betriebsrats, der eine betriebliche Interessenvertretung bildet. Das Anliegen des BetrVG liegt darin, die Arbeitnehmer an den betrieblichen Entscheidungen, die ihr Arbeitsleben wesentlich beeinflussen, teilhaben zu lassen.[128] Hinzu kommt, dass der Arbeitgeber die Tätigkeit des Betriebsrats direkt gem. § 40 BetrVG und indirekt über die Lohnfortzahlung gem. § 37 Abs. 2 BetrVG finanziert und es nicht einsichtig ist,

---

122 BAG, Beschluss vom 18.04.2000, Az. 1 ABR 28/99, NZA 2001, 167, 169; Fitting BetrVG § 98 Rn. 6.
123 BAG, Beschluss vom 12.11.1991, Az. 1 ABR 21/91, AP Nr. 8 zu § 98 BetrVG 1972, unter B. II. 2. der Gründe; BAG, Beschluss vom 18.04.2000, Az. 1 ABR 28/99, NZA 2001, 167, 169; Lotter, Beschäftigungssicherung, S. 54.
124 Kania in: ErfK § 92a BetrVG Rn. 1; Mauer in: BeckOK Arbeitsrecht § 92a BetrVG Rn. 1; Thüsing in: Richardi BetrVG § 92a Rn. 4.
125 Zu den Begriffsbestimmungen von „Beschäftigungssicherung" und „Beschäftigungsförderung" siehe: Haßlöcher, Mitarbeiterqualifizierung, S. 48 bis 50.
126 Bauer, NZA 2001, 375, 378; Fitting BetrVG § 92a Rn. 5; Kania in: ErfK § 92a BetrVG Rn. 1; Reichold, NZA 2001, 857, 863.
127 Däubler in: DKKW BetrVG § 92a Rn. 2.
128 v. Hoyningen-Huene in: MüArbR § 210 Rn. 1; Richardi in: Richardi BetrVG Einleitung Rn. 1.

warum er für die Wahrnehmung allgemeiner gesellschaftlicher Interessen finanziell aufkommen sollte.

Da die Vorschrift zum ersten Unterabschnitt „*Allgemeine personelle Angelegenheiten*" gehört, deren Regelungsgegenstände sinnnotwendig kollektiv angelegt sind, entspricht es allgemeiner Ansicht, dass die getätigten Vorschläge zur Beschäftigungssicherung einen kollektiven Bezug aufweisen müssen und sich nicht lediglich auf die individuellen Belange einzelner Arbeitnehmer beziehen dürfen;[129] so besteht insbesondere nicht die Möglichkeit, die Weiterbildung einzelner Arbeitnehmer vorzuschlagen.[130]

Zu beachten ist, dass dem Betriebsrat nach § 92a BetrVG lediglich ein Vorschlagsrecht zukommt und er die Umsetzung der vorgeschlagenen Maßnahmen daher keineswegs erzwingen kann.[131] Auch hat er keinen Unterlassungsanspruch in Bezug auf Maßnahmen des Arbeitgebers.[132] Schließlich wirkt sich die Missachtung der Vorschläge des Betriebsrats nicht nachteilig auf das Recht des Arbeitgebers zur Kündigung aus.[133] Aus diesem Grund erfuhr die Vorschrift eine kritische Würdigung durch die Literatur, die § 92a BetrVG sowohl die juristische als auch die praktische Bedeutung absprach.[134]

Bedeutung kann die Vorschrift allerdings auf zweierlei Wegen erlangen:

Der Arbeitgeber wird durch dessen Abs. 2 dazu verpflichtet, eine (in Betrieben mit mehr als 100 Arbeitnehmern schriftliche) Begründung abzugeben, wenn er die vorgeschlagene Maßnahme für ungeeignet hält. Das zwingt ihn zur inhaltlichen Auseinandersetzung mit dem Vorschlag, so dass es zumindest möglich ist, dass er beim nochmaligen Durchdenken der Thematik seine Meinung ändert. Außerdem kann die Begründung eine arbeitsaufwendige und daher lästige Aufgabe darstellen, die mit dünnen Argumenten für die eigene Position noch schwerer fallen dürfte. Allerdings erschöpft sich die Begründungspflicht in der Darlegung der persönlichen Auffassung des Arbeitgebers, sogenannte subjektive Determination,

---

129 Haßlöcher, Mitarbeiterqualifizierung, S. 53; Löwisch/Kaiser BetrVG § 92a Rn. 4.
130 Rieble, NZA Sonderheft 2001, 48, 48.
131 LAG Hamm, Beschluss vom 20.03.2009, Az. 10 TaBv 17/09, juris, unter B. II. 1. c) der Gründe; Fitting BetrVG § 92a Rn. 6; Löwisch/Kaiser, § 92a Rn. 3; Thüsing in: Richardi BetrVG § 92a Rn. 6.
132 Fitting BetrVG § 92a Rn. 14; Kania in: ErfK § 92a BetrVG Rn. 1; a.A. Däubler in: DKKW BetrVG § 92a Rn. 26.
133 BAG, Urteil vom 18.10.2006, Az. 2 AZR 434/05, NZA 2007, 552, 554; Kania in: ErfK § 92a BetrVG Rn. 1; Thüsing in: Richardi BetrVG § 92a Rn. 15.
134 Annuß, NZA 2001, 367, 368; Däubler, AuR 2001, 1, 6; Kania in: ErfK § 92a BetrVG Rn. 1; Thüsing in: Richardi BetrVG § 92a Rn. 3a.

und muss nicht auf einer betriebswirtschaftlich schlüssigen Analyse beruhen.[135] Hierüber erfährt der Effekt durchaus eine Einschränkung.

Die andere Möglichkeit, durch die dem Vorschlagsrecht nach § 92a BetrVG Gewicht zukommt, ist gegeben, wenn die Betriebspartner die Norm zum Anlass für den Abschluss freiwilliger Vereinbarungen nehmen.[136] Das Vorschlagsrecht kann daher Grundlage für eine Betriebsabsprache oder auch eine Betriebsvereinbarung sein, in der sich Arbeitgeber und Betriebsrat auf Maßnahmen der Berufsbildung verbindlich einigen.[137]

cc) Die Beteiligungsrechte gem. § 96 BetrVG

Dem Arbeitgeber und dem Betriebsrat kommt im Rahmen der betrieblichen Personalplanung und in Zusammenarbeit mit den für die Berufsbildung und den für die Förderung der Berufsbildung zuständigen Stellen[138] gem. § 96 Abs. 1 S. 1 BetrVG die gemeinsame Aufgabe zu, die Berufsbildung der Arbeitnehmer zu fördern. Die Vorschrift verfolgt insbesondere den Zweck, die Gleichbehandlung aller Arbeitnehmer bei Berufsbildungsmaßnahmen zu gewährleisten.[139]

(1) Ermittlung des Berufsbildungsbedarfs gem. § 96 Abs. 1 S. 2, 1. Hs. BetrVG

Gem. § 96 Abs. 1 S. 2, 1. Hs. BetrVG hat der Arbeitgeber auf Verlangen des Betriebsrats den Berufsbildungsbedarf zu ermitteln und mit ihm Fragen der Berufsbildung der Arbeitnehmer des Betriebs zu beraten.[140] Insoweit besteht hier ein Initiativrecht des Betriebsrats.[141] Das Verlangen muss durch einen entsprechenden Beschluss des Betriebsrats gedeckt sein.[142] Durch das Verlangen entsteht eine Verpflichtung des Arbeitgebers zur Bedarfsermittlung, wodurch die Grundlage für eine wirksame Ausübung der für die Qualifizierung der Arbeitnehmer bedeutsamen Beteiligungsrechte des Betriebsrats geschaffen werden soll.[143]

---

135 Rieble, NZA Sonderheft 2001, 48, 49.
136 Fitting BetrVG § 92a Rn. 6; Kania in: ErfK § 92a BetrVG Rn. 1.
137 Siehe zu Betriebsvereinbarungen über Weiterbildung Teil 2: F.
138 Die zuständigen Institutionen ergeben sich jeweils aus dem BBiG, §§ 71 ff.
139 Mauer in: BeckOK Arbeitsrecht § 96 BetrVG Rn. 4.
140 Zu der im Zusammenhang mit der Bedarfsanalyse eventuell auftretenden Datenschutzproblematik siehe: Lotter, Beschäftigungssicherung, S. 172 bis 174.
141 Mauer in: BeckOK Arbeitsrecht § 96 BetrVG Rn. 5; Thüsing in: Richardi BetrVG § 96 Rn. 18.
142 Worzalla in: Hess u.a. BetrVG § 96 Rn. 18.
143 BT Drucks. 14/5741, S. 49; Raab in: GK BetrVG II § 96 Rn. 29.

Die Ermittlungspflicht des Arbeitgebers bezieht sich auf den betrieblichen Bildungsbedarf. Dieser ergibt sich aus dem Vergleich einer Ist-Analyse mit dem Soll-Zustand.[144]

Eine Pflicht, im Anschluss an die Ermittlung irgendwelche oder gar bestimmte Maßnahmen zu ergreifen, trifft den Arbeitgeber jedoch nicht; die Entscheidung, ob Maßnahmen zur Berufsförderung unternommen werden, und ggf. die Organisation und Zielsetzung solcher Maßnahmen stehen allein dem Arbeitgeber zu.[145] Beeinflusst wird diese Planungshoheit durch ein diesbezüglich bestehendes Beratungs- und Vorschlagsrecht des Betriebsrats.

(2) Beratungs- und Vorschlagsrecht gem. § 96 Abs. 1 S. 2, 2. Hs. und 3 BetrVG

Der Betriebsrat kann gem. § 96 Abs. 1 S. 2, 2. Hs. und 3 BetrVG mit dem Arbeitgeber über die Berufsbildung der Arbeitnehmer des Betriebes beraten und Vorschläge hierzu unterbreiten. Der Arbeitgeber wird hierdurch (lediglich) dazu verpflichtet, die Fragen mit dem Betriebsrat zu besprechen und sich einer Einigung nicht von vornherein zu verschließen. Insoweit gilt der Grundsatz der vertrauensvollen Zusammenarbeit, § 2 BetrVG, der in § 74 Abs. 1 S. 2 BetrVG seine Konkretisierung gefunden hat. Abgesehen von dem ernsten Willen zur Einigung mit dem Betriebsrat ist – wie oben erwähnt – der Arbeitgeber frei in seiner Entscheidung und Planung.

(3) Ermöglichungspflicht gem. § 96 Abs. 2 BetrVG

Gem. § 96 Abs. 2 S. 1 BetrVG kommt dem Arbeitgeber und dem Betriebsrat die gemeinsame Aufgabe zu, den Arbeitnehmern die Teilnahme an betrieblichen oder außerbetrieblichen Maßnahmen der Berufsbildung zu ermöglichen. Daher sind Zugangshemmnisse, beispielsweise in Form einer Kostenbeteiligung, zu beseitigen.[146]

Gem. § 96 Abs. 2 S. 2 BetrVG sind dabei insbesondere die Belange älterer Arbeitnehmer, Teilzeitbeschäftigter und der Arbeitnehmer mit Familienpflichten zu berücksichtigen. Die Erwähnung dieser Arbeitnehmergruppen ergänzt §§ 75 Abs. 1, § 80 Abs. 1 Nr. 2a und 6 BetrVG und dient der Chancengleichheit unter den Arbeitnehmern.[147]

---

144 Buschmann in: DKKW BetrVG § 96 Rn. 24; Mauer in: BeckOK Arbeitsrecht § 96 BetrVG Rn. 5; Raab in: GK BetrVG II § 96 Rn. 30; Thüsing in: Richardi BetrVG § 96 Rn. 21; Worzalla in: Hess u.a. BetrVG § 96 Rn. 19. Zur praktischen Durchführung der Ist-Analyse siehe: Lotter, Beschäftigungssicherung, S. 44 bis 50.
145 Matthes in: MüArbR § 262 Rn. 4; Raab in: GK BetrVG II § 96 Rn. 22; Thüsing in: Richardi BetrVG § 96 Rn. 16.
146 Buschmann in: DKKW BetrVG § 96 Rn. 27.
147 Kania in: ErfK § 96 BetrVG Rn. 12.

Da größtenteils Frauen in Teilzeitbeschäftigung stehen und sie auch häufiger diejenigen sind, die Familie und Beruf zu vereinbaren haben, beugt die Vorschrift zudem mittelbarer Diskriminierung vor.[148] Durch die explizite Erwähnung trägt der Gesetzgeber dem typischerweise bestehenden erhöhten Weiterbildungsbedürfnis Rechnung.[149]

dd) Die Beteiligungsrechte gem. § 97 BetrVG

Nach § 97 BetrVG stehen dem Betriebsrat Beteiligungsrechte in Bezug auf außer- und innerbetriebliche Berufsbildungsmaßnahmen zu.

(1) Beratungsrecht gem. § 97 Abs. 1 BetrVG

In Abs. 1 beschränkt sich die Beteiligung des Betriebsrats auf ein Beratungs- und Vorschlagsrecht. Damit ergänzt § 97 Abs. 1 BetrVG die Regelung des § 96 BetrVG um ein besonderes Beratungsrecht des Betriebsrats, wenn es um die Errichtung und Ausstattung betrieblicher Einrichtungen zur Berufsbildung, die Einführung betrieblicher Berufsbildungsmaßnahmen oder die Teilnahme an außerbetrieblichen Berufsbildungsmaßnahmen geht.[150] In diesen Fällen ist der Arbeitgeber unabhängig von einem Verlangen des Betriebsrats zur Beratung mit selbigem verpflichtet.[151]

Der Arbeitgeber kann letztlich nach seinem freien Ermessen über die Einführung oder Abschaffung von Bildungsmaßnahmen entscheiden.[152]

(2) Mitbestimmungsrecht gem. § 97 Abs. 2 BetrVG

Nach § 97 Abs. 2 BetrVG hat der Betriebsrat ein echtes Mitbestimmungsrecht[153] bei der Einführung von betrieblichen Berufsbildungsmaßnahmen. Wenn der Arbeitgeber Maßnahmen geplant oder durchgeführt hat, die dazu führen, dass die berufliche Qualifikation der Arbeitnehmer zur Erfüllung der Arbeitsaufgaben nicht mehr ausreicht, besteht die Notwendigkeit einer Anpassungsqualifikation.

---

148 Fitting BetrVG § 96 Rn. 132; Kania in: ErfK § 96 BetrVG Rn. 12; Raab in: GK BetrVG II § 96 Rn. 35.
149 Siehe Teil 2: A. II.
150 Hinsichtlich der Durchführung betrieblicher Berufsbildungsmaßnahmen ist zudem das Mitbestimmungsrecht des Betriebsrats nach § 98 Abs. 1 BetrVG beachten, siehe Teil 2: A. I. 2. b) ee) (1).
151 Fitting BetrVG § 97 Rn. 4; Kania in: ErfK § 97 BetrVG Rn. 1; Lotter, Beschäftigungssicherung, S. 124; Mauer in: BeckOK Arbeitsrecht § 97 BetrVG vor Rn. 1.
152 Mauer in: BeckOK Arbeitsrecht § 97 Rn. 1.
153 Franzen, NZA 2001, 865, 866; Raab in: GK BetrVG II § 97 Rn. 11; Sandmann/Schmitt-Rolfes, ZfA 2002, 295, 301.

Der Betriebsrat bestimmt dann bei der Einführung hierauf gerichteter Qualifizierungsmaßnahmen mit. Die tätigkeitsändernde Maßnahme selbst unterliegt hingegen nicht seiner Mitbestimmung.[154]

Das Mitbestimmungsrecht schließt auch ein Initiativrecht des Betriebsrats ein,[155] so dass dieser nicht darauf angewiesen ist, Angebote des Arbeitgebers abzuwarten und sich nur mit diesen auseinanderzusetzen. Vielmehr kann er selbst Anregungen und Vorschläge unterbreiten und zudem die Einigungsstelle anrufen und eine (jedoch keine bestimmte) Regelung erzwingen, wenn sich keine Einigung mit dem Arbeitgeber erzielen lässt, § 97 Abs. 2 S. 2 und 3 BetrVG.

Das Initiativrecht ergibt sich zwar nicht unmittelbar aus dem Gesetz. Jedoch ist zu beachten, dass echte Mitbestimmung nur dann sinnvoll stattfindet, wenn eine gleichberechtigte Teilhabe an der Gestaltung der betreffenden Angelegenheit erfolgt.[156] Dem steht auch nicht der Zweck des Mitbestimmungsrechtes entgegen, da es keiner Schutz- oder Abwehrfunktion zugunsten der Arbeitnehmer dient, sondern auf positive Regelung gerichtet ist. Das Initiativrecht wird durch die Gegenstände seines entsprechenden Mitbestimmungsrechts begrenzt,[157] so dass die Initiative des Betriebsrats einzig darauf gerichtet sein kann, Maßnahmen zur betrieblichen Berufsbildung zu ergreifen.

Gegenstand des Abs. 2 ist allein die betriebliche Berufsbildung. Nicht erfasst sind die Schaffung betrieblicher Bildungseinrichtungen und außerbetriebliche Bildungsmaßnahmen, denn hierfür besteht lediglich ein Beratungsrecht nach Abs. 1.

Es kommt für das Mitbestimmungsrecht auf einen beherrschenden Einfluss des Arbeitgebers auf die Gestaltung, den Inhalt und die Durchführung der Veranstaltung an.[158]

Es handelt sich bei § 97 Abs. 2 BetrVG um eine beschäftigungssichernde Maßnahme des Gesetzgebers, indem der Betriebsrat präventiv betriebliche

---

154 Raab in: GK BetrVG II § 97 Rn. 12.
155 Fitting BetrVG § 97 Rn. 20; Franzen, NZA 2001, 865, 866; Haßlöcher, Mitarbeiterqualifizierung, S. 120; Konzen, RdA 2001, 76, 91; Raab in: GK BetrVG II § 97 Rn. 11; Reichold, NZA 2001, 857, 864.
156 BAG, Beschluss vom 14.11.1974, Az. 1 ABR 65/73, AP Nr. 1 zu § 87 BetrVG 1972, unter 2. der Gründe; Matthes in: MüArbR § 238 Rn. 32; Richardi in: Richardi BetrVG § 87 Rn. 68.
157 Matthes in: MüArbR § 238 Rn. 35, 36; Richardi in: Richardi BetrVG § 87 Rn. 72.
158 BAG, Beschluss vom 18.04.2000, Az. 1 ABR 28/99, NZA 2001, 167, 169; Thüsing in: Richardi BetrVG § 97 Rn. 11a.

Bildungsmaßnahmen zugunsten der Arbeitnehmer herbeiführen kann.[159] Die Vorschrift ergänzt die individualschützende Regelung des § 1 Abs. 2 S. 3 KSchG und wirkt im Zusammenspiel mit der Regelung des § 102 Abs. 3 Nr. 4 BetrVG, wonach der Betriebsrat einer ordentlichen Kündigung mit der Begründung widersprechen kann, dass die Weiterbeschäftigung des Arbeitnehmers nach zumutbaren Umschulungs- oder Fortbildungsmaßnahmen möglich sei.[160]

Nach h. M. beschränkt sich das Mitbestimmungsrecht auf die Einführung von Maßnahmen der betrieblichen Berufsbildung, also das „Ob", und erfasst nicht auch deren Ausgestaltung.[161] Zur Begründung wird ein Vergleich mit § 98 BetrVG gezogen, der dem gegenüber das Mitbestimmungsrecht des Betriebsrats bei der Durchführung von Maßnahmen der betrieblichen Berufsbildung ausdrücklich regelt.

Nach anderer Auffassung erstreckt sich das Mitbestimmungsrecht auch auf Aspekte der Durchführung, also auf das „Wie".[162] *Worzalla* begründet seine Auffassung damit, dass die Formulierung „*bei der Einführung*" im Gegensatz zu der ebenfalls denkbaren Formulierung „*über die Einführung*" auf ein Mehr als die bloße Mitbestimmung über das „Ob" hindeute. Deshalb sei von dem Mitbestimmungsrecht nach § 97 Abs. 2 BetrVG nämlich auch ein Mitbestimmungsrecht über die im unmittelbaren Zusammenhang mit der Einführung stehenden Aspekte der Durchführung gegeben und § 97 Abs. 2 BetrVG gegenüber § 98 Abs. 1 BetrVG spezieller. § 98 BetrVG beziehe sich daher nur auf solche Maßnahmen betrieblicher Berufsbildung, die von § 97 Abs. 2 BetrVG nicht erfasst seien.[163]

Die zweitgenannte Ansicht überzeugt nicht. Die Argumentation mit dem Wortlaut ist spitzfindig und zu weit hergeholt. Der Vergleich zu § 98 Abs. 1 BetrVG hingegen zeigt deutlich, dass nur hiernach eine Mitbestimmung hinsichtlich der Durchführung gewollt ist. Der h. M. ist zu folgen. Die Mitbestimmung nach § 97 Abs. 2 BetrVG beschränkt sich auf die Einführung von Maßnahmen der betrieblichen Berufsbildung.

---

159 BR Drucks. 140/01, S. 114; Fitting BetrVG § 97 Rn. 10; Löwisch/Kaiser BetrVG § 97 Rn. 7; Preis in: WPK BetrVG § 97 Rn. 11; Reichold, NZA 2001, 857, 864; Reinecke in: Küttner Personalbuch 2012 „Betriebliche Berufsbildung" Rn. 9; Rieble, NZA Sonderheft 2001, 48, 48; Thüsing in: Richardi BetrVG § 97 Rn. 1a.
160 Fitting BetrVG § 96 Rn. 1; Kania in: ErfK § 97 BetrVG Rn. 6.
161 Buschmann in: DKKW BetrVG § 97 Rn. 9; Franzen, NZA 2001, 865, 867; Rieble, NZA Sonderheft 2001, 48, 54.
162 Zum Streitstand siehe: Worzalla in: Hess u.a. BetrVG § 97 Rn. 12.
163 Denkbar wären insoweit Berufsbildungsmaßnahmen, die der Arbeitgeber freiwillig durchführt, ohne dass eine Anpassungsqualifizierung notwendig wäre. Siehe auch: Haßlöcher, Mitarbeiterqualifizierung, S. 88; Matthes in: MüArbR § 262 Rn. 19, 20.

(a) Tätigkeitsändernde Maßnahme des Arbeitgebers

Der Begriff der „tätigkeitsändernden Maßnahme" i. S. d. § 97 Abs. 2 BetrVG ist nicht gesetzlich definiert und nach allgemeiner Auffassung weit zu verstehen. Daher liegt eine solche Maßnahme bei jeder Handlung des Arbeitgebers vor, die zu nachhaltigen inhaltlichen Änderungen der Tätigkeiten der betroffenen Arbeitnehmer geführt hat, wodurch eine Diskrepanz zwischen den an die Arbeitnehmer gestellten Anforderungen und deren Ausbildungsstand entsteht.[164]

Zeitlich setzt das Mitbestimmungsrecht nach Abschluss der Planung ein. Erst ab diesem Zeitpunkt kann abgeschätzt werden, inwieweit sich die Anforderungen verändern und wie groß der Qualifikationsbedarf ist.[165] Es ist hingegen nicht Voraussetzung, dass die tätigkeitsändernde Maßnahme bereits umgesetzt wurde, denn ein solch langes Abwarten würde dem präventiven Charakter der Norm widersprechen.[166]

(b) Qualifikationsdefizit

Es ist gesetzlich nicht vorgegeben, welches Ausmaß die eingetretenen oder bevorstehenden Veränderungen haben müssen, damit das Mitbestimmungsrecht eingreift. Daher besteht diesbezüglich Uneinigkeit.

(aa) Mitbestimmungsrecht nur bei erheblichem Qualifikationsdefizit

Überwiegend wird davon ausgegangen, dass das Mitbestimmungsrecht erst eingreift, wenn das Qualifikationsdefizit so groß ist, dass der Arbeitgeber eine für seinen Arbeitsplatz unzureichende Qualifikation aufweist und ihm deshalb gekündigt werden könnte.[167] Argumentiert wird insofern mit dem beschäftigungssichernden Charakter der Norm und mit dem Vergleich zu § 102 Abs. 3 Nr. 4 BetrVG.

---

164 LAG Hamm, Beschluss vom 08.11.2002, Az. 10 (13) TaBv 59/02, NZA-RR 2003, 543, 544; Mauer in: BeckOK Arbeitsrecht § 97 BetrVG Rn. 2; Preis in: WPK BetrVG § 97 Rn. 12; Worzalla in: Hess u.a. BetrVG § 97 Rn. 18.
165 Fitting BetrVG § 97 Rn. 18; Haßlöcher, Mitarbeiterqualifizierung, S. 109 bis 111.
166 BT Drucks. 14/5741, S. 50; Fitting BetrVG § 97 Rn. 19; Thüsing in: Richardi BetrVG § 97 Rn. 15; Worzalla in: Hess u.a. BetrVG § 97 Rn. 33; a.A. Franzen, NZA 2001, 865, 866, der das Mitbestimmungsrecht i. d. R. erst nach Durchführung der Maßnahme bejaht, nach Abschluss der Planung nur dann, wenn sich schon aus der Planung eine Veränderung der Tätigkeit ergibt.
167 LAG Hamm, Beschluss vom 08.11.2002, Az. 10 (13) TaBv 59/02, NZA-RR 2003, 543, 544; Kania in: ErfK § 97 BetrVG Rn. 6; Thüsing in: Richardi BetrVG § 97 Rn. 9.

(bb) Mitbestimmungsrecht bei jedem Qualifikationsdefizit

Zum Teil wird auch jedes Qualifikationsdefizit als ausreichend erachtet, um das Mitbestimmungsrecht auszulösen, auch wenn die Arbeitnehmer ihrer Arbeit im Wesentlichen weiter nachkommen können.[168] Zur Begründung wird darauf hingewiesen, dass die Beschäftigungssicherung zwar Ziel der Norm, aber die konkrete Kündigungsbedrohung kein Tatbestandsmerkmal der Norm sei. Es sei ferner zu berücksichtigen, dass auch für die Mitarbeiter, die Sonderkündigungsschutz genießen, Qualifikationsdefizite durch Weiterbildung zu beseitigen seien.

(cc) Bewertung

Der erstgenannten Ansicht ist zuzugeben, dass unter dem Gesichtspunkt der Beschäftigungssicherung ein Handlungsbedarf erst gegeben ist, wenn ein Arbeitsverhältnis unmittelbar von Kündigung bedroht ist und diese durch Weiterbildung des Arbeitnehmers vermieden werden könnte. Auch ist denkbar, dass sich der Bedarf nach einer Berufsbildungsmaßnahme im Sinne der oben aufgestellten Definition rein praktisch erst einstellt, wenn die betroffenen Arbeitnehmer ihrer Arbeitsverpflichtung nicht mehr nachkommen können und im Vergleich hierzu kleinere Defizite durch eine – ohnehin mitbestimmungsfreie – Unterrichtung i. S. d. § 81 Abs. 2 BetrVG ausgeglichen werden können.[169]

Jedoch ist auch zu beachten, dass eine Klassifizierung von Wissensdefiziten äußerst schwierig und einzelfallbezogen erfolgen müsste. Dadurch wäre eine einheitlich eingeführte Bildungsmaßnahme für alle von der verändernden Maßnahme betroffenen Arbeitnehmer nicht möglich. Es kann nicht im Interesse der Beteiligten sein, eine Anpassungsqualifizierung immer stückchenweise und nur so weit vorzunehmen, dass jeder einzelne Arbeitnehmer mit seinem Aufgabengebiet gerade so zurechtkommt. Sobald sich in der Anwendung der veränderten Arbeitsmittel neue praktische Probleme zeigen, kann schnell eine Überforderung des Arbeitnehmers eintreten, die zum einen nicht im Voraus erkennbar war und die zum anderen durch eine vollumfängliche Weiterbildung bei Einführung hätte vermieden werden können. Schließlich ist es nicht sinnvoll, ausschließlich auf das Recht des Arbeitgebers zur Kündigung abzustellen, da auch diejenigen Arbeitnehmer mit Sonderkündigungsschutz ihrer Arbeit gewachsen sein müssen. Ihr Ziel erschöpft sich in der Regel nicht darin, nicht gekündigt zu

---

168 Buschmann in: DKKW BetrVG § 97 Rn. 20.
169 So beispielsweise in dem hier zugrunde liegenden Fall: LAG Hamm, Beschluss vom 08.11.2002, Az. 10 (13) TaBv 59/02, NZA-RR 2003, 543, 545.

werden, sondern auf dem Arbeitsplatz ein Arbeitsergebnis zu erzielen. Insofern lässt sich mit ihrem Beschäftigungsanspruch aus Artt. 2 Abs. 1, 1 Abs. 1 GG[170] argumentieren, der missachtet würde, wenn der Arbeitnehmer unwissend gehalten, aber auch nicht gekündigt würde.

Daher ist der zweitgenannten Ansicht zu folgen und ein Mitbestimmungsrecht des Betriebsrats bei jedwedem Qualifizierungsdefizit zu bejahen.

Einzuschränken ist die Ansicht dahingehend, dass selbstverständlich eine Berufsbildungsmaßnahme erforderlich sein muss und das Qualifikationsdefizit nicht durch bloße Unterrichtung i. S. d § 81 Abs. 2 BetrVG ausgleichbar sein darf.

(c) Fehlerhafte Einschätzung des Qualifikationsdefizits

Ob auf Grund einer tätigkeitsändernden Maßnahme ein Qualifikationsdefizit entsteht, kann – da das Mitbestimmungsrecht schon vor der Umsetzung einsetzt – nur prognostiziert werden. Insoweit steht dem Arbeitgeber und dem Betriebsrat ein Beurteilungsspielraum zu, wobei auch die Einschätzung des betroffenen Arbeitnehmers selbst berücksichtigt werden sollte.[171] Klarheit darüber, ob der Arbeitnehmer die neuen Gegebenheiten beherrscht, entsteht aber erst einige Zeit nach der Umsetzung.

Falls eine getroffene Prognose, die davon ausging, dass keine Berufsbildungsmaßnahme erforderlich ist, sich als fehlerhaft herausstellt, stehen die Beteiligten vor einem Problem.

Haßlöcher geht davon aus, dass in diesem Fall kein Mitbestimmungsrecht des Betriebsrats mehr besteht.[172] Durch die ursprüngliche Beteiligung sei das Mitbestimmungsrecht gewahrt worden. Da die Betriebspartner ihren Beurteilungsspielraum rechtmäßig genutzt hätten, sei es unerheblich, dass die Entscheidung fehlerhaft war.

Dem ist entgegenzuhalten, dass diese Ansicht quasi ein Erlöschen des Mitbestimmungsrechts durch Erfüllung annimmt. Eine solche Rechtsfolge sieht das BetrVG aber an keiner Stelle vor. Überhaupt ist es nach der Rechtsprechung des BAG nicht möglich, dass der Betriebsrat ein Mitbestimmungsrecht verliert, sei es durch Verwirkung oder durch Verzicht.[173] Es ist nicht ersichtlich, warum

---

170 Zum Beschäftigungsanspruch des Arbeitnehmers siehe grundlegend: BAG, Urteil vom 10.11.1955, Az. 2 AZR 591/54, NJW 1956, 359, 360. Für einen Überblick siehe: Joussen in: BeckOK Arbeitsrecht § 611 BGB Rn. 219 bis 224.
171 LAG Hamm, Beschluss vom 09.02.2009, Az. 10 TaBV 191/08, juris, unter B. II. 2. a) aa) der Gründe; Buschmann in: DKKW BetrVG § 97 Rn. 21.
172 Haßlöcher, Mitarbeiterqualifizierung, S. 114.
173 BAG, Urteil vom 03.06.2003, Az. 1 AZR 349/02, NZA 2003, 1155, 1158; BAG, Beschluss vom 28.08.2007, Az. 1 ABR 70/06, NZA 2008, 188, 189.

die Situation anders beurteilt werden soll, wenn der Betriebsrat von seinem Mitbestimmungsrecht zwar Gebrauch gemacht hat, im Nachhinein aber feststellt, dass er nicht vollständig bzw. fehlerlos mitbestimmt hat.

Auch strukturell ist die Auffassung *Haßlöchers* nicht überzeugend. Das Mitbestimmungsrecht ist ein Recht, kein Anspruch. Eine Erfüllung mit der Folge des Erlöschens kann es nicht geben. Das Mitbestimmungsrecht ist vielmehr immer dann gegeben, wenn die Voraussetzungen seiner Anwendung vorliegen. Das kann auch ein zweites Mal in demselben Sachverhalt der Fall sein, insbesondere dann, wenn sich die Tatsachengrundlage verändert hat (hier stellt die Erkenntnis eine neue Tatsache dar, dass eine Berufsbildungsmaßnahme doch erforderlich ist).

Ferner baut das Miteinander der Betriebspartner auf dem Grundsatz der vertrauensvollen Zusammenarbeit gem. § 2 Abs. 1 BetrVG auf. Dem widerspräche es, wenn dem Betriebsrat die Mitbestimmung verwehrt würde, obschon der Anwendungsbereich an sich eröffnet ist.

Schließlich ist das Mitbestimmungsrecht ja kein Selbstzweck, sondern dient dem Schutz der betroffenen Arbeitnehmer. Nur weil der Betriebsrat die Situation falsch eingeschätzt hat, darf sich nicht die Rechtsposition eines Arbeitnehmers verschlechtern. Das würde sie aber, nähme man dem Betriebsrat die Möglichkeit der (erneuten) Mitbestimmung bei der Einführung von Berufsbildungsmaßnahmen. Denn ohne Mitbestimmung könnte der Arbeitgeber von der Einführung einer entsprechenden Maßnahme absehen und dem Arbeitnehmer betriebsbedingt oder personenbedingt wegen der mangelhaften Qualifikation kündigen. Zwar besteht auch beim Ausspruch der Kündigung ein Mitbestimmungs- und in diesem Fall ein Widerspruchsrecht des Betriebsrats nach § 102 Abs. 3 Nr. 4 BetrVG und die Möglichkeit des Arbeitnehmers einer erfolgversprechenden, weil auf § 1 Abs. 2 S. 3 KSchG gestützten[174] Kündigungsschutzklage. Jedoch stellt diese Situation für den betroffenen Arbeitnehmer eine äußerst belastende und kostenaufwendige Angelegenheit dar, die durch eine Mitbestimmung des Betriebsrats bei der Einführung von Berufsbildungsmaßnahmen zu vermeiden gewesen wäre.

Daher besteht das Mitbestimmungsrecht gem. § 97 Abs. 2 BetrVG auch in dem Fall, dass der Betriebsrat bereits beteiligt wurde und sich seine Prognose hinsichtlich des Qualifizierungsdefizits als fehlerhaft erweist.

---

174 Zu Inhalt und Reichweite des § 1 Abs. 2 Nr. 3 KSchG siehe: Teil 2: A. I. 4.

(d) Umfang der Qualifizierung

(aa) Anpassungsqualifizierung

Da die Mitbestimmung nach § 97 Abs. 2 BetrVG nach allgemeiner Ansicht der Vermeidung von Kündigungen dient,[175] stellt eine sogenannte Anpassungsqualifizierung, also der Ausgleich des durch die tätigkeitsändernde Maßnahme entstandenen Qualifikationsdefizits, den Kern dessen dar, was die Berufsbildungsmaßnahme leisten muss. Gegenstand des Mitbestimmungsrechts ist daher jedenfalls die Festlegung von Qualifizierungszielen und -wegen,[176] die auf Anpassung gerichtet sind.

(bb) Weitergehende Qualifizierung

Fraglich ist, ob auch eine über die bloße Kompensation hinausgehende Weiterbildung erfolgen kann. Zur Beantwortung dieser Frage kommt es darauf an, wie eng maßnahmebezogen man § 97 Abs. 2 BetrVG auslegt.[177]

Für eine Weiterbildung, die über den aktuellen Qualifikationsbedarf hinausgeht, spricht zwar, dass beispielsweise weitere tätigkeitsändernde Maßnahmen in absehbarer Zukunft mit berücksichtigt werden könnten, so dass kosten- und zeiteffizient eine zusammenhängende umfassende Bildungsmaßnahme möglich wäre. Legt man – wie Buschmann – ein weites Verständnis zugrunde, könnten auch Inhalte erfasst sein, die lediglich in funktionalem Zusammenhang mit dem aktuellen Bildungsbedarf stehen.[178]

Jedoch sprechen rechtliche und praktische Erwägungen gegen ein solches Vorgehen. Zum einen läge hinsichtlich des überschießenden Teils eine freiwillige Bildungsmaßnahme vor, hinsichtlich deren Einführung („Ob") dem Betriebsrat kein Mitbestimmungsrecht zusteht. Rein praktisch gedacht ist es auch nicht sinnvoll, auf Vorrat zu lernen. Es ist unsicher, ob das erlernte Wissen in dieser Form überhaupt je zum Einsatz kommt oder ob es bis dahin nicht schon wieder überholt ist. Außerdem werden die Rechte des Betriebsrats und der betroffenen Arbeitnehmer durch einen engen Maßnahmebezug der Bildungsmaßnahme nicht beeinträchtigt. Denn sobald das prognostizierte Qualifikationsdefizit eintritt, ist erneut das Mitbestimmungsrecht gem. § 97 Abs. 2 BetrVG gegeben.

---

175 Siehe Teil 2: A. I. 2. b) dd) (2).
176 Fitting BetrVG § 97 Rn. 26; Kreuder in: Düwell BetrVG § 97 Rn. 11; Wamsler in: LexisNexis BetrVG § 97 Rn. 9.
177 Ausdrücklich für einen konkreten Maßnahmebezug: Kreuder in: Düwell BetrVG § 97 Rn. 11.
178 Buschmann in: DKKW BetrVG § 97 Rn. 23.

(cc) Zumutbarkeit

Aus dem Zusammenwirken mit § 1 Abs. 2 S. 3 KSchG und § 102 Abs. 3 Nr. 4 BetrVG wird allgemein der Schluss gezogen, dass die betriebliche Berufsbildungsmaßnahme i. S. d. § 97 Abs. 2 BetrVG sowohl dem Arbeitnehmer als auch dem Arbeitgeber zumutbar sein müsse.[179] Die Zumutbarkeit ist anhand verschiedener Kriterien zu beurteilen, insbesondere der mit der Maßnahme verbundenen betrieblichen Belastungen, der Verantwortung des Arbeitgebers für das Qualifikationsdefizit und der Dauer und zeitlichen Lage der Maßnahme.[180] Insoweit orientiert man sich an den Kriterien, die für die Zumutbarkeitsprüfung im Rahmen des § 1 Abs. 2 S. 3 KSchG entwickelt wurden.[181] Der Zumutbarkeitsprüfung sind aber zwei entscheidende Fragen vorgelagert: Wem obliegt die Kostentragung und erfolgt die Qualifizierung während oder außerhalb der regulären Arbeitszeit?

Mangels gesetzlicher Regelung und (gefestigter) höchstrichterlicher Rechtsprechung sind diese beiden Fragen stark umstritten:

Überwiegend wird vertreten, dass die Schulungskosten ohne ausdrückliche Anordnung durch den Arbeitgeber zu finanzieren seien und eine anderweitige Regelung nicht möglich sei.[182] Diese Auffassung wird damit begründet, dass nach den allgemeinen Grundsätzen die Kosten der Regelung eines mitbestimmungspflichtigen Tatbestandes als betriebliche Kosten vom Arbeitgeber zu tragen seien.[183] Teilweise wird (ergänzend) damit argumentiert, dass der Arbeitgeber durch die tätigkeitsändernde Maßnahme das Qualifikationsdefizit herbeigeführt und so die Kosten verursacht habe.[184]

Demgegenüber wird vertreten, dass es an Anhaltspunkten für eine Kostentragungspflicht des Arbeitgebers fehle und den Betriebspartnern insoweit eine sogenannte Annexzuständigkeit zustehe; sie könnten daher die Kostentragung regeln, mithin eine Beteiligung des Arbeitnehmers an den Kosten vereinbaren.[185]

---

179 Fitting BetrVG § 97 Rn. 25; Kania in: ErfK § 97 BetrVG Rn. 6; Lotter, Beschäftigungssicherung, S. 66; Mauer in: BeckOK Arbeitsrecht § 97 BetrVG Rn. 2; Thüsing in: Richardi BetrVG § 97 Rn. 12.
180 Fitting BetrVG § 97 Rn. 25.
181 Siehe Teil 2: A. I. 4. c).
182 Buschmann in: DKKW BetrVG § 97 Rn. 24; Fitting BetrVG § 97 Rn. 31; Löwisch/Kaiser BetrVG § 97 Rn. 13; Franzen, NZA 2001, 865, 869; Raab in: GK BetrVG II § 97 Rn. 23; Rieble, NZA Sonderheft 2001, 48, 55.
183 BAG, Urteil vom 01.12.1992, Az. 1 AZR 260/92, NZA 1993, 711, 712; Buschmann in: DKKW BetrVG § 97 Rn. 24; Raab in: GK BetrVG II § 97 Rn. 23.
184 Löwisch/Kaiser BetrVG § 97 Rn. 13.
185 Franzen, NZA 2001, 865, 869; Kania in: ErfK § 97 BetrVG Rn. 7; Worzalla in: Hess u.a. BetrVG § 97 Rn. 26.

Der erstgenannten Auffassung ist zu folgen. Eine Annexkompetenz der Betriebspartner bezüglich der Kosten der betrieblichen Berufsbildungsmaßnahme ist abzulehnen. Diese würde voraussetzen, dass nicht über die Einführung von betrieblichen Bildungsmaßnahmen i. S. d. § 97 Abs. 2 BetrVG entschieden werden kann, ohne dass eine Regelung hinsichtlich der Kosten getroffen wird. Es ist nicht einsichtig, warum die Kostenverteilung nicht den allgemeinen Regeln folgen sollte. In Anwendung dieser ist festzustellen, dass der Arbeitgeber Verantwortlicher sowie Träger der betrieblichen Bildungsmaßnahme ist. Er hat daher die unmittelbaren Schulungskosten zu tragen.

Neben diesen unmittelbaren Kosten zählt auch die Lohnfortzahlung zu den Weiterbildungskosten. Die Frage, ob der Arbeitgeber eine solche zu erbringen hat, ist eng verknüpft mit der zeitlichen Lage der Weiterbildungsmaßnahme. Diese kann inner- oder außerhalb der regulären Arbeitszeit erfolgen.

Einen Anspruch auf eine bestimmte Festlegung der zeitlichen Lage hat der Arbeitnehmer nicht. Allerdings erstreckt sich das Mitbestimmungsrecht des Betriebsrats hierauf,[186] so dass die Interessen der betroffenen Arbeitnehmer beachtet werden können.

Es entspricht der überwiegenden Auffassung, dass die Weiterbildung innerhalb der Arbeitszeit wie reguläre Arbeitsleistung zu vergüten sei.[187] Der Arbeitgeber konkretisiere die Leistungserbringung des Arbeitnehmers im Rahmen seines Direktionsrechts dahingehend, zu lernen statt zu arbeiten. Hiernach würde schließlich die volle Kostentragungspflicht beim Arbeitgeber liegen.

Nach entgegenstehender Auffassung erfolge die Weiterbildung während der Arbeitszeit ohne Entgeltfortzahlung.[188] Für die Dauer der Weiterbildung seien sowohl die Arbeits- als auch die Vergütungsverpflichtung suspendiert. Hiernach würde sich der sich Arbeitnehmer dergestalt an den Kosten der Weiterbildung beteiligen, dass er diese unentgeltlich durchführt.

Der erstgenannten Auffassung ist zu folgen. Das Arbeitsvertragsverhältnis besteht auch während der Dauer der Berufsbildungsmaßnahme fort. Zwar erbringt der Arbeitnehmer währenddessen nicht die eigentliche vertraglich geschuldete Arbeitsleistung; aber die Weiterbildung erfolgt auf Grund der arbeitgeberseitig herbeigeführten Störung der Leistungsbeziehung, auf Veranlassung des Arbeitgebers

---

186 Worzalla in: Hess u.a. BetrVG § 97 Rn. 32.
187 Buschmann in: DKKW BetrVG § 97 Rn. 24; Fitting BetrVG § 97 Rn. 31; für den Fall, dass der Arbeitnehmer zur Weiterbildung verpflichtet ist oder sie zumindest auf Wunsch des Arbeitgebers durchführt: Raab in: GK BetrVG II § 97 Rn. 23, § 98 Rn. 15.
188 Franzen, NZA 2001, 865, 869; Lotter, Beschäftigungssicherung, S. 101.

und überdies zu dessen Gunsten. Indem der Arbeitgeber Träger der Maßnahme ist, bestimmt er auch die inhaltliche Ausgestaltung sowie Zeit und Ort der Weiterbildung, macht also von seinem Direktionsrecht Gebrauch. Die Weiterbildungsteilnahme während der Arbeitszeit ist daher als – wenn auch modifizierte, so doch – vertragsgemäße Arbeitsleistung anzusehen und entsprechend zu vergüten.

Für Weiterbildung, die außerhalb der Arbeitszeit durchgeführt wird, wird die Auffassung vertreten, dass diese keine Arbeitsleistung darstelle, weil es an einer entsprechenden vertraglichen Verpflichtung mangele und der Arbeitnehmer nicht der Weisung des Arbeitgebers unterliege.[189] Der Arbeitnehmer sei folglich durch ein Freizeitopfer (indirekt) an den Kosten der Weiterbildung zu beteiligen, indem er diese unentgeltlich durchführe.[190]

Möglich wäre es ferner, dass die Weiterbildungsteilnahme zwar während der Arbeitszeit stattfindet – allerdings ohne Entgeltfortzahlung. Schließlich könnte die Weiterbildung zwar in der Freizeit stattfinden, aber gleichwohl zu vergüten sein. Die letzten beiden Modelle sind allerdings nur theoretischer Natur und werden – soweit ersichtlich – nicht vertreten.

Die Weiterbildungskosten sind daher vollständig vom Arbeitgeber zu tragen. Der Kostenaspekt ist daher im Rahmen der Zumutbarkeitsprüfung auf seiner Seite zu berücksichtigen.[191] Die Lage der Weiterbildung betrifft hingegen vornehmlich den Arbeitnehmer, indem er gegebenenfalls ein Freizeitopfer zu erbringen hat. Dieser Umstand ist daher auf seiner Seite in die Waagschale zu werfen.

(e) Teilnehmerkreis

Da sich im Anwendungsbereich des § 97 Abs. 2 BetrVG der Teilnehmerkreis bereits aus der Subsumtion unter die Voraussetzung der Notwendigkeit der Weiterbildung ergibt, ist es den Betriebspartner im Hinblick auf § 75 Abs. 1 BetrVG verwehrt, einzelne Arbeitnehmer von der Weiterbildung auszunehmen.[192] Ihnen steht grundsätzlich kein Auswahlermessen zu. Eine Ausnahme bildet die Konstellation, dass im Zuge der tätigkeitsändernden Maßnahme auch Stellen abgebaut werden. Es ist umstritten, ob dem Betriebsrat in diesem Fall ein Mitbestimmungsrecht zukommt.[193]

---

189 Fitting BetrVG § 97 Rn. 31; Lotter, Beschäftigungssicherung, S. 100.
190 Raab in: GK BetrVG II § 97 Rn. 23, § 98 Rn. 15, der einen Vergütungsanspruch nur bei dahingehender besonderer Vereinbarung bejaht.
191 Zu Möglichkeiten und Grenzen von Rückzahlungsklauseln im Anwendungsbereich des § 97 Abs. 2 BetrVG siehe: Lotter, Beschäftigungssicherung, S. 104 bis 123.
192 Fitting BetrVG § 97 Rn. 27.
193 Siehe Teil 2: A. I. 2. b) ee) (3) (a).

(f) Erfordernis eines kollektiven Tatbestands?

In der Anwendung des § 97 Abs. 2 BetrVG tritt in der Praxis die Frage auf, ob das Mitbestimmungsrecht des Betriebsrats ein weiteres ungeschriebenes Tatbestandsmerkmal voraussetzt. Umstritten ist, ob die Mitbestimmung des Betriebsrats nur möglich ist, wenn die arbeitgeberseitige Maßnahme einen kollektiv zu regelnden Bildungsbedarf erzeugt hat, sogenannter kollektiver Tatbestand, oder ob der Betriebsrat auch ein Mitbestimmungsrecht in individuellen Angelegenheiten hat.

(aa) Definition

Zunächst stellt sich die Frage, wann ein kollektiver Tatbestand in Abgrenzung zu einem individuellen Regelungsgegenstand gegeben ist. Diese Abgrenzung kann schwierig sein. Mit der Aufgabe der früher vertretenen Lehre vom quantitativen Kollektiv kommt der Zahl der betroffenen Arbeitnehmer lediglich Indizwirkung für das Vorliegen eines kollektiven Tatbestands zu.[194] Zur Verdeutlichung der Abgrenzungsproblematik dient folgendes **Beispiel**:
Die Unternehmensleitung beschließt, die Computer in allen Betrieben auf eine neue Software umzustellen. Die Anwendung dieser Software gehört nun zu den Anforderungen, die an die Sachbearbeiter gestellt werden. Im Betrieb B gibt es jedoch nur einen Sachbearbeiter für diesen Bereich, so dass die Umstellung ihn allein betrifft.
In diesem Fall ist zwar nur ein Arbeitsplatz von der Änderung betroffen, so dass es nur um die Weiterbildung des einen Arbeitnehmers auf diesem Arbeitsplatz geht. Gleichwohl wurde abstrakt das Anforderungsprofil verändert, so dass potenziell eine Vielzahl von Arbeitnehmern hätten betroffen sein können.
Das BAG erkennt einen kollektiven Tatbestand auch dann an, wenn eine generelle Regelung besteht, die tatsächlich nur einen oder aktuell sogar gar keinen Arbeitnehmer betrifft.[195] Anstatt auf die Anzahl der tatsächlich Betroffenen stellt das BAG darauf ab, ob die Regelungsfrage die kollektiven Interessen der Arbeitnehmer des Betriebs berührt, also ein Regelungsproblem besteht, das

---

[194] BAG, Beschluss vom 03.12.1991, Az. GS 2/90, NZA 1992, 749, 756; BAG, Beschluss vom 18.10.1994, Az. 1 ABR 17/94, AP Nr. 70 zu § 87 BetrVG 1972 Lohngestaltung, unter B. I. 2. der Gründe; Burkert, Das neue Mitbestimmungsrecht des Betriebsrats gemäß § 97 Abs. 2 BetrVG, S. 82; Werner in: BeckOK Arbeitsrecht § 87 BetrVG Rn. 155.
[195] BAG, Beschluss vom 18.11.1980, Az. 1 ABR 87/78, AP Nr. 3 zu § 87 BetrVG 1972 Arbeitszeit, unter 3. der Gründe; BAG, Beschluss vom 03.12.1991, Az. GS 2/90, NZA 1992, 749, 756.

sich unabhängig von der Person und den individuellen Wünschen des einzelnen Arbeitnehmers stellt.[196]

Die Anwendung dieser Kriterien auf den Beispielsfall führt zur Bejahung eines kollektiven Tatbestands. Die Veränderung der Arbeitsbedingungen wurde personenunabhängig und einheitlich für alle Betriebe getroffen. Ein kollektives Interesse ist insofern zu bejahen, als potenziell jeder Arbeitnehmer davon betroffen ist, der seine Arbeitsleistung unter Verwendung der Software erbringt.

Als Ergebnis lässt sich daher die Definition aufstellen:

Ein kollektiver Tatbestand liegt unabhängig von der Anzahl der tatsächlich betroffenen Arbeitnehmer dann vor, wenn der Arbeitgeber eine generell-abstrakte Regelung trifft oder Maßnahme umsetzt.

(bb) Erfordernis eines kollektiven Tatbestands

Es wird vertreten, dass ein kollektiver Tatbestand erforderlich sei.[197] Die Auffassung wird mit dem Wortlaut des § 97 Abs. 2 BetrVG begründet, der von der Änderung der Tätigkeit *„der betroffenen Arbeitnehmer"* spricht und somit von einer Mehrzahl Betroffener ausgehe und nicht von dem individuellen Qualifikationsbedarf eines Einzelnen. *Franzen* verweist zudem zur Begründung auf die strukturelle Nähe der Berufsbildung zu den sozialen Angelegenheiten, die er darin begründet sieht, dass die Berufsbildung gem. § 56 Abs. 1d BetrVG 1952 zu den sozialen Angelegenheiten zählte und § 97 Abs. 2 BetrVG zudem ein Mitbestimmungsrecht derselben Intensität beinhalte wie § 87 Abs. 1 BetrVG.[198]

(cc) Entbehrlichkeit eines kollektiven Tatbestands

Zum Teil wird das Erfordernis eines kollektiven Tatbestands aber auch verneint.[199] *Fitting* argumentiert systematisch und weist darauf hin, dass die Berufsbildung zu den personellen, nicht zu den sozialen Angelegenheiten gehöre. Daher könne das für soziale Angelegenheiten i. S. d. §§ 87 bis 89 BetrVG anerkannte Erfordernis

---

196 BAG, Beschluss vom 18.11.1980, Az. 1 ABR 87/78, AP Nr. 3 zu § 87 BetrVG 1972 Arbeitszeit, unter 2. b) der Gründe; BAG, Beschluss vom 02.03.1982, Az. 1 ABR 74/79, AP Nr. 6 zu § 87 BetrVG 1972 Arbeitszeit; unter B. II. 1. der Gründe.
197 Franzen, NZA 2001, 865, 867 f.; Löwisch/Kaiser BetrVG § 97 Rn. 6; Worzalla in: Hess u.a. BetrVG § 97 Rn. 14.
198 Franzen, NZA 2001, 865, 868.
199 Buschmann in: DKKW BetrVG § 97 Rn. 11; Fitting BetrVG § 97 Rn. 16; Lotter, Beschäftigungssicherung, S. 33; Raab in: GK BetrVG II § 97 Rn. 20; Wamsler in: LexisNexis BetrVG § 97 Rn. 8.

eines kollektiven Tatbestands nicht auf § 97 Abs. 2 BetrVG übertragen werden. Dessen Zweck sowie der Zusammenhang mit § 102 Abs. 3 Nr. 4 BetrVG wiesen darauf hin, dass das Mitbestimmungsrecht auch dann eingreifen solle, wenn nur einzelne Arbeitnehmer betroffen seien.[200]

(dd) Bewertung

Da sowohl für als auch gegen das Erfordernis eines kollektiven Tatbestandes Argumente genannt werden, die aus verschiedenen Herangehensweisen resultieren, sind diese auf ihre Überzeugungskraft hin zu untersuchen.

Die Argumentation auf Grundlage der Wortlautauslegung überzeugt nur auf den ersten Blick. Zwar wird in § 97 Abs. 2 BetrVG von einer Mehrzahl an Arbeitnehmern ausgegangen, was dafür spricht, dass stets eine Gruppe von Arbeitnehmern betroffen sein muss. Jedoch ist zu beachten, dass die Anzahl der betroffenen Arbeitnehmer schon irrelevant für das Vorliegen eines kollektiven Tatbestandes ist. Gemäß der oben aufgestellten Definition ist ein kollektiver Tatbestand dann gegeben, wenn eine abstrakt-generelle Maßnahme vorliegt. Maßgeblich ist dabei nicht, auf wie viele Arbeitnehmer sich die Maßnahme tatsächlich auswirkt, sondern nur, dass sie potenziell eine Mehrzahl von Arbeitnehmern betreffen könnte. Erst recht kann dann die Anzahl der betroffenen Arbeitnehmer nicht als Kriterium dafür herangezogen werden, ob ein kollektiver Tatbestand erforderlich ist. Diese Herangehensweise bildet einen Zirkelschluss und führt nicht zu überzeugenden Ergebnissen.

Die Auffassung, dass ein kollektiver Tatbestand ungeschriebenes Tatbestandsmerkmal des Mitbestimmungsrechts gem. § 97 Abs. 2 BetrVG sei, wird ferner mit der strukturellen Nähe zu § 87 BetrVG begründet und damit, dass für die Mitbestimmung in sozialen Angelegenheiten gem. § 87 BetrVG stets ein kollektiver Tatbestand vorliegen müsse. Eine systematische Betrachtung zeigt jedoch, dass das Mitbestimmungsrecht nach § 97 Abs. 2 BetrVG personelle Angelegenheiten betrifft und daher die für die Mitbestimmung in sozialen Angelegenheiten geltenden Anforderungen nicht auch für § 97 BetrVG gelten. Die Mitbestimmung in Angelegenheiten der Berufsbildung steht systematisch außerhalb des Anwendungsbereichs des § 87 BetrVG. Ferner ist § 97 Abs. 2 BetrVG auch nicht strukturverwandt mit § 87 BetrVG. Für ein dahingehendes Normenverständnis findet sich keine gesetzliche Grundlage. Auch das Argument, dass die Berufsbildung historisch eine soziale Angelegenheit darstellte und daher das Erfordernis des kollektiven Tatbestands aus strukturellen Gründen zu übertragen sei, überzeugt nicht. Indem der

---

200 Fitting BetrVG § 97 Rn. 16.

Gesetzgeber die Berufsbildung nunmehr zu den personellen Maßnahmen zählt, wird deutlich, dass nicht von einer Strukturverwandtschaft auszugehen ist.[201]

Abgesehen davon ist das unbedingte Erfordernis eines kollektiven Tatbestands für § 87 BetrVG in Frage zu stellen. Zwar hält die h. M. in Rechtsprechung und Literatur das Vorliegen eines kollektiven Tatbestands für erforderlich, damit die Mitbestimmung in sozialen Angelegenheiten gem. § 87 BetrVG eingreift.[202] Jedoch ist diese Auffassung nicht unumstößlich, wie *Raab* überzeugend dargelegt hat:[203] Geboten sei seiner Ansicht nach eine differenzierte Handhabe, so dass das Vorliegen eines kollektiven Tatbestands nur dann zwingendes ungeschriebenes Tatbestandsmerkmal sei, wenn es um Mitbestimmung in einer Angelegenheit gehe, die die Organisation des Betriebes nach einer einheitlichen Regelung für alle oder eine Mehrzahl von Arbeitnehmern verlangt.[204]

Dieser Auffassung ist zuzustimmen, da das Merkmal der Kollektivität konsequenter- und sinnvollerweise nicht nur auf Tatbestands-, sondern dann auch auf Rechtsfolgenseite vorhanden sein müsste: Ein kollektives Interesse muss durch eine kollektive Lösung befriedigt werden.

Für die vorliegende Frage ergäbe sich daher auch unter diesem Gesichtspunkt kein Erfordernis eines kollektiven Tatbestands, weil gerade keine einheitliche Regelung sinnvoll wäre. Denn gegen eine zwingend einheitliche Regelung der Berufsbildung sprechen der Schutzzweck, der auf das Individuum und dessen berufliches Fortkommen gerichtet ist, und die Überlegung, dass eine pauschale Weiterbildungsmaßnahme für alle betroffenen Arbeitnehmer unzweckmäßig und – je nachdem, ob man sich an dem schwächsten oder dem stärksten Mitarbeiter orientiert – entweder unnötig kostspielig oder unzureichend und damit ineffektiv wäre. Logisch und sinnvoll ist aus diesem Grund, bei der Ausgestaltung der Anpassungsqualifikation auf das Individuum abzustellen, um dessen persönlichen Weiterbildungsbedarf zu ermitteln. In der Konsequenz ergibt sich daraus kein kollektives Problem, sondern vielmehr eine Häufung von Individualproblemen. Das stellt deswegen einen Unterschied dar, weil in ersterem Fall eine einheitliche

---

201 So aber Franzen, NZA 2001, 865, 868, der die Verbindung zu den sozialen Angelegenheiten durch die Gesetzesänderung nicht als aufgehoben ansieht.
202 BAG, Beschluss vom 18.11.1980, Az. 1 ABR 87/78, AP Nr. 3 zu § 87 BetrVG 1972 Arbeitszeit, unter 1. b) der Gründe; BAG, Beschluss vom 21.12.1982, Az. 1 ABR 14/81, AP Nr. 9 zu § 87 BetrVG 1972 Arbeitszeit, unter B. II. 3. a) der Gründe; BAG, Urteil vom 16.03.2004, Az. 9 AZR 323/03, AP Nr. 10 zu § 8 TzBfG, unter B. II. 5. c) bb) der Gründe; Richardi in: Richardi BetrVG § 87 Rn. 15 bis 31.
203 Raab, ZfA 2001, 31, 34 bis 39.
204 Raab, ZfA 2001, 31, 39.

kollektiv-funktionale Lösung gefunden werden muss, während in letzterem Fall eine Mehrzahl von individuellen Lösungen erforderlich ist.

Das Erfordernis eines kollektiven Tatbestands für § 97 Abs. 2 BetrVG ergibt sich ferner nicht aus § 92a BetrVG. Die Beteiligung des Betriebsrats lässt sich systematisch weder als allgemeine personelle Angelegenheit behandeln noch als personelle Einzelmaßnahme. Sie bildet einen eigenständigen Unterabschnitt.[205]

Schließlich ergibt auch eine teleologische Auslegung, dass das Vorliegen eines kollektiven Tatbestands nicht zur Voraussetzung des Mitbestimmungsrechts gemacht werden darf. Sinn und Zweck der Mitbestimmung in Fragen der Berufsbildung gem. § 97 Abs. 2 BetrVG bestehen darin, in vom Arbeitgeber veranlassten Fällen eines drohenden Qualifikationsverlustes dem Betriebsrat zugunsten der betroffenen Arbeitnehmer das Recht zu geben, frühzeitig betriebliche Berufsbildungsmaßnahmen durchzusetzen, um deren Beschäftigung zu sichern.[206] In den Genuss dieses Schutzes muss auch ein einzelner Arbeitnehmer kommen können, der infolge der geplanten Maßnahme als einziger aus dem Kollegenkreis eine Anpassungsqualifizierung braucht. Zur Illustration dient folgendes **Beispiel**:

Alle Computer im Unternehmen werden auf Windows 8 umgestellt. Die Arbeit mit Windows 8 ist eine neue Anforderung an alle Mitarbeiter. Die meisten Sachbearbeiter im Betrieb kennen Windows 8 bereits aus privaten Angelegenheiten und sind daher sicher im Umgang. Nur bei Arbeitnehmer A besteht insofern Qualifizierungsbedarf.

Das Beispiel zeigt, dass verändernde Maßnahmen bei den Arbeitnehmern ein Weiterbildungsbedürfnis in ganz unterschiedlichem Umfang hervorrufen können, obwohl an alle Mitarbeiter dieselben Anforderungen gestellt werden. Daher muss auch in individuellen Angelegenheiten die Mitbestimmung eröffnet sein. Es würde dem Schutzzweck der Norm zuwiderlaufen, dem einzelnen hier die Vertretung seiner Rechte durch den Betriebsrat zu entziehen.

Diese Überlegung lässt sich letztlich auch damit rechtfertigen, dass es in den Risikobereich des Arbeitgebers fällt, dass die Weiterbildung erforderlich wird. Er ist es, der das einmal geschlossene synallagmatische Verhältnis von Arbeitslohn und geschuldeter Arbeitsleistung dergestalt verändert, dass nunmehr andere Kenntnisse zur Bewältigung der Arbeitsleistung erforderlich sind. Es muss daher sichergestellt sein, dass die Anpassungsqualifizierung angemessen erfolgt, so dass der Arbeitnehmer in qualitativ konstanter Weise wie vor

---

205 Richardi in: Richardi BetrVG Vorbemerkung zum Vierten Teil Rn. 12.
206 BT Drucks. 14/5741, S. 50.

der tätigkeitsändernden Maßnahme seine Arbeitsleistung erbringen kann. Bei nachlassender Arbeitsleistung könnte ihm ansonsten eine personenbedingte Kündigung drohen.[207]

Ein kollektiver Tatbestand ist daher keine Voraussetzung für die Mitbestimmung des Betriebsrats nach § 97 Abs. 2 BetrVG.

(ee) Die Beteiligungsrechte gem. § 98 BetrVG

Darüber hinaus gewährt § 98 BetrVG dem Betriebsrat Beteiligungsrechte in drei Fallkonstellationen. Nach Abs. 1 steht ihm ein Mitbestimmungsrecht bei der Durchführung von Maßnahmen der betrieblichen Berufsbildung zu. Darüber hinaus kann er bei der Auswahl und Qualitätssicherungskontrolle der Ausbilder mitbestimmen, Abs. 2. Schließlich regeln die Abs. 3 und 4 ein Vorschlagsrecht des Betriebsrats hinsichtlich der Auswahl der Teilnehmer an den Bildungsmaßnahmen.

(1) Mitbestimmungsrecht gem. § 98 Abs. 1 BetrVG

Gem. § 98 Abs. 1 BetrVG besteht ein zwingendes Mitbestimmungsrecht des Betriebsrats bei der Durchführung von Maßnahmen der betrieblichen Berufsbildung, also bzgl. des „Wie" einer Bildungsmaßnahme.[208]

Das Mitbestimmungsrecht ist hingegen weder auf die Einführung der Maßnahme selbst noch auf deren finanziellen Umfang gerichtet.[209] Hinsichtlich des „Ob" einer Bildungsmaßnahme ist der Arbeitgeber in seiner Entscheidung frei, es sei denn es liegen die Voraussetzungen des § 102 Abs. 3 Nr. 4 BetrVG vor, der Anwendungsbereich des § 97 Abs. 2 BetrVG ist gegeben oder es besteht eine tarifliche Verpflichtung.[210]

Das Mitbestimmungsrecht ist ein Initiativrecht[211] und folgt dem positiven Konsensprinzip.[212] Es bezieht sich auf die nähere inhaltliche und organisatorische Ausgestaltung der Maßnahme und umfasst damit die Entscheidungen über Inhalt, Umfang, Methode der Vermittlung von Kenntnissen, Fähigkeiten und Fertigkeiten

---

207 Berkowsky, NZA-RR 2001, 393, 393.
208 Fitting BetrVG § 98 Rn. 1, 2.
209 Mauer in: BeckOK Arbeitsrecht § 98 BetrVG Rn. 1; Worzalla in: Hess u.a. BetrVG § 98 Rn. 10.
210 Buschmann in: DKKW BetrVG § 98 Rn. 1; Fitting BetrVG § 98 Rn. 1, 2; Kania in: ErfK § 98 BetrVG Rn. 1; Raab in: GK BetrVG II § 98 Rn. 10; Worzalla in: Hess u.a. BetrVG § 98 Rn. 10, 20.
211 Thüsing in: Richardi BetrVG § 98 Rn. 3.
212 Thüsing in: Richardi BetrVG § 98 Rn. 4.

und eine abschließende Prüfung.[213] Der Betriebsrat ist nur bei der Durchführung generell-abstrakter Maßnahmen zur Mitbestimmung berufen.[214] Das heißt, dass er bei der Aufstellung von Regeln für die Durchführung der betrieblichen Berufsbildung mitbestimmt, beispielsweise bei der Entscheidung darüber, in welcher Reihenfolge die Ausbildung erfolgt; die Mitbestimmungspflicht von Einzelmaßnahmen ist umstritten, aber nach h. M. zu verneinen.[215] Dieser Streit ist insbesondere für den praktisch hochrelevanten Einzelaspekt der Vereinbarung sogenannter Rückzahlungsklauseln von Interesse.[216]

Gegen ein Mitbestimmungsrecht in Einzelmaßnahmen spricht zum einen die gesetzliche Systematik, da sich in § 98 Abs. 2 und 3 BetrVG Spezialregelungen finden, die dem Betriebsrat in zwei wichtigen Einzelfällen ausnahmsweise eine Beteiligung zuweisen. Unterlägen Einzelmaßnahmen grundsätzlich der Mitbestimmung des Betriebsrats, bedürfte es dieser Spezialregelungen nicht. Zum anderen wäre eine derart weit ausgestaltete Mitbestimmung impraktikabel und einer zweckmäßig zügigen Berufsmaßnahme eher hinderlich.

Das Mitbestimmungsrecht kann durch den Abschluss einer Betriebsvereinbarung oder durch eine formlose Regelungsabrede ausgeübt werden.[217] Im Falle der Nichteinigung ersetzt gem. § 98 Abs. 4 BetrVG der Spruch der Einigungsstelle die Einigung der Betriebspartner. Auf diese Art und Weise kann der Betriebsrat eine (wenngleich keine bestimmte) Regelung zur inhaltlichen Ausgestaltung der Bildungsmaßnahme erzwingen.

(2) Mitbestimmungsrecht gem. § 98 Abs. 2 BetrVG

Auch bezüglich der Auswahl der mit der Berufsbildung betrauten Person hat der Betriebsrat mitzubestimmen, § 98 Abs. 2 BetrVG. Er kann der Bestellung

---

213 BAG, Beschluss vom 05.11.1985, Az. 1 ABR 49/83, AP Nr. 2 zu § 98 BetrVG 1972, unter B. I. 3. der Gründe; BAG, Beschluss vom 24.08.2004, Az. 1 ABR 28/03, NZA 2005, 371, 374; Kania in: ErfK § 98 BetrVG Rn. 3; Raab, NZA 2008, 270, 270, 272; Worzalla in: Hess u.a. BetrVG § 98 Rn. 12 bis 14.
214 Kania in: ErfK § 98 BetrVG Rn. 3; Mauer in: BeckOK Arbeitsrecht § 98 BetrVG Rn. 1; Raab in: GK BetrVG II § 98 Rn. 13.
215 Fitting BetrVG § 98 Rn. 7; Kania in: ErfK § 98 BetrVG Rn. 6; Raab in: GK BetrVG II § 98 Rn. 14; Thüsing in: Richardi BetrVG § 98 Rn. 14; Worzalla in: Hess u.a. BetrVG § 98 Rn. 11; a.A. Oetker, Die Mitbestimmung der Betriebs- und Personalräte, S. 106.
216 Siehe zum Streitstand: Buschmann in: DKKW BetrVG § 98 Rn. 8 ff.; Raab in: GK BetrVG II § 98 Rn. 16 ff.
217 Thüsing in: Richardi BetrVG § 98 Rn. 15; Raab in: GK BetrVG II § 98 Rn. 18; Worzalla in: Hess u.a. BetrVG § 98 Rn. 24.

einer nicht qualifizierten Person zum Ausbilder widersprechen oder die Abberufung eines ungeeigneten Ausbilders verlangen. Die Norm folgt dem negativen Konsensprinzip.[218] Der Betriebsrat erfüllt diesbezüglich eine Überwachungsfunktion und dient damit der Qualitätssicherung der Ausbildung, Umschulung und Fortbildung.[219]

Der Arbeitgeber ist gegenüber dem Betriebsrat zur rechtzeitigen und umfassenden Information verpflichtet,[220] damit dieser seine Rechte ausüben kann. Überdies steht dem Betriebsrat hinsichtlich der Abberufung ein Initiativrecht zu.[221] Die Möglichkeit, die Bestellung einer bestimmten Person zu erwirken, hat der Betriebsrat hingegen nicht; ebenso kann er die Abberufung eines Ausbilders durch den Arbeitgeber nicht verhindern.[222]

(a) Gründe für Widerspruch und Abberufungsverlangen

Der Widerspruch sowie das Abberufungsverlangen sind sachlich begründet wenn der Ausbilder die persönliche oder fachliche, insbesondere die berufs- und arbeitspädagogische Eignung im Sinne des Berufsbildungsgesetzes nicht besitzt. Der Maßstab des BBiG ist auch dann maßgeblich, wenn die Berufsbildungsmaßnahme nicht in einer Ausbildung, sondern in Fortbildung oder Umschulung besteht.[223] Daher ist persönlich nicht geeignet, wer Kinder und Jugendliche nicht beschäftigen darf, § 29 BBiG bzw. § 22a HandwO, unabhängig davon, ob die an der Berufsbildungsmaßnahme teilnehmenden Arbeitnehmer minder- oder volljährig sind.[224] Fachlich nicht geeignet ist, wer die erforderlichen beruflichen Fertigkeiten und Kenntnisse oder die erforderlichen berufs- und arbeitspädagogischen Kenntnisse nicht besitzt, § 30 Abs. 1 BBiG bzw. § 22b HandwO. Eine Abberufung ist darüber hinaus auch wegen Vernachlässigung der Aufgaben möglich, wenn diese also nicht mit der erforderlichen Gründlichkeit und Gewissenhaftigkeit ausgeführt werden, so dass zu befürchten ist, dass die Teilnehmer das Ausbildungsziel nicht erreichen.[225]

---

218 Thüsing in: Richardi BetrVG § 98 Rn. 26.
219 Kania in: ErfK § 98 BetrVG Rn. 14; Matthes in: MüArbR § 262 Rn. 30.
220 Fitting BetrVG § 98 Rn. 19; Kania in: ErfK § 98 BetrVG Rn. 14.
221 Fitting BetrVG § 98 Rn. 19.
222 Fitting BetrVG § 98 Rn. 19.
223 Thüsing in: Richardi BetrVG § 98 Rn. 27.
224 Lotter, Beschäftigungssicherung, S. 129; Thüsing in: Richardi BetrVG § 98 Rn. 27.
225 Buschmann in: DKKW BetrVG § 98 Rn. 18; Worzalla in: Hess u.a. BetrVG § 98 Rn. 37.

(b) Rechtsfolge

Verlangt der Betriebsrat die Abberufung und erzielt er mit dem Arbeitgeber hierüber keine Einigung, ist die Frage gerichtlich zu klären, § 98 Abs. 5 BetrVG. Solange übt der Ausbilder seine Funktion weiter aus.

Auch hinsichtlich des Widerspruchs gegen die Bestellung eines Ausbilders sieht § 98 Abs. 5 BetrVG in dem Fall, dass keine Einigung erzielt werden kann, die gerichtliche Klärung vor. Umstritten ist jedoch die unmittelbare Rechtsfolge eines Widerspruchs gegen die Bestellung eines Ausbilders für die Zeit bis zur gerichtlichen Entscheidung.

(aa) Unterlassungsverpflichtung

Zum Teil wird vertreten, dass der Arbeitgeber im Falle des Widerspruchs gegen die Bestellung eines Ausbilders diese bis zur gerichtlichen Klärung zu unterlassen hat.[226] Argumentiert wird diesbezüglich mit dem Schutzzweck der Norm, die Qualität der Bildungsmaßnahme zu sichern und zu verhindern, dass ungeeignete Personen die Ausbildung vornehmen.

(bb) Keine Unterlassungsverpflichtung

Demgegenüber wird vertreten, dass der Arbeitgeber durch den Widerspruch nicht an der Bestellung gehindert wird, sondern erst durch eine entsprechende gerichtliche Entscheidung.[227] Die Auffassung wird damit begründet, dass das Vorliegen der persönlichen und fachlichen Eignung des Ausbilders keine betriebliche Angelegenheit bilde, sondern eine Rechtsfrage darstelle, die gerichtlich überprüfbar sei und für die § 98 Abs. 5 BetrVG die gerichtliche Entscheidung vorsehe. Darüber hinaus wird teilweise die Auffassung vertreten, die Bestellung könne zunächst mittels einstweiliger Verfügung verhindert werden.[228]

(cc) Bewertung

Für die erstgenannte Ansicht spricht, dass Sinn und Zweck der Norm auf Qualitätssicherung gerichtet sind. Ungeeignete Personen sollen die Berufsbildungsmaßnahme

---

226 LAG Berlin, Beschluss vom 06.01.2000, Az. 10 TaBv 2213/99, NZA-RR 2000, 370, 371; Buschmann in: DKKW BetrVG § 98 Rn. 23; Fitting BetrVG § 98 Rn. 21; Heinze, Personalplanung, Rn. 124; Kania in: ErfK § 98 BetrVG Rn. 12.
227 Matthes in: MüArbR § 262 Rn. 34; Raab in: GK BetrVG II § 98 Rn. 33; Thüsing in: Richardi BetrVG § 98 Rn. 35; Worzalla in: Hess u.a. BetrVG § 98 Rn. 43.
228 Lotter, Beschäftigungssicherung, S. 134; Natzel, Berufsbildungsrecht, S. 530; Raab in: GK BetrVG II § 98 Rn. 33; Worzalla in: Hess u.a. BetrVG § 98 Rn. 43.

nicht durchführen. Das Telos der Norm würde unterlaufen, wenn der Arbeitgeber sich einseitig über den Widerspruch hinwegsetzen könnte. Außerdem würde es dem Grundsatz der vertrauensvollen Zusammenarbeit zuwiderlaufen, wenn der Arbeitgeber den Widerspruch des Betriebsrats einfach ignorieren könnte.

Für die zweitgenannte Auffassung spricht, dass es für die Annahme eines Unterlassungsanspruchs an einer rechtlichen Grundlage fehlt. Das BetrVG sieht einen Unterlassungsanspruch nur gem. § 23 Abs. 3 BetrVG für grobe Pflichtverletzungen vor, etwa die wiederholte Nichtbeachtung des Mitbestimmungsrechts. Strukturell zielt die Vorschrift damit auf eine ganz andere Konstellation als die vorliegende ab und ist damit nicht einschlägig. Zwar hat der Betriebsrat darüber hinaus nach ständiger Rechtsprechung des BAG einen allgemeinen Unterlassungsanspruch gegen den Arbeitgeber, allerdings besteht dieser nur bei einer Verletzung der Mitbestimmungsrechte nach § 87 BetrVG.[229] Da die Qualifizierungsmitbestimmung gerade keine soziale Angelegenheit und daher mit den in § 87 BetrVG genannten Fällen nicht zu vergleichen ist, kann das Begehren auch nicht auf den allgemeinen Unterlassungsanspruch gestützt werden.

Damit ist die Bestellung eines Ausbilders trotz Widerspruchs des Betriebsrats bis zum Erlass einer anderslautenden Entscheidung wirksam. Ein Unterlassungsanspruch ist zu verneinen.

Ein Antrag auf Erlass einer einstweiligen Verfügung ist allerdings nicht erfolgversprechend, da ein solcher das Bestehen eines materiellrechtlichen Unterlassungsanspruchs voraussetzt, der aus den soeben genannten Gründen zu verneinen ist.

(3) Mitbestimmungsrecht gem. § 98 Abs. 3 BetrVG

Schließlich steht dem Betriebsrat gem. § 98 Abs. 3 BetrVG ein Mitbestimmungsrecht hinsichtlich der Teilnehmerauswahl an Bildungsmaßnahmen zu.[230] Es gilt das positive Konsensprinzip.[231]

(a) Zusammenwirken mit § 97 Abs. 2 BetrVG

Wenn im Zusammenhang mit der tätigkeitsändernden Maßnahme und dem daraus hervorgehenden Qualifikationsbedarf auch ein Stellenabbau stattfindet, kommt es zu einem Zusammenwirken des § 98 Abs. 3 BetrVG mit § 97 Abs. 2 BetrVG.

Zur Veranschaulichung dient folgendes **Beispiel**:

---

229 Grundlegend: BAG, Beschluss vom 03.05.1994, Az. 1 ABR 24/93, NZA 1995, 40, 42.
230 Zu der im Zusammenhang mit der Teilnehmerauswahl eventuell auftretenden Datenschutzproblematik siehe Lotter, Beschäftigungssicherung, S. 172 bis 174.
231 Thüsing in: Richardi BetrVG § 98 Rn. 4.

Der Arbeitgeber trifft die unternehmerische Entscheidung, nach Umsetzung der ändernden Maßnahme nicht alle Arbeitnehmer weiterhin zu beschäftigen. Es wäre ihm unzumutbar, zunächst alle Arbeitnehmer weiterzubilden und erst im Anschluss daran Kündigungen auszusprechen. Es sollen von vorne herein nur diejenigen Arbeitnehmer weitergebildet werden, die im Anschluss weiterhin beschäftigt werden.

Es stellt sich die Frage, ob der Betriebsrat ein Mitbestimmungsrecht hinsichtlich der Auswahl derjenigen Arbeitnehmer hat, die an der Qualifizierung teilnehmen sollen.

(aa) Gemeinsames Auswahlrecht der Betriebspartner

Zum Teil wird vertreten, das Auswahlrecht stehe den Betriebspartnern gemeinsam zu.[232] Der Betriebsrat habe gleichermaßen wie der Arbeitgeber Ermessen und sei schon deshalb frühzeitig zu beteiligen, weil sonst Kündigungen ausgesprochen würden, denen der Betriebsrat mit einem Widerspruch gem. § 102 Abs. 3 Nr. 4 BetrVG begegnen könnte.

(bb) Arbeitgeberseitiges alleiniges Auswahlrecht

Nach anderer Auffassung trifft allein der Arbeitgeber die Entscheidung, welche Arbeitnehmer er entlässt, so dass der Kreis der weiterzubildenden Mitarbeiter dadurch konkretisiert wird.[233] Zur Begründung wird auf die Sozialauswahl verwiesen, die der Arbeitgeber auch alleine trifft. Das Recht zur Teilnehmerauswahl stehe dem Betriebsrat in dieser Konstellation dann nur hinsichtlich der nach der Arbeitgeberentscheidung verbliebenen Restbelegschaft zu.

(cc) Bewertung

Der erstgenannten Auffassung ist zu folgen. Es entspricht der gesetzlichen Zielsetzung, die im präventiven Kündigungsschutz zu sehen ist, wenn die Betriebspartner die weiterzubildenden Arbeitnehmer gemeinsam auswählen. Da das Mitbestimmungsrecht nach § 97 Abs. 2 BetrVG initiativ ausgestaltet ist, wird dieses Vorgehen durch das BetrVG gedeckt. Die andere Auffassung führt zu keinem für die Beteiligten zuträglichen Ergebnis: Sofern der Arbeitgeber eine Kündigung ausspricht, gegen die sich der Arbeitnehmer mittels Kündigungsschutzklage erfolgreich wehrt, weil der Einwand des § 1 Abs. 2 S. 3 KSchG durchgreift, so ist seine Weiterbildung ohnehin nachzuholen. In der Zwischenzeit herrschte jedoch

---

232 Haßlöcher, Mitarbeiterqualifizierung, S. 125; Fitting BetrVG § 97 Rn. 27; Lotter, Beschäftigungssicherung, S. 70.
233 Franzen, NZA 2001, 865, 869; Rieble, NZA Sonderheft 2001, 48, 56.

Rechtsunsicherheit im Betrieb, die durch eine frühzeitige Einbeziehung des Betriebsrats in die Entscheidung zu vermeiden wäre.

(b) Weitere Anwendungsfälle

Ansonsten besteht das Mitbestimmungsrecht nach § 98 Abs. 3 BetrVG in drei Konstellationen, nämlich bei der Durchführung betrieblicher Berufsbildungsmaßnahmen, bei der Freistellung von Arbeitnehmern für außerbetriebliche Berufsbildungsmaßnahmen und bei (zumindest teilweiser) Übernahme der Kosten, die durch die Teilnahme an der Berufsbildungsmaßnahme entstehen.

In allen drei Fällen steht dem Betriebsrat ein initiativ ausgestaltetes echtes Mitbestimmungsrecht zu, das sich über den Wortlaut der Norm hinaus nicht in einem bloßen Vorschlagsrecht erschöpft.[234]

Das Mitbestimmungsrecht dient der Chancengleichheit der Arbeitnehmer beim beruflichen Fortkommen und soll den Gleichbehandlungsgrundsatz wahren.[235] In diesem Zusammenhang erlangt die Vorgabe des § 96 Abs. 2 S. 2 BetrVG besondere praktische Bedeutung, indem die Belange älterer Arbeitnehmer, Teilzeitbeschäftigter und von Arbeitnehmern mit Familienpflichten bei den Vorschlägen zur Teilnahme an Berufsbildungsmaßnahmen zu berücksichtigen sind.[236]

Der Teilnehmerauswahl geht die Entscheidung voraus, welche Berufsfortbildungskurse im Betrieb durchgeführt werden und für welchen Personenkreis sie bestimmt sind bzw. für welche außerbetrieblichen Berufsbildungsmaßnahmen der Arbeitgeber Mitarbeiter freistellt oder die Kosten zu tragen bereit ist. Diese Entscheidungen trifft der Arbeitgeber allein, wenn auch nach Beratung mit dem Betriebsrat gem. § 97 Abs. 1 BetrVG. Das Mitbestimmungsrecht des Betriebsrats gem. § 98 Abs. 3 BetrVG setzt zeitlich danach ein.[237] Auch bezieht sich das Mitbestimmungsrecht nicht auf die Anzahl der Teilnehmer, sondern auf deren faktische Auswahl.[238] Dazu ist es erforderlich, dass der Betriebsrat nicht nur einer eventuellen Auswahl des Arbeitgebers widerspricht, sondern eigene Vorschläge

---

234 Thüsing in: Richardi BetrVG § 98 Rn. 56.
235 Buschmann in: DKKW BetrVG § 98 Rn. 26; Fitting BetrVG § 98 Rn. 28; Lotter, Beschäftigungssicherung, S. 137; Mauer in: BeckOK Arbeitsrecht § 98 BetrVG Rn. 4; Thüsing in: Richardi BetrVG § 98 Rn. 55; Worzalla in: Hess u.a. BetrVG § 98 Rn. 60.
236 Buschmann in: DKKW BetrVG § 98 Rn. 26; Thüsing in: Richardi BetrVG § 98 Rn. 55; Worzalla in: Hess u.a. BetrVG § 98 Rn. 60.
237 Thüsing in: Richardi BetrVG § 98 Rn. 57; Worzalla in: Hess u.a. BetrVG § 98 Rn. 64.
238 BAG, Beschluss vom 08.12.1987, Az. 1 ABR 32/86, NZA 1988, 401, 401.

macht.[239] Dabei ist der Betriebsrat nicht auf den Vorschlag abstrakt-genereller Auswahlkriterien beschränkt, sondern kann auch zugunsten eines bestimmten Arbeitnehmers einen Vorschlag aussprechen.[240] Mithin hat das Mitbestimmungsrecht konkret-individuelle Wirkung.

ff) Anspruch auf Weiterbildung

Abschließend ist der Frage nachzugehen, ob sich aus der dargestellten Qualifizierungsmitbestimmung des Betriebsrats generell oder zumindest für einzelne Konstellationen auf Grund eines einzelnen Mitbestimmungstatbestands für einen betroffenen Arbeitnehmer ein Anspruch auf Weiterbildung ergeben kann.

Wegen der Komplexität des dargestellten Mitbestimmungssystems sind die verschiedenen Situationen und Anspruchsinhalte differenziert zu untersuchen.

(1) Beteiligung gem. § 92a BetrVG

Die Beteiligung gem. § 92a BetrVG erschöpft sich – wie oben erläutert – in einem Vorschlagsrecht des Betriebsrats. Dabei ist es sogar ausgeschlossen, die Förderung einzelner Personen vorzuschlagen. Die Vorschrift weist damit keinerlei Individualbezug auf. Da es zudem an Sanktionen fehlt, wenn der Arbeitgeber einem getätigten Vorschlag nicht nachkommt, kann sich hieraus kein Anspruch eines Arbeitnehmers ergeben. Bedeutsam wird der § 92a BetrVG letztlich nur dann, wenn die Betriebspartner ihn zum Gegenstand einer Betriebsvereinbarung machen.[241]

(2) Beteiligung gem. § 96 BetrVG

Ein Anspruch kann sich auch nicht auf Grundlage von § 96 BetrVG ergeben.

In § 96 Abs. 1 S. 1 BetrVG wird eine allgemeine Förderungspflicht der Betriebspartner normiert. Diese stellt lediglich ein Leitbild auf, begründet jedoch keinerlei Individualansprüche.[242] Das zeigt sich darin, dass der Gesetzeswortlaut keine konkreten Vorgaben hinsichtlich Planung und Konzeption dieser Förderung macht und es keine Möglichkeit gibt, irgendwelche Maßnahmen gegenüber dem Arbeitgeber zu erzwingen.

---

239 BAG, Beschluss vom 30.05.2006, Az. 1 ABR 17/05, NZA 2006, 1291, 1292; BAG, Beschluss vom 20.04.2010, Az. 1 ABR 78/08, NZA 2010, 902; Fitting BetrVG § 98 Rn. 32; Kania in: ErfK § 98 BetrVG Rn. 16; Mauer in: BeckOK Arbeitsrecht § 98 BetrVG Rn. 4; Worzalla in: Hess u.a. BetrVG § 98 Rn. 63.
240 Thüsing in: Richardi BetrVG § 98 Rn. 59.
241 Haßlöcher, Mitarbeiterqualifizierung, S. 57; Kania in: ErfK § 92a BetrVG Rn. 1.
242 Fitting BetrVG § 96 Rn. 25 und 27; Kania in: ErfK § 96 BetrVG Rn. 10; Raab in: GK BetrVG II § 96 Rn. 22; Thüsing in: Richardi BetrVG § 96 Rn. 16.

Nach § 96 Abs. 1 S. 2, 1. Hs. BetrVG besteht zwar ein Anspruch des Betriebsrats auf Bedarfsermittlung gegenüber dem Arbeitgeber. Jedoch besteht zum einen kein Anspruch darauf, im Anschluss Weiterbildungsmaßnahmen durchzuführen, selbst wenn sich ein Weiterbildungsbedürfnis für die Belegschaft oder einzelne Arbeitnehmer ergibt. Zum anderen steht dieser Anspruch dem Betriebsrat zu, nicht hingegen dem einzelnen Mitarbeiter.

Auch das Beratungs- und Vorschlagsrecht gem. § 96 Abs. 1 S. 2, 2. Hs., S. 3 BetrVG gewährt dem Arbeitnehmer keinen Anspruch auf Weiterbildung. Die Regelung ist ausschließlich darauf gerichtet, dass Arbeitgeber und Betriebsrat sich mit dem Ziel einer Verständigung beraten und auseinandersetzen. Bestimmte Maßnahmen können jedoch vom Arbeitgeber nicht verlangt werden – erst recht nicht bezogen auf oder gar durch einen einzelnen Arbeitnehmer.

Schließlich ergibt sich aus § 96 Abs. 2 BetrVG grundsätzlich kein individueller Anspruch.[243] Die Ermöglichung von Weiterbildung stellt ein gesetzliches Ziel dar. Diesbezüglich fehlt es aber an den Möglichkeiten, konkrete Maßnahmen der Berufsbildung gegenüber dem Arbeitgeber zu fordern und dieses Begehren durchzusetzen.

Die Erwähnung älterer Arbeitnehmer, Teilzeitbeschäftigter und von Arbeitnehmern mit Familienpflichten in § 96 Abs. 2 S. 2 BetrVG dient der Chancengleichheit und soll Diskriminierung vermeiden.[244] Zwar ergibt sich hieraus kein selbständiger Weiterbildungsanspruch, da es auf das Vorliegen eines allgemeinen Anspruchs für die übrige Belegschaft ankommt.[245] Jedoch ergibt sich aus dem Schutzzweck der Norm, dass zumindest ein individueller Anspruch auf Teilhabe an Weiterbildungsangeboten unter dem Gesichtspunkt des allgemeinen Gleichbehandlungsgrundsatzes i. V. m. § 75 Abs. 1 BetrVG[246] sowie über § 7 Abs. 1 AGG sogar auf eine bevorzugte Teilhabe entstehen kann.[247] Da der Betriebsrat gem. § 98 Abs. 3 BetrVG einen bestimmten Arbeitnehmer als Teilnehmer an betrieblicher Weiterbildungsmaßnahme vorschlagen kann, kommt der Erwähnung der förderungswürdigen Arbeitnehmergruppen insofern ermessensleitende Bedeutung zu.

---

243 Fitting BetrVG § 96 Rn. 25; Kania in: ErfK § 96 BetrVG Rn. 12; Raab in: GK BetrVG II § 96 Rn. 34; Worzalla in: Hess u.a. BetrVG § 96 Rn. 34.
244 Kania in: ErfK § 96 Rn. 12.
245 Buschmann in: DKKW BetrVG § 96 Rn. 28.
246 Buschmann in: DKKW BetrVG § 96 Rn. 28; Galperin/Löwisch BetrVG II § 97 Rn. 22; Raab in: GK BetrVG II § 96 Rn. 34.
247 Ähnlich: Raab in: GK BetrVG II § 96 Rn. 34; Worzalla in: Hess u.a. BetrVG § 96 Rn. 34.

(3) Beteiligung gem. § 97 BetrVG

Hinsichtlich § 97 BetrVG ist zwischen Abs. 1 und Abs. 2 zu unterscheiden.

(a) § 97 Abs. 1 BetrVG

Wie bereits dargestellt, ergänzt § 97 Abs. 1 BetrVG die Regelung des § 96 BetrVG in besonderen Fällen. Der Betriebsrat hat in den gesetzlich bestimmten Fällen einen Anspruch darauf, dass der Arbeitgeber von sich aus die Beratung mit dem Betriebsrat angeht und diesen um Vorschläge ersucht. Ein Individualanspruch einzelner Arbeitnehmer lässt sich hieraus aber nicht ableiten, da die Vorschrift im Übrigen genauso ausgestaltet ist wie § 96 Abs. 1 S. 2, 2. Hs., S. 3 BetrVG.

(b) § 97 Abs. 2 BetrVG

Im Gegensatz zu den zuvor genannten Beteiligungsrechten stellt § 97 Abs. 2 BetrVG ein echtes Mitbestimmungsrecht dar. Hiernach bestimmt der Betriebsrat bei der Einführung von Maßnahmen der betrieblichen Berufsbildung mit, wenn solche notwendig sind. Fraglich ist, ob der Betriebsrat innerhalb des Anwendungsbereichs des § 97 Abs. 2 BetrVG dem einzelnen Arbeitnehmer einen individuellen Anspruch auf Weiterbildung verschaffen kann.

Allein das Vorliegen der Voraussetzungen des § 97 Abs. 2 BetrVG kann denknotwendig nicht genügen, um eine individual-rechtliche Wirkung herbeizuführen. Es ist aber darüber nachzudenken, ob sich bei entsprechender Ausübung des Mitbestimmungsrechts ein Individualanspruch des betroffenen Arbeitnehmers ergibt.

Ist der Betriebsrat zur Mitbestimmung berufen, so kann er gegenüber dem Arbeitgeber die Einführung von betrieblichen Berufsbildungsmaßnahmen verlangen und durchsetzen. Das kann im Wege der Einigung erfolgen oder im Falle der Nichteinigung durch einen hierauf gerichteten Spruch der Einigungsstelle, § 97 Abs. 2 S. 2 und 3 BetrVG. Einigen sich die Betriebspartner auf die Einführung einer betrieblichen Berufsbildungsmaßnahme, hat der Betriebsrat einen Anspruch auf entsprechende Durchführung.[248] Dieselbe Wirkung geht von einem entsprechenden Spruch der Einigungsstelle aus.

Ob sich hieraus neben dem Anspruch des Betriebsrats auch ein Individualanspruch des betroffenen Arbeitnehmers ergibt, ist umstritten.

---

248 Fitting BetrVG § 97 Rn. 34.

(aa) Meinungsstand in der Literatur

Teilweise wird vertreten, dass § 97 Abs. 2 BetrVG keinen Individualanspruch gewähre und auf dieser Grundlage keine bestimmte Qualifizierungsmaßnahme gegen den Willen des Arbeitgebers begründet werden könne.[249] *Franzen* begründet dieses Ergebnis mit dem Wortlaut und der systematischen Stellung der Vorschrift: Da § 97 Abs. 2 BetrVG den individuellen Arbeitnehmer nicht benenne, lasse sich auch kein individueller Anspruch herleiten. Der Wortlaut der Vorschrift zeige lediglich, dass dem Betriebsrat unter bestimmten Voraussetzungen ein zwingendes Mitbestimmungsrecht bei der Einführung von betrieblichen Berufsbildungsmaßnahmen zusteht. Einen Individualanspruch hätte der Gesetzgeber in § 81 Abs. 4 BetrVG verankern können, was er aber nicht getan habe.[250] Zum Teil wird auch ausdrücklich eine individualbegünstigende Wirkung des Einigungsstellenspruchs abgelehnt.[251] Im Übrigen wird diese ablehnende Auffassung nicht begründet.

Andererseits besteht auch die Auffassung, dass dem Spruch der Einigungsstelle normative Wirkung zukomme, soweit dieser Ansprüche der Arbeitnehmer festlegt.[252]

(bb) Bewertung

Die Argumente gegen die Annahme eines Individualanspruchs überzeugen nicht. Die dahingehende Argumentation, dass sich aus dem Wortlaut des § 97 Abs. 2 BetrVG kein Individualanspruch ableiten lasse, verkennt, dass Beteiligungsrechte des Betriebsrats grundsätzlich nicht als Anspruchsgrundlagen für die betroffenen Arbeitnehmer formuliert sind, weil sie eben nur das Beteiligungsrecht regeln (wollen). Der Gesetzestext allein genügt auch bei Vorliegen der Voraussetzungen für die Beteiligung des Betriebsrats nicht, um eine Regelungswirkung herbeizuführen, die auch noch Anspruchsqualität haben sollte. Der Individualanspruch kann sich schon denknotwendig erst aus dem entsprechenden Tätigwerden des Betriebsrats ergeben. Es überzeugt daher nicht, allein mit dem Wortlaut des § 97 Abs. 2 BetrVG zu argumentieren, um einen Individualanspruch auf Grundlage des § 97 Abs. 2 BetrVG zu verneinen.

---

249 Franzen, NZA 2001, 865, 868; Löwisch/Kaiser BetrVG § 97 Rn. 9; Stege/Weinspach BetrVG §§ 96–98 Rn. 7; Thüsing in: Richardi BetrVG § 97 Rn. 17; Worzalla in: Hess u.a. BetrVG § 97 Rn. 25.
250 Franzen, NZA 2001, 865, 868.
251 Preis in: WPK BetrVG § 97 Rn. 8.
252 Kania in: ErfK § 97 BetrVG Rn. 8.

Ferner überzeugt es nicht, mit der systematischen Stellung des § 97 Abs. 2 BetrVG zu argumentieren. Eine Anspruchserwähnung innerhalb des § 81 BetrVG wäre nicht sinnvoll gewesen. Wie oben erarbeitet wurde, besteht zwar eine gewisse Schnittstelle zwischen Berufsbildungsmaßnahme i. S. d. §§ 96 bis 98 BetrVG und der Unterrichtung i. S. d. § 81 BetrVG, die eine trennscharfe Abgrenzung entbehrlich macht.[253] Gleichwohl bestehen Unterschiede hinsichtlich Zielsetzung und Inhalt sowie in der Möglichkeit der Durchsetzung gegenüber dem Arbeitgeber. Daher wäre die vorgeschlagene Vermengung innerhalb desselben Paragraphen unpassend gewesen. Die Systematik spricht damit auch nicht gegen das Bestehen eines Anspruchs.

Überzeugender ist es, auf die Erzwingbarkeit einer (wenn auch keiner bestimmten) Regelung durch den Betriebsrat gegenüber dem Arbeitgeber abzustellen, denn der Betriebsart hat gem. § 97 Abs. 2 S. 2 und 3 BetrVG die Möglichkeit, die Einigungsstelle anzurufen. Sofern der Spruch der Einigungsstelle die Einführung der betrieblichen Berufsbildung vorsieht, kann diesem nicht die individualbegünstigende Wirkung abgesprochen werden. Es entspricht im Anwendungsbereich des § 98 Abs. 3 BetrVG etwa der h. M., dass dem Spruch der Einigungsstelle individualbegünstigende Wirkung zukommt.[254]

Da der Spruch der Einigungsstelle die Einigung der Betriebspartner ersetzt, § 97 Abs. 2 S. 3 BetrVG, könnte man fiktiv auf deren Rechtsqualität abstellen und dem Spruch dieselbe Rechtsqualität zuweisen.

Ob diese Überlegung zur vollständigen Lösung des Problems führt, ist fraglich. Denn die Einigung könnte in Form einer Betriebsvereinbarung oder aber durch eine Regelungsabrede getroffen werden. Während einer Betriebsvereinbarung eine normative, also unmittelbare und zwingende Wirkung zukommt,[255] stellt die Einigung in Form einer Regelungsabrede eine obligatorische Vereinbarung dar, deren Einhaltung zwar der Betriebsrat, nicht aber der einzelne Arbeitnehmer geltend machen könnte.[256] Die Einigung, die der Spruch ersetzt, kann je nach Form ihrer Ausgestaltung Anspruchsqualität aufweisen oder auch nicht.

---

253 Siehe Teil 2: A. I. 2. b) aa) (2) (a) (cc).
254 Wenn auch der Umfang der Individualwirkung umstritten ist, so entspricht es doch der h. M., überhaupt eine direkte Individualbegünstigung zu bejahen, Siehe Teil 2: A. I. 2. b) ff) (4) (c).
255 Kreitner in: Küttner Personalbuch 2012 „Betriebsvereinbarung" Rn. 1, 2; Matthes in: MüArbR § 239 Rn. 24 bis 26.
256 BAG, Beschluss vom 23.06.1992, Az. 1 ABR 53/91, NZA 1992, 1098, 1099; Kania in: ErfK § 77 BetrVG Rn. 130; Koch in: Schaub Arbeitsrechts-Hdb. § 231 Rn. 3; Matthes in: MüArbR § 239 Rn. 97.

Teilweise wird hierzu vertreten, dass dem Einigungsstellenspruch dann die Wirkung einer Betriebsvereinbarung zukommt, wenn der Regelungsstreit sich auf den Abschluss einer Betriebsvereinbarung bezieht oder wenn durch den Spruch Rechte und Pflichten der Arbeitnehmer begründet oder geändert werden.[257] Letzteres träfe auf den vorliegenden Fall zu. Nach dieser Auffassung könne sich also ein Anspruch auf Weiterbildung aus dem Spruch der Einigungsstelle ergeben.

Jedenfalls ist aber zu beachten, dass nur durch eine anspruchsbegründende Qualität der Schutzzweck des § 97 Abs. 2 BetrVG beachtet wird. Dessen Ziel ist es, präventiv betriebliche Bildungsmaßnahmen zugunsten der betroffenen Arbeitnehmer zu gewährleisten und durch Weiterbildung Kündigungen zu vermeiden. Die Herbeiführung eines Einigungsstellenspruchs, der für den Arbeitnehmer keine Anspruchsgrundlage bildet, würde das ganze Mitbestimmungssystem ad absurdum führen.

Eine Einigung der Betriebspartner in Form einer Betriebsvereinbarung bildet daher ebenso wie ein gleichlautender Spruch der Einigungsstelle eine Anspruchsgrundlage.

Anspruchsberechtigt sind alle Arbeitnehmer, die von der ändernden Maßnahme betroffen sind und für die eine Weiterbildungsmaßnahme notwendig ist. Da ein kollektiver Tatbestand gemäß den obigen Ausführungen nicht vorausgesetzt ist, kann sich ein solcher Anspruch auch nur zugunsten eines einzigen Arbeitnehmers ergeben. Sofern nicht alle Arbeitnehmer weiterzubilden sind, weil mit der tätigkeitsändernden Maßnahme auch Arbeitsplätze wegfallen, kommt es auf die durch die Betriebspartner festgelegte Teilnehmerliste an.

Inhaltlich ist der Anspruch auf Einführung der beschlossenen Bildungsmaßnahme, Teilnahme an dieser und Übernahme der hierfür erforderlichen Kosten gerichtet. Hinsichtlich der zeitlichen Lage kommt es – wie oben dargestellt – auf den jeweiligen Inhalt der Regelung an. Der Anspruch unterliegt einer Einschränkung, indem die Weiterbildungsmaßnahme dem Arbeitgeber zumutbar sein muss.

(4) Beteiligung gem. § 98 BetrVG

Schließlich ist zu prüfen, ob § 98 BetrVG dem einzelnen Arbeitnehmer einen Anspruch verschaffen kann.

---

257 Fitting BetrVG § 76 Rn. 134; Joost in: MüArbR § 232 Rn. 65; Kania in: ErfK § 76 BetrVG Rn. 27; Richardi in: Richardi BetrVG § 76 Rn. 111.

(a) § 98 Abs. 1 BetrVG

Nach § 98 Abs. 1 BetrVG bestimmt der Betriebsrat zwar hinsichtlich des „Wie" einer Bildungsmaßnahme mit. Damit scheidet eine Beteiligung an der Entscheidung über das „Ob" der Durchführung einer Bildungsmaßnahme vorbehaltlich des § 102 Abs. 3 Nr. 4 BetrVG bzw. § 97 Abs. 2 BetrVG ohnehin aus. Einigen sich die Betriebspartner, so kommt es auf die Form der Einigung an. Wie bereits dargestellt, kann sich ein Anspruch der betroffenen Arbeitnehmer zwar aus einer Betriebsvereinbarung ergeben, nicht aber aus einer Regelungsabrede. Im Falle der Nichteinigung entscheidet die Einigungsstelle, § 98 Abs. 4 BetrVG. Fraglich ist, ob der einzelne Arbeitnehmer aus dem Spruch der Einigungsstelle einen individuellen Anspruch herleiten kann.

Anerkanntermaßen besitzt der Spruch der Einigungsstelle in Streitigkeiten um die Durchführung von Berufsbildung oder sonstigen Bildungsmaßnahmen verbindliche Wirkung.[258] Der Betriebsrat hat daher auf jeden Fall einen Anspruch gegenüber dem Arbeitgeber auf Beachtung des Spruchs.

Zur Begründung eines Individualanspruchs kann nicht die oben genannte Argumentation zu § 97 Abs. 2 BetrVG herangezogen werden, da dessen Schutzzweck ein anderer ist. § 98 Abs. 1 BetrVG hat keinen kündigungspräventiven Charakter und bezieht sich auf einen generell-abstrakten Regelungsgegenstand. Allerdings dient die betriebliche Mitbestimmung einschließlich des Einigungsstellenverfahrens der Klärung des „Wie" der Weiterbildung zugunsten der Arbeitnehmer. Es sollen einheitliche Rahmenbedingungen geschaffen werden, die die Interessen der Beteiligten berücksichtigen. Gleichsam wie § 97 Abs. 2 BetrVG dient die Vorschrift dem Ziel, Weiterbildung für Arbeitnehmer attraktiv zu machen und so nachhaltig das Leistungsniveau der Belegschaft zu verbessern. Aus Sicht des Arbeitnehmers ist es daher von großer Bedeutung, dass die betriebliche Berufsbildung in der Form stattfindet, die ihm zumutbar ist. Daher muss er auch einen Anspruch darauf haben, dass die Berufsbildungsmaßnahme (wenn der Arbeitgeber sich denn zu deren Durchführung entschließt) in der festgelegten Form stattfindet.

Anspruchsinhaber sind alle Arbeitnehmer, auf die sich der Einigungsstellenspruch sachlich bezieht. Da nach § 98 Abs. 1 BetrVG abstrakt-generelle Kriterien festgelegt werden, dürften das in der Regel alle Mitarbeiter des Betriebs sein.

Der Anspruch ist darauf gerichtet, dass der Arbeitgeber die Berufsbildungsmaßnahmen mit dem Inhalt, in dem Umfang, unter Anwendung derjenigen Methoden

---

258 Kania in: ErfK § 98 Rn. 21; Mauer in: BeckOK Arbeitsrecht § 98 Rn. 6.

der Vermittlung, der Ausgestaltung der Prüfung und in dem zeitlichen Umfang durchführt, die die Einigungsstelle vorgegeben hat.

(b) § 98 Abs. 2 BetrVG

Das Mitbestimmungsrecht gem. § 98 Abs. 2 BetrVG bezieht sich auf die Bestellung und Abberufung der Ausbilder. Die Vorschrift dient der Qualitätssicherung. Sie weist keinen individualschützenden Charakter auf, da die Auswahl der Ausbilder grundsätzlich dem Arbeitgeber obliegt und dem Betriebsrat nur eine Überwachungsfunktion zukommt, um ungeeignete Personen von der Ausbildung fernzuhalten. Der einzelne Arbeitnehmer könnte sich zwar beim Betriebsrat über einen nach seiner Auffassung ungeeigneten Ausbilder beschweren und ein Abberufungsverlangen bzw. einen Widerspruch gegen die Bestellung gegenüber dem Arbeitgeber anregen; er könnte jedoch nicht gestützt auf § 98 Abs. 2 BetrVG selbst diese Maßnahmen durchsetzen.

(c) § 98 Abs. 3 BetrVG

Umstritten ist, ob und ggf. inwieweit ein auf Grund des § 98 Abs. 3 BetrVG ergehender Spruch der Einigungsstelle geeignet ist, dem Arbeitnehmer einen individuellen Anspruch auf Weiterbildung zu verschaffen. Allerdings wird die inhaltliche Reichweite eines solchen nicht einheitlich beurteilt. Für einen vollumfänglichen Schutz bedarf es eines zweistufigen Anspruchs: Zunächst müsste der Arbeitgeber auf Grundlage des Einigungsstellenspruch verpflichtet sein, die darin vorgesehenen Maßnahmen überhaupt durchzuführen. Zusätzlich müsste der von der Einigungsstelle als Teilnehmer bestimmte Arbeitnehmer einen Anspruch auf Teilnahme an der durchgeführten Maßnahme haben.

(aa) Kein Durchführungsanspruch, aber Teilnahmeanspruch

Nach h. M. hat der Spruch der Einigungsstelle nur schuldrechtliche Wirkung zwischen Arbeitgeber und Betriebsrat, so dass ein einzelner Arbeitnehmer nicht die Durchführung der benannten Bildungsmaßnahme erzwingen könne. Werde die Bildungsmaßnahme durchgeführt, so habe der in dem Einigungsstellenspruch benannte Arbeitnehmer einen arbeitsvertraglichen Anspruch auf Teilnahme.[259]

---

[259] Fitting BetrVG § 98 Rn. 34; Natzel, Berufsbildungsrecht, S. 533; Thüsing in: Richardi BetrVG § 98 Rn. 64.

(bb) Weder Durchführungsanspruch noch Teilnahmeanspruch

Dem wird entgegengehalten, dass es inkonsequent sei, dem Arbeitnehmer zwar einen arbeitsvertraglichen Anspruch auf Teilnahme an durchgeführten Bildungsmaßnahmen zuzusprechen, ohne aber den Arbeitgeber im Verhältnis zu dem betroffenen Arbeitnehmer zu verpflichten, die Bildungsmaßnahme überhaupt durchzuführen. Daher wird jegliche Anspruchsqualität des Einigungsstellenspruchs in Bezug auf den Arbeitnehmer verneint, so dass sich ein Anspruch nur auf Grundlage einer Betriebsvereinbarung ergeben könne.[260]

(cc) Bewertung

Die Argumentation der h. M. ist nicht überzeugend. Sie bejaht einen Anspruch auf der zweiten Stufe, ohne zuvor einen Anspruch auf der ersten Stufe anzunehmen. Nach dieser Ansicht könnte der Arbeitgeber die Durchführung von Weiterbildungsmaßnahmen verweigern, obwohl seine ursprüngliche Bereitschaft hierzu das Mitbestimmungsrecht ausgelöst und die Grundlage für den Einigungsstellenspruch dargestellt hat. Damit reduziert sich die Rechtsposition des Arbeitnehmers nach der h. M. auf einen reinen Teilhabeanspruch, der auch noch von dem Willen des Arbeitgebers abhängig ist.

Die Ausgestaltung als Teilhabeanspruch ist für § 96 Abs. 2 S. 2 BetrVG sinnvoll, da hier eine Gleichbehandlung gewährleistet werden soll, ohne die übrigen, nicht besonders schutzwürdigen Arbeitnehmer zu übervorteilen. Eine solche Konstellation der Gleichbehandlung betrifft aber § 98 Abs. 3 BetrVG nicht. Hier ist die Annahme eines bloßen Teilhabeanspruchs unzureichend. Denn dagegen spricht, dass der Arbeitgeber im Verhältnis zum Betriebsrat auf Grund des Spruches der Einigungsstelle zur Durchführung der Bildungsmaßnahme verpflichtet ist. Es ist nicht sinnvoll, dass der Arbeitnehmer bei der Einhaltung der ersten Stufe (Durchführung) von einer Geltendmachung des Anspruchs durch den Betriebsrat abhängig sein soll, während er die zweite Stufe (Teilnahme) selbständig einklagen kann. Konsequenterweise müsste entweder jeglicher Anspruchscharakter verneint oder ein zweistufiger Anspruch bejaht werden. Ersteres wird aber dem Charakter des § 98 Abs. 3 BetrVG nicht gerecht. Denn die Vorschrift weist einen ganz klaren Individualbezug auf, der in Verbindung mit dem Schutzzweck der §§ 96 bis 98 BetrVG insgesamt zeigt, dass die Rechtsposition des Arbeitnehmers in Bezug auf Weiterbildung durch die Mitbestimmung des Betriebsrats gestärkt werden soll. Das wird besonders daran deutlich, dass die Betriebspartner nicht auf die Festlegung von abstrakten Kriterien für die

---

260 Worzalla in: Hess u.a. BetrVG § 98 Rn. 67.

Teilnehmerauswahl beschränkt sind, sondern konkret einzelne Personen benennen können. Indem es dem Betriebsrat durch die Anrufung der Einigungsstelle möglich ist, die Bestimmung einer Teilnehmerliste zu erzwingen (wenn auch nicht zwingend mit den durch ihn vorgegebenen Personen), kann dem Arbeitgeber eine verbindliche Vorgabe gemacht werden. Überzeugender ist es daher, einen Anspruch des als Teilnehmer benannten Arbeitnehmers sowohl auf Durchführung der einmal geplanten Berufsbildungsmaßnahme als auch auf seine Teilnahme hieran zu bejahen.

Damit würde dann eine Verpflichtung des Arbeitgebers einhergehen, die betriebliche Berufsbildungsmaßnahme durchzuführen. Zwar kann der Arbeitgeber außerhalb des Anwendungsbereichs des § 97 Abs. 2 BetrVG grundsätzlich nicht zur Durchführung von Berufsbildungsmaßnahmen gezwungen werden. Auf diesen Grundsatz kann aber die Argumentation der h. M. nicht gestützt werden. Denn dabei wird außer Acht gelassen, dass der Betriebsrat nach § 98 Abs. 3 BetrVG überhaupt erst zur Mitbestimmung berufen ist, wenn der Arbeitgeber betriebliche Berufsbildungsmaßnahmen durchführt. Der Spruch der Einigungsstelle tritt an die Stelle einer nicht gelungenen Einigung der Betriebspartner. Er bezieht sich auf beides, d.h. auf die konkrete Berufsbildungsmaßnahme sowie deren Teilnehmer. Die Verbindlichkeit des Spruches der Einigungsstelle wird auch von der h. M. nicht in Abrede gestellt und ist richtigerweise zu bejahen. Die Argumentation von *Worzalla*, dass nur durch eine normativ wirkende Betriebsvereinbarung oder durch Arbeitsvertrag ein Anspruch begründet werden könne, ist nicht überzeugend. Die Auffassung verkennt den oben genannten Schutzzweck der Norm sowie die Systematik der Beteiligungsrechte des Betriebsrats in Fragen der Berufsbildung.

gg) Verpflichtung zur Weiterbildung

Ferner ist der Frage nachzugehen, ob Arbeitnehmer zur Weiterbildung verpflichtet werden können.

(1) § 92a BetrVG

Aus dem bloßen Vorschlagsrecht nach § 92a BetrVG kann sich keine Verpflichtung des Arbeitnehmers zur Weiterbildung ergeben. Es fehlt an jeglicher Konkretisierung.

(2) § 96 BetrVG

Die in § 96 Abs. 1 S. 1 BetrVG aufgestellte allgemeine Förderungspflicht ist zu wenig konkretisiert, als dass hieraus überhaupt eine Individualwirkung hervorgehen könnte.

Die Bedarfsermittlung nach § 96 Abs. 1 S. 2, 1. Hs. BetrVG ist ebenfalls nicht geeignet, den Arbeitnehmer zu verpflichten, da diese – wenn überhaupt – nur die Vorbereitungshandlung zu einer ggf. erforderlichen Weiterbildung darstellt.

Das Beratungs- und Vorschlagsrecht nach § 96 Abs. 1 S. 2, 2. Hs., S. 3 BetrVG geht einen Schritt weiter, indem der Betriebsrat mit dem Arbeitgeber Weiterbildungsmöglichkeiten berät. Auf freiwilliger Grundlage könnten die Betriebspartner eine Einigung über Weiterbildung schließen. Inwieweit hierin Verpflichtungen einzelner enthalten sein können, bleibt einem gesonderten Abschnitt vorbehalten.[261] Das Einigungsstellenverfahren sieht die Vorschrift nicht vor, so dass eine Verpflichtung auf Grundlage eines Einigungsstellenspruchs nicht möglich ist.

Worzalla nimmt sogar für den Fall, dass der Arbeitnehmer individualvertraglich dazu verpflichtet ist, eine bestimmte Qualifikation vorzuhalten, keine Verpflichtung des Arbeitnehmers aus § 96 Abs. 1 S. 2 BetrVG an, da es diesem freistehe, die Qualifikation auf anderem Wege zu erlangen.[262]

§ 96 Abs. 2 BetrVG hat ausschließlich die „*Ermöglichung*" von Weiterbildung sowie die Chancengleichheit zum Ziel. Eine Verpflichtung widerspräche schon dieser weichen Formulierung. Im Übrigen ist auch im Zusammenhang mit Abs. 2 kein Einigungsstellenverfahren vorgesehen.

(3) § 97 BetrVG

§ 97 Abs. 1 BetrVG sieht ebenfalls ein bloßes Beratungsrecht vor. Mangels Konkretisierung ergeben sich keinerlei Verpflichtungen für den Arbeitnehmer.

Auf Grundlage des § 97 Abs. 2 BetrVG lässt sich wie oben dargestellt durch einen Einigungsstellenspruch ein individueller Anspruch auf Weiterbildung erzeugen. Es ist zu klären, ob ein Arbeitnehmer gegenüber seinem Arbeitgeber durch den Spruch der Einigungsstelle auch verpflichtet werden kann.

In der Literatur wird eine Verpflichtung des Arbeitnehmers auf Grund eines entsprechenden Einigungsstellenspruchs verneint.[263] Dabei gehen die Vertreter dieser Auffassung davon aus, dass dem Spruch generell keine Individualwirkung zukomme. Diese Argumentation überzeugt aus den oben dargestellten Gründen nicht[264] und kann einer Verpflichtungswirkung nicht entgegenstehen. Da vorliegend

---

261 Siehe Teil 2: F. IV. 1. c).
262 Worzalla in: Hess u.a. BetrVG § 96 Rn. 22.
263 Franzen, NZA 2001, 865, 868; Worzalla in: Hess u.a. BetrVG § 97 Rn. 37.
264 Siehe Teil 2: A. I. 2. b) ff) (3) (b).

von einer Individualwirkung ausgegangen wird, kommt es darauf an, deren Reichweite zu bestimmen.

Für eine verpflichtende Wirkung spricht, dass einem Einigungsstellenspruch, der Rechte und Pflichten der Arbeitnehmer regelt, die Wirkung einer Betriebsvereinbarung zukommt.[265] Zudem ist der Schutzzweck der Norm auf Kündigungsprävention durch Weiterbildung gerichtet. Dieser Zweck lässt sich in rechtlicher Hinsicht durch verpflichtende Weiterbildung ebenso erzielen wie durch freiwillige.[266]

Schließlich spricht für eine Verpflichtung des Arbeitnehmers zur Weiterbildung, dass durch die Anrufung der Einigungsstelle die Angelegenheit für den Betrieb einheitlich geregelt werden soll. Es wäre mit dieser Zielsetzung nicht zu vereinbaren, dem Spruch nur einen formlosen Charakter beizumessen. Eine Verpflichtung des Arbeitnehmers zu Weiterbildung nach Maßgabe des Einigungsstellenspruches ist zu bejahen.

In Konsequenz dessen ist der Arbeitgeber berechtigt, den Arbeitnehmer in Ausübung seines ihm zustehenden Direktionsrechts gem. § 106 GewO anzuweisen, an der Weiterbildungsmaßnahme teilzunehmen. Eine Verweigerung würde eine Arbeitsvertragspflichtverletzung darstellen.

Offen ist demnach nur die Frage, ob diese Verpflichtung in irgendeiner Weise einzuschränken ist. Wie eingangs erwähnt, ergänzt § 97 Abs. 2 BetrVG den individualschützenden § 1 Abs. 2 S. 3 KSchG um die kollektivrechtliche Komponente, betrifft aber denselben Lebenssachverhalt. Widersprüchliche Ergebnisse im Einzelfall sind zu vermeiden. Dabei stellt es nicht schon einen Widerspruch dar, wenn eine kollektivrechtliche Verpflichtung im Grundsatz (also nicht bezogen auf den Einzelfall) bejaht, eine individualrechtliche aber verneint wird. Denn in dem Fall, dass eine verpflichtende Kollektivregelung besteht, wird im konkreten Fall die individualrechtliche Vertragsbeziehung um eine Pflicht erweitert. Die kollektive Maßnahme überlagert die Individualrechtslage insoweit. Ein Widerspruch entstünde erst dann, falls eine Maßnahme kollektivrechtlich eine Pflicht begründet, die dem Arbeitnehmer individualrechtlich nicht abverlangt werden dürfte.[267]

Das Spannungsverhältnis ist dahingehend zu lösen, dass eine kollektivrechtliche Verpflichtung nur entstehen kann, wenn der Arbeitnehmer sein Einverständnis mit der Durchführung der Weiterbildungsmaßnahme erklärt hat und sie daher

---

265 Siehe Teil 2: A. I. 2. b) ff) (3) (b) (bb).
266 In praktischer Hinsicht müsste man sich allerdings die Frage stellen, ob ein gezwungener Arbeitnehmer die innere Bereitschaft zum Lernen mitbringt.
267 Zu der Frage, inwiefern kollektivrechtliche Pflichten entstehen können siehe Teil 2: A. I. 2. b) gg) (3).

individualrechtlich durchgesetzt werden kann. Da der Arbeitgeber das Weisungsrecht „*nach billigem Ermessen*" ausübt, findet sich hierin ein Anknüpfungspunkt für die Prüfung dieser Voraussetzung.

Ein Einigungsstellenspruch ist also geeignet, eine Verpflichtung des Arbeitnehmers zur Weiterbildung zu begründen, sofern dieser einmal sein Einverständnis mit der Weiterbildungsteilnahme erklärt hat.

(4) § 98 BetrVG

§ 98 Abs. 1 BetrVG ist ungeeignet, eine Weiterbildungsverpflichtung zu begründen. Das Mitbestimmungsrecht bezieht sich auf das „Wie" der Weiterbildung, nicht auf das „Ob". Der Arbeitnehmer kann auf der Grundlage eines das „Wie" regelnden Einigungsstellenspruchs nicht zur Teilnahme gezwungen werden.

Offensichtlich kann auf der Grundlage des § 98 Abs. 2 BetrVG keine Weiterbildungsverpflichtung entstehen, da es ausschließlich um die Bestellung und Abberufung der Ausbilder geht.

Schließlich könnte auf Grundlage des § 98 Abs. 3 BetrVG eine Verpflichtung zur Weiterbildung für den Arbeitnehmer entstehen. *Worzalla* verneint eine entsprechende Verpflichtung ohne nähere Begründung und betont, dass sich eine solche nur auf Grundlage des Arbeitsvertrages ergeben könne.[268]

Aus den oben dargestellten Gründen ergibt sich aus einem Einigungsstellenspruch auf Grundlage des § 98 Abs. 3 BetrVG ein individueller Anspruch auf Weiterbildung. Eine Verpflichtung des Arbeitnehmers gibt diese Argumentation jedoch nicht her. Denn zwar weist die Vorschrift einen Individualbezug auf, jedoch soll dieser nach dem Schutzzweck der Norm die Rechtsposition des Arbeitnehmers in Bezug auf Weiterbildung stärken. Anders als im Fall des § 97 Abs. 2 BetrVG ist die Weiterbildung nicht erforderlich, um die vertraglich geschuldete Arbeitsleistung erbringen zu können. Auslöser für die Mitbestimmung nach § 98 Abs. 3 BetrVG ist einzig, dass der Arbeitgeber Maßnahmen der Berufsbildung durchführt, so dass der Gedanke der Kündigungsprävention nicht eingreift. Zudem findet sich kein individualrechtliches Gegenstück zu dem Mitbestimmungsrecht, über das eine uneingeschränkte Verpflichtung auf das Maß der Zumutbarkeit beschränkt werden könnte. Ohne ein aus Sicht des Arbeitnehmers bestehendes Erfordernis zur Weiterbildung kann aber eine so weitreichende Verpflichtung nicht angenommen werden.

---

268 Worzalla in: Hess u.a. BetrVG § 98 Rn. 67.

hh) Zusammenfassung

Ein Anspruch auf Weiterbildung kann sich für den einzelnen Arbeitnehmer aus der Mitbestimmung des Betriebsrats in Angelegenheiten der Berufsbildung ergeben.

Im Falle des § 97 Abs. 2 BetrVG hat der Einigungsstellenspruch individualbegünstigende Wirkung. Er verschafft dem von der tätigkeitsändernden Maßnahme betroffenen Arbeitnehmer einen Anspruch auf Einführung der Weiterbildungsmaßnahme, Teilnahme an dieser und Kostenübernahme.

Der Einigungsstellenspruch im Anwendungsbereich des § 98 Abs. 1 BetrVG hat Anspruchsqualität zugunsten des einzelnen Arbeitnehmers. Dieser bezieht sich nur auf das „Wie" der Durchführung, mithin auf die Einhaltung der Vorgaben durch die Einigungsstelle hinsichtlich Inhalt, Umfang und Methode der Vermittlung von Kenntnissen, Fähigkeiten und Fertigkeiten sowie Inhalt, Umfang und Ausgestaltung der abschließenden Prüfung. Der Anspruch ist nicht auf das „Ob" der Bildungsmaßnahme gerichtet, was sich aus dem Wortlaut der Norm ergibt.

Der Einigungsstellenspruch im Rahmen des § 98 Abs. 3 BetrVG gewährt dem als Teilnehmer benannten Arbeitnehmer einen Anspruch auf Durchführung derjenigen Weiterbildungsmaßnahme, die das Mitbestimmungsrecht gem. § 98 Abs. 3 BetrVG ausgelöst hat und die Grundlage des Einigungsstellenverfahrens geworden ist. Zudem gewährt der entsprechende Spruch der Einigungsstelle dem betroffenen Arbeitnehmer einen Anspruch auf Teilnahme an der Maßnahme.

Ältere Arbeitnehmer, Teilzeitbeschäftigte und Arbeitnehmer mit Familienpflichten haben zwar keinen eigenständigen und über die soeben genannten Ansprüche hinausgehenden Anspruch auf Weiterbildung; sie haben allerdings zum Schutz vor Diskriminierung einen Teilhabeanspruch, § 96 Abs. 2 S. 2 BetrVG, und werden bei der Teilnehmerauswahl nach § 98 Abs. 3 BetrVG bevorzugt behandelt. Die unterschiedliche Ausgestaltung der Ansprüche beruht auf der jeweiligen Intensität der Beteiligungsrechte.

c) Die Beteiligungsrechte des Betriebsrats über Bildungsurlaub

Abschließend stellt sich die Frage, ob dem Betriebsrat neben der Qualifizierungsmitbestimmung auch ein Mitbestimmungsrecht zusteht, wenn es um Bildungsurlaub im Sinne der Landesurlaubsgesetze geht.

Nach § 87 Abs. 1 Nr. 5 BetrVG hat der Betriebsrat ein Mitbestimmungsrecht hinsichtlich der Aufstellung allgemeiner Urlaubsgrundsätze und des Urlaubsplans sowie über die Festsetzung der zeitlichen Lage des Urlaubs für einzelne Arbeitnehmer, soweit zwischen dem Arbeitgeber und den beteiligten Arbeitnehmer kein Einverständnis erzielt wird. Dabei ist der Begriff des Urlaubs weit zu verstehen und erfasst jede Form der bezahlten oder unbezahlten Freistellung von der Arbeit, durch die Urlaubswünsche anderer Arbeitnehmer oder schutzwürdige Interessen des Arbeitgebers beeinträchtigt werden können, weil betriebliche Belange die Anwesenheit einer bestimmten Anzahl von Arbeitnehmer oder auch bestimmter anderer Arbeitnehmer erfordern.[269]

Darunter fällt nach h. M. auch der Bildungsurlaub, so dass der Arbeitgeber das Mitbestimmungsrecht des Betriebsrats zu beachten habe.[270] Der Betriebsrat könne daher bei der Aufstellung allgemeiner Harmonisierungsgrundsätze oder sogar eines Urlaubsplans oder durch die Festsetzung der zeitlichen Lage der Arbeitsbefreiung für Zwecke der Weiterbildung mitbestimmen.[271]

Nach andererseits vertretener Auffassung soll dem Betriebsrat kein Mitbestimmungsrecht im Zusammenhang mit Bildungsurlaub zukommen, da § 87 Abs. 1 Nr. 5 BetrVG sich nicht auf Bildungsurlaub erstrecke.[272]

Die Mitbestimmung des Betriebsrats bei der Festlegung der Lage des Urlaubs soll einander widersprechende Urlaubswünsche und die widerstreitenden Interessen der Arbeitnehmer und des Arbeitgebers an einem ungestörten Betriebsablauf in Einklang bringen.[273] Dieses Erfordernis besteht bei dem Begehren nach Bildungsurlaub in gleicher Weise wie bei Erholungsurlaub i. S. d. § 1 BUrlG. Dem Sinn und Zweck der Norm entsprechend ist daher der h. M. zu folgen.

Darüber hinaus kommt eine Mitbestimmung des Betriebsrats, insbesondere nach § 98 Abs. 3 BetrVG, bei Ansprüchen nach den Landesweiterbildungsgesetzen mangels Eröffnung des Anwendungsbereichs nicht in Betracht: Denn während die Mitbestimmung des Betriebsrats eine gerechte Teilhabe an Weiterbildungsangeboten des Arbeitgebers sicherstellen soll, gewähren die Landesweiterbildungsgesetze jedem Arbeitnehmer einen von der Mitbestimmung des Betriebsrats völlig unabhängigen Individualanspruch gegen den Arbeitgeber. Die arbeitnehmerseitigen

---

269 BAG, Beschluss vom 18.06.1974, Az. 1 ABR 25/73, NJW 1975, 80, 80; BAG, Beschluss vom 28.05.2002, Az. 1 ABR 37/01, NZA 2003, 171, 173.
270 BAG, Beschluss vom 28.05.2002, Az. 1 ABR 37/01, NZA 2003, 171, 173; Fitting BetrVG § 87 Rn. 193; Jacobsen in: Moll ArbR § 29 Rn. 12; Kania in: ErfK § 87 BetrVG Rn. 43; Klebe in: DKKW BetrVG § 87 Rn. 141; Koch in: Schaub Arbeitsrechts-Hdb. § 235 Rn. 59; Kohte in: Düwell BetrVG § 87 Rn. 62; Löwisch/Kaiser BetrVG § 87 Rn. 93; Richardi in: Richardi BetrVG § 87 Rn. 441; Wiese in: GK BetrVG II § 87 Rn. 444.
271 BAG, Beschluss vom 28.05.2002, Az. 1 ABR 37/01, NZA 2003, 171, 174; Jacobsen in: Moll ArbR § 29 Rn. 12.
272 Worzalla in: Hess u.a. BetrVG § 87 Rn. 317; Faßhauer, NZA 1986, 453, 457.
273 BAG, Beschluss vom 28.05.2002, Az. 1 ABR 37/01, NZA 2003, 171, 173; Koch in: Schaub Arbeitsrechts-Hdb. § 235 Rn. 59; Richardi in: Richardi BetrVG § 87 Rn. 440; Werner in: BeckOK Arbeitsrecht § 87 BetrVG Rn. 79.

Ansprüche sind bereits umfassend normiert. Die Beteiligung des Betriebsrats kann hierzu auch deshalb nichts beitragen, da der Mitbestimmungstatbestand des § 87 Abs. 1 Nr. 5 BetrVG dem Einzelnen keinen Anspruch auf Urlaub verschaffen kann, sondern dessen Bestehen voraussetzt.[274]

d) Zwischenfazit

Auf Ebene des Verfassungs- und Bundesrechts fehlt es an einer allgemeinen Rechtsgrundlage für Weiterbildung. Es bestehen wenige gesetzliche Anhaltspunkte, an denen sich die Arbeitsvertragsparteien orientieren können.

Wichtigstes Instrument ist die Mitbestimmung des Betriebsrats. Auf diese Weise können Ansprüche und Verpflichtungen festgelegt werden, so dass Weiterbildung im Rahmen klarer Vorgaben stattfinden kann. Als Fazit lässt sich insoweit zusammenfassen, dass sich aus der Mitbestimmung des Betriebsrats in Angelegenheiten der Berufsbildung gem. §§ 92, 92a, 96 bis 98 BetrVG bei Vorliegen dreier Voraussetzungen ein eigenständiger Individualanspruch ergibt:

Zunächst muss das Mitbestimmungsrecht dem positiven Konsensprinzip folgen, da der Betriebsrat sich in diesen Fällen mit dem Arbeitgeber auseinandersetzt, um eine Verbesserung des Status Quo herbeizuführen. Aus einem Mitbestimmungsrecht hingegen, das dem negativen Konsensprinzip folgt, kann sich kein Individualanspruch ergeben, da der Betriebsrat in diesen Fällen nur überwacht, ob der Arbeitgeber die Arbeitnehmerbelange bei seinen Entscheidungen ausreichend beachtet.

Ferner muss der Tatbestand des Mitbestimmungsrechts einen Individualbezug dahingehend aufweisen, dass der Kreis der Anspruchsberechtigten aus dem Gesetzeswortlaut erkennbar ist. Andernfalls ließe sich der Kreis der Anspruchsberechtigten nicht ermitteln.

Schließlich muss eine Regelung durch Anrufen der Einigungsstelle erzwungen werden können, da der Arbeitgeber sich sonst einer Umsetzung der Vorschläge des Betriebsrats entziehen könnte.

Eine Verpflichtung des Arbeitnehmers zur Weiterbildung kann hingegen nur im Fall des § 97 Abs. 2 BetrVG angenommen werden. In diesem Fall überwiegt der kündigungspräventive Gedanke. Allerdings ist Voraussetzung für eine entsprechende Verpflichtung die Erklärung des Einverständnisses mit der Weiterbildungsmaßnahme durch den Arbeitnehmer, damit im Einzelfall widersprüchliche Ergebnisse vermieden werden.

---

274 Fitting BetrVG § 87 Rn. 193; Klebe in: DKKW BetrVG § 87 Rn. 141; Richardi in: Richardi BetrVG § 87 Rn. 455; Werner in: BeckOK Arbeitsrecht § 87 BetrVG Rn. 81.

Die Mitbestimmung des Betriebsrats erstreckt sich auch auf den Bildungsurlaub. Ein Anspruch ergibt sich hieraus nicht, sondern wird vorausgesetzt.

3. Landesrecht

Die Länder sind kraft konkurrierender Gesetzgebungskompetenz (Art. 70, Art. 72 Abs. 1, Art. 74 Nr. 12 GG) befugt, arbeitsrechtliche Regelungen zur Arbeitnehmerweiterbildung zu treffen.[275] Der Bund hat für den Bereich der Weiterbildung von seiner Gesetzgebungskompetenz bis heute keinen Gebrauch gemacht. Im Jahr 1967 stand eine gesetzliche Regelung zwar zur Debatte, jedoch schätze der Bundesgesetzgeber Weiterbildung als eine Belastung der Wirtschaft ein und sah von einer Regelung ab.[276]

Vor über 40 Jahren erließ Berlin als erstes Bundesland ein Gesetz über Bildungsurlaub.[277] Heute bestehen in zwölf Bundesländern Regelungen zur Weiterbildung, die allesamt einen Anspruch auf Bildungsurlaub verschaffen. Unter Bildungsurlaub ist die vom Arbeitgeber bezahlte Freistellung des Arbeitnehmers zu verstehen, damit dieser an einer Weiterbildungsmaßnahme teilnehmen kann.[278] Die Verfassungsmäßigkeit der hiermit einhergehenden finanziellen Belastung des Arbeitgebers war 1988 Gegenstand der Prüfung durch das BVerfG.[279] Nach Auffassung des BVerfG sei die Belastung eines Arbeitgebers mit dem Kosten des allgemeinen Bildungsurlaubs nur dann gerechtfertigt, wenn eine besondere Verantwortungsbeziehung bestehe. Andernfalls müssten Ausgleichsmöglichkeiten, etwa in Form einer solidarischen Kostentragung durch alle Arbeitgeber, geschaffen werden.[280]

Es gibt Bildungsurlaubsgesetze in Berlin, Bremen, Hamburg, Hessen, Niedersachen. Die Länder Brandenburg und Nordrhein-Westfahlen haben ein Weiterbildungsgesetz. In Mecklenburg-Vorpommern, Rheinland-Pfalz, dem Saarland und Sachsen-Anhalt gibt es ein Bildungsfreistellungsgesetz und in Schleswig-Holstein ein Bildungsfreistellungs- und Qualifizierungsgesetz. Ein Vergleich der Länderregelungen ergibt folgende Gemeinsamkeiten und Unterschiede:

---

275 BVerfG, Beschluss vom 15.12.1987, Az. 1 BvR 563/85, NJW 1988, 1899, 1899.
276 BT Drucks. 5/2345, S. 22.
277 Gesetz zur Förderung der Teilnahme an Bildungsveranstaltungen vom 16.07.1970, Berliner GVBl 1970, 1140.
278 Reinecke in: Küttner Personalbuch 2012 „Bildungsurlaub" Rn. 1.
279 BVerfG, Beschluss vom 15.12.1987, Az. 1 BvR 563/85, NJW 1988, 1899 ff. BT Drucks. 5/2345, S. 22.
280 BVerfG, Beschluss vom 15.12.1987, Az. 1 BvR 563/85, NJW 1988, 1899, 1901.

a) Anspruch auf Weiterbildung

Gemeinsam ist allen bestehenden Länderregelungen, dass sie dem Arbeitnehmer jeweils einen Anspruch gegenüber seinem Arbeitgeber auf entgeltliche Freistellung von der Arbeit für die Teilnahme an anerkannten Weiterbildungsmaßnahmen verschaffen.

Der Anspruch besteht für alle Arbeitnehmer, wobei teilweise ausdrücklich auf das Erfordernis hingewiesen wird, dass das Arbeitsverhältnis seinen Schwerpunkt[281] in dem jeweiligen Bundesland haben bzw. dass die Arbeitsstätte oder der Betriebssitz[282] in dem Bundesland liegen muss, nach dessen Landesrecht der Bildungsurlaub begehrt wird.

In zeitlicher Hinsicht unterliegen die Weiterbildungsansprüche in allen Bundesländern einer Wartefrist von regelmäßig sechs Monaten, teilweise von zwölf[283] Monaten.

Um die Interessen des Arbeitgebers zu wahren, ist die begehrte Freistellung in Bremen und Niedersachsen vier, in allen anderen Ländern sechs Wochen vor Beginn der Veranstaltung diesem gegenüber zu beanspruchen. Der Arbeitgeber hat hierauf unverzüglich zu reagieren. In den meisten Ländern hat eine eventuelle Ablehnung schriftlich und unter Angabe der Gründe zu erfolgen.[284] Die zulässigen Ablehnungsgründe unterscheiden sich in den einzelnen Bundesländern: Während entgegenstehende (dringende bzw. zwingende) betriebliche Belange überall einen Ablehnungsgrund bilden, kann die Freistellung teilweise[285] mit entgegenstehenden und (sozial) vorzugswürdigen Urlaubswünschen anderer Arbeitnehmer versagt werden, zum Teil[286] auch mit einer im laufenden Kalenderjahr bereits entstandenen bestimmten Belastung durch Entgeltfortzahlung für in Anspruch genommenen Bildungsurlaubstage der übrigen Belegschaft.[287] Einzig in Sachsen-Anhalt steht einem Freistellungsbegehren des Arbeitnehmers die

---

281 Bremen, Hamburg, Hessen, Mecklenburg-Vorpommern, Nordrhein-Westfalen, Schleswig-Holstein.
282 Sachsen-Anhalt.
283 Rheinland-Pfalz, Saarland.
284 Berlin, Brandenburg, Hessen, Mecklenburg-Vorpommern, Nordrhein-Westfalen, Rheinland-Pfalz, Saarland, Sachsen-Anhalt, Schleswig-Holstein.
285 Berlin, Brandenburg, Bremen, Hamburg, Nordrhein-Westfalen, Saarland, Sachsen-Anhalt, Schleswig-Holstein.
286 Hessen, Niedersachsen, Rheinland-Pfalz, Saarland, Sachsen-Anhalt.
287 Bei ungerechtfertigter Versagung macht sich der Arbeitgeber unter dem Gesichtspunkt des Verzugs schadensersatzpflichtig. Siehe hierzu: BAG, Urteil vom 05.12.1995, Az. 9 AZR 666/94, NZA 1997, 151 ff.

Einwendung des Kleinbetriebs entgegen, indem derjenige Arbeitgeber, der weniger als fünf Arbeitnehmer beschäftigt, keine Bildungsfreistellung zu gewähren braucht, § 4 Abs. 3 S. 2.

Mit der vorbehaltlos gewährten Freistellung erwirbt der Arbeitnehmer einen Anspruch. Dieser ist auf Freistellung und auf Vergütung gerichtet. Die Vergütung bemisst sich nach Referenz- und Lohnausfallprinzip, denen auch das BUrlG folgt.[288] Eine Vergütung von Weiterbildungszeit, die über die arbeitsvertraglich vereinbarte Arbeitsleistung hinausgeht, schuldet der Arbeitgeber nicht; insbesondere sind die Stunden der Weiterbildungsteilnahme nicht als Arbeitszeit anzusehen, so dass hierfür kein Freizeitausgleich zu gewähren ist.[289]

Die unmittelbaren Kosten für die Weiterbildungsmaßnahme sind nicht vom Weiterbildungsanspruch des Arbeitnehmers umfasst und daher von diesem selbst zu tragen.

aa) Umfang

Der Anspruch auf Freistellung von der Arbeit zwecks Weiterbildung beträgt in den meisten Bundesländern regelmäßig fünf Arbeitstage pro Jahr, wobei die Freistellungsansprüche von zwei aufeinanderfolgenden Jahren miteinander verbunden werden können, bzw. von vorn herein zehn Arbeitstage für zwei aufeinanderfolgende Jahre. Die einzige Ausnahme bildet das Saarland: Der Freistellungsanspruch umfasst regulär[290] lediglich drei Tage pro Jahr und kann nicht mit dem des Folgejahres zusammengelegt werden.

In Berlin besteht eine privilegierende Besonderheit in § 2 Abs. 1 S. 2 für Arbeitnehmer bis zur Vollendung des 25. Lebensjahres, da diesen ein Anspruch auf zehn Tage Arbeitsfreistellung pro Kalenderjahr zusteht. Der Gesetzgeber geht hierbei von einer Fünf-Tage-Woche aus, so dass ggf. eine Anpassung an die vertraglich vereinbarten Wochenarbeitstage zu erfolgen hat.

Der Freistellungsanspruch wird in den meisten Ländern dadurch eingeschränkt, dass anderweitig bestehende Ansprüche, z.B. auf Grund eines Tarifvertrages, angerechnet werden[291] bzw. angerechnet werden können[292] und somit zur Reduzierung des gesetzlichen Anspruchs führen.

---

288 Gallner in: ErfK § 11 BUrlG Rn. 2a.
289 BAG, Urteil vom 21.09.1999, Az. 9 AZR 765/98, NZA 2000, 1012, 1013.
290 Für Geringqualifizierte besteht im Saarland ein Freistellungsanspruch im Umfang von fünf Tagen. Zu der Weiterbildungssituation gering Qualifizierter Arbeitnehmer insgesamt siehe Teil 2: A. II. 2.
291 Niedersachsen, Saarland.
292 Brandenburg, Bremen, Hamburg, Hessen, Nordrhein-Westfalen, Mecklenburg-Vorpommern, Sachsen-Anhalt, Schleswig-Holstein.

bb) Inhalte

Die Landesregelungen weisen größere Unterschiede hinsichtlich der Inhalte der ermöglichten Weiterbildung auf. Da der Freistellungsanspruch stets nur für Weiterbildungsveranstaltungen im Sinne des betreffenden Landesgesetzes besteht, kommt es entscheidend auf das jeweilige Verständnis des Landesgesetzgebers von Weiterbildung an. In allen Bundesländern ist hiervon die berufliche und politische Bildung als kleinster gemeinsamer Nenner erfasst, teilweise aber auch die allgemeine Weiterbildung,[293] kulturelle Weiterbildung[294] und vereinzelt sogar Weiterbildung, die zur Wahrnehmung von Ehrenämtern qualifiziert.[295]

Die Definitionen der jeweiligen Weiterbildungsgegenstände weichen zwar sprachlich voneinander ab, meinen aber inhaltlich in allen Ländern dasselbe.

Dementsprechend definiert sich die berufliche Weiterbildung als Maßnahme, die der Erhaltung, Erweiterung und Anpassung der beruflichen Kenntnisse und Fertigkeiten des Arbeitnehmers dient, ohne dass sich die Weiterbildungsinhalte unmittelbar auf die ausgeübte berufliche Tätigkeit beziehen müssen.[296]

Durch politische Weiterbildung soll der Arbeitnehmer soziale, politische und gesellschaftliche Verhältnisse erkennen lernen, um seine staatsbürgerlichen Rechte und Pflichten wahrnehmen zu können. Gefördert wird damit die Teilhabe an der Willensbildung und Demokratie.[297]

Was unter allgemeiner Weiterbildung zu verstehen ist, lässt sich nach der Rechtsprechung des BAG anhand des üblichen Sprachgebrauchs entscheiden und umfasst jedenfalls das Erlernen einer Fremdsprache.[298] Allgemeine Weiterbildung erfordert im Unterschied zur beruflichen gerade nicht, dass die Bildungsmaßnahme für den konkret betroffenen Arbeitgeber irgendeinen Vorteil mit sich bringt,[299] sondern diene der Persönlichkeitsbildung des Arbeitnehmers, die dem Arbeitgeber zumindest mittelbar zugutekomme.[300]

In allen Fällen kann die Freistellung nur dann beansprucht werden, wenn es sich entweder bei der Veranstaltung selbst oder bei deren Träger um eine im Sinne

---

293 Brandenburg, Bremen, Niedersachsen, Schleswig-Holstein.
294 Brandenburg, Niedersachsen.
295 Hamburg, Hessen und Mecklenburg-Vorpommern.
296 BAG, Urteil vom 15.03.2005, Az. 9 AZR 104/04, NZA 2006, 496, 497; Reinecke in: Küttner Personalbuch 2012 „Bildungsurlaub" Rn. 6.
297 Reinecke in: Küttner Personalbuch 2012 „Bildungsurlaub" Rn. 7.
298 BAG, Urteil vom 15.03.2005, Az. 9 AZR 104/04, NZA 2006, 496, 497.
299 BAG, Urteil vom 15.03.2005, Az. 9 AZR 104/04, NZA 2006, 496, 498.
300 BAG, Urteil vom 15.03.2005, Az. 9 AZR 104/04, NZA 2006, 496, 499.

des Landesrechts anerkannte Fortbildungsmaßnahme bzw. Ausbildungsstätte handelt.[301] Die Anerkennung erfolgt durch das zuständige Ministerium bzw. durch die Senatsverwaltung.

Teilweise[302] besteht auch eine Regelung, unter welchen Voraussetzungen eine Bildungsveranstaltung ohne Anerkennungsverfahren als anerkannt gilt.

cc) Praktische Inanspruchnahme

Die praktische Inanspruchnahme des Bildungsfreistellungsanspruchs ist als äußerst gering zu bewerten: In den Stadtstaaten liegt die Beteiligung bei etwa 3 Prozent, in den übrigen Ländern zwischen 0,1 und 1,1 Prozent.[303] Die Gründe für eine dermaßen geringe Beteiligung wurden bislang nicht empirisch untersucht. Jedoch ist zu vermuten, dass zu den allgemeinen Hinderungsgründen, an Weiterbildungsmaßnahmen teilzunehmen,[304] die Unkenntnis von dem Bestehen eines Bildungsfreistellungsanspruchs, eine missfällige Haltung gegenüber Bildungsfreistellung in den (vor allem kleinen und mittelständischen) Unternehmen, gestiegene Kosten auf Grund rückläufiger öffentlicher Förderung und die Angst um den Arbeitsplatz angesichts zunehmender Zahl prekärer Beschäftigungsverhältnisse[305] hinzukommen.

b) Verpflichtung zur Weiterbildung

Eine Verpflichtung des Arbeitnehmers zur Weiterbildung gegenüber seinem Arbeitgeber ergibt sich aus keinem der Ländergesetze. Eine dahingehende Auslegung der gesetzlichen Regelungen wäre auch nicht überzeugend. Denn zum einen ist zu beachten, dass der Arbeitnehmer die Weiterbildungsmaßnahmen nach den Ländergesetzen selbst zu finanzieren hat und eine Pflicht zur Weiterbildung damit eine Lohnverwendungsklausel darstellen würde. Zum anderen ist die Bildungsfreistellung nicht ausschließlich auf die Ermöglichung beruflicher Weiterbildung gerichtet (schon gar nicht auf den Erwerb speziell arbeitsplatzbezogener Kenntnisse), so dass der Arbeitgeber auch kein besonderes Interesse an der Weiterbildung

---

301 Für die Anerkennung des Trägers ist ein rechtlich oder tatsächlich beherrschender Einfluss auf Inhalt und Organisation der Bildungsveranstaltung erforderlich, BAG, Urteil vom 16.08.1990, Az. 8 AZR 654/88, NZA 1991, 110.
302 Berlin, Bremen, Hessen, Mecklenburg-Vorpommern, Rheinland-Pfalz.
303 DIE, Trends der Weiterbildung, S. 50.
304 Siehe Teil 1: A. IV.
305 DIE, Trends der Weiterbildung, S. 52.

seines Arbeitnehmers geltend machen kann, auf das sich ein entsprechendes Verlangen stützen ließe. Schließlich sehen alle Länderregelungen Weiterbildung als ein Privileg und als ein Recht des Arbeitnehmers an, das seinem allgemeinen Persönlichkeitsrecht dient, was mit einer Verpflichtung in Konflikt geraten würde.

c) Zwischenfazit

In zwölf Bundesländern gibt es Landesgesetze über Weiterbildung. Diese gewähren einen Anspruch auf Bildungsurlaub. Der Anspruch ist auf entgeltliche Freistellung von der Arbeit für die Teilnahme an anerkannten Weiterbildungsmaßnahmen gerichtet. Die unmittelbaren Kosten für die Weiterbildungsmaßnahme sind nicht vom Weiterbildungsanspruch des Arbeitnehmers umfasst und daher von diesem selbst zu tragen. Der Anspruch besteht in den meisten Ländern für fünf Arbeitstage je Kalenderjahr, wobei die Freistellungsansprüche von zwei aufeinanderfolgenden Jahren miteinander verbunden werden können. Die Landesweiterbildungsgesetze sehen keine Besonderheiten für besonders schutzwürdige Arbeitnehmergruppen vor.

Die Interessen des Arbeitgebers werden dadurch gewahrt, dass dieser das Weiterbildungsbegehren des Arbeitnehmers unter bestimmen Voraussetzungen zurückweisen kann.

Inhaltlich gewähren alle Ländergesetze Bildungsurlaub für berufliche und politische Bildung. In einigen Ländern ist darüber hinaus allgemeine, kulturelle und auf die Ausübung eines Ehrenamtes gerichtete Weiterbildung möglich. Es kommt stets auf die Anerkennung durch die zuständige Stelle als geeignet an. Die praktische Inanspruchnahme des Bildungsfreistellungsanspruchs ist äußerst gering, was auf Unkenntnis, Skepsis und zu hohe Kosten sowie Scheu vor Auseinandersetzung mit dem Arbeitgeber zurückzuführen sein dürfte. Eine Verpflichtung des Arbeitnehmers zur Weiterbildung gegenüber seinem Arbeitgeber ergibt sich aus keinem der Ländergesetze. Wegen der finanziellen Belastung der Arbeitnehmer mit den unmittelbaren Weiterbildungskosten würde eine Verpflichtung eine unzulässige Lohnverwendungsklausel darstellen. Zudem kann der Arbeitgeber kein besonderes Interesse an der Weiterbildung seines Arbeitnehmers geltend machen, auf das sich ein entsprechendes Verlangen stützen ließe.

4. Sonderfall: Von Kündigung bedrohtes Arbeitsverhältnis

Die vorangegangenen Ausführungen bauen auf der Annahme eines regulären, nicht gekündigten Arbeitsverhältnisses auf. Im Folgenden soll jedoch die Situation, dass ein Arbeitsverhältnis konkret von Kündigung bedroht ist, einer gesonderten Betrachtung unterzogen werden. Ausgangspunkt für diese differenzierte Vorgehensweise ist § 1 Abs. 2 S. 3 KSchG, wonach der Arbeitgeber zur Vermeidung einer Kündigung solche Beschäftigungsmöglichkeiten berücksichtigen muss, die sich für den betroffenen Arbeitnehmer nach einer zumutbaren Umschulungs- oder Fortbildungsmaßnahme ergeben. Ziel dieser Regelung ist es, dem Arbeitnehmer nach einer Qualifizierungsmaßnahme das Fortbestehen seines Arbeitsverhältnisses zu ermöglichen. Hierfür kommt entweder sein eigener Arbeitsplatz in Betracht oder auch – ggf. nach Änderungskündigung – ein anderer Arbeitsplatz im Unternehmen.[306] § 1 Abs. 2 S. 3 KSchG stellt damit eine Maßnahme zur Beschäftigungssicherung dar und ist letztlich Ausdruck des von der Rechtsprechung entwickelten Verhältnismäßigkeitsgrundsatzes, nach dem eine Kündigung nur als letztes Mittel in Betracht kommt, sogenanntes Ultima-ratio-Prinzip.[307] Die Regelung, die Ausdruck des Individualkündigungsschutzes ist, wird kollektivrechtlich ergänzt. Denn gem. § 102 Abs. 3 Nr. 4 BetrVG hat der Betriebsrat ein Widerspruchsrecht gegen die Kündigung, wenn er geltend macht, dass die Weiterbeschäftigung des Arbeitnehmers nach zumutbaren Umschulungs- oder Fortbildungsmaßnahmen möglich ist.[308]

a) Anwendungsbereich

Die Schutzwirkung des § 1 Abs. 2 S. 3 KSchG setzt zunächst eine Anwendbarkeit des KSchG insgesamt voraus. Das bedeutet, dass sich die Frage nach Weiterbildung unter Bestandsschutzgesichtspunkten nur stellt, wenn das betroffene Arbeitsverhältnis länger als sechs Monate besteht, § 1 Abs. 1 KSchG, und in dem Betrieb mehr als zehn Arbeitnehmer[309] beschäftigt sind, § 23 Abs. 1 KSchG.

---

306 Birk in: FS Kissel, S. 51, 52; Kiel in: A/P/S § 1 KSchG Rn. 617; Pfeiffer in: Fiebig u.a. KSchG § 1 Teil G. Rn. 939; a.A. Schlochauer in: Hess u.a. BetrVG § 102 Rn. 139, der das Vorhandensein eines freien Arbeitsplatzes ausschließlich betriebsbezogen prüft.
307 Preis, Prinzipien des Kündigungsrechts, S. 303 f.
308 Der Widerspruch kann zwar nicht den Ausspruch der Kündigung verhindern, er kann aber zur Sozialwidrigkeit der Kündigung nach § 1 Abs. 2 KSchG führen. Zudem kann er unter den weiteren Voraussetzungen des § 102 Abs. 5 BetrVG den besonderen Weiterbeschäftigungsanspruch begründen. Zu den Rechtsfolgen eines Widerspruchs des Betriebsrats im Einzelnen siehe: Bachner in: DKKW BetrVG § 102 Rn. 192 ff.
309 Bzw. fünf Arbeitnehmer, sofern deren Arbeitsverhältnisse bereits vor dem 01.01.2004 bestanden haben.

Der Anwendungsbereich erstreckt sich auf Gründe, die in der Person oder in dem Verhalten des Arbeitnehmers liegen, oder auf dringende betriebliche Erfordernisse, die einer Weiterbeschäftigung des Arbeitnehmers in diesem Betrieb entgegenstehen, § 1 Abs. 2 S. 3 KSchG. Zwar stellt eine betriebsbedingte Kündigung den häufigsten Anwendungsfall für ein Eingreifen des § 1 Abs. 2 S. 3 KSchG dar. Die Anwendbarkeit auf personen- und verhaltensbedingte Kündigungen ist gleichwohl nicht grundsätzlich abzulehnen.[310] Vielmehr kommt es auf die Umstände des Einzelfalles an. Tatsächlich bieten die Konstellationen personenbedingter und erst recht verhaltensbedingter Kündigungen nicht so viele Anwendungsfälle der Norm. Denn zum einen muss Anlass für die Kündigung das Auseinanderfallen von Qualifikationsprofil des Arbeitnehmers und Anforderungsprofil des bisherigen Arbeitsplatzes sein. Zum anderen muss der Kündigungsgrund stets durch Weiterbildung zu beseitigen sein.[311] Der Anwendungsbereich kann sich faktisch dadurch verkleinern, dass eine Umschulungs- oder Fortbildungsmaßnahme dem Arbeitgeber angesichts der der Kündigung zugrundeliegenden Umstände nicht zumutbar ist. Die Zumutbarkeit dürfte bei der verhaltensbedingten Kündigung, die auf Grund einer Negativ-Prognose hinsichtlich der künftigen Vertragstreue des Arbeitnehmers ausgesprochen wird[312] und der regelmäßig mindestens eine Abmahnung vorausgegangen ist, häufig zu verneinen sein.[313]

Eine Einschränkung des Anwendungsbereichs ergibt sich daraus, dass im Betrieb ein geeigneter Arbeitsplatz zur Verfügung stehen muss, auf dem der Arbeitnehmer nach seiner Weiterbildungsmaßnahme beschäftigt werden kann.[314] Hierfür kommt entweder sein bisheriger oder auch ein anderer Arbeitsplatz in

---

310 BAG, Urteil vom 07.02.1991, Az. 2 AZR 205/90, NZA 1991, 806, 807; Birk in: FS Kissel, S. 51, 66 f., der aber betont, dass Anwendungsfälle im Zusammenhang mit einer verhaltensbedingten Kündigung schwerlich vorstellbar seien; Thüsing in: Richardi BetrVG § 102 Rn. 147; Hergenröder in: MüKo BGB § 1 KSchG Rn. 99.
311 Siehe ausführlich zu der Anwendbarkeit auf die verschiedenen Konstellationen der einzelnen Kündigungsgründe: Fracke, Die betriebliche Weiterbildung, S. 282 bis 294.
312 Berkowsky in: MüArbR § 114 Rn. 2; Eisemann in: Küttner Personalbuch 2012 „Kündigung, verhaltensbedingte" Rn. 1; Fuchs Bamberger in: BeckOK BGB § 626 Rn. 16.
313 Birk in: FS Kissel, S. 51, 67, der auf Grundlage dieses Gedankens eine Anwendbarkeit des § 1 Abs. 2 S. 3 KSchG zwar nicht grundsätzlich ausschließt, jedoch für die Mehrzahl der Fälle verneint; v. Hoyningen-Huene/Linck KSchG § 1 Rn. 1070; Kiel in: A/P/S § 1 KSchG Rn. 621.
314 BAG, Urteil vom 29.03.1990, Az. 2 AZR 369/89, NZA 1991, 181, 182; BAG, Urteil vom 07.02.1991, Az. 2 AZR 205/90, NZA 1991, 806, 807.

Frage, sofern prognostizierbar ist, dass der Arbeitnehmer durch zumutbare Umschulungs- oder Fortbildungsmaßnahmen für die auszuübende Tätigkeit qualifiziert werden kann.[315]

b) Umschulungs- und Fortbildungsmaßnahme

Das KSchG definiert die Begriffe der Umschulung und Fortbildung nicht. Auch ergibt sich keine Begriffsbestimmung aus den Gesetzesmaterialien.[316]

aa) Orientierung an Legaldefinitionen anderer Gesetze

Teilweise werden zur Begriffsbestimmungen die Definitionen zur beruflichen Fortbildung und Umschulung aus § 1 Abs. 4, 5 BBiG sowie früher aus den §§ 41 Abs. 1, 47 Arbeitsförderungsgesetz (AFG)[317] herangezogen.[318] Nach dem Verständnis des BBiG soll es eine berufliche Fortbildung ermöglichen, die berufliche Handlungsfähigkeit zu erhalten und anzupassen oder zu erweitern und beruflich aufzusteigen, § 1 Abs. 4 BBiG. Die berufliche Umschulung soll zu einer anderen beruflichen Tätigkeit befähigen, § 1 Abs. 5 BBiG. Mit derselben Wortbedeutung verwandte das AFG die Begriffe der beruflichen Fortbildung und Umschulung.[319]

---

315 Die kündigungsrechtliche Problematik um die Ermittlung eines freien Arbeitsplatzes soll nicht Gegenstand der vorliegenden Arbeit sein. Insoweit sei auf Fracke, Die betriebliche Weiterbildung, S. 295 bis 309 verwiesen. Für die vorliegende Untersuchung wird unterstellt, dass es eine anderweitige Beschäftigungsmöglichkeit i. S. d. § 1 Abs. 2 S. 3 KSchG gibt, so dass die Thematik der Weiterbildung hierauf aufbauend erörtert werden kann.
316 Vgl. BT Drucks. 6/2729 und BT Drucks. 6/1786.
317 Die Regelungsgegenstände des AFG wurden durch das Arbeitsförderungs-Reformgesetz (AFRG) zum 01.01.1998 in das SGB III eingefügt und das AFG außer Kraft gesetzt. Das SGB III enthält keine Regelungen zu Fortbildung und Umschulung, sondern regelt in den §§ 81 bis 87 die Förderung der beruflichen Weiterbildung.
318 Griebeling in: Etzel u.a. KR § 1 KSchG Rn. 723; Pfeiffer in: Fiebig u.a. KSchG § 1 Teil G. Rn. 939; Ulrich in: Moll ArbR § 43 Rn. 147.
319 In § 41 Abs. 1 AFG definierte sich die berufliche Fortbildung als solche Maßnahmen, die das Ziel haben, berufliche Kenntnisse und Fertigkeiten festzustellen, zu erhalten, zu erweitern oder der technischen Entwicklung anzupassen oder einen beruflichen Aufstieg zu ermöglichen, und eine abgeschlossene Berufsausbildung oder eine angemessene Berufserfahrung voraussetzen.
Als Umschulung bezeichnete § 47 Abs. 1 AFG solche Maßnahmen, die das Ziel haben, den Übergang in eine andere geeignete berufliche Tätigkeit zu ermöglichen, insb. um die berufliche Beweglichkeit zu sichern oder zu verbessern.

bb) Selbständige Definition für das KSchG

Teilweise wird eine dahingehende begriffliche Anknüpfung abgelehnt.[320] Es sei, so namentlich die Auffassung des BAG, verfehlt, die Begriffsbestimmung des BBiG und AFG unbesehen für das KSchG zu übernehmen. Das BAG hebt zur Begründung die gemeinsame Zielsetzung beider Gesetze hervor, die im Gegensatz zum KSchG in der Erlernung und dem Abschluss eines anerkannten Ausbildungsberufes bestehe.[321]

In der Literatur werden teilweise selbständige Definitionen für Umschulung und Fortbildung aufgestellt. Während eine Umschulung die Ausbildung eines Leistungsprofils in einem anderen Berufsbild zum Ziel hat, dient eine Fortbildung der graduellen Qualifizierung des Leistungsprofils des Arbeitnehmers im Rahmen des vorgegebenen Berufsbildes.[322]

cc) Bewertung

Der letztgenannten Auffassung ist zuzustimmen. Die Definitionen sowohl des BBiG als auch des früheren AFG weisen eine klare Orientierung an der Erreichung eines formalen Berufsabschlusses auf. Das ist auch stringent, da der berufliche Aufstieg eines der gesetzlich genannten Ziele ist. Die Zielsetzung des KSchG hingegen ist auf Bestandsschutz gerichtet, nicht auf beruflichen Aufstieg. Die Erreichung eines formalen Abschlusses ist für den Schutz des Arbeitnehmers vor dem drohenden Arbeitsplatzverlust nicht erforderlich. Umschulung und Fortbildung sollen grundsätzlich nicht zum Zwecke einer Beförderung erfolgen, sondern die Voraussetzungen für eine Weiterbeschäftigung auf gleicher Ebene schaffen.[323] Zur Vermeidung einer personen- oder betriebsbedingten Kündigung wegen Nichterfüllung der arbeitsplatzbezogenen Anforderungen bzw. Wegfalls des bisherigen Arbeitsplatzes genügt es daher, dass der Arbeitnehmer die notwendigen Kenntnisse für seinen Arbeitsplatz erlangt oder in tatsächlicher Hinsicht auf einem anderen Arbeitsplatz beschäftigt werden kann. Daher müssen die Anforderungen an Umschulung und Fortbildung im Sinne des KSchG hinter denjenigen des BBiG und des AFG zurückbleiben. Eine selbständige Definition ist erforderlich.

---

320 *Fracke*, Die betriebliche Weiterbildung, S. 272 f.; *Kiel* in: A/P/S § 1 KSchG Rn. 617; *Oetker* in: ErfK § 1 KSchG Rn. 390; *Rolfs* in: BeckOK Arbeitsrecht § 1 KSchG Rn. 394.
321 BAG, Urteil vom 07.02.1991, Az. 2 AZR 205/90, NZA 1991, 806, 807.
322 *Dörner/Vossen* in: A/P/S § 1 KSchG Rn. 105; *Oetker* in: ErfK § 1 KSchG Rn. 391, 392.
323 BAG, Urteil vom 29.03.1990, Az. 2 AZR 369/89, NZA 1991, 181, 184; *Griebeling* in: Etzel u.a. KR § 1 KSchG Rn. 727; *Kiel* in: A/P/S § 1 KSchG Rn. 618.

dd) Abgrenzung zur Unterrichtung gem. § 81 BetrVG

Da eine Unterrichtung i. S. d. § 81 BetrVG ebenfalls aus Anlass der Veränderung der arbeitsplatzbezogenen Anforderungen an den Arbeitnehmer zu erfolgen hat, ergibt sich ein Berührungspunkt mit § 1 Abs. 2 S. 3 KSchG. Es gibt zwei Konstellationen, in denen beide Maßnahmen kumulativ erforderlich werden:

In der ersten Konstellation verändern sich die Anforderungen an den Arbeitnehmer scheinbar nur gering, so dass zunächst versucht wird, den Arbeitnehmer gem. § 81 BetrVG über die Neuerungen zu unterrichten. Stellt sich heraus, dass dieser den Anforderungen gleichwohl nicht gewachsen ist, könnte der Arbeitgeber über eine personenbedingte Kündigung nachdenken. Vor deren Ausspruch hat er jedoch gem. § 1 Abs. 2 S. 3 KSchG die Durchführung einer Umschulungs- oder Fortbildungsmaßnahme zu erwägen.

In der zweiten Konstellation fällt der bisherige Tätigkeitsbereich des Arbeitnehmers auf Grund einer unternehmerischen Entscheidung weg, weshalb er in einer Umschulungs- oder Fortbildungsmaßnahme die theoretische Qualifikation für die Besetzung eines anderen Arbeitsplatzes erlangen soll. Trotzdem kann im Anschluss hieran eine Unterrichtung gem. § 81 BetrVG notwendig sein, um die praktischen Abläufe des konkreten Arbeitsplatzes kennenzulernen.

Eine Abgrenzung der Maßnahmen kann nach den oben genannten Kriterien[324] vorgenommen werden, ist aber in diesem Zusammenhang entbehrlich. Die beiden aufgezeigten Konstellationen machen deutlich, dass Umschulungs- und Fortbildungsmaßnahmen i. S. d. § 1 Abs. 2 S. 3 KSchG und Unterrichtung nach § 81 BetrVG einander nicht ausschließen, sondern ergänzen. In diesem Zusammenhang spricht *Fracke* vom Verschmelzen der beiden Wissensvermittlungen in ein und derselben Qualifizierungsmaßnahme.[325] Ein Rangverhältnis zwischen den beiden Maßnahmen lässt sich deshalb nicht pauschal festlegen.

ee) Abgrenzung zwischen Umschulung und Fortbildung

Aufbauend auf der selbständigen Definition von Umschulung und Fortbildung stellt sich die Frage, wie die beiden Maßnahmen voneinander abzugrenzen sind. Auch hierzu wird im Schrifttum keine einheitliche Lösung vertreten. Nach überwiegender Auffassung dient sowohl die Umschulung als auch die Fortbildung der Erlangung von Kenntnissen zwecks Erhalt eines Arbeitsplatzes.[326] Die Abgrenzung

---

324 Siehe Teil 2: A. I. 2. b) aa) (2) (a).
325 Fracke, Die betriebliche Weiterbildung, S. 279.
326 Kiel in: A/P/S § 1 KSchG Rn. 617; Oetker in: ErfK § 1 KSchG Rn. 391; Griebeling in: KR § 1 KSchG Rn. 723.

der beiden Begriffe untereinander kann anhand des Umfangs der Bildungsmaßnahme bzw. nach der Quantität der in der Bildungsmaßnahme erlernten Fähigkeiten vorgenommen werden. Wie oben dargelegt[327] definiert sich Umschulung i. S. d. § 1 Abs. 2 S. 3 KSchG als Ausbildung in einem anderen als dem erlernten Berufsbild, während eine Fortbildung eine graduelle Qualifizierung des Leistungsprofils im ausgeübten Beruf darstellt.

Dieser Auffassung ist zu folgen. Das dargestellte Verständnis von Umschulung und Fortbildung ist zweckmäßig und einleuchtend. Die Abgrenzung entspricht dem allgemeinen Sprachgebrauch und läuft d'accord mit der Zielsetzung des KSchG, das auf Bestandsschutz gerichtet ist. Eine teilweise Überschneidung der Begriffe in der praktischen Anwendung ist dabei unschädlich, da die Rechtsfolgen sich nicht unterscheiden.[328]

c) Einverständnis des Arbeitnehmers

Uneinigkeit besteht im Hinblick auf die Frage, ob es Voraussetzung für die Durchführung einer Umschulungs- bzw. Fortbildungsmaßnahme ist, dass der Arbeitnehmer sein Einverständnis hiermit erklärt hat. Der Gesetzeswortlaut ist diesbezüglich unklar und lässt beide Deutungen zu. § 1 Abs. 2 S. 3 KSchG benennt zwei Alternativen (Umschulung bzw. Fortbildung sowie geänderte Arbeitsbedingungen). Das Erfordernis der Einverständniserklärung ist durch ein „*und*" an den zweiten Teil des Satzes angehängt.

Zum Teil wird daher argumentiert, die Erklärung des Einverständnisses müsse ausschließlich vor einer Weiterbeschäftigung zu geänderten Arbeitsbedingungen erfolgt sein.[329] Begründet wird die Auffassung damit, dass in dieser Konstellation eine nicht im Arbeitsvertrag vereinbarte, mithin nicht vom Direktionsrecht des Arbeitgebers gem. § 106 GewO umfasste, Tätigkeit ausgeübt werde. Demgegenüber erfolge die Umschulung bzw. Fortbildung, damit eine Weiterbeschäftigung auf dem bisherigen Arbeitsplatz, mithin in Erfüllung des bestehenden Vertrages, erfolgen könne.

Die h. M. hingegen legt den Wortlaut der Vorschrift so aus, dass sich die Einverständniserklärung auf beide angesprochenen Alternativen beziehe und fordert

---

327 Siehe Teil 2: A. I. 4. b).
328 So auch Fracke, Die betriebliche Weiterbildung, S. 273.
329 Heinze, Personalplanung, Rn. 561; Klebe/Schumann, Beschäftigung im Kündigungsschutzprozess, S. 148.

in jedem Fall eine Einverständniserklärung des Arbeitnehmers.[330] Diese Auffassung wird durch das Argument gestützt, dass eine Umschulungs- oder Fortbildungsmaßnahme gegen den Willen eines lernunwilligen Arbeitnehmers ohnehin nicht erfolgreich wäre.

Gegen die erstgenannte Auffassung und für die h. M. spricht, dass ein starres Festhalten am Wortlaut und die unterschiedliche Behandlung der beiden Alternativen zu Unbilligkeiten führt und zudem nicht logisch begründet ist. Zwar ergeben sich aus dem Gesetzestext nur die beiden Varianten, dass eine Qualifizierungsmaßnahme eine Weiterbeschäftigung auf dem bisherigen Arbeitsplatz möglich macht oder dass eine Weiterbeschäftigung unter geänderten Bedingungen ohne vorherige Qualifizierung erfolgen kann. Jedoch ist es auf Grundlage von § 1 Abs. 2 S. 3 KSchG ebenso möglich, dass eine Qualifizierung erfolgt, um eine Weiterbeschäftigung auf einem anderen Arbeitsplatz zu ermöglichen.[331] In diesem Fall müsste der Arbeitnehmer nach der erstgenannten Auffassung sein Einverständnis mit den neuen Arbeitsbedingungen erklären, nicht aber mit der Durchführung der Qualifizierung, obwohl beides einen einheitlichen Vorgang bildet. Zudem ist rein praktisch ein Einverständnis des Arbeitnehmers mit der Weiterbildungsmaßnahme erforderlich, weil sie sonst offensichtlich misslingen würde.

Die Einverständniserklärung des Arbeitnehmers bezüglich der Durchführung der Umschulungs- oder Fortbildungsmaßnahme ist daher erforderlich.

d) Weiterbildungsbedürfnis

Für einen Arbeitnehmer, der den Anforderungen seines Arbeitsplatzes nicht mehr gerecht wird oder dessen Arbeitsplatz gar infolge dringender betrieblicher Erfordernisse wegfällt und dem daher eine Kündigung droht, liegt das Weiterbildungsbedürfnis auf der Hand: Indem es trotz Prüfung der weiteren Einsetzbarkeit des Arbeitnehmers zum Ausspruch der Kündigung kommt, kann dieser seine berufliche Geeignetheit nur durch Qualifizierungsmaßnahmen herbeiführen. Die Erklärung seines Einverständnisses und die Erfolgsaussicht einer solchen Maßnahme lassen die ausgesprochene Kündigung sozialwidrig und damit unwirksam werden.

---

330 BAG, Urteil vom 07.02.1991, Az. 2 AZR 205/90, NZA 1991, 806, 807; Etzel in: Etzel u.a. KR § 102 BetrVG Rn. 169c; Kiel in: A/P/S § 1 KSchG Rn. 622; Pfeiffer in: Fiebig u.a. KSchG § 1 Teil G. Rn. 936; Schlochauer in: Hess u.a. BetrVG § 102 BetrVG Rn. 143.
331 Hergenröder in: MüKo BGB § 1 KSchG Rn. 100.

Um seine Beschäftigung zu sichern, muss der Arbeitnehmer daher aktiv werden und seine Qualifikation den neuen Gegebenheiten anpassen.

e) Anspruch auf Weiterbildung

Es stellt sich die Frage, ob der betroffene Arbeitnehmer aus § 1 Abs. 2 S. 3 KSchG einen Anspruch auf Weiterbildung hat, der durch den Kündigungswunsch des Arbeitgebers ausgelöst wird. Das hängt von der Rechtsnatur der Vorschrift ab. Es ist zu klären, ob diese den Charakter einer Anspruchsgrundlage besitzt. Nur dann hätte der Arbeitnehmer die Möglichkeit, eine Qualifizierungsanpassung zu verlangen und seine Beschäftigung aktiv zu sichern. Andernfalls würde § 1 Abs. 2 S. 3 KSchG lediglich eine Obliegenheit statuieren.

Da die Norm ausdrücklich weder einen Anspruch des Arbeitnehmers noch eine Verpflichtung des Arbeitgebers benennt, besteht Streit über ihren Rechtscharakter. Dieser ist durch Auslegung zu ermitteln.

aa) Bestehen eines Anspruchs

(1) Wortlautauslegung

Das KSchG formuliert weder einen Anspruch des Arbeitnehmers auf Weiterbildung noch eine entsprechende Verpflichtung des Arbeitgebers. Das Gesetz spricht lediglich davon, dass die Kündigung sozial nicht gerechtfertigt ist, wenn nach einer zumutbaren Umschulungs- oder Fortbildungsmaßnahme die Weiterbeschäftigung des Arbeitnehmers auf seinem bisherigen oder auf einem anderen Arbeitsplatz möglich ist. Dem reinen Wortlaut nach benennt das Gesetz nur die Konsequenz des Unterlassens einer zumutbaren Qualifizierungsmaßnahme, nämlich den Verlust der Kündigungsmöglichkeit. Das entspricht der Formulierung einer gesetzlichen Obliegenheit, denn der Arbeitgeber sollte die Möglichkeit einer Qualifizierung im eigenen Interesse in Betracht ziehen. Es wird daher vertreten, dass § 1 Abs. 2 S. 3 KSchG eine Obliegenheit des Arbeitgebers benenne und gerade keine Verpflichtung, aus der der Arbeitnehmer einen Anspruch herleiten kann.[332] Ein weiteres an den Wortlaut der Norm anknüpfendes Argument für das Vorliegen einer bloßen Obliegenheit ist, dass sich aus dem Gesetz keine Details der Umschulung bzw. Fortbildung ergeben. Die Kostentragung etwa stellt aber einen wichtigen Aspekt dar, dessen Regelung bei Bestehen eines Anspruchs erwartet werden dürfte.

---

332 Fracke, Die betriebliche Weiterbildung, S. 378; Kiel in: A/P/S § 1 KSchG Rn. 614.

Die Auslegung des Wortlauts spricht gegen das Bestehen eines Anspruchs auf Weiterbildung.

(2) Historische Auslegung

Untersucht man die Historie der Norm, ergibt sich ein anderes Ergebnis:

Bereits im Jahr 1968 hatte das BAG einen arbeitsvertraglichen Anspruch des Arbeitnehmers auf eine Ein- oder Umschulung für den Fall bejaht, dass das Auseinanderfallen von Anforderungsprofil des Arbeitsplatzes und Qualifikation des Arbeitnehmers auf einer unternehmerischen Entscheidung des Arbeitgebers beruht.[333] Den Anspruch auf Weiterbildung begründete es mangels gesetzlicher Regelung mit der Fürsorgepflicht des Arbeitgebers, an die in dem der Entscheidung zu Grunde liegenden Fall besonders hohe Anforderungen zu stellen seien.

Mit Gesetzesänderung vom 18.01.1972 wurde die Regelung des heutigen § 1 Abs. 2 S. 3 KSchG in das Gesetz eingefügt.[334] Durch die Gesetzesänderung sollte nicht nur eine Angleichung an den kollektivrechtlichen Kündigungsschutz des § 102 Abs. 3 BetrVG 1972 erfolgen, der dem Betriebsrat ein Widerspruchsrecht gegen die Kündigung gewährt, wenn die Weiterbeschäftigung nach zumutbaren Umschulungs- oder Fortbildungsmaßnahmen möglich ist, sondern auch der Individualkündigungsschutz verbessert werden.[335]

(3) Systematische Auslegung

Die Vorschrift des § 1 Abs. 2 S. 3 KSchG ist außerdem im Normengefüge des Gesetzes zu sehen.

Bei einer Gesamtbetrachtung fällt auf, dass das KSchG nicht darauf angelegt ist, dem Arbeitnehmer Ansprüche zu verschaffen. Das Gesetz enthält vielmehr Abwehrvorschriften, mit denen der Arbeitnehmer sich gegen eine Kündigung zur Wehr setzen kann. Es ist nach dem Willen des Gesetzgebers ein Bestandsschutzgesetz.[336] Die Einbindung der Regelung in ein Gefüge, das rein defensiven Charakter hat, könnte gegen die Annahme einer Anspruchsgrundlage sprechen.

Zu beachten ist allerdings, dass das KSchG der Beschäftigungssicherung dient. Dieses Leitbild kann es rechtfertigen, dem Arbeitnehmer im Einzelfall einen Anspruch zu verschaffen, wenn eine effektive Beschäftigungssicherung einen

---

333 BAG, Urteil vom 07.05.1968, Az. 1 AZR 407/67, juris, unter 4. der Gründe.
334 BGBl. 1972 Nr. 2 (s. 41). Die aktuelle Fassung beruht auf § 114 BPersVG, BGBl. 1974 Nr. 6 (s. 715 f.).
335 Hergenröder in: MüKo BGB § 1 KSchG Rn. 98.
336 Dörner/Vossen in: A/P/S § 1 KSchG Rn. 1.

solchen erfordert. So liegt der Fall hinsichtlich des § 1 Abs. 2 S. 3 KSchG, denn ohne einen Anspruch des Arbeitnehmers auf Weiterbeschäftigung wäre eine Klage gegen die Kündigung zwar erfolgreich (weil das Arbeitsgericht die Sozialwidrigkeit der Kündigung feststellen würde); jedoch könnte der Arbeitnehmer seine tatsächliche Weiterbeschäftigung auf diese Weise nicht erreichen, da ihm hierzu nach wie vor die nötige Qualifikation fehlen würde. Ein solches Ergebnis stellt keine sinnvolle Beschäftigungssicherung dar.

Daraus ergibt sich, dass eine systematische Betrachtung des KSchG der Einordnung des § 1 Abs. 2 S. 3 KSchG zumindest nicht entgegensteht.

(4) Teleologische Auslegung

Schließlich sind der Sinn und Zweck des § 1 Abs. 2 S. 3 KSchG zu erforschen.

Die Regelung ist darauf gerichtet, die Kündigung eines Arbeitnehmers zu vermeiden, der durch Umschulung bzw. Fortbildung die Voraussetzungen für eine Beschäftigung auf seinem oder einem anderen Arbeitsplatz im Betrieb erfüllen könnte. Wird die Kündigung gleichwohl ausgesprochen, kann der Arbeitnehmer deren Sozialwidrigkeit gerichtlich feststellen lassen, mit der Folge dass das Arbeitsverhältnis fortbesteht. Die Beschäftigungssicherung ist deutlich als Sinn und Zweck der Norm erkennbar.

Es wäre in Ansehung des Beschäftigungsanspruchs aus Artt. 2 Abs. 1, 1 Abs. 1 GG paradox, zwar die Kündigung für sozialwidrig zu erklären, dem Arbeitnehmer aber einen Anspruch dahingehend zu verwehren, dass er in die Lage versetzt wird, seinen Arbeitsplatz auszufüllen. Nur die Kombination aus der Sozialwidrigkeit der Kündigung und einem Qualifizierungsanspruch des Arbeitnehmers führt zu einem sinnvollen Erhalt des Arbeitsplatzes für beide Vertragsparteien.

Entsprechend diesem Sinn und Zweck wird teilweise in Rechtsprechung und Literatur ein Anspruch des Arbeitnehmers auf Umschulung bzw. Fortbildung bejaht.[337] Die Auslegung nach dem Telos der Vorschrift führt zur Bejahung eines Anspruchs.

(5) Bewertung

Die Auslegungen kommen zu unterschiedlichen Ergebnissen. Der Wortlaut des Gesetzes spricht für das Bestehen einer Obliegenheit und gegen einen Anspruch. Die systematische Auslegung ist im Ergebnis unergiebig, weil sich Argumente

---

337 Birk in: FS Kissel, S. 51, 75; Reinecke in: Küttner Personalbuch 2012 „Umschulung" Rn. 9.

für beide Ansichten finden lassen. Im Gegensatz dazu ergeben eine historische Betrachtung und die Erforschung des Telos' der Norm, dass § 1 Abs. 2 S. 3 KSchG eine Anspruchsgrundlage enthält.

In Ansehung der Bedeutung für den betroffenen Arbeitnehmer erscheint es zu formal, das Ergebnis rein am Wortlaut der Norm festzumachen. Dies gilt umso mehr als die Konsequenz eine bloße Obliegenheit anzunehmen, zu einem für alle Beteiligten unbefriedigenden und vor allem unsinnigen Ergebnis führen kann: Der Arbeitgeber kann den Arbeitgeber nicht wirksam kündigen, ohne eine Weiterbildung durchzuführen oder anzubieten. Der Arbeitnehmer kann ohne durchgeführte Weiterbildungsmaßnahme die geschuldete Arbeitsleistung nicht erbringen.

Die Entstehungsgeschichte sowie die Ergründung von Sinn und Zweck der Vorschrift lassen den gesetzgeberischen Willen und damit die Aufgabe der Regelung erkennen. Beide Auslegungen führen zu dem übereinstimmenden Ergebnis, dass der Arbeitnehmer einen Anspruch darauf hat, dass der Arbeitgeber für seine Umschulung- bzw. Fortbildung zu sorgen hat.

Dieses Ergebnis ist zu befürworten. Ein Konflikt mit dem oben gefundenen Ergebnis,[338] dass der Arbeitgeber nicht schon aus seiner Fürsorgepflicht heraus grundsätzlich verpflichtet ist, den Arbeitnehmer weiterzubilden, ergibt sich hieraus nicht. Denn zu berücksichtigen ist die Besonderheit, dass der Anspruch nur für die Situation bestehen soll, dass das Arbeitsverhältnis konkret bestandsgefährdet ist. Diese Konstellation rechtfertigt es, dem Arbeitgeber eine ansonsten nicht bestehende Verpflichtung aufzuerlegen, da er die Entstehung des Anspruchs durch seinen Kündigungsentschluss auslöst. Folgt man der Annahme, dass es sich bei der Durchführung von Umschulungs- oder Fortbildungsmaßnahmen lediglich um eine Obliegenheit handele, würde die Regelung – wie aufgezeigt – an Wirkungskraft verlieren.

Ein Anspruch auf Weiterbildung gem. § 1 Abs. 2 S. 3 KSchG ist daher zu bejahen.

bb) Inhalt des Anspruchs

Nachdem festgestellt wurde, dass § 1 Abs. 2 S. 3 KSchG eine Anspruchsgrundlage bildet, stellt sich die Frage nach dem Inhalt des sich hieraus ergebenden Anspruchs. Bei der Teilnahme des Arbeitnehmers an einer Umschulungs- oder Fortbildungsmaßnahme sind drei Positionen von Interesse: Die Freistellung, um an der Qualifizierungsmaßnahme teilnehmen zu können, die Entgeltfortzahlung während der Maßnahme und die Kosten für die Weiterbildung selbst.

---

338 Siehe Teil 2: A. I. 1. a).

(1) Freistellung

Einigkeit besteht darüber, dass der Arbeitnehmer während der Qualifizierungsmaßnahme von seiner Arbeitsverpflichtung freigestellt ist und zum Lernen nicht auf die Freizeitstunden verwiesen werden darf.

Lediglich der rechtliche Mechanismus hinter der Entbindung von der Arbeitspflicht ist nicht vollends geklärt. *Birk* spricht insoweit von einem Umschulungsverhältnis, das entweder durch eigenen Vertrag begründet wird und das bisherige Arbeitsverhältnis ersetzt oder das durch (stillschweigende) Suspendierung der Hauptleistungspflichten bei durchgängiger Aufrechterhaltung des Arbeitsvertrages erfolgt.[339]

(2) Entgeltfortzahlung

Ein Anspruch auf Entgeltfortzahlung wird dem Arbeitnehmer nach § 1 Abs. 2 S. 3 KSchG nicht explizit zugesprochen. Es ist fraglich, ob sich ein hierauf gerichteter Anspruch durch Auslegung ermitteln lässt.

(a) Wortlautauslegung

Der Wortlaut der Norm kann in zweierlei Hinsicht gedeutet werden: Gegen eine Entgeltfortzahlungspflicht könnte die Formulierung sprechen, wonach die Weiterbeschäftigung *„nach"* der Qualifizierungsmaßnahme erfolgt. Es wird die Auffassung vertreten, das Arbeitsverhältnis ruhe während der Qualifizierungsmaßnahme und die Hauptleistungspflichten seien suspendiert, so dass der Arbeitnehmer keinen Anspruch auf Entgeltfortzahlung habe.[340] Erst nach Abschluss der Maßnahme nehme er seine Tätigkeit beim Arbeitgeber wieder auf, so dass ab diesem Zeitpunkt das Entgelt wieder zu zahlen sei.

Gegen eine derartige Interpretation des Wortlautes spricht, dass die Kündigung, sollte die Weiterbeschäftigung nach einer Qualifizierungsmaßnahme i. S. d. § 1 Abs. 2 S. 3 KSchG möglich sein (und der Arbeitnehmer sein Einverständnis hiermit erklärt haben), von Anfang an sozial ungerechtfertigt ist. Dementsprechend bewirkt das Vorliegen der Voraussetzungen des § 1 Abs. 2 S. 3 KSchG, dass von der Kündigung keine Rechtsfolgen ausgehen. Damit besteht das Arbeitsverhältnis in diesem Fall ungekündigt fort. Die Vertragsbeziehung

---

339 Birk in: FS Kissel, S. 51, 70.
340 Birk in: FS Kissel, S. 51, 72, der jedoch einen Anspruch auf eine sogenannte Umschulungsvergütung bejaht, der allerdings betragsmäßig hinter dem Arbeitslohn zurückbleibe; Schlochauer in: Hess u.a. BetrVG § 102 Rn. 145.

wird lediglich um die arbeitnehmerseitige Teilnahme an der Umschulungs- bzw. Fortbildungsmaßnahme erweitert. Konsequenterweise muss die Entgeltzahlung aufrecht erhalten bleiben.

Der Wortlaut der Norm ist vielmehr so aufzufassen, dass die Formulierung „*nach*" sich nur auf die tatsächliche Beschäftigung bezieht, die erst nach der Umschulung bzw. Fortbildung möglich ist. Auf die Vergütungsfrage während der Qualifizierung hingegen lässt der Wortlaut keine Rückschlüsse zu.

Ein Vergleich zu dem Wortlaut des § 102 Abs. 3 Nr. 4 und 5 BetrVG ist entgegen der Ansicht von *Gaul*[341] für die Frage nach der Entgeltfortzahlungspflicht unergiebig. Zwar verbindet § 102 Abs. 3 Nr. 4 und 5 BetrVG mit § 1 Abs. 2 S. 3 KSchG die gemeinsame Zwecksetzung der Beschäftigungssicherung. Auch betreffen beide Vorschriften denselben Lebenssachverhalt. Jedoch erfolgt bei § 102 BetrVG die Differenzierung zwischen gleichbleibenden (Nr. 4) und geänderten (Nr. 5) Arbeitsbedingungen nur im Hinblick auf die Zeit nach der Qualifizierung bzw. Änderungskündigung. Die Norm trifft entgegen der Auffassung von *Gaul* keine Aussage über die Zeit während der Qualifizierung. Die Interpretation, dass mangels anderweitiger Erwähnung die Arbeitsbedingungen nach Umschulung bzw. Fortbildung gleich bleiben und diese gleichbleibenden Arbeitsbedingungen auch während der Umschulung gelten sollen, ergibt sich nicht aus dem Gesetzeswortlaut.

(b) Teleologische Auslegung

Ergiebiger ist eine teleologische Auslegung der Vorschrift, deren Ergebnis zudem von dem oben gefundenen Ergebnis der Wortlautauslegung getragen wird: Das Telos der Vorschrift besteht in einer effektiven Beschäftigungssicherung. Eine solche kann nicht gewährleistet werden, wenn der betroffene Arbeitnehmer während der Dauer der Qualifizierung mangels Entgeltfortzahlung finanziell nicht abgesichert ist. Diese finanzielle Belastung wäre geeignet, den Arbeitnehmer von der Durchführung der Qualifizierungsmaßnahme abzuhalten. Konsequenz dessen wäre die soziale Rechtfertigung der Kündigung, weil der Arbeitgeber den Arbeitnehmer auf keinem Arbeitsplatz im Betrieb einsetzen könnte und dieser einer Umschulungs- oder Fortbildungsmaßnahme nicht zugestimmt hat. Sinn und Zweck der Vorschrift würden damit unterlaufen.

Eine teleologische Auslegung führt zu dem Ergebnis, dass der Arbeitnehmer Entgeltfortzahlung während der Teilnahme an der Umschulungs- bzw. Fortbildungsmaßnahme beanspruchen kann.

---

341 Gaul, BB 1995, 2422, 2427.

(c) Bewertung

Eine Verneinung des Entgeltfortzahlungsanspruchs wäre geeignet, den Arbeitnehmer von der Teilnahme an der Weiterbildung abzuhalten – mit der oben dargestellten Konsequenz, dass ihm wirksam gekündigt werden kann. Dass diese Konsequenz nicht dem gesetzlichen Zweck gerecht wird, zeigt ein Vergleich mit der Situation, in der sich der Arbeitnehmer ohne Existenz des § 1 Abs. 2 S. 3 KSchG befände: Der Arbeitnehmer könnte die Qualifizierungsmaßnahme durchführen, erhielte währenddessen jedoch keine Entgeltfortzahlung, sondern allenfalls Leistungen nach SGB III, was mit einer finanziellen Einbuße verbunden wäre. Dabei hätte er die Erwartungshaltung, dass er nach Abschluss der Maßnahme den ins Auge gefassten und als frei prognostizierten Arbeitsplatz besetzen kann. Würde sich die Prognose als fehlerhaft erweisen und seine Erwartung enttäuscht, müsste er sich anderweitig bewerben (Variante 1).

Alternativ ließe er sich wegen der finanziellen Einbuße von einer Teilnahme an der Weiterbildungsmaßnahme abhalten, könnte in der Folge gekündigt werden, würde arbeitslos, bezöge Leistungen nach SGB III, würde zur Steigerung seiner Chancen auf dem Arbeitsmarkt auf sozialrechtlicher Grundlage fortgebildet und könnte sich dann mit verbesserter Qualifikation auf eine größere Zahl freier Arbeitsplätze bewerben (Variante 2).

In beiden Varianten hätte der Arbeitnehmer eine finanzielle Einbuße hinzunehmen und würde einer mehr oder minder unsicheren Arbeitssituation entgegenblicken. Eine Verbesserung würde § 1 Abs. 2 S. 3 KSchG nicht bedeuten – die Vorschrift wäre wenig sinnvoll.

Das Ergebnis der teleologischen Auslegung überzeugt daher. Nur so ist die Regelung als sinnvoll und nützlich anzusehen. Der Arbeitnehmer hat demnach während der Dauer der Qualifizierungsmaßnahme Anspruch auf Entgeltfortzahlung.

(3) Kosten der Maßnahme selbst

Schließlich stellt sich die Frage nach der Kostentragung für die Maßnahme selbst.

Vorab sei angemerkt, dass die zur Entgeltfortzahlung vorgenommenen Auslegungen und angestellten Überlegungen auch an dieser Stelle fruchtbar gemacht werden können. Da es sich bei der Entgeltfortzahlung ebenso wie bei den unmittelbaren Maßnahmekosten um Kosten der Umschulung bzw. Fortbildung handelt, sei auf die obigen Ausführungen verwiesen.

Als bisher noch nicht angeführtes Argument lässt sich ergänzen, dass der Gesetzeswortlaut den Anspruch des Arbeitnehmers durch das Kriterium der

"*Zumutbarkeit*" einschränkt.[342] Wenn den Arbeitgeber schon dem Grunde nach weder die Pflicht zur Entgeltfortzahlung für die Dauer der Qualifizierungsmaßnahme noch die Kostentragungspflicht bezogen auf die Maßnahme selbst träfe, wäre es überflüssig, ihn vor unzumutbarer Härte zu schützen.

Im Einklang mit diesen Überlegungen wird eine Verpflichtung des Arbeitgebers zur Übernahme der Weiterbildungskosten überwiegend bejaht.[343]

cc) Begrenzung des Anspruchs

Umschulung bzw. Fortbildung kommen nach dem Wortlaut des § 1 Abs. 2 S. 3 KSchG jeweils nur dann in Betracht, soweit diese „*zumutbar*" sind. Bei dem Begriff der Zumutbarkeit handelt es sich um einen unbestimmten Rechtsbegriff. Eine Legaldefinition gibt es nicht. Ebenso geben die Gesetzesmaterialien keine Erläuterung her.

Nach allgemeiner Auffassung ist zur Ausfüllung des unbestimmten Rechtsbegriffs eine Interessenabwägung vorzunehmen, die die Belange des Arbeitgebers und die des Arbeitnehmers berücksichtigt.[344] Ziel sollte dabei sein, die unternehmerische Freiheit des Arbeitgebers und das Bestandsschutzinteresse des Arbeitnehmers in Einklang zu bringen. Im Einzelnen haben sich bislang keine festen Kriterien für die Interessenabwägung herausgebildet.

Als Ansatzpunkt kann die Aufklärung dienen, aus wessen Sphäre der Qualifikationsbedarf herrührt bzw. welche Partei den kündigungserheblichen Umstand herbeigeführt hat. Die Qualifizierungsmaßnahme ist dem Arbeitgeber umso eher zumutbar, je stärker er für deren Erfordernis verantwortlich ist. Das gilt insbesondere für Veränderungen des Anforderungsprofils, die auf einer unternehmerischen Entscheidung beruhen. Im Gegensatz dazu dürfte ihm eine Umschulungs- oder Fortbildungsmaßnahme i. d. R. unzumutbar sein, wenn der Arbeitnehmer sie durch in seinem Verhalten liegende Umstände erforderlich macht.[345] Bei der

---

342 Siehe Teil 2: A. I. 4. e) cc).
343 Dörner/Vossen in: A/P/S § 1 Rn. 108; Etzel in: Etzel u.a. KR § 102 BetrVG Rn. 169b, der generell von einer Finanzierung der Maßnahme bis zur Grenze der Zumutbarkeit ausgeht.
344 BAG, Urteil vom 29.07.1976, Az. 3 AZR 11/75, juris, unter 2. a) der Gründe; Berkowsky in: MüArbR § 116 Rn. 27 bis 30; Dörner/Vossen in: A/P/S § 1 KSchG Rn. 107; Gaul, BB 1995, 2422, 2425; Hergenröder in: MüKo BGB § 1 KSchG Rn. 108; Oetker in: ErfK § 1 KSchG Rn. 393; Preis in: SPV Rn. 1002; Ulrich in: Moll ArbR § 43 Rn. 148.
345 Birk in: FS Kissel, S. 51, 67; Gaul, BB 1995, 2422, 2426; Oetker in: ErfK § 1 KSchG Rn. 393.

Interessenabwägung können darüber hinaus die wirtschaftliche Leistungsfähigkeit des Arbeitgebers, die Dauer[346] und Kosten[347] der Maßnahme sowie die bisherige sonstige Weiterbildungspraxis im Betrieb berücksichtigt werden. Gleiches gilt je nach Lage des Falles für die bisherige Beschäftigungsdauer des Arbeitnehmers,[348] sein Alter,[349] seinen Bildungsgrad inklusive der (hiervon abhängigen) Erfolgsaussichten der Bildungsmaßnahme[350] eine Rolle spielen. *Berkowsky* komprimiert die Interessenabwägung auf einen Kernsatz und stellt fest: „*Der Aufwand muss sich lohnen*."[351]

Zusammenfassend lässt sich festhalten, dass die Frage der Zumutbarkeit weder einheitlich noch nach einem starren Kriterienkatalog zu beantworten ist. Die oben genannten Aspekte sind zu berücksichtigen, soweit der konkrete Einzelfall Anlass hierzu bietet.[352]

Die Zumutbarkeitsprüfung bezieht sich nach h. M. allein auf den Arbeitgeber,[353] wohingegen die Zumutbarkeit der Maßnahme für den Arbeitnehmer dadurch berücksichtigt wird, dass dieser der geplanten Weiterbildungsmaßnahme zustimmen muss. Nach anderer Auffassung wird die Zumutbarkeit für den Arbeitnehmer auch als Voraussetzung angesehen.[354] Einigkeit besteht aber insoweit als eine Qualifizierungsmaßnahme, mit deren Durchführung der Arbeitnehmer sich einverstanden erklärt hat, diesem zumutbar ist.[355]

Bedeutung erlangt der Streit nur, wenn der Arbeitgeber zur Weiterbildung des Arbeitnehmers bereit ist, dieser hiermit aber nicht einverstanden ist. An genau

---

346 v. Hoyningen-Huene/Linck KSchG § 1 Rn. 1067; Gaul, BB 1995, 2422, 2425.
347 Ulrich in: Moll ArbR § 43 Rn. 148.
348 v. Hoyningen-Huene/Linck KSchG § 1 Rn. 1067; Preis in: SPV Rn. 1002.
349 BAG, Urteil vom 07.05.1968, Az. 1 AZR 407/67, juris, unter 4. der Gründe.
350 BAG, Urteil vom 29.07.1976, Az. 3 AZR 11/75, juris, unter 2. a) der Gründe; Etzel in: Etzel u.a. KR § 102 BetrVG Rn. 169; Oetker in: ErfK § 1 KSchG Rn. 393; Ulrich in: Moll ArbR § 43 Rn. 148.
351 Berkowsky in: MüArbR § 116 Rn. 30.
352 Für eine umfangreiche Darstellung der in Literatur und Rechtsprechung herangezogenen Kriterien sowie eine Auseinandersetzung mit diesen siehe: Fracke, Die betriebliche Weiterbildung, S. 316 bis 361.
353 Birk in: FS Kissel, S. 51, 58; Etzel in: Etzel u.a. KR § 102 BetrVG Rn. 169; Dörner/Vossen in: A/P/S § 1 KSchG Rn. 107a; Löwisch/Kaiser BetrVG § 102 Rn. 38; v. Hoyningen-Huene/Linck KSchG § 1 Rn. 1067; Raab in: GK BetrVG II § 102 Rn. 133; Reinecke in: Küttner Personalbuch 2012 „Umschulung" Rn. 9; Ulrich in: Moll ArbR § 43 Rn. 148.
354 Fracke, Die betriebliche Weiterbildung, S. 315; Pfeiffer in: Fiebig u.a. KSchG § 1 Teil G Rn. 939; Schlochauer in: Hess u.a. BetrVG § 102 Rn. 142.
355 Dörner/Vossen in: A/P/S § 1 KSchG Rn. 107a; Raab in: GK BetrVG II § 102 Rn. 133.

diesem Punkt stellt sich die Frage nach einer Verpflichtung des Arbeitnehmers zur Weiterbildung gegenüber seinem Arbeitgeber.

f) Verpflichtung zur Weiterbildung

Da ein Anspruch des Arbeitnehmers auf Weiterbildung bejaht werden konnte, stellt sich die Frage, ob sich aus § 1 Abs. 2 S. 3 KSchG auch eine Verpflichtung ergibt und der Arbeitnehmer gegen seinen Willen an Umschulungs- oder Fortbildungsmaßnahmen teilnehmen muss, um eine Kündigung zu vermeiden.

Der Gesetzestext gibt eine solche Verpflichtung nicht explizit vor. Es ist daher erneut eine Auslegung vorzunehmen.

aa) Wortlautauslegung

Anhand des Wortlauts ließe sich argumentieren, dass das Kriterium der „*Zumutbarkeit*" sprachlich nicht auf den Arbeitgeber beschränkt ist und somit auch auf den Arbeitnehmer bezogen werden könnte. Dementsprechend wird in der Literatur zum Teil die Zumutbarkeit der Qualifizierungsmaßnahme auch aus Sicht des Arbeitnehmers geprüft[356] und anhand des Ergebnisses der Zumutbarkeitsprüfung ermittelt, ob der Arbeitnehmer zur Durchführung einer Umschulungs- oder Fortbildungsmaßnahme verpflichtet ist. Wenn die Zumutbarkeit der Qualifizierungsmaßnahme für den Arbeitnehmer zu prüfen ist, könnte dieses dafür sprechen, dass sie Voraussetzung für eine entsprechende Verpflichtung ist. Die Prüfung wäre auch vereinbar mit dem Ultima-ratio-Gedanken: Die Durchführung einer Umschulung bzw. Fortbildung soll nur dann erfolgen, wenn der Arbeitnehmer nicht auf einem anderen Arbeitsplatz beschäftigt werden kann, für den keine oder nur eine weniger umfangreiche, vorherige Weiterbildungsmaßnahme erforderlich ist. Steht ein solcher Arbeitsplatz nicht zur Verfügung, so ließe sich argumentieren, dass die Qualifizierung das mildeste Mittel zur Vermeidung einer Kündigung sei und es dem Arbeitnehmer billigerweise auferlegt werden könnte, eine Umschulung bzw. Fortbildung durchzuführen.

bb) Teleologische Auslegung

Gegen eine solche Auslegung könnten allerdings Sinn und Zweck der Norm sprechen. Diese sind auf Beschäftigungssicherung gerichtet, um den Arbeitnehmer vor Kündigung zu schützen. Es entspricht hingegen nicht dem Telos, das Bildungsniveau eines Arbeitnehmers gegen dessen Willen zu verbessern.

---

356 Siehe Teil 2: A. I. 4. e) cc).

Dem entspricht es, dass nach h. M. das Einverständnis des Arbeitnehmers zur Voraussetzung für seinen Anspruch auf Weiterbildung gegenüber dem Arbeitgeber gemacht wird.[357] Die Erklärung des Einverständnisses macht jedoch eine Zumutbarkeitsprüfung überflüssig. Denn es muss dem Arbeitnehmer selbst überlassen sein, ob er sich zur Durchführung einer nach objektiven Kriterien unzumutbaren Qualifizierungsmaßnahme bereit erklärt, beispielsweise weil ihm die Erhaltung seines Arbeitsplatzes diesen Aufwand wert ist. Ebenso muss es ihm möglich sein, eine objektiv zumutbare Weiterbildung abzulehnen, wenn er keinen Wert auf die Erhaltung seines Arbeitsplatzes legt – mit der daran anknüpfenden Konsequenz des Arbeitsplatzverlustes.[358]

Nach dem Sinn und Zweck der Norm hängt die Durchführung von Qualifizierungsmaßnahmen also nicht von der Zumutbarkeit, sondern von dem erklärten Einverständnis ab. Der Arbeitnehmer ist gegenüber seinem Arbeitgeber nicht verpflichtet, gegen seinen Willen an Umschulungs- bzw. Fortbildungsmaßnahmen teilzunehmen.

cc) Bewertung

Der teleologischen Auslegung ist zu folgen. Neben den genannten Argumenten ist zu beachten, dass es praktisch nicht sinnvoll wäre, den Arbeitnehmer zur Weiterbildung zu verpflichten. Die Qualifizierungsmaßnahme würde ohne Anstrengung und Mitarbeit des Arbeitnehmers keinen (nennenswerten) Lerneffekt erzielen.

Zudem ist es nicht erforderlich eine Verpflichtung anzunehmen, damit man entsprechende Rechtsfolgen an die Verweigerung knüpfen kann. Denn bei Bejahung einer Verpflichtung könnte man in der Weigerung zwar eine Vertragspflichtverletzung erblicken, die – nach Abmahnung – zum Ausspruch einer verhaltensbedingte Kündigung führen könnte. Jedoch findet das Arbeitsverhältnis auch ohne diesen Umweg sein Ende: Mangels Bereitschaft zur Umschulung bzw. Fortbildung weist der Arbeitnehmer ein nicht behebbares Qualifikationsdefizit auf, das die Kündigung (bei Vorliegen der übrigen Voraussetzungen) sozial rechtfertigt.

dd) Selbstverpflichtung zur Weiterbildung

In Abgrenzung zu einer Weiterbildung gegen den Willen des Arbeitnehmers ist die Rechtsbeziehung gesondert zu bewerten, wenn der Arbeitnehmer seinen Weiterbildungsanspruch gegenüber dem Arbeitgeber geltend gemacht hat.

Durch die Geltendmachung verändert sich der Inhalt des bisherigen Rechtsverhältnisses. Dabei ist es unerheblich, ob man wie *Birk* ein Umschulungsverhältnis

---

357 Siehe Teil 2: A. I. 4. c).
358 So auch Deinert in: Kittner/Däubler/Zwanziger, KSchR, Rn. 560.

annimmt oder den bestehenden Arbeitsvertrag inhaltlich modifiziert. Jedenfalls schuldet der Arbeitnehmer ab diesem Zeitpunkt nicht mehr die ursprünglich vereinbarte Arbeitsleistung, sondern die Teilnahme an der Qualifizierungsmaßnahme. Da dem Arbeitnehmer nach hier vertretener Auffassung ein Anspruch auf Entgeltfortzahlung für die Dauer der Umschulungs- bzw. Fortbildungsmaßnahme zusteht, steht die Schulungsteilnahme im Synallagma zur Entgeltzahlung. In dieser Konstellation ist daher eine Verpflichtung des Arbeitnehmers zur Weiterbildung zu bejahen.

ee) Sozialrechtliche Verpflichtung?

Unabhängig von der privatrechtlichen Rechtsbeziehung ist zu prüfen, ob der Arbeitnehmer sozialrechtlich zur Umschulung bzw. Fortbildung verpflichtet ist. Zu prüfen ist, ob dem Arbeitnehmer aus sozialrechtlichen Vorschriften Nachteile drohen, wenn er eine angebotene Weiterbildungsmaßnahme ablehnt. Zu denken ist an das Ruhen des Anspruchs auf Arbeitslosengeld bei Sperrzeit gem. § 159 SGB III. Hiernach wird versicherungswidriges Verhalten mit einer Sperrzeit sanktioniert.

Nach § 159 Abs. 1 S. 2 Nr. 4, 5 SGB III handelt der Arbeitslose versicherungswidrig, wenn er die Teilnahme an einer Maßnahme zur beruflichen Ausbildung oder Weiterbildung oder einer Maßnahme zur Teilhabe am Arbeitsleben ablehnt bzw. abbricht. Der Gesetzestext bezieht sich aber auf Weiterbildungsmaßnahmen, die durch die Arbeitsagentur angeboten werden und die sich nach den §§ 81 ff. SGB III richten. § 159 SGB III bezieht sich hingegen nicht unmittelbar auf solche Weiterbildungsmaßnahmen, die ihren Ursprung im Arbeitsverhältnis haben.

Gem. § 159 Abs. 1 S. 2 Nr. 1 SGB III handelt der Arbeitnehmer versicherungswidrig, wenn er durch ein arbeitsvertragswidriges Verhalten Anlass für die Lösung des Beschäftigungsverhältnisses gegeben hat. Nach den obigen Ausführungen ist der Arbeitnehmer grundsätzlich nicht zur Teilnahme an der angebotenen Qualifizierungsmaßnahme verpflichtet. Eine arbeitsvertragliche Verpflichtung entsteht nur, wenn der Arbeitnehmer sich hierzu selbst verpflichtet hat. In diesem Fall stellt der grundlose Abbruch der Maßnahme eine Vertragspflichtverletzung dar, so dass man im Fall des anschließenden Arbeitslosengeldbezuges an die Verhängung einer Sperrzeit denken kann.

Dagegen spricht zwar, dass nicht jede kausale Verursachung sanktioniert wird und insbesondere rein passives Verhalten regelmäßig keine Sperrzeit auslöst.[359] Auch hat das BSG sich in dem Fall des Abbruchs einer Berufsausbildung gegen

---

359 Henke/Eicher in: Eicher/Schlegel SGB III § 144 Rn. 114.

die Verhängung einer Sperrzeit entschieden und begründete sein Ergebnis mit der Berufswahlfreiheit des Auszubildenden gem. Art. 12 Abs. 1 GG.[360]

Allerdings ist nach der hier vertretenen Auffassung darauf abzustellen, ob die fragliche Qualifizierungsmaßnahme dem Arbeitnehmer nach Auffassung der Arbeitsagentur zumutbar erscheint.[361] Denn das vertragswidrige Verhalten führt zur Kündigung des Arbeitnehmers und unterscheidet sich insoweit nicht von anderen schuldhaften Pflichtverletzungen, die die Beendigung des Arbeitsverhältnisses herbeiführen und für die eine Sperrzeit verhängt wird. Die Argumentation mit der Berufsausübungsfreiheit überzeugt indes nicht, da alle vom Gesetz vorgesehenen Versicherungswidrigkeiten, die zur Verhängung einer Sperrzeit führen, die Berufsausübungsfreiheit des Betroffenen einschränken. Es leuchtet nicht ein, warum für die Verletzung einer privatrechtlichen Verpflichtung zur Weiterbildung eine Ausnahme gemacht werden sollte.

Eine Sperrzeit ist daher für den Fall zu bejahen, dass der Arbeitnehmer sich zunächst zur Weiterbildung verpflichtet und die Maßnahme sodann abbricht, obwohl sie ihm zumutbar wäre. Allerdings kann die Arbeitsagentur auch in diesem Fall den Arbeitnehmer nicht zur Fortsetzung der Weiterbildung zwingen. Es handelt sich vielmehr um eine Obliegenheit des Arbeitnehmers, die einmal zugesagte Umschulungs- bzw. Fortbildungsmaßnahme durchzuführen, der im Interesse an einem ungekürzten Arbeitslosengeldbezug nachzukommen ist.

g) Exkurs: Scheitern der Qualifizierungsmaßnahme

Abschließend ist zu ermitteln, wie sich ein Scheitern der Qualifizierungsmaßnahme auswirkt, wenn Arbeitgeber und Arbeitnehmer sich über die Durchführung der Umschulungs- bzw. Fortbildungsmaßnahme verständigt haben. Es stellt sich die Frage, ob und ggf. wie sich das Scheitern der Qualifizierungsmaßnahme auf die Vertragsbeziehung auswirkt.

aa) Erfolg der Qualifizierungsmaßnahme als Bedingung

Zunächst könnte man daran denken, dass der Anspruch auf Weiterbildung, den der Arbeitnehmer erworben hat, unter der Bedingung stand, dass die Maßnahme

---

360 BSG, Urteil vom 13.03.1990, Az. 11 RAr 69/88, NZA 1990, 956.
361 Eine solche Zumutbarkeitsprüfung wird bei Ablehnung bzw. Abbruch einer beruflichen Eingliederungsmaßnahme i. S. d. § 159 Abs. 1 S. 1 Nr. 4, 5 SGB III vorgenommen.

erfolgreich abgeschlossen wird.[362] Aus Sicht des Arbeitgebers wäre eine solche Verknüpfung durchaus sinnvoll, da er die Kosten der Weiterbildung in Ansehung der sich anschließenden Fortsetzung des Arbeitsverhältnisses trägt. Mit dem Scheitern wäre die Bedingung nicht eingetreten, eine weitere Beschäftigung wäre nicht möglich. Man könnte daran denken, den Anspruch mit ex-tunc-Wirkung entfallen zu lassen, mit der Folge, dass der Arbeitnehmer die bisher angefallenen Kosten selbst tragen bzw. dem Arbeitgeber erstatten muss.

Dem ist jedoch entgegenzuhalten, dass sich für die Annahme einer solchen Bedingung keine Anhaltspunkte aus dem Gesetz ergeben. Sofern der erfolgreiche Abschluss der Qualifizierungsmaßnahme für die Parteien im Einzelfall von besonderer Bedeutung ist und sie eine entsprechende Bedingung wünschen, müsste eine solche – eventuell verbunden mit einer Rückzahlungsverpflichtung – individuell vereinbart werden. Es wäre dann zu prüfen, inwieweit das Risiko des Erfolgs der Maßnahme dem Arbeitnehmer auferlegt werden darf.[363]

bb) Schadensersatzanspruch

Zu denken ist außerdem an einen Schadensersatzanspruch des Arbeitgebers, der in Höhe der bisherigen Weiterbildungskosten bestehen könnte. Es ist nach dem Grund, aus dem die Maßnahme scheitert, zu unterscheiden. Es kommen ein Abbruch durch den Arbeitnehmer in Betracht, das Nichtbestehen einer Prüfung im Rahmen der Umschulung bzw. Fortbildung und sonstige Störungen, die zwar in die Sphäre des Arbeitnehmers fallen, aber nicht schuldhaft herbeigeführt wurden, beispielsweise Krankheit.

Da die Weiterbildungsteilnahme an die Stelle der ursprünglichen Arbeitspflicht tritt,[364] ist es zweckmäßig, den dort anzulegenden Maßstab zu übertragen.

Dementsprechend würde der Abbruch der Maßnahme einer Arbeitsverweigerung gleichkommen. Diese stellt eine Pflichtverletzung dar, die den Arbeitgeber zur Abmahnung und im Wiederholungsfall zur verhaltensbedingten Kündigung berechtigt und außerdem einen Schadensersatzanspruch des Arbeitgebers gem. §§ 280 Abs. 1, Abs. 3, 283 BGB begründet. Da die Kosten der Weiterbildung kein unfreiwilliges, sondern ein freiwilliges Vermögensopfer

---

362 So auch Birk in: FS Kissel, S. 51, 72, allerdings nur mit der Rechtsfolge der automatischen und fristlosen Beendigung des Umschulungsverhältnisses. Zu den Einzelheiten siehe Teil 2: A. I. 4. g) cc).
363 Die Möglichkeiten und Grenzen solcher Individualvereinbarungen sind jedoch nicht Gegenstand der vorliegenden Arbeit.
364 Siehe Teil 2: A. I. 4. f) dd).

darstellen, wäre § 284 BGB zu beachten, der an die Stelle des Schadensersatzes statt der Leistung tritt.

Grundlegend anders ist der Fall zu entscheiden, wenn die Maßnahme am Nichtbestehen einer erforderlichen Abschlussprüfung scheitert. Zwar führt diese zu demselben Ergebnis, jedoch ist die Ursache eine andere. Der Arbeitnehmer ist seiner Teilnahmepflicht nachgekommen und hat lediglich das gewünschte Ergebnis nicht erzielt. Zu beachten ist, dass der Arbeitnehmer im regulären Arbeitsverhältnis keinen Erfolg schuldet, sondern nur eine Arbeitserbringung nach mittlerer Art und Güte. Das BAG formuliert diesbezüglich in ständiger Rechtsprechung: Der Arbeitnehmer muss tun, was er soll, und zwar so gut wie er kann.[365] Überträgt man diesen Grundsatz auf die spezielle Weiterbildungssituation, ist dem Arbeitnehmer kein Vorwurf zu machen. Es fehlt an einer Pflichtverletzung, für einen Schadens- bzw. Aufwendungsersatzanspruch ist kein Raum.

Schließlich kann die Weiterbildungsmaßnahme an anderen Umständen scheitern, beispielsweise an einer Unterbrechung bzw. einem Abbruch infolge Krankheit. Auch hier sollte der Maßstab für das reguläre Arbeitsverhältnis herangezogen werden, so dass eine Weiterbildungsunfähigkeit infolge Krankheit des Arbeitnehmers nach § 3 EFZG zu behandeln ist. Die Maßnahme ist bei Wiedererlangung der Arbeitsfähigkeit fortzuführen oder erneut aufzunehmen. Für einen Schadens- bzw. Aufwendungsersatz fehlt es an einer Pflichtverletzung.

cc) Beendigung des Vertragsverhältnisses

Nach allgemeiner Ansicht stellt das Scheitern der Qualifizierungsmaßnahme einen Umstand dar, der die Beendigung des Beschäftigungsverhältnisses erlaubt: Teilweise wird davon ausgegangen, dass während der Qualifizierungsmaßnahme das Arbeitsverhältnis ruht und ein sogenanntes Umschulungsverhältnis besteht, das im Falle des Scheiterns fristlos endet.[366]

Nach anderer Auffassung besteht das Arbeitsverhältnis während der Qualifizierungsmaßnahme fort, allerdings zu modifizierten Bedingungen, so dass das Scheitern der Maßnahme den Arbeitgeber lediglich zur Kündigung berechtigt.[367] Diese könne unter Einhaltung der Kündigungsfrist und unter Beachtung des allgemeinen Kündigungsschutzes ausgesprochen werden.

---

365 BAG, Urteil vom 11.12.2003, Az. 2 AZR 667/02, NZA 2004, 784, 786; BAG, Urteil vom 17.01.2008, Az. 2 AZR 536/06, NZA 2008, 693, 694.
366 Birk in: FS Kissel, S. 51, 72.
367 Gaul, BB 1995, 2422, 2427.

Der zweitgenannten Auffassung ist zuzustimmen: Die Annahme eines Umschulungsverhältnisses, auf das die Vorschriften des KSchG nicht anzuwenden und für dessen Beendigung keine Kündigungsfristen zu beachten sind, benachteiligt den Arbeitnehmer unangemessen. Es findet sich kein sachlicher Grund dafür, den Arbeitnehmer dieses Schutzes zu berauben, da selbst für ein ruhendes Arbeitsverhältnis der allgemeine Kündigungsschutz zu beachten wäre.[368]

Die Kündigung muss sozial gerechtfertigt sein, § 1 KSchG. In der Regel kommt der Kündigungsgrund in Betracht, der ursprünglich Anlass für die Aufnahme der Qualifizierungsmaßnahme war. Für den oben genannten Fall der Krankheit kann zudem eine krankheitsbedingte Kündigung erwogen werden, wenn deren Voraussetzungen vorliegen.

h) Zusammenfassung

Nach § 1 Abs. 2 S. 3 KSchG ist eine Kündigung sozial ungerechtfertigt, wenn die Weiterbeschäftigung des Arbeitnehmers nach zumutbaren Umschulungs- oder Fortbildungsmaßnahmen möglich ist. Die Norm ist auf personen-, verhaltens- und betriebsbedingte Kündigungen anwendbar. Ein Rückgriff auf die Legaldefinitionen des BBiG ist abzulehnen. Umschulung i. S. d. § 1 Abs. 2 S. 3 KSchG definiert sich als Ausbildung in einem anderen als dem erlernten Berufsbild, Fortbildung als graduelle Qualifizierung des Leistungsprofils im ausgeübten Beruf.

Arbeitnehmer, deren Arbeitsverhältnis konkret bestandsgefährdet ist, haben gem. § 1 Abs. 2 S. 3 KSchG einen Anspruch auf Weiterbildung. Voraussetzung des Anspruchs ist die Erklärung des Einverständnisses mit der Umschulungs- bzw. Fortbildungsmaßnahme durch den Arbeitnehmer. Der Anspruch ist auf Freistellung von der Arbeit, Entgeltfortzahlung während der Umschulungs- bzw. Fortbildungsmaßnahme und Kostentragung gerichtet. Die Interessen des Arbeitgebers werden dadurch geschützt, dass diesem die Fortbildung bzw. Umschulung „zumutbar" sein muss. Das Merkmal der Zumutbarkeit erfordert eine umfassende Interessenabwägung. Die Zumutbarkeit ist nicht aus Sicht des Arbeitnehmers zu prüfen, da es insoweit ausschließlich auf das erklärte Einverständnis ankommt.

Mit dem Anspruch korrespondiert grundsätzlich keine Verpflichtung. Der Arbeitnehmer kann sich aber selbst verpflichten, indem er die Umschulung- bzw. Fortbildung gegenüber dem Arbeitgeber beansprucht. In diesem Fall wird die Weiterbildungsteilnahme zur Hauptpflicht aus dem Arbeitsverhältnis, die im Synallagma zur Entgeltzahlung steht. Sozialrechtlich stellt die Weiterbildungsteilnahme

---

368 v. Hoyningen-Huene/Linck KSchG § 1 Rn. 437.

sodann eine Obliegenheit des Arbeitnehmers dar, deren Vernachlässigung zur Verhängung einer Sperrzeit i. S. d. § 159 Abs. 1 S. 2 Nr. 1 SGB III führen kann.

Im Fall des Scheiterns der Weiterbildungsmaßnahme besteht nach allgemeinen Grundsätzen ein Schadensersatzanspruch des Arbeitgebers. Voraussetzung hierfür ist das schuldhafte Verhalten des Arbeitnehmers. Das bloße Nichtbestehen einer Abschlussprüfung begründet keinen Schadensersatzanspruch, da der Arbeitnehmer nur die Weiterbildungsteilnahme schuldet, nicht den Erfolg des Abschlusses. Ferner steht dem Arbeitgeber im Falle des Scheiterns der Maßnahme die Möglichkeit der Kündigung offen, die an den allgemeinen Anforderungen zu messen ist.

5. Zwischenfazit

Die allgemeinen rechtlichen Grundlagen, die in diesem Abschnitt besprochen wurden, gelten für alle Arbeitnehmer und kennzeichnen die generelle Weiterbildungssituation im deutschen Rechtssystem.

Aus der Natur des Arbeitsverhältnisses lässt sich weder ein selbständiger Anspruch auf noch eine unbedingte Verpflichtung zur Weiterbildung herleiten. Das Bestehen eines Anspruchs auf sowie einer Verpflichtung zur Weiterbildung hängt von der konkreten vertragliche Vereinbarung oder dem Eingreifen gesetzlicher Regelungen ab.

Auf Ebene des Verfassungs- und Bundesrechts fehlt es an einer allgemeinen Rechtsgrundlage für Weiterbildung. Von großer Bedeutung ist daher die Mitbestimmung der Betriebsräte in Fragen der Berufsbildung. Aus der Mitbestimmung des Betriebsrats in Angelegenheiten der Berufsbildung gem. §§ 92, 92a, 96 bis 98 BetrVG ergibt sich ein eigenständiger Individualanspruch, wenn das Mitbestimmungsrecht dem positiven Konsensprinzip folgt, der Tatbestand des Mitbestimmungsrechts einen Individualbezug aufweist und sich eine Regelung mittels Anrufung der Einigungsstelle erzwingen lässt.

Zu einer Verpflichtung des Arbeitnehmers zur Weiterbildung kann es nur im Fall des § 97 Abs. 2 BetrVG kommen, wenn der Arbeitnehmer sein Einverständnis mit der Weiterbildungsmaßnahme erklärt hat.

Auf Landesebene bestehen Gesetze über Weiterbildung in zwölf Bundesländern. Diese gewähren selbständige Ansprüche auf Bildungsurlaub und sind auf Freistellung und Entgeltfortzahlung gerichtet. Die unmittelbaren Weiterbildungskosten hat der Arbeitnehmer selbst zu tragen. Gefördert werden stets die berufliche und politische Bildung, teils zusätzlich weitergehende Bildungsinhalte. Die Interessen des Arbeitgebers werden dadurch gewahrt, dass dieser das Weiterbildungsbegehren des Arbeitnehmers unter bestimmen Voraussetzungen zurückweisen kann. Die praktische Inanspruchnahme ist äußerst gering. Eine Verpflichtung des Arbeitnehmers zur Weiterbildung kann auf Grundlage keines der Ländergesetze erfolgen.

In der besonderen Situation, dass ein Arbeitsverhältnis konkret von Kündigung bedroht ist, ergibt sich gem. § 1 Abs. 2 S. 3 KSchG ein Anspruch auf Weiterbildung. Der Anspruch ist auf Freistellung, Entgeltfortzahlung und Kostentragung gerichtet. Der Arbeitnehmer muss mit der Umschulungs- bzw. Fortbildungsmaßnahme einverstanden, dem Arbeitgeber muss die Maßnahme zumutbar sein. Mit dem Anspruch korrespondiert grundsätzlich keine Verpflichtung. Der Arbeitnehmer kann sich durch Einverständniserklärung selbst verpflichten. Die Weiterbildungsteilnahme wird zur Hauptpflicht mit den daran geknüpften Rechtsfolgen. Sozialrechtlich kann der schuldhafte Abbruch einer Umschulung bzw. Fortbildung zur Verhängung einer Sperrzeit führen.

II. Regelungen für besondere Arbeitnehmergruppen

Die bisher getätigten Ausführungen betreffen alle Arbeitnehmer gleichermaßen. Wie gesehen, wird die Weiterbildungspraxis durch die betriebliche Mitbestimmung geprägt. Dabei wurde noch nicht berücksichtigt, dass für bestimmte Arbeitnehmergruppen ein erhöhtes Weiterbildungsbedürfnis besteht. Dieses folgt aus einer erhöhten Schutz- bzw. Förderungsbedürftigkeit, weil sie sich persönlich oder beruflich in einer Situation befinden, die ihre Attraktivität für den Arbeitsmarkt verringert. Namentlich handelt es sich dabei um ältere Arbeitnehmer, Geringqualifizierte, Schwerbehinderte, Frauen und Männer nach der Elternzeit sowie atypisch Beschäftigte.

Gegenstand der folgenden Ausführungen ist daher die Frage, ob und ggf. welche speziellen Weiterbildungsmöglichkeiten für diese Arbeitnehmer existieren, wobei insbesondere die Vorschriften des SGB III von Interesse sind.

1. Ältere Arbeitnehmer

a) Weiterbildungsbedürfnis

Zu den sogenannten älteren Arbeitnehmern werden Arbeitnehmer im Alter ab 45 Jahren gezählt.[369] Bereits in diesem Alter gelten sie als auf dem Arbeitsmarkt schwer vermittelbar. Da das Renteneintrittsalter auf 67 Jahre angehoben wurde,

---

369 Kade, Altern und Bildung, S. 168.

ergeben sich 22 Jahre, in denen ein Arbeitnehmer mit dem Makel des Alters behaftet ist. Diese Zeit macht etwa die Hälfte seines Arbeitslebens aus.

Das BAG erkennt die erhöhte Schutzbedürftigkeit älterer Arbeitnehmer wegen deren typischerweise schlechteren Chancen auf dem Arbeitsmarkt in ständiger Rechtsprechung an.[370] Die Einsetzbarkeit älterer Arbeitnehmer auf einem neuen Arbeitsplatz wird in der Praxis als Problem angesehen, was der Gesetzgeber berücksichtigt. Ältere Arbeitnehmer werden aus dieser Überlegung heraus im deutschen Recht in vielen Bereichen besonders geschützt: Bei anstehenden betriebsbedingten Kündigungen darf beispielsweise trotz des Diskriminierungsverbots wegen des Alters gem. § 1 AGG im Rahmen einer Sozialauswahl ein hohes Lebensalter begünstigend berücksichtigt werden. Ein weiteres Beispiel ist § 417 SGB III, womit ein finanzieller Anreiz zur Aufnahme auch einer gering vergüteten Tätigkeit für ältere Arbeitnehmer geschaffen wurde, um deren Beschäftigung möglichst bis zum Erreichen des Regelrenteneintrittsalters zu fördern.

Diese rechtlichen Begünstigungen sollen die Folgen der praktischen Nachteile abmildern, die ältere Arbeitnehmer auf dem Arbeitsmarkt haben. Die Ursache für die schlechte Ausgangslage wird hierdurch nicht verbessert. Der Lösungsansatz müsste vielmehr derjenige sein, die Einsetzbarkeit Älterer zu verbessern. Stetige Weiterbildung ist ein entscheidender Bestandteil dieses Prozesses.

Ein besonderes Weiterbildungsbedürfnis für ältere Arbeitnehmer besteht in zweierlei Hinsicht: Um nicht als schwer vermittelbar zu gelten und bis zum Renteneintrittsalter von 67 Jahren arbeiten zu können, ist es für den einzelnen älteren Arbeitnehmer besonders wichtig, eine gute berufliche Qualifikation vorweisen zu können, die durch Weiterbildungsmaßnahmen aktuell gehalten worden ist. Hieraus ergibt sich ein individuelles Weiterbildungsbedürfnis.

Darüber hinaus sind gesellschaftliche Faktoren zu berücksichtigen. Die demografische Entwicklung führt – wie eingangs dargestellt – in ganz Europa unausweichlich zu einer Alterung der Gesellschaft. In Deutschland ist der Anteil der Erwerbstätigen in der Gruppe der über 55-Jährigen seit dem Jahr 2000 stärker gestiegen als in fast allen anderen EU-Ländern und liegt aktuell bei 62,5 Prozent.[371] Dieser Umstand und der strukturell bedingte Arbeitsplatzmangel bedeuten eine gewaltige arbeitsmarktpolitische Herausforderung.[372] Es bedarf einer Vernetzung der Kompetenzen und Stärken Älterer[373] mit dem aktuellen und neuartigen Wissen

---

370 BAG, Urteil vom 26.05.2009, Az. 1 AZR 198/08, NZA 2009, 849, 853.
371 BMAS, Fortschrittsreport „Altersgerechte Arbeitswelt", S. 12.
372 Preis, NZA 2008, 922, 922; Rolfs, NZA-Beil. 2010, 139, 143.
373 Baldin in: Employability, S. 426, 428.

Jüngerer. Aus einem Dialog zwischen den Generationen ergeben sich Wissenssynergien, die zur Weiterentwicklung der Kompetenzen auf beiden Seiten führen.[374] Aus dieser Entwicklung folgt ein gesellschaftliches Bedürfnis nach Weiterbildung der älteren Arbeitnehmer.

Diesen beiden Bedürfnissen stehen zwei Probleme gegenüber: Einem Großteil der älteren Arbeitnehmer fehlt es an der Motivation sich weiterzubilden, weil sie davon ausgehen, Weiterbildung lohne sich nicht mehr.[375] Verschiedene Studien haben ergeben, dass ältere Menschen Weiterbildung überwiegend skeptisch gegenüberstehen. Sie haben weniger Interesse an Weiterbildung, was auch daran liegt, dass diese (in der Vergangenheit) selten von ihnen erwartet und gefordert wird.[376] Es müsste eine intrinsische Motivation einsetzen, damit Weiterbildungsangebote nachhaltig angenommen werden.

Währenddessen machen die Arbeitgeber eine Kosten-Nutzen-Rechnung auf und investieren nur dann in die Weiterbildung der Älteren, wenn sich die Investition vor dem Ausscheiden aus dem Beruf für sie noch amortisiert.[377] Sie beachten – betriebswirtschaftlich nachvollziehbar – nur den Nutzen für das eigene Unternehmen. Durch eine solche Herangehensweise wird der gesellschaftsverantwortliche Aspekt außer Acht gelassen. Staatlicherseits müssten Anreize gesetzt werden, den Älteren trotzdem Weiterbildung zu ermöglichen.

b) Anspruch auf Weiterbildung

Zunächst soll geklärt werden, ob speziell für ältere Arbeitnehmer ein Anspruch auf Weiterbildung besteht.

Vereinzelt wird bzw. wurde der Ansatz vertreten, auf Grundlage des Grundgesetzes einen klagbaren Anspruch älterer Arbeitnehmer auf Weiterbildung zu bejahen.[378] Aus den oben[379] genannten Gründen ist ein solcher Anspruch nicht nur im Allgemeinen, sondern auch im Speziellen abzulehnen. Zwar bilden die älteren Arbeitnehmer eine im Vergleich zum Rest der Arbeitnehmerschaft schutz- und förderungsbedürftige Gruppe. Allerdings folgt allein aus dem Bestehen eines

---

374 Baldin in: Employability, S. 426, 430 und 441; BMAS, Aufbruch in die altersgerechte Arbeitswelt, S. 75.
375 Weiß in: Altern, Bildung und lebenslanges Lernen, S. 43, 46.
376 Behringer in: Lernen und Weiterbildung als permanente Personalentwicklung, S. 77 f.; Weiß in: Altern, Bildung und lebenslanges Lernen, S. 43, 46.
377 Behringer in: Lernen und Weiterbildung als permanente Personalentwicklung, S. 70 f.;
378 Siehe für einen Überblick Nagel in: FS Schäfer, S. 677, 682.
379 Siehe Teil 2: A. I. 1. a) aa).

erhöhten Weiterbildungsbedürfnisses keine andere Beurteilung der gesetzlichen Konzeption.

Ein besonderer Anspruch ergibt sich ferner nicht aus einer gesonderten Erwähnung in den Landesweiterbildungsgesetzen. Die Anspruchsberechtigung ist in fast allen Landesgesetzen altersunabhängig ausgestaltet. Einzig das Berliner Bildungsurlaubsgesetz differenziert nach dem Alter – jedoch werden nach § 2 Abs. 1 S. 2 die besonders jungen Arbeitnehmer begünstigt.

Eine Besserstellung, die dem erhöhten Weiterbildungsbedürfnis nachkommt, kann sich aus sozialrechtlichen Regelungen und Programmen ergeben. Ausgangslage hierfür ist, dass ältere Arbeitnehmer wegen ihrer typischerweise schlechteren Chancen auf dem Arbeitsmarkt eine politisch und sozialrechtlich geförderte Personengruppe bilden.[380] Die Förderung der älteren Arbeitnehmer stellt ein politisches Ziel dar: Bereits seit den 1990er-Jahren fördern das BIBB und das Bundesministerium für Bildung und Wissenschaft (BMBW) in dem Projekt „Qualifizierung, Personal- und Organisationsentwicklung mit älteren Mitarbeiterinnen und Mitarbeitern" praktische Lösungsansätze, die dem Leitbild des lebenslangen Lernens folgen.

Über das Sonderprogramm WeGebAU (Weiterbildung Geringqualifizierter und älterer beschäftigter Arbeitnehmer in Unternehmen) fördert die Bundesagentur daneben auch die berufliche Weiterbildung von Beschäftigten. Ergebnis dieses Programms ist insbesondere § 82 SGB III.[381] Die Vorschrift regelt die Förderung von Weiterbildungsmaßnahmen älterer Arbeitnehmer. Förderungsfähig ist die Weiterbildung von Arbeitnehmern, die das 45. Lebensjahr vollendet haben (Nr. 1), die im Rahmen eines bestehenden Arbeitsverhältnisses während der Dauer der Weiterbildungsmaßnahme weiterhin Anspruch auf Arbeitsentgelt haben (Nr. 2) und in einem Betrieb mit weniger als 250 Beschäftigten angestellt sind (Nr. 3). Darüber hinaus muss die Weiterbildungsmaßnahme außerhalb des Betriebs durchgeführt werden, dem der Arbeitnehmer angehört (Nr. 4). Außerdem müssen Kenntnisse und Fertigkeiten erworben werden, die über eine arbeitsplatzbezogene kurzfristige Anpassungsfortbildung hinausgehen (Nr. 5). Förderungsfähig ist im Unterschied zu § 81 Abs. 1 SGB III, der eine notwendige Weiterbildung voraussetzt, auch die zweckmäßige Weiterbildung.[382] Maßnahme und deren Träger müssen für die Förderung zugelassen sein (Nr. 6).

---

380 So sieht auch der Gesetzgeber diesen Umstand als Anlass dafür, durch Impulse auf die Weiterbildungssituation Älterer einzuwirken: BT Drucks. 14/6944, S. 26.
381 Bis zum 31.03.2012 fand sich in § 317 SGB III a. F. eine dem § 82 SGB III entsprechende Regelung.
382 B. Schmidt in: BeckOK Sozialrecht § 82 SGB III Rn. 1; Jüttner in: Mutschler u.a. SGB III § 82 Rn. 11.

Liegen die enumerativen Voraussetzungen vor, hat der Arbeitnehmer einen Anspruch auf (ermessensfehlerfreie Entscheidung über die Förderung seiner) Weiterbildung.[383] Die Entscheidung über das „Ob" und das „Wie" der Förderung der Weiterbildungsmaßnahme steht im Ermessen der Behörde, welches sich an dem Kriterium der nachhaltigen Verbesserung oder Erhaltung der Beschäftigungssituation des Arbeitnehmers orientieren muss.[384] Die Förderung erfolgt durch die Übernahme der Weiterbildungskosten.[385] Wegen des Verweises in Satz 2 auf § 81 Abs. 4 SGB III findet die Förderung mittels Ausgabe eines Bildungsgutscheins statt, wobei § 82 S. 3 SGB III eine Beschränkung in der Förderhöhe und dem Förderumfang zulässt. Der Arbeitnehmer kann unter den zugelassenen Weiterbildungsanbietern frei wählen.[386]

Ein arbeitsrechtlicher Anspruch ergibt sich aus der sozialrechtlichen Förderung nicht: Der Arbeitnehmer hat keinen Anspruch gegenüber seinem Arbeitgeber auf Freistellung von der Arbeit zwecks Ermöglichung der Weiterbildungsteilnahme. Dieser könnte die Freistellung verweigern. Dieses Ergebnis ist damit zu begründen, dass der Arbeitgeber während der Dauer der Weiterbildung ohne Lohnkostenzuschuss durch die Arbeitsagentur und ohne Gegenleistung durch den Arbeitnehmer entgeltzahlungspflichtig ist. Eine finanzielle Bezuschussung ist nicht vorgesehen. Einzig die frühere Möglichkeit der sogenannten Job-Rotation gemäß § 229 SGB III a. F. stellte eine finanzielle Entlastung und damit einen Anreiz für den Arbeitgeber dar, seinen Arbeitnehmer zum Zwecke der beruflichen Weiterbildung freizustellen.[387] Über einen Anreiz ging aber schon die damalige Gesetzeslage nicht hinaus; eine Pflicht des Arbeitgebers zur Freistellung bestand auch früher nicht.[388] Durch den Wegfall dieses Anreizes ist eine Verpflichtung des Arbeitgebers erst recht zu verneinen.

---

383 B. Schmidt in: Eicher/Schlegel SGB III § 77 Rn. 54; Jüttner in: Mutschler u.a. SGB III § 82 Rn. 12.
384 B. Schmidt in: BeckOK Sozialrecht § 82 SGB III Rn. 2.
385 B. Schmidt in: BeckOK Sozialrecht § 82 SGB III Rn. 3; Kruse in: LPK-SGB III § 417 Rn. 1.
386 BT Drucks. 16/3793, S. 9 (zu § 417 SGB III a. F.).
387 Die Job-Rotation eröffnete dem Arbeitgeber die Möglichkeit, als Vertretung für den in Weiterbildung befindlichen Arbeitnehmer einen zuvor Arbeitslosen einzustellen und dessen Lohnkosten in Höhe von bis zu 100 Prozent von der Arbeitsagentur erstattet zu bekommen. Hiermit verfolgte der Gesetzgeber zwei Ziele: Zum einen sollte auf Seiten der Arbeitgeber die Bereitschaft erhöht werden, ihre Arbeitnehmer weiterbilden zu lassen, indem ihnen keine Doppelbelastung für die Zeit zugemutet wurde. Zum anderen sollten die Chancen von Arbeitslosen verbessert werden, sich in das Arbeitsleben zu integrieren (BT Drucks. 14/6944, S. 39).
388 Hätte eine Verpflichtung bestanden, hätte es keines Anreizes bedurft.

c) Verpflichtung zur Weiterbildung

Nachdem festgestellt werden konnte, dass es sozialrechtliche Angebote für ältere Arbeitnehmer gibt, die nur im Verhältnis zum Staat, nicht im Verhältnis zum Arbeitgeber, Anspruchsqualität haben, stellt sich die Frage, ob der Arbeitnehmer auf dieser Grundlage zur Weiterbildung verpflichtet ist. Konkret lautet die Frage: Kann der Arbeitgeber von seinem Arbeitnehmer verlangen, die staatlichen Angebote zu nutzen?

Im Ergebnis muss diese Frage verneint werden. Wortlaut, Systematik und Telos des § 82 SGB III zielen auf eine Begünstigung des Arbeitnehmers ab, um dessen Chancen auf dem Arbeitsmarkt zu verbessern. An keiner Stelle wird deutlich, dass die Weiterbildung zugunsten des Arbeitgebers stattfinden soll. Eine Rechtsbeziehung wird ausschließlich zwischen dem älteren Arbeitnehmer und dem Staat begründet.

Aus dem Arbeitsverhältnis selbst folgt ebenfalls keine Verpflichtung zur Weiterbildung. Selbst wenn die Voraussetzungen für eine sozialrechtliche Förderung gegeben sind, trifft den Arbeitnehmer – wie im Fall des § 1 Abs. 2 S. 3 KSchG – lediglich eine Obliegenheit zur Weiterbildung.

d) Weiterbildung Älterer und Diskriminierungsschutz

Im Hinblick auf die Diskriminierungsverbote des AGG stellt sich die Frage, inwieweit dem Arbeitgeber die Weiterbildung ausschließlich der älteren Arbeitnehmer erlaubt ist. § 10 AGG rechtfertigt eine unterschiedliche Behandlung wegen des Lebensalters nur in den ausdrücklich genannten Fällen. Weiterbildung findet keine Erwähnung. Auch nehmen die sozialrechtlichen Angebote keinen Einfluss auf das Arbeitsverhältnis, so dass hierüber keine Rechtfertigung begründet werden kann.

Trotzdem lässt sich argumentieren, dass dem Arbeitgeber eine Differenzierung anhand der unterschiedlichen Leistungsfähigkeit der Arbeitnehmer trotz der §§ 8, 10 AGG nicht untersagt ist. Diese kann jedenfalls dann zulässiges Differenzierungskriterium sein, wenn ein bestimmter Grad an Leistungsfähigkeit für die zu erbringende Tätigkeit von erheblicher Bedeutung ist. Zu berücksichtigen ist ferner, dass sich das Alter als einziges im AGG genanntes Merkmal mit voranschreitender Zeit verändert. Daher geht mit einer Begünstigung der Älteren punktuell betrachtet zwar eine Benachteiligung der Jüngeren einher; jedoch werden auch diese jüngeren Arbeitnehmer in das Alter kommen, in dem sie von den Weiterbildungschancen für ältere Arbeitnehmer profitieren. Altersabhängige Weiterbildungsangebote begegnen daher keinen Bedenken im Hinblick auf das AGG.

2. Geringqualifizierte Arbeitnehmer

a) Weiterbildungsbedürfnis

Für geringqualifizierte Arbeitnehmer besteht evident ein besonders hohes Weiterbildungsbedürfnis, wobei vielfach zunächst eine Erstausbildung nachzuholen wäre. Im Arbeitsleben wurde anhand verschiedener Studien festgestellt, dass paradoxerweise gerade diese Arbeitnehmergruppe besonders selten an Weiterbildungsmaßnahmen teilnimmt. Dies zeigt der Vergleich mit der Gruppe der Hochschulabsolventen: Während sich im Jahr 2003 die Hochschulabsolventen zu 44 Prozent in Weiterbildungsmaßnahmen begaben, waren lediglich 11 Prozent der Menschen ohne Berufsausbildung in diesem Bereich aktiv.[389] Ein ähnliches Bild für ganz Europa ergab eine Studie der OECD mit dem Titel *Education at a Glance* aus dem Jahr 2007. Hiernach fällt in allen EU-Staaten eine deutliche Diskrepanz zwischen der Weiterbildungsbeteiligung von Menschen mit geringem Bildungsgrad und der von Menschen mit einem hohen Bildungsgrad auf.[390] Das in der Fachliteratur als „*Matthäus-Prinzip*" betitelte Problem ist, dass gerade diejenigen Arbeitnehmer besonders aussichtsreiche Chancen auf berufliche Weiterbildung haben und hiervon Gebrauch machen, die ohnehin über eine hohe formale schulische und berufliche Bildung verfügen.[391]

b) Anspruch auf Weiterbildung

Auf Ebene der Landesgesetze finden gering qualifizierte Arbeitnehmer nur im Weiterbildungsgesetz des Saarlandes explizite Erwähnung. Ihnen wird ein über den allgemeinen Weiterbildungsanspruch hinausgehender Anspruch auf zwei zusätzliche Freistellungstage gewährt. In den übrigen Bundesländern bestehen keine dahingehenden Differenzierungen.

In sozialrechtlicher Hinsicht treffen §§ 81 bis 87 SGB III Regelungen zur Förderung von Weiterbildung. Gem. § 81 Abs. 1, 2 SGB III wird die Weiterbildung

---

389 Bayer/Haag, Arbeitshilfe zur tarifpolitischen Gestaltung der beruflichen Weiterbildung, S. 9; ähnlich für das Jahr 2007: Zachert/Queck, Demografischer Wandel und Beschäftigungssicherung, S. 30.
390 Schömann/Baron in: Altern, Bildung und lebenslanges Lernen, S. 31, 35.
391 Baltes/Hense, Weiterbildung als Fahrschein aus der Zone der Prekarität?, http://www.ratswd.de/download/workingpapers2007/04_07.pdf, abgefragt am 16.09.2012, S. 18; Bellmann/Leber, IAB Materialien 2003, Heft 1, S. 15, 15; BMBF, Berufsbildungsbericht 2012, S. 56; Heidemann, RdJB 2002, 282, 290.

Geringqualifizierter gefördert. Die Förderung knüpft nicht an das Bestehen eines Arbeitsverhältnisses an.[392] Darüber hinaus greift § 81 Abs. 5 SGB III[393] ein, der Ausfluss des bereits angesprochenen Sonderprogramms WeGebAU ist. Sofern der Anspruchsberechtigte in einem Arbeitsverhältnis steht und die Notwendigkeit seiner Weiterbildung wegen eines fehlenden Berufsabschlusses nach § 81 Abs. 2 SGB III anerkannt ist, kann die Weiterbildung durch eine finanzielle Entlastung des Arbeitgebers gefördert werden. Die Förderung erfolgt durch Zahlung eines Zuschusses zum Arbeitsentgelt einschließlich eines pauschalierten Arbeitgeberanteils am Gesamtsozialversicherungsbeitrag. Der Zuschuss kann in Höhe von bis zu 100 Prozent der Lohnkosten für diejenige Arbeitsleistung erbracht werden, die auf Grund der Teilnahme an der Maßnahme der beruflichen Weiterbildung ausfällt.

Die Notwendigkeit ist durch die Bundesagentur anzuerkennen.[394] Voraussetzung hierfür ist, dass der Arbeitnehmer entweder bei Vorhandensein eines Berufsabschlusses seit mehr als vier Jahren an- oder ungelernte Tätigkeiten ausgeübt hat und daher eine seiner Ausbildung entsprechende Beschäftigung voraussichtlich nicht mehr ausüben kann oder dass es schon an einem formalen Berufsabschluss mangelt.[395]

Anders als bei § 81 Abs. 1 SGB III ist Adressat der Regelung und Leistungsempfänger des § 81 Abs. 5 SGB III nicht der Arbeitnehmer selbst, sondern – sofern vorhanden – dessen Arbeitgeber.[396] Die Förderung erfolgt in diesem Fall auf Antrag des Arbeitgebers bei der zuständigen Arbeitsagentur. Die Entscheidung über das „Ob" und „Wie" der Förderung steht im Ermessen der Arbeitsagentur.[397] Bei der Betätigung des Ermessens muss das Interesse des Arbeitgebers an der Nachqualifizierung des Arbeitnehmers Berücksichtigung finden.[398]

Die Förderung zielt darauf ab, die Beschäftigungschancen gering oder nicht qualifizierter Arbeitnehmer zu erhöhen. Durch die finanzielle Unterstützung wird ein Anreiz für Arbeitgeber geschaffen, die bei ihnen beschäftigten weiterbildungswilligen,

---

392 Burkiczak in: Schönefelder/Kranz/Wanka SGB III § 77 Rn. 19.
393 Bis zum 31.03.2012 traf § 235c SGB III eine dem § 81 Abs. 5 SGB III entsprechende Regelung, § 77 Abs. 2 SGB III eine dem § 81 Abs. 2 SGB III entsprechende.
394 B. Schmidt in: BeckOK Sozialrecht § 81 SGB III Rn. 2.
395 Im letzteren Fall ist die Formulierung insoweit missverständlich und daher in ihrer Bedeutung umstritten, als dem Arbeitnehmer durch die Maßnahme erstmals eine abgeschlossene Berufsausbildung verschafft werden soll (Hassel in: Brand SGB III § 81 Rn. 25).
396 B. Schmidt in: BeckOK Sozialrecht § 81 SGB III Rn. 5.
397 B. Schmidt in: BeckOK Sozialrecht § 81 SGB III Rn. 5.
398 BT Drucks. 14/6944, S. 39 (zu § 235c SGB III a. F.).

gering- oder nichtqualifizierten Arbeitnehmer zur Nachholung des Berufsabschlusses im Rahmen des bestehenden Arbeitsverhältnisses freizustellen.

Da Leistungsberechtigter der Arbeitgeber ist, entsteht durch die Förderung der Weiterbildungsmaßnahme zwischen dem Beschäftigten und der Arbeitsagentur keine Rechtsbeziehung, aus der der Arbeitnehmer einen Anspruch herleiten könnte. Erst recht hat er keinen privatrechtlichen Anspruch gegenüber seinem Arbeitgeber auf Freistellung von der Arbeit.

c) Verpflichtung zur Weiterbildung

Für geringqualifizierte Arbeitnehmer ergibt sich keine Verpflichtung zur Weiterbildung aus dem SGB III. Zum einen begründet die sozialrechtliche Förderungsmöglichkeit keine Rechtsbeziehung des Arbeitnehmers zum Staat, aus der sich eine Verpflichtung ergeben könnte, zum Anderen erweitert sie auch die arbeitsvertraglichen Leistungspflichten nicht. Darüber hinaus erfordern der gesetzliche Zweck und der Arbeitsvertrag eine Verpflichtung zur Weiterbildung nicht. Zwar würde die Qualifizierung die Chancen des Arbeitnehmers auf dem Arbeitsmarkt verbessern, allerdings steht der Arbeitnehmer in der hier gegenständlichen Konstellation bereits in einem Arbeitsverhältnis – obwohl er nicht- oder geringqualifiziert ist.

Es kann sich aber bei Veränderung der Arbeitsbedingungen aus den oben geschilderten Gründen[399] eine Obliegenheit des Arbeitnehmers zur Weiterbildung ergeben. Diese resultiert dann allerdings aus den veränderten Umständen, nicht unmittelbar aus der Geringqualifizierung.

3. Behinderte und schwerbehinderte Arbeitnehmer

a) Weiterbildungsbedürfnis

Eine weitere Arbeitnehmergruppe, der rechtlich besonderer Schutz zukommt, bilden behinderte und schwerbehinderte Menschen. Gem. § 2 Abs. 1 SGB IX sind Menschen behindert, wenn ihre körperliche Funktion, geistige Fähigkeit oder seelische Gesundheit mit hoher Wahrscheinlichkeit länger als sechs Monate von dem für das Lebensalter typischen Zustand abweicht und daher die Teilhabe am Leben in der Gesellschaft beeinträchtigt ist. Als schwerbehindert gelten Menschen, bei denen ein Grad der Behinderung von wenigstens 50 vorliegt, § 2 Abs. 2 SGB IX. Die Integration behinderter und schwerbehinderter Menschen in den Arbeitsmarkt

---

399 Siehe Teil 2: A. I. 4. f) sowie Siehe Teil 2: A. II. 1. c).

ist nicht nur eine gesellschaftliche Aufgabe, sondern auch ein politisches und gesetzliches Ziel. Verschiedene Förderungen im Arbeits- und Sozialrecht wirken an der Erreichung dieses Zieles mit. Es ist insbesondere § 71 SGB IX zu nennen, wonach Arbeitgeber mit mindestens 20 Arbeitsplätzen auf fünf Prozent der Arbeitsplätze schwerbehinderte Menschen beschäftigen müssen.

Wenn die Arbeitsmarktbedingungen ohnehin schwierig sind, kommt für schwerbehinderte Menschen das zusätzliche Hindernis hinzu, dass ihnen aus körperlichen Gründen von vornherein ein geringeres Spektrum an möglichen Arbeitsplätzen offensteht. So ist auch die Arbeitslosigkeitsquote in der Gruppe schwerbehinderter Menschen grundsätzlich höher als die in der Gesamtbevölkerung.[400] Seit 2010 verbessert sich die allgemeine Arbeitsmarktlage, während die Arbeitslosigkeit schwerbehinderter Menschen weiter steigt.[401] Umso wichtiger ist eine gute Qualifikation. Weiterbildung ist daher ein besonders bedeutsamer Aspekt, um behinderte und schwerbehinderte Menschen in den Arbeitsmarkt einzugliedern.

b) Anspruch auf Weiterbildung

Der Gesetzgeber hat die Weiterbildungssituation behinderter und schwerbehinderter Menschen in § 73 SGB III einer Regelung zugeführt. Im Gegensatz zu der Vorgängernorm § 235a SGB III a. F. werden auch einfachbehinderte Menschen in den Förderungsbereich einbezogen. Die Norm bezweckt die Verbesserung der beruflichen Eingliederung behinderter, insbesondere schwerbehinderter Menschen in den Arbeitsmarkt.[402]

Die Förderung der betrieblichen Aus- oder Weiterbildung erfolgt gegenüber dem Arbeitgeber. Sie wird gem. § 73 Abs. 2 SGB III durch Zuschüsse zur Ausbildungsvergütung oder zu einer vergleichbaren Vergütung in Höhe von bis zu 60 Prozent (behinderte Arbeitnehmer) bzw. 80 Prozent (schwerbehinderte Arbeitnehmer) erbracht.

Im Anschluss an die Aus- oder Weiterbildung besteht gem. § 73 Abs. 3 SGB III bei Übernahme eines schwerbehinderten Menschen in ein Arbeitsverhältnis die Möglichkeit eines Eingliederungszuschusses in Höhe von bis zu 70 Prozent des

---

400 DGB, Arbeitsmarkt Aktuell Nr. 6 /November 2011, http://www.ak-sozialpolitik.de/dukumente/2011/2011-11-14%20DGB.pdf, abgefragt am 01.07.2012, S. 2.
401 DGB, Arbeitsmarkt Aktuell Nr. 6 /November 2011, http://www.ak-sozialpolitik.de/dukumente/2011/2011-11-14%20DGB.pdf, abgefragt am 01.07.2012, S. 2.
402 Eicher in: Eicher/Schlegel SGB III § 235a Rn. 24; Brandts in: Brand SGB III § 73 Rn. 5.

zu berücksichtigen Arbeitsentgelts für die Dauer von einem Jahr. Die Zuschüsse werden aus Mitteln des Ausgleichsfonds nach § 78 SGB IX finanziert.

Förderungsfähig ist jede betriebliche Aus- oder Weiterbildung, ohne dass es darauf ankommt, ob diese in einem staatlich anerkannten Ausbildungsberuf stattfindet.[403]

Voraussetzung für die Förderung ist gem. § 73 Abs. 1 SGB III a. E. dass die Aus- oder Weiterbildung ohne die Bezuschussung nicht zu erreichen ist. Die Entscheidung über die Förderungsbewilligung erfordert nach überwiegender Auffassung eine Prognoseentscheidung der Agentur für Arbeit im Hinblick auf die Kausalität zwischen dem Scheitern der angestrebten Aus- oder Weiterbildung und der Nichtförderung.[404] Die Kausalität ist zu verneinen, wenn der Arbeitgeber bereits zuvor zu der Weiterbildung des Mitarbeiters entschlossen war.[405] Eine Förderung ist ebenfalls nicht möglich im Falle persönlicher Ungeeignetheit.[406]

Teilweise wird vertreten, dass schon die allgemeine Beschäftigungspflicht nach § 71 SGB IX der Förderung entgegenstehe,[407] da ansonsten der mit der Förderung beabsichtigte Anreiz für Arbeitgeber, Aus- oder Weiterbildungsmöglichkeiten für behinderte Menschen zu schaffen, leerlaufe.

Dem ist entgegenzuhalten, dass die Beschäftigungspflicht allein der Förderung nicht entgegenstehen kann, da sie nur zur Beschäftigung, nicht aber zur Aus- oder Weiterbildung Schwerbehinderter verpflichtet.[408] Ferner würde sich der Anwendungsbereich von § 73 SGB III bei Zugrundelegung der erstgenannten Ansicht auf die Aus- und Weiterbildung einfachbehinderter Menschen sowie schwerbehinderter Menschen im Kleinbetrieb, für die keine Beschäftigungspflicht besteht, reduzieren. Das würde zu widersprüchlichen Ergebnissen führen.

Die letztgenannte Auffassung überzeugt. Die Beschäftigungspflicht kann wegen der Möglichkeit zur Zahlung einer Ausgleichsabgabe nach § 77 SGB IX umgangen werden. Die tatsächliche Beschäftigung, noch dazu zum Zwecke der Weiterbildung bzw. im Anschluss an eine durchgeführte Weiterbildung hat einen ungleich höheren Wert. Die Förderung nach § 73 SGB III ist trotz Bestehens einer Beschäftigungspflicht gem. § 77 SGB IX möglich.

---

403 BT Drucks. 14/5800, S. 33; Eicher in: Eicher/Schlegel SGB III § 235a Rn. 26.
404 LSG Saarland vom 20.08.2002, Az. L 6 AL 68/00, juris, Rn. 34; Brandts in: Brand SGB III § 73 Rn. 10; Leitherer in: Eicher/Schlegel SGB III § 236 Rn. 7.
405 LSG Saarland vom 20.08.2002, Az. L 6 AL 68/00, juris, Rn. 33; Brandts in: Brand SGB III § 73 Rn. 11; Kloster in: Mutschler u.a. SGB III § 73 Rn. 22.
406 Brandts in: Brand SGB III § 73 Rn. 9.
407 Armbrust in: Kasseler Handbuch Arbeitsförderungsrecht § 15 Rn. 9; Brandts in: Brand SGB III § 73 Rn. 11.
408 Lauterbach in: Gagel SGB II /SGB III § 236 SGB III Rn. 8.

Wie sich aus dem eindeutigen Wortlaut des § 73 SGB III ergibt, ist Anspruchsinhaber (und Leistungsempfänger) im Verhältnis zur Agentur für Arbeit allein der Arbeitgeber. Durch die Förderung ist der Arbeitgeber im Verhältnis zum Staat zur Aus- bzw. Weiterbildung des (schwer)behinderten Arbeitnehmers verpflichtet. Nach der gesetzlichen Konzeption kann der Arbeitnehmer keinen eigenen Anspruch gegenüber der Bundesagentur für Arbeit oder – vorbehaltlich eines anders lautenden Aus- bzw. Weiterbildungsvertrages – gegenüber seinem Arbeitgeber geltend machen.

c) Verpflichtung zur Weiterbildung

Aus § 73 SGB III geht keine Verpflichtung zur Weiterbildung hervor. Die sozialrechtliche Förderungsmöglichkeit lässt keine Rechtsbeziehung des Arbeitnehmers zum Staat entstehen. Das Vertragsverhältnis zum Arbeitgeber wird durch die sozialrechtliche Förderung nicht beeinflusst, es sei denn die Arbeitsvertragsparteien haben eine darüber hinausgehende vertragliche Beziehung geschaffen. Der gesetzliche Zweck erfordert keine Weiterbildungsverpflichtung. Der (schwer-)behinderte Arbeitnehmer steht bereits in einem Arbeitsverhältnis. Eine Bedrohung von Arbeitslosigkeit ist nicht erforderlich. Es geht bei der Förderung der Aus- und Weiterbildung allein um die Verbesserung der Qualifikation des Arbeitnehmers. Sollte dieser das Bildungsangebot nicht annehmen wollen, kann er nicht gegen seinen Willen verpflichtet werden. Im Hinblick auf einen möglichen Arbeitsplatzverlust stellt die Weiterbildung für den Arbeitnehmer eine Obliegenheit dar.

4. Elternzeitler

a) Weiterbildungsbedürfnis

Für Eltern, die sich zugunsten einer Familiengründung aus dem Beruf zurückgezogen haben, ist der Wiedereinstieg in das Berufsleben mit voranschreitender Zeit mit besonderen Schwierigkeiten verbunden. Gem. § 15 Abs. 2 S. 1 BEEG besteht ein Anspruch auf Elternzeit bis zur Vollendung des dritten Lebensjahres des Kindes. Bei mehreren Kindern addiert sich der Anspruch, § 15 Abs. 2 S. 3 BEEG. Auf diese Weise kann eine jahrelange Unterbrechung der Berufstätigkeit entstehen, die das vorhandene Fachwissen veralten lässt. Besonders problematisch ist der Verlust an Aktualität in Berufen, die einer schnellen Weiterentwicklung unterliegen, z.B. Gesetzesänderungen in Bezug auf das Rechtswesen, technischer Fortschritt im IT-Bereich oder neue Therapie- und Behandlungsmethoden in medizinischen Berufen.

Praktisch müssen sich viele Elternzeitler mit einer Tätigkeit zufriedengeben, für die sie formal überqualifiziert sind.[409] Denn mit Beendigung der Elternzeit wird das Arbeitsverhältnis zwar vertragsgemäß fortgesetzt, es besteht jedoch kein Anspruch, auf den früheren Arbeitsplatz zurückzukehren.[410] Stattdessen kann der Arbeitgeber dem Arbeitnehmer jede andere Tätigkeit zuweisen, soweit es das ihm zustehende Weisungsrecht gem. § 106 GewO zulässt.[411] Obwohl diese Handhabe rechtlich nicht zu beanstanden ist, entspricht es häufig nicht dem Willen des betroffenen Arbeitnehmers. Durch gezielte Weiterbildung könnte der ehemalige Arbeitsplatz weiterhin besetzt werden. Ein besonderes Weiterbildungsbedürfnis ist vorhanden.

Die vorstehende Problematik betrifft in der Praxis nach wie vor Großteils Frauen. Trotz der geschlechtsneutralen Gesetzeslage besteht in der überwiegenden Zahl der Familien die klassische Rollenverteilung.

b) Anspruch auf und Verpflichtung zur Weiterbildung

Fraglich ist, ob und ggf. in welchem Umfang speziell für Elternzeitler Weiterbildungsansprüche, gerichtet auf Freistellung oder Kostenübernahme bestehen, die möglicherweise mit einer entsprechenden Verpflichtung korrespondiert.

Auf landesgesetzlicher Ebene findet sich nur im Bildungsfreistellungsgesetz des Saarlandes eine besondere Regelung für Arbeitnehmer nach der Elternzeit. Gem. § 3 Abs. 2 SBFG erhöht sich der allgemeine Freistellungsanspruch von drei auf fünf Tage in den beiden unmittelbar nach der Elternzeit folgenden Kalenderjahren.

Auf Bundesebene bestehen keine ausdrücklichen Weiterbildungsregelungen für die Zeit während oder nach der Elternzeit. Insbesondere trifft das BEEG keine Regelungen hierzu.

Da sich – wie oben dargelegt[412] – aus einem öffentlich-rechtlich begründeten, auf Grundrechten des Arbeitnehmers beruhenden Teilhaberecht kein individueller Anspruch auf Weiterbildung ergeben kann, lässt sich auch über Art. 6 GG kein Anspruch konstruieren. Zudem stellt Art. 6 GG zwar die Familie unter den besonderen Schutz der staatlichen Ordnung, was auch die Förderung der Familie umfasst.[413] Allerdings würde ein Weiterbildungsanspruch nicht die Familie unmittelbar

---

409 Kade, Altern und Bildung, S. 168.
410 Küttner/Röller in: Küttner Personalbuch 2012 „Elternzeit" Rn. 56.
411 LAG S-H, Urteil vom 04.05.2001, Az. 4 Sa 497/00, juris.
412 Siehe Teil 2: A. I. 1. a) bb) (2).
413 Badura in: Maunz/Dürig GG Art. Rn. 75 ff.

begünstigen, sondern das berufliche Fortkommen nach der Familiengründung erleichtern. Den hier bestehenden inneren Zusammenhang müsste man wohl als zu gering ansehen, als dass sich vertreten ließe, dass der Schutzbereich des Art. 6 GG eröffnet ist.

Auch sozialrechtliche Ansprüche bestehen nicht; einzig das Programm „LERNBÖRSE" der Bundesagentur für Arbeit bietet Eltern beim Wiedereinstieg in den Beruf ausgewählte Weiterbildungsangebote.[414] Das Angebot ist allerdings stark begrenzt und stellt ausschließlich eine sozialrechtliche Förderung dar, die die Rechtsbeziehung der Arbeitsvertragsparteien nicht beeinflusst.

Erst recht sind Arbeitnehmer gegenüber ihrem Arbeitgeber nicht verpflichtet, ihre Qualifikation auf aktuellem Stand zu halten oder zu erweitern. Genügt die Qualifikation für den früheren Arbeitsplatz nicht aus, greifen die allgemeinen Regeln. Die Versetzung auf einen anderen Arbeitsplatz ist im Rahmen des Vertrags und des billigen Ermessens möglich. Vor Ausspruch einer Kündigung ist eine Fortbildung oder Umschulung in Betracht zu ziehen, da insoweit die allgemeine Regelung des § 1 Abs. 2 S. 3 KSchG einschlägig ist.[415]

Dem oben aufgezeigten Weiterbildungsbedürfnis wird nicht nachgekommen, da kein spezieller Weiterbildungsanspruch für Elternzeitler besteht.

5. Atypisch Beschäftigte

a) Weiterbildungsbedürfnis

„Atypisch" im Verhältnis zum sogenannten Normalarbeitsverhältnis sind alle Beschäftigungsformen, die nicht auf Dauer und Kontinuität oder nicht auf Vollzeit ausgelegt sind und dem Arbeitnehmer einen schwächeren sozialen und rechtlichen Schutz gewähren.[416] Der soziale Schutz wird an den Kriterien Einkommen, Beschäftigungsstabilität, Beschäftigungsfähigkeit und soziale Sicherheit gemessen.[417] Der Personenkreis der atypisch Beschäftigten umfasst befristet Beschäftigte, geringfügig Beschäftigte, Teilzeitbeschäftigte und

---

414 Bundesagentur für Arbeit, Pressemitteilung vom 22.03.2012, http://www.arbeitsagentur.de/nn_27044/nn_170200/Dienststellen/RD-N/Luebeck/AA/Presse/Presseinformationen/2012/30-2012.html, abgefragt am 22.07.2012.
415 Siehe Teil 2: A. I. 4.
416 Giesen, NZS 2010, 473, 473.
417 Brehmer/Seifert, ZAF 2008, 501, 504.

Leiharbeitnehmer.[418] Insgesamt steht ein Drittel der in Deutschland Beschäftigten in einem atypischen Beschäftigungsverhältnis.[419]

Neben den anderen – hier nicht gegenständlichen – Merkmalen sind atypische Beschäftigungsverhältnisse dadurch gekennzeichnet, dass für diese Arbeitnehmer vergleichsweise geringere Zugangsmöglichkeiten und -wahrscheinlichkeiten zu beruflicher Weiterbildung bestehen.[420] Aus Sicht der Arbeitgeber besteht in der Regel kein großes Interesse daran, atypisch Beschäftigte weiterzubilden, da Weiterbildungsaufwendungen Fixkosten sind und sich bei nur kurzer Beschäftigungsdauer nicht amortisieren. In der Praxis nehmen atypisch Beschäftigte im Vergleich zu Arbeitnehmern im Normalarbeitsverhältnis deutlich seltener an beruflicher Weiterbildung teil.[421] Dabei ist die niedrige Beschäftigungsfähigkeit *(„Employability")* mitursächlich dafür, dass sie ein atypisches Beschäftigungsverhältnis eingegangen sind. Problematisch ist, dass alle atypisch beschäftigten Arbeitnehmer dieselbe Arbeit erbringen müssen wie reguläre Beschäftigte, manche von ihnen lediglich in geringerem Umfang. Ihre Tätigkeit erfordert dieselbe Qualifikation. Hinzu kommt, dass wegen der Unbeständigkeit des Arbeitsverhältnisses vom Standpunkt der betroffenen Arbeitnehmer ein besonderes Bedürfnis daran besteht, möglichst flexibel und gut qualifiziert zu sein, um für möglichst viele Arbeitsplätze in Frage zu kommen. Dieses Ziel kann durch Weiterbildung erreicht werden. Es lässt sich ein erhöhtes Weiterbildungsbedürfnis der Arbeitnehmer verzeichnen, die in einem atypischen Arbeitsverhältnis stehen.

b) Anspruch auf und Verpflichtung zur Weiterbildung

Die Weiterbildungssituation von atypisch beschäftigten Arbeitnehmern ist teilweise gesetzlich geregelt.

aa) Teilzeitbeschäftigte

Gem. § 10 TzBfG haben teilzeitbeschäftigte Arbeitnehmer gegen ihren Arbeitgeber einen Anspruch auf gleichberechtigte Teilhabe an Maßnahmen der Aus- und

---

418 Baltes/Hense, Weiterbildung als Fahrschein aus der Zone der Prekarität?, http://www.ratswd.de/download/workingpapers2007/04_07.pdf, abgefragt am 16.09.2012, S. 2; Brehmer/Seifert, ZAF 2008, 501, 503; Giesen, NZS 2010, 473, 473.
419 Brehmer/Seifert, ZAF 2008, 501, 502.
420 Baltes/Hense, Weiterbildung als Fahrschein aus der Zone der Prekarität?, http://www.ratswd.de/download/workingpapers2007/04_07.pdf, abgefragt am 16.09.2012, S. 6 ff.; Brehmer/Seifert, ZAF 2008, 501, 502.
421 Brehmer/Seifert, ZAF 2008, 501, 515.

Weiterbildung, die auch den Vollzeitbeschäftigten Arbeitnehmern angeboten werden. Da die Vorschrift keinen selbständigen Anspruch verschafft,[422] sondern lediglich auf Gleichbehandlung gerichtet ist,[423] stellt sie eine spezielle Ausprägung des in § 4 Abs. 1 TzBfG niedergelegten Diskriminierungsverbots dar und entspricht im Übrigen der Vorgabe des § 96 Abs. 2 S. 2 BetrVG.[424] Der Teilhabeanspruch erfährt dadurch eine Einschränkung, dass der Arbeitgeber dem Teilnahmewunsch des Teilzeitbeschäftigten dringende betriebliche Gründe oder Aus- und Weiterbildungswünsche anderer Arbeitnehmer entgegenhalten kann.[425]

bb) Befristet Beschäftigte

Gem. § 19 TzBfG hat der Arbeitgeber Sorge dafür zu tragen, dass auch befristet beschäftigte Arbeitnehmer an „*angemessenen*" Aus- und Weiterbildungsmaßnahmen teilnehmen können, es sei denn, dass dringende betriebliche Gründe oder die Aus- und Weiterbildungswünsche anderer Arbeitnehmer entgegenstehen. Die Norm hat denselben Regelungsgehalt wie § 10 TzBfG und bezweckt die Gleichbehandlung von befristet mit unbefristet beschäftigten Arbeitnehmern. Anhand des Merkmals der Angemessenheit wird eine Verhältnismäßigkeitsprüfung durchgeführt: Der Gesetzgeber will zwar Diskriminierungen verbieten, erkennt aber an, dass die Weiterbildung sich angesichts der befristeten Beschäftigung nicht in jedem Umfang für den Arbeitgeber amortisiert.[426] Im Übrigen hat § 19 TzBfG denselben Wortlaut und Sinngehalt wie § 10 TzBfG und verschafft gleichsam keinen selbständigen Anspruch auf Weiterbildung.[427]

cc) Geringfügig Beschäftigte

Geringfügige Beschäftigtenverhältnisse sind mit Ausnahme der §§ 8, 8a SGB IV nicht gesetzlich geregelt. Arbeitsrechtlich besteht für sie keine Besonderheit. Sie

---

422 Laux in: Laux/Schlachter TzBfG § 10 Rn. 19; Meinel/Heyn/Herms TzBfG § 10 Rn. 2; Preis in: ErfK § 10 TzBfG Rn. 3.
423 Bayreuther in: BeckOK Arbeitsrecht § 10 TzBfG Rn. 1; Laux in: Laux/Schlachter TzBfG § 10 Rn. 2; Meinel/Heyn/Herms TzBfG § 10 Rn. 2.
424 Boecken in: Boecken/Joussen TzBfG § 10 Rn. 7; Laux in: Laux/Schlachter TzBfG § 10 Rn. 19; Meinel/Heyn/Herms TzBfG § 10 Rn. 24; zu § 96 Abs. 2 S. 2 BetrVG siehe Teil 2: A. I. 2. b) cc) (3).
425 Laux in: Laux/Schlachter TzBfG § 10 Rn. 24.
426 Bayreuther in: BeckOK Arbeitsrecht § 19 TzBfG; Schlachter in: Laux/Schlachter TzBfG § 19 Rn. 5.
427 Boecken in: Boecken/Joussen TzBfG § 19 Rn. 5; Meinel/Heyn/Herms TzBfG § 19 Rn. 2; Schlachter in: Laux/Schlachter TzBfG § 19 Rn. 3.

stellen reguläre Arbeitsverhältnisse mit allen sich hieraus ergebenden Rechten und Pflichten dar. Sie haben lediglich eine verringerte Arbeitszeit. Gem. § 2 Abs. 2 TzBfG stellen sie Teilzeitarbeitsverhältnisse dar. Dementsprechend gelten die obigen Ausführungen für geringfügig Beschäftigte gleichermaßen.

dd) Leiharbeitnehmer

Die Leiharbeit richtet sich nach dem AÜG, das die Rechtsbeziehungen im Dreieck Verleiher, Entleiher und Arbeitnehmer regelt. Obwohl nur der Verleiher ein Arbeitsverhältnis zu dem Arbeitnehmer hat, wird die Arbeitsleistung durch den Arbeitnehmer für den Entleiher erbracht. Dieser nimmt die Arbeitgeberfunktion wahr.[428] Ein Weiterbildungsanspruch kann in Ermangelung einer unmittelbaren Vertragsbeziehung zum Entleiher nur gegenüber dem Verleiher bestehen. Einen dahingehenden Anspruch sieht das Gesetz nicht vor. Das AÜG hat die Zielrichtung, arbeits-, sozial- und gewerberechtliche Rahmenbedingungen für die gewerbliche Arbeitnehmerüberlassung festzulegen und den Leiharbeitnehmer vor Ausbeutung zu schützen.[429] Es hat hingegen nicht die individualarbeitsrechtlichen Einzelheiten zum Gegenstand. Es besteht weder ein Anspruch noch eine Verpflichtung.

6. Zusammenfassung

Obwohl der Staat für sozial schutzbedürftige Personengruppen eine besondere Verantwortung innehat, ist der Gesetzgeber dieser in Bezug auf Weiterbildung nur unzureichend nachgekommen. Teilweise gibt es sozialrechtliche Anreize und Förderungsmöglichkeiten für Weiterbildung. Diese beeinflussen aber nicht die Vertragsbeziehung zwischen den Arbeitsvertragsparteien, insbesondere werden keine Ansprüche und Verpflichtungen geschaffen.

Einzig für ältere Arbeitnehmer besteht ein zumindest öffentlich-rechtlicher Anspruch auf Weiterbildungsförderung. Das kann darauf beruhen, dass die Gruppe der älteren Arbeitnehmer die zahlenmäßig stärkste Gruppe ist. Daher kommt ihr arbeitsmarktpolitisch das größte Gewicht zu, ihre bildungsmäßige Vernachlässigung würde den Arbeitsmarkt am stärksten tangieren. Vor dem Hintergrund des demografischen Wandels ist der Arbeitsmarkt gewissermaßen von der Gruppe der Älteren abhängig. Insofern wird die in der Einleitung hervorgehobene doppelte – individuelle und gesellschaftliche – Bedeutung von Weiterbildung deutlich.

---

428 Hamann in: Schüren AÜG § 1 Rn. 81; Schüren in: MüArbR § 317 Rn. 23.
429 Schüren in: Schüren AÜG Einleitung Rn. 2.

Mit Art. 3 Abs. 1 GG gerät diese Handhabe nicht in Konflikt, da der Staat hier einen sachlichen Grund für die Privilegierung hat. Ebenso gerät der Arbeitgeber nicht in Konflikt mit dem AGG, wenn er die Weiterbildung Älterer fördert, die aller anderen Arbeitnehmer aber nicht, da der Rechtfertigungsgrund gem. § 10 AGG eingreift.

III. Fazit

Die Weiterbildung im deutschen Rechtssystem ist für reguläre Arbeitnehmer, sowohl im Allgemeinen wie bei Vorliegen eines besonderen Weiterbildungsbedürfnisses, lückenhaft geregelt und im Ergebnis unzureichend.

Die Verantwortung für Weiterbildung liegt grundsätzlich bei den Arbeitsvertragsparteien, nicht beim Staat. Die Arbeitnehmerposition wird entscheidend durch die Mitbestimmung des Betriebsrats gestärkt. Allgemeine landesgesetzliche Angebote werden kaum wahrgenommen. Vielfach entsteht erst angesichts einer drohenden Kündigung ein Interesse an Weiterbildung. Ansprüche ergeben sich nur unter Bestandsschutzgesichtspunkten (§ 97 Abs. 2 BetrVG, § 1 Abs. 2 S. 3 KSchG) oder wenn der Arbeitgeber seine Bereitschaft zur Weiterbildung signalisiert hat (§ 98 Abs. 1, Abs. 3 BetrVG). Zu einer Verpflichtung kommt es nur in Ausnahmefällen.

Das Vorhandensein eines besonderen Weiterbildungsbedürfnisses hat der Gesetzgeber teilweise zum Anlass genommen, spezielle Regelungen zu schaffen, auf deren Grundlage Weiterbildung ermöglicht wird. Die in § 96 Abs. 1 BetrVG benannten Gruppen sind teilweise deckungsgleich mit den sozialrechtlich geförderten Arbeitnehmergruppen. Im Verhältnis zum Arbeitgeber ergibt sich für keine der besonders förderungsbedürftigen Arbeitnehmergruppen ein selbständiger Anspruch. Es gibt vereinzelt sozialrechtliche Angebote, über deren Wahrnehmung die Arbeitsvertragsparteien selbst entscheiden. Hierin zeigt sich, dass der Gesetzgeber im Grundsatz davon ausgeht, dass Weiterbildung im Verantwortungsbereich der Arbeitsvertragsparteien liegt.

Zur Verbesserung der Situation sind zwei Ansätze denkbar:

Man könnte die Allgemeinheit sensibilisieren und das Interesse an Weiterbildung insgesamt stärken. Ansatzpunkt könnte eine staatliche Bezuschussung der Landesweiterbildung sein, um die Arbeitsvertragsparteien zu entlasten.

Man könnte sich alternativ hierzu mit den begrenzt zur Verfügung stehenden Mitteln auf diejenigen Arbeitnehmergruppen konzentrieren, bei denen ein besonderes Weiterbildungsbedürfnis vorhanden ist und dort ansetzen, wo es am nötigsten ist.

Der erste Ansatz orientiert sich stark an dem Prinzip der Chancengleichheit. Der zweite Ansatz verfolgt ein soziales Ziel, indem bestehende Nachteile durch überobligatorische Förderung ausgeglichen werden. Mit dem zweiten Ansatz würde man in akuten Fällen eingreifen, in denen sich Weiterbildung als Erfordernis darstellt und zu mehr Investitionsbereitschaft führen dürfte. Der gesellschaftliche Nutzen sowie die Vorteile für den betroffenen Arbeitnehmer und seinen Arbeitgeber liegen auf der Hand. Der zweite Ansatz erscheint daher vorzugswürdig.

Zur Umsetzung des zweitgenannten Ansatzes bedürfte es einer gesetzlichen Verankerung spezieller Weiterbildungsansprüche. Zu praktischen Schwierigkeiten könnte die Finanzierung führen. Um die effektive Beschäftigungssicherung nicht an der Finanzierbarkeit einzelner scheitern zu lassen, wäre eine Finanzierung über eine Arbeitgeberversicherung zu erwägen, wie sie auch für die Kosten besteht, die durch Arbeitsunfähigkeit eines Arbeitnehmers infolge Krankheit (Umlage 1) sowie Schwangerschaft und Mutterschutz (Umlage 2) entstehen. Die Finanzierung über eine Solidargemeinschaft wäre nach den aufgestellten Vorgaben des BVerfG ohne besondere Verantwortungsbeziehung möglich.

B. Weiterbildung von Betriebsratsmitgliedern

Die Weiterbildung von Betriebsratsmitgliedern ist seit der Reform des BetrVG 1972 gesetzlich geregelt. Bereits zuvor zählte das BAG die Teilnahme an solchen Veranstaltungen zur ordnungsgemäßen Durchführung der Betriebsratsaufgaben.[430] Gem. § 37 Abs. 6 BetrVG haben Betriebsratsmitglieder einen Anspruch auf bezahlte Freistellung für die Teilnahme an Schulungs- und Bildungsveranstaltungen, soweit diese Kenntnisse vermitteln, die für die Arbeit des Betriebsrats erforderlich sind. Gem. § 37 Abs. 7 BetrVG haben Betriebsratsmitglieder einen Anspruch auf bezahlte Freistellung für insgesamt drei Wochen zur Teilnahme an Schulungs- und Bildungsveranstaltungen, die von der zuständigen obersten Arbeitsbehörde des Landes nach Beratung mit den Spitzenorganisationen der Gewerkschaften und der Arbeitgeberverbände als geeignet anerkannt sind. Der Gesetzgeber hat mit § 37 Abs. 6 und 7 BetrVG die Rechtsprechung des BAG kodifiziert und dem Umstand Rechnung getragen, dass das Amt als Betriebsrat anspruchsvolle und vielseitige Aufgaben umfasst, deren Beherrschung nicht einfach vorausgesetzt werden darf. Um diese kompetent bewältigen zu können, müssen Betriebsräte über entsprechende Kenntnisse verfügen. Wer noch nicht über die erforderlichen Kenntnisse verfügt, darf nicht auf seine Eigenverantwortlichkeit verwiesen werden, sondern muss im Rahmen seines Ehrenamtes die Möglichkeit bekommen, sich diese Kenntnisse anzueignen. Darüber hinaus entschied das BAG, dass es zu den Amtspflichten des Betriebsrats gehöre, sich auf seine Arbeit vorzubereiten, indem er sich das erforderliche Fachwissen aneignet. Damit benannte es sogar eine Verpflichtung zur Weiterbildung.[431]

Die Fragen, die sich in diesem Kontext stellen, sind auf die genauen Inhalte und Umstände des Anspruchs bezogen. Darüber hinaus ist es von Interesse, ob gleichzeitig eine Verpflichtung zur Weiterbildung besteht.

---

430 BAG, Urteil vom 10.11.1954, Az. 1 AZR 19/53, NJW 1955, 236, Leitsatz 3.
431 BAG, Beschluss vom 29.01.1974, Az. 1 ABR 41/73, AP Nr. 5 zu § 40 BetrVG 1972, unter III. 3. der Gründe; BAG, Beschluss vom 21.04.1983, Az. 6 ABR 70/82, NJW 1984, 2309, 2309.

I. Schulung und Bildung nach § 37 Abs. 6 und 7 BetrVG

1. Die Zielsetzung von § 37 Abs. 6 und 7 BetrVG

In Literatur und Rechtsprechung ist die Zielsetzung von § 37 Abs. 6 und 7 BetrVG umstritten. Die Klärung dieser Frage ist relevant für die Auslegung der Normen: Denn nur unter Berücksichtigung der Zielsetzung lassen sich die unbestimmten Rechtsbegriffe der *„Erforderlichkeit"* und *„Geeignetheit"* ausfüllen und die möglichen Inhalte von Schulungsveranstaltungen bestimmen.

a) Meinungsstand in der Rechtsprechung

Das BAG vertritt in ständiger Rechtsprechung die Ansicht, dass es nicht Zweck der Ansprüche nach § 37 Abs. 6 und 7 BetrVG sein könne, intellektuelle Parität zwischen Arbeitgeber und Betriebsrat herzustellen.[432] Für den Anspruch nach § 37 Abs. 7 BetrVG entschied das BAG, dass die Vorschrift nicht dazu diene, Rückstände an Allgemeinwissen bei den Betriebsratsmitgliedern abzubauen, allgemeine staatsbürgerliche Fortbildung zu vermitteln oder allgemein eine intellektuelle Parität mit dem Arbeitgeber herzustellen.[433] Der Anspruch diene lediglich der Förderung der Wahrnehmung betriebsverfassungsrechtlicher Aufgaben; ansonsten wäre der Katalog möglicher Themen uferlos.

Die Rechtsprechung des LAG Frankfurt a.M. geht in dieselbe Richtung. Es entschied, dass geistige Waffengleichheit nicht über die Anwendung des § 37 Abs. 6 BetrVG erreicht werden könne.[434] Es sei unverhältnismäßig, wenn man dem Betriebsrat in Abhängigkeit von individuellen Fähigkeiten Schulungsansprüche zugestünde, um Parität mit dem Arbeitgeber herzustellen.

---

432 BAG, Beschluss vom 27.09.1974, Az. 1 ABR 71/73, AP Nr. 18 zu § 37 BetrVG 1972, unter IV. 5. der Gründe; BAG, Beschluss vom 06.04.1976, Az. 1 ABR 96/74, AP Nr. 23 zu § 37 BetrVG 1972, unter III. 1. der Gründe; BAG, Beschluss vom 15.08.1978, Az. 6 ABR 65/76, unveröffentlicht, unter III. 3. c) der Gründe; BAG, Beschluss vom 11.08.1993, Az. 7 ABR 52/92, AP Nr. 92 zu § 37 BetrVG 1972, unter II. 2. b) der Gründe.

433 BAG, Beschluss vom 06.04.1976, Az. 1 ABR 96/74, AP Nr. 23 zu § 37 BetrVG 1972, unter III. 1. der Gründe; BAG, Beschluss vom 11.08.1993, Az. 7 ABR 52/92, AP Nr. 92 zu § 37 BetrVG 1972, unter II. 2. b) der Gründe.

434 LAG Frankfurt a.M., Beschluss vom 10.07.1973, Az. 5 TaBv 9/73, DB 1973, 2247, 2248.

Auch das LAG Köln folgte dieser Rechtsprechung. In einem Streitfall bzgl. der Erforderlichkeit einer Schulung in Gesprächsführung und Rhetorik stellte das Gericht heraus, dass schon Ziel des Anspruchs nach § 37 Abs. 7 BetrVG nicht sein könne, eine intellektuelle Parität zwischen Arbeitgeber und Betriebsart herzustellen; dies gelte umso mehr für den Anspruch nach § 37 Abs. 6 BetrVG, denn nur solche Schulungen könnten „*erforderlich*" i. S. d. § 37 Abs. 6 BetrVG sein, die über das Anliegen, eine allgemeine Parität herzustellen, hinausgingen.[435]

Wenige Instanzgerichte haben in Einzelentscheidungen einen Grundsatz zur Herstellung intellektueller Parität anerkannt oder sind zumindest in der Entscheidungsfindung von der Existenz eines solchen Prinzips ausgegangen.[436] Das ArbG Ulm steht auf dem Standpunkt, dass der Betriebsrat seine Aufgaben nur wahrnehmen könne, wenn er dem Arbeitgeber ebenbürtig ist.[437] Auch das ArbG Ludwigshafen sieht einen „*ungefähr gleichen Informationsstand*"[438] als Ziel des § 37 Abs. 6 BetrVG an. Das LAG Schleswig Holstein geht von einer Schutzfunktion des Betriebsrats dahingehend aus, dass er die Berücksichtigung der berechtigten Interessen der Arbeitnehmer zu sichern habe. Dazu benötige er komplexe kommunikative Fertigkeiten, um sich gegenüber der Arbeitgeberseite behaupten zu können, zu deren Alltagsgeschäft es gehöre, im Gespräch mit anderen ihre Interessen durchzusetzen.[439]

b) Meinungsstand in der Literatur

Ursprünglich hat die Zielsetzung niemand in Frage gestellt; so erschien es auch nicht opportun, sich ausdrücklich gegen das Ziel der Herstellung intellektueller Parität auszusprechen.[440] Mit den ersten ablehnenden Urteilen aber kam auch Kritik in der Literatur auf. Mittlerweile wird in der Literatur überwiegend die Meinung vertreten, dass die Zielsetzung der Ansprüche nach § 37 Abs. 6 und 7 BetrVG nicht die Herstellung intellektueller Parität sei.[441] Zur Begründung wird

---

435 LAG Köln, Beschluss vom 25.01.1993, Az. 3 TaBv 90/92, DB 1993, 789, 789.
436 ArbG Ulm, Beschluss vom 30.05.1973, Az. 2 BV 6/73, BB 1973, 1027 ff.; ArbG Ludwigshafen, Beschluss vom 02.08.1973, Az. 4 BV 16/73 M, AuR 1974, 56 ff.; LAG S-H, Beschluss vom 04.12.1990, Az. 1 TaBv 21/90, AiB 1991, 199 ff.
437 ArbG Ulm, Beschluss vom 30.05.1973, Az. 2 BV 6/73, BB 1973, 1027, 1027.
438 ArbG Ludwigshafen, Beschluss vom 02.08.1973, Az. 4 BV 16/73 M, AuR 1974, 56, 56.
439 LAG S-H, Beschluss vom 04.12.1990, Az. 1 TaBv 21/90, AiB 1991, 199, 199.
440 Däubler, Handbuch Schulung und Fortbildung, Rn. 115.
441 Eich, BB 1973, 1032, 1034; Galperin/Löwisch BetrVG I § 37 Rn. 68; Glock in: Hess u.a. BetrVG § 37 Rn. 130; Klinkhammer, BB 1973, 1399, 1403; Kraft, DB 1973, 2519, 2519; Liebers, DB 1980, 638, 640; Oetker, Anm. zu LAGE Nr. 35 zu § 37 BetrVG 1972, S. 6; Schiefer, DB 1991, 1453, 1456; Stege/Weinspach BetrVG § 37 Rn. 63; Thüsing in: Richardi BetrVG § 37 Rn. 81; Weber in: GK BetrVG I § 37 Rn. 137.

vielfach auf die Rolle des Betriebsrats im BetrVG verwiesen. Dieser sei nicht dazu berufen, gleichberechtigt mit dem Arbeitgeber den Betrieb zu leiten, sondern solle nur die berechtigten Interessen der Belegschaft bei anstehenden Maßnahmen vertreten. Dazu sei eine intellektuelle Parität schlicht nicht erforderlich und könne aus systematischen Gründen der Betriebsverfassung nicht gefordert werden.[442]

Für die Herstellung einer intellektuellen Parität durch die betriebsverfassungsrechtlichen Schulungs- und Bildungsansprüche spricht sich insbesondere *Däubler* aus.[443] Ansatz seiner Argumentation ist der regelmäßig gegebene Vorsprung an Wissen und Kenntnissen, der von dem Betriebsrat nicht aufgeholt werden solle und könne.[444] Gleichwohl müsse eine Ebenbürtigkeit in den Bereichen geschaffen werden, in denen der Betriebsrat zur Mitbestimmung berufen ist.[445] Vereinzelt wird diesem Standpunkt in der Literatur gefolgt.[446]

c) Bewertung

Der in der Rechtsprechung vertretenen Auffassung ist zuzugeben, dass es bei der Anwendung der Ansprüche nach § 37 Abs. 6 und 7 BetrVG nicht darum gehen kann, Defizite in der Allgemeinbildung auszugleichen oder ohne Bezug zur Betriebsratstätigkeit das Bildungsniveau anzuheben. Auch die Argumentation in der Literatur, dass dem Betriebsrat nicht die Mitleitung des Betriebs zustehe und er deswegen nicht beanspruchen könne, ebenso gut ausgebildet zu werden wie das Management, trifft zu. Allerdings stehen beide Kritikpunkte der Einschätzung, bei § 37 Abs. 6 und 7 BetrVG gehe es um die Herstellung intellektueller Parität, nicht entgegen. Denn diese Einschätzung bezieht sich stets ausschließlich auf diejenigen Bereiche, in denen dem Betriebsrat Kompetenzen zur Mitwirkung zustehen und nicht auf allgemeine und darüber hinausgehende Gebiete. Eine intellektuelle Parität für Bereiche zu verlangen, in denen der Betriebsrat nicht zur Mitbestimmung berufen ist, würde einen Verstoß gegen das Begünstigungsverbot gem. § 78 S. 2 BetrVG darstellen und ist weder gemeint noch gewollt. Hinsichtlich der für die Betriebsratsarbeit erforderlichen Bereiche rechtfertigt sich eine andere Beurteilung: Es ist zu beachten, dass der Arbeitgeber regelmäßig einen erheblichen Vorsprung an Wissen

---

442 Loritz, NZA 1993, 2, 6.
443 Däubler, Handbuch Schulung und Fortbildung, Rn. 110 ff.
444 Däubler, Handbuch Schulung und Fortbildung, Rn. 133.
445 Däubler, Handbuch Schulung und Fortbildung, Rn. 142.
446 Becker in: LexisNexis BetrVG § 37 Rn. 47; Gamillscheg, Kollektives Arbeitsrecht, S. 587; Peter, Schulung und Bildung von Betriebsratsmitgliedern, S. 8; Wedde in: DKKW BetrVG § 37 Rn. 105.

und Fähigkeiten im Vergleich zum Betriebsrat hat. Die Aus- und Weiterbildung, die das Management durchlaufen hat bzw. durchläuft, kann und soll der Betriebsrat nicht vollumfänglich aufholen. Jedoch gilt es zu beachten, dass der Gesetzgeber selbst die Förderung der Qualifikation der einzelnen Betriebsratsmitglieder im Blick hatte und dies damit begründete, dass nur solche Betriebsratsmitglieder, die über ein ausreichendes Maß an sozialpolitischen, wirtschaftlichen, rechtlichen und technischen Kenntnissen verfügen, ihr Amt sach- und fachgerecht ausüben könnten.[447]

In den mitbestimmungspflichtigen Angelegenheiten muss der Betriebsrat nicht bloß die Vorhaben der Arbeitgeberseite nachvollziehen, sondern gute Alternativen entwickeln können, um ein ernst zu nehmender Verhandlungspartner zu sein. Insbesondere in den Fällen echter Mitbestimmung muss es dem Betriebsrat intellektuell möglich sein, seine betriebsverfassungsrechtlich zugeschriebene Rolle zu erfüllen, nämlich mitzubestimmen, d.h. einen eigenen Standpunkt und probate Lösungen zu entwickeln und diese überzeugend darzutun. Besonders einleuchtend ist dieses Erfordernis, wenn es um Verhandlungen über einen Interessenausgleich gem. §§ 111, 112 BetrVG geht. Dabei ist es erforderlich, dass der Betriebsrat ebenso gut mit der zu diskutierenden Materie vertraut ist und die gleiche Verhandlungsstärke besitzt wie die Arbeitgeberseite.

Die Prinzipien des Betriebsverfassungsrechts sind gerade nicht auf die kämpferische Auseinandersetzung gerichtet, § 74 Abs. 2 S. 1 BetrVG. Es unterscheidet sich dadurch maßgeblich von dem Verhältnis zwischen den Koalitionspartnern. Die Parteien treten sich mit Argumenten entgegen. Mangels Druckmittel muss der Betriebsrat der Arbeitgeberseite intellektuell gewachsen sein, um ein ernst zu nehmender Verhandlungspartner zu sein. Ein Druckmittel wäre auch ein verfehlter Ansatz, da gem. § 2 Abs. 1 BetrVG die vertrauensvolle Zusammenarbeit eines der gesetzgeberisch vorgesehenen Prinzipien darstellt. Dieser Grundsatz würde durch einen gesetzgeberischen Ausgangspunkt missachtet, der eine naturgegebene Imparität zwischen Arbeitgeber und Betriebsrat voraussetzt und hinnimmt.

Auf den mitbestimmungspflichtigen Bereich beschränkt muss die Zielsetzung der Regelungen nach § 37 Abs. 6 und 7 BetrVG also die Herstellung intellektueller Parität sein, um dem Prinzip der Betriebsverfassung, nämlich in sensiblen Bereichen die Recht und Interessen der Belegschaft zu sichern, gerecht zu werden.[448]

Auch wird durch diese Auffassung der Arbeitgeber nicht unverhältnismäßig belastet, wenn gleich sie auch die Kosten zu tragen haben. Denn es wäre kein

---

447 BT Drucks. 6/2729, S. 14.
448 Im Ergebnis ähnlich: Streckel, DB 1974, 335, 339.

Ausdruck vertrauensvoller Zusammenarbeit, wenn es dem Arbeitgeber darauf ankäme, den Betriebsrat willentlich in einer intellektuell unterlegenen Lage zu halten, um einen schwächeren Verhandlungsgegner zu haben. Eine solche Herangehensweise würde dem gesetzgeberisch intendierten „*fair play*"[449] entgegenstehen und kann auch nicht im Interesse eines vernünftigen Arbeitgebers liegen: Es entspricht ebenso dem Gebot vertrauensvoller Zusammenarbeit, wenn auf gleicher Augenhöhe verhandelt wird. Zwar sind die Vorteile eines gut geschulten und gebildeten Betriebsrats für Belegschaft und Betriebsrat offenkundig, aber auch aus Sicht des Arbeitgebers ergeben sich Vorteile: Mit einem fachkundigen und versierten Betriebsrat lassen sich schnellere Entscheidungen treffen, die Vorschläge und Stellungnahmen des Betriebsrats sind qualifizierter und präziser, es muss nicht erst über Grundlagen gesprochen werden, bevor das eigentliche Problem diskutiert wird.

Somit ist die Herstellung intellektueller Parität als Zielsetzung der betriebsverfassungsrechtlichen Schulungs- und Bildungsansprüche anzuerkennen.

2. Der Anspruch nach § 37 Abs. 6 BetrVG

Im Unterschied zu dem Anspruch nach Abs. 7, der Betriebsratsmitgliedern die Teilnahme an als „*geeignet*" anerkannten Schulungs- und Bildungsveranstaltungen ermöglicht, geht es bei dem Anspruch nach Abs. 6 um für die Betriebsratsarbeit „erforderliche" Schulungsinhalte.

a) Anspruchsinhaber

Zunächst ist klärungsbedürftig, wem der Anspruch gem. § 37 Abs. 6 BetrVG zusteht. Überwiegend wird in der Literatur davon ausgegangen, bei dem Anspruch nach § 37 Abs. 6 BetrVG handele es sich ausschließlich um einen Kollektivanspruch des Betriebsrats[450] und nicht um einen originären Individualanspruch des einzelnen Betriebsratsmitglieds.[451] Die h. M. in der Rechtsprechung geht ebenfalls von einem

---

449 v. Hoyningen-Huene, Betriebsverfassungsrecht, S. 72.
450 Zur Rechtsnatur des Betriebsrats und inwieweit dieser fähig ist, Träger von Rechten und Pflichten zu sein, siehe: v. Hoyningen-Huene, Betriebsverfassungsrecht, S. 51 bis 53.
451 Fitting BetrVG § 37 Rn. 161; Glock in: Hess u.a. BetrVG § 37 Rn. 166; Kreft in: WPK BetrVG § 37 Rn. 46; Stege/Weinspach BetrVG § 37 Rn. 47; Weber in: GK BetrVG I § 37 Rn. 142 ff.; Wedde in: DKKW BetrVG § 37 Rn. 137; Weiss/Weyand BetrVG § 37 Rn. 30.

Kollektivanspruch des Betriebsrats aus.[452] Das einzelne Mitglied erhalte lediglich einen abgeleiteten Anspruch nach Fassung eines Entsendebeschlusses durch das Gremium.[453] Diese Auffassung ist nicht unumstößlich. Es sprechen einige Gründe dafür, das einzelne Betriebsratsmitglied als unmittelbaren Anspruchsinhaber anzusehen.

Daher ist die Frage insgesamt in Literatur und Rechtsprechung umstritten. Im Folgenden sollen die vertretenen Auffassungen einer Überprüfung unterzogen werden. Der Streit ist praxisrelevant und führt zu Rechtsunsicherheit, da die Einordnung als Kollektiv- oder Individualanspruch zum einen Auswirkungen auf die Erforderlichkeitsprüfung hat. Zum anderen wird die Fragestellung relevant bei Unstimmigkeiten innerhalb des Betriebsrats, wenn ein Mitglied entsendet werden möchte, ein entsprechender Betriebsratsbeschluss aber nicht gefasst wird.

aa) Kollektivanspruch des Betriebsrats

Nach Ansicht des BAG handelt es sich um einen kollektiven Anspruch des Betriebsrats.[454] Es begründet seine Auffassung damit, dass die Schulung erforderlich für die Arbeit des Betriebsrats insgesamt sein müsse.

Gleichwohl ging das BAG in zwei Entscheidungen – zumindest auch – von einem Individualanspruch des einzelnen Betriebsratsmitglieds aus[455] und stellte für

---

452 BAG, Beschluss vom 24.05.1995, Az. 7 ABR 54/94, AP Nr. 109 zu § 37 BetrVG 1972, unter II. 1. der Gründe; BAG, Beschluss vom 20.12.1995, Az. 7 ABR 14/95, NZA 1996, 895, 896; BAG, Beschluss vom 12.01.2011, Az. 7 ABR 94/09, NZA 2011, 813, 815; BAG, Beschluss vom 18.01.2012, Az. 7 ABR 73/10, NZA 2012, 813, 815.
453 BAG, Beschluss vom 06.11.1973, Az. 1 ABR 8/73, AP Nr. 5 zu § 37 BetrVG 1972, unter II. 2. der Gründe; BAG, Beschluss vom 27.09.1974, Az. 1 ABR 71/73, AP Nr. 18 zu § 37 BetrVG 1972, unter II. 2. der Gründe; BAG, Urteil vom 05.04.1984, Az. 6 AZR 495/81, AP Nr. 46 zu § 37 BetrVG 1972, unter 2. b) der Gründe; BAG, Urteil vom 28.04.1988, Az. 6 AZR 405/86, AP Nr. 2 zu § 29 BetrVG 1972, unter II. 3. der Gründe; Fitting BetrVG § 37 Rn. 161; Glock in: Hess u.a. BetrVG § 37 Rn. 166; Joost in: MüArbR 220 Rn. 93; Koch in: ErfK § 37 BetrVG Rn. 12; Wedde in: DKKW BetrVG § 37 Rn. 137.
454 BAG, Beschluss vom 06.11.1973, Az. 1 ABR 8/73, AP Nr. 5 zu § 37 BetrVG 1972, unter III. 1. der Gründe; BAG, Urteil vom 05.04.1984, Az. 6 AZR 495/81, AP Nr. 46 zu § 37 BetrVG 1972, unter 2 b) der Gründe; BAG, Beschluss vom 24.05.1995, Az. 7 ABR 54/94, AP Nr. 109 zu § 37 BetrVG 1972, unter II. 1. der Gründe; BAG, Beschluss vom 20.12.1995, Az. 7 ABR 14/95, NZA 1996, 895, 896; BAG, Urteil vom 07.05.2008, Az. 7 AZR 90/07, NZA-RR 2009, 195, 197; BAG, Beschluss vom 18.01.2012, Az. 7 ABR 73/10, NZA 2012, 813, 815.
455 BAG, Beschluss vom 25.04.1978, Az. 6 ABR 22/75, AP Nr. 33 zu § 37 BetrVG 1972; BAG, Beschluss vom 05.11.1981, Az. 6 ABR 50/79, DB 1982, 704, 704.

die Beurteilung der Frage, ob die zu vermittelnden Kenntnisse erforderlich i. S. d. § 37 Abs. 6 BetrVG sind, ausschließlich auf das zu schulende Mitglied ab und nicht auf den Betriebsrat als Organ.

bb) Kollektivanspruch und (abgeleiteter) Individualanspruch

In der Literatur wird ebenfalls überwiegend der Ansicht gefolgt, aus dem Gesetz selbst ergebe sich ein Kollektivanspruch, erst nach Fassung eines Entsendebeschlusses entstehe ein abgeleiteter Individualanspruch.[456] Diese Auffassung wird ebenfalls damit begründet, dass der Betriebsrat (und nicht ein einzelnes Mitglied) die für die Betriebsratstätigkeit erforderlichen Kenntnisse besitzen müsse.

Thüsing hingegen geht davon aus, dass sich der Kollektivanspruch des Betriebsrats und der Individualanspruch des einzelnen Mitglieds in gleicher Weise ergeben. Der in § 37 Abs. 6 BetrVG geregelte Anspruch entstehe erst mit Vorliegen der Voraussetzungen, wobei die Beschlussfassung eine dieser Voraussetzungen sei. In dem Moment, in dem der Entsendebeschluss gefasst wird, entstehe aber auch schon der Individualanspruch. Daher entstünden beide Ansprüche gleichzeitig und bestünden nebeneinander, so dass nicht von einem abgeleiteten Anspruch gesprochen werden könne.[457]

cc) Eigene Würdigung

(1) Wortlautauslegung

Zuerst soll der Wortlaut untersucht werden. Aus der Formulierung des § 37 Abs. 6 BetrVG ergibt sich direkt keine Zuordnung als Individual- oder Kollektivanspruch, da der erste Satz lautet: *„Die Absätze 2 und 3 gelten entsprechend für die Teilnahme an Schulungs- und Bildungsveranstaltungen, soweit diese Kenntnisse vermitteln, die für die Arbeit des Betriebsrats erforderlich sind."* Durch den Verweis auf die Abs. 2 und 3 ergibt sich eine Bezugnahme auf das einzelne Mitglied. Denn die Ansprüche auf Lohnfortzahlung und Freizeitausgleich stehen auch dem einzelnen Mitglied zu, nicht dem Betriebsrat als Gremium.[458] Es ist daher inkonsequent, wenn

---

[456] Faude, DB 1983, 2249, 2251; Fitting BetrVG § 37 Rn. 161; Glock in: Hess u.a. BetrVG § 37 Rn. 166; Koch in: ErfK § 37 BetrVG Rn. 12; Künzl, ZfA 1993, 341, 357; Peter, Schulung und Bildung von Betriebsratsmitgliedern, S. 50; Schwegler, BlfStR 1972, 305, 307; Weber in: GK BetrVG I § 37 Rn. 143; Wedde in: DKKW BetrVG § 37 Rn. 137. Nur für Kollektivanspruch: Dütz/Säcker, DB 1972, Beil. zu Heft 41, S. 1, 7.
[457] Thüsing in: Richardi BetrVG § 37 Rn. 106.
[458] Thüsing in: Richardi BetrVG § 37 Rn. 180.

Inhaber des Anspruchs nach Abs. 6 der Betriebsrat sein sollte, aber gleichzeitig das einzelne Mitglied die Ansprüche nach Abs. 2 und 3 erwürbe. Der Wortlaut des Abs. 6 spricht also für einen Individualanspruch.

(2) Wortlaut der Gesetzesbegründung

Das gerade gefundene Ergebnis wird gestützt durch den Wortlaut der Gesetzesbegründung: Nicht nur in Bezug auf Abs. 7, sondern auch auf Abs. 6 wird ein Anspruch der „*Betriebsratsmitglieder*"[459] und nicht des Betriebsrats als Kollektiv dargelegt. Somit ergibt auch der Wortlaut der Gesetzesbegründung eine Einordnung als Individualanspruch.

(3) Systematische Auslegung

Systematisch ist der Anspruch nach § 37 Abs. 6 BetrVG im Zusammenhang mit den anderen Regelungen des § 37 BetrVG zu sehen. Die Absätze 1 bis 5 treffen Regelungen über die individuelle Rechtsstellung der Betriebsratsmitglieder. Auch bei dem Anspruch nach § 37 Abs. 7 BetrVG handelt es sich nach allgemeiner Auffassung um einen Individualanspruch des einzelnen Betriebsratsmitglieds.[460] Somit gliedert sich der Anspruch nach Abs. 6 in eine Reihe von Normen mit individualrechtlichem Charakter ein. Die Systematik des Gesetzes ergibt, dass Abs. 6 (zumindest auch) einen individualrechtlichen Charakter hat.

(4) Historische Auslegung

Das BetrVG 1952 enthielt noch keine Regelung über die Freistellung zur Teilnahme an Schulungs- und Bildungsveranstaltungen. In einem Grundsatzurteil leitete das BAG einen entsprechenden Anspruch aus dem allgemeinen Freistellungsanspruch des § 37 Abs. 2 BetrVG 1952 her.[461] Dabei ging das BAG davon aus, dass ein konkreter, betriebsbezogener Anlass für die Tätigkeit des Betriebsrats vorhanden sein müsse.[462] Somit stellte das BAG quasi eine Erforderlichkeitsprüfung an, bei der es ausschließlich das Kollektiv betrachtete, nicht das Individuum. Diese

---

459 BT Drucks. 6/2729, S. 14.
460 BAG, Beschluss vom 06.11.1973, Az. 1 ABR 8/73, AP Nr. 5 zu § 37 BetrVG 1972, unter III. 1. der Gründe; BAG, Urteil vom 28.08.1996, Az. 7 AZR 840/95, AP Nr. 117 zu § 37 BetrVG 1972, unter 2. der Gründe.
461 BAG, Urteil vom 10.11.1954, Az. 1 AZR 19/53, NJW 1955, 236, 236.
462 BAG, Urteil vom 10.11.1954, Az. 1 AZR 19/53, NJW 1955, 236, 236; BAG, Urteil vom 22.01.1965, Az. 1 AZR 289/64, AP Nr. 10 zu § 37 BetrVG.

Herangehensweise spricht dafür, dass das BAG ausschließlich dem Gremium einen kollektiven Anspruch zuzusprechen beabsichtigte.

Durch die Einführung des § 37 Abs. 6 in das BetrVG 1972 sollte die bis dato existierende Rechtsprechung des BAG kodifiziert und nichts an den Inhalten geändert werden.[463] Eine historische Auslegung führt zu dem Ergebnis, dass zwar nur Kollektivanspruch gegeben, ein daneben bestehender Individualanspruch mangels Erwähnung aber zumindest nicht ausgeschlossen ist.

(5) Teleologische Auslegung

Die Zielrichtung des Anspruchs nach § 37 Abs. 6 BetrVG wurde oben bereits ermittelt. Sie ist nach hier vertretener Auffassung auf die Herstellung intellektueller Parität gerichtet. Die sich gegenüberstehenden Parteien sind der Arbeitgeber und der Betriebsrat als Gremium. Das einzelne Mitglied spielt hierbei keine Rolle, da der Betriebsrat als Gremium die ihm zugewiesenen Aufgaben wahrnimmt und diese insgesamt erfüllen können muss. Dem folgend gebietet das Telos der Norm, dass der Betriebsrat als Gremium die erforderlichen Kenntnisse besitzen muss, wozu es ausreicht, wenn auch nur er Inhaber des (kollektiven) Anspruchs ist.

(6) Bewertung

Die Wortlautauslegungen von § 37 Abs. 6 BetrVG und der Gesetzesbegründung stehen der oben dargestellten h. M. entgegen, da sie zu einer Klassifizierung als Individualanspruch führen. Ebenso spricht die systematische Auslegung für den individualrechtlichen Charakter der Norm.

Die historische Auslegung führt zu dem Ergebnis, dass ein Kollektivanspruch gegeben ist. Für die Frage aber, ob darüber hinaus auch ein Individualanspruch besteht, ist die historische Auslegung unergiebig.

Das durch die teleologische Auslegung gefundene Ergebnis stützt hingegen die Auffassung, § 37 Abs. 6 BetrVG als reinen kollektivrechtlichen Anspruch zu sehen, da das Telos der Norm lediglich intellektuelle Parität zwischen Arbeitgeber und dem Betriebsrat als Gremium fordert. Zu beachten ist, dass jedes Betriebsratsmitglied seine betriebsverfassungsrechtlichen Aufgaben in eigener Verantwortung wahrzunehmen hat. Da die Aneignung der erforderlichen Kenntnisse eine Amtspflicht

---

463 BAG, Beschluss vom 29.01.1974, Az. 1 ABR 41/73, AP Nr. 5 zu § 40 BetrVG 1972, unter III. 3. der Gründe; Klinkhammer, BB 1973, 1399, 1400; Thüsing in: Richardi BetrVG § 37 Rn. 79.

jedes Betriebsratsmitglieds bildet,[464] trägt jedes Mitglied selbst die Verantwortung, dieser Pflicht nachzukommen. Daher muss es auch eigenständig berechtigt sein, entsprechende Schulungsteilnahmen zu beanspruchen.

Ginge man ausschließlich von einem Kollektivanspruch aus, dann müsste bei der Entscheidung, ob eine Schulungsveranstaltung „*erforderlich*" ist, nicht auf ein einzelnes Mitglied, sondern auf den Betriebsrat als Gremium abgestellt werden. Folge dessen würde es genügen, wenn ein Mitglied des Betriebsrats die erforderlichen Kenntnisse besitzt, damit der Betriebsrat als Gremium über die erforderlichen Kenntnisse verfügt. Die Erforderlichkeit der Schulung eines weiteren Mitglieds wäre zu verneinen.[465] Es ist aber nicht zweckmäßig, dass der ganze Betriebsrat von dem Wissen eines einzelnen Mitglieds abhängig ist. Das einzelne Mitglied muss vielmehr berechtigt sein, sich Fachwissen anzueignen, auch wenn ein Mitglied des Betriebsrats bereits über dieses Wissen verfügt und somit der Betriebsrat – quasi im Wege einer Wissenszurechnung – insgesamt. Zu bedenken ist dabei, dass der Betriebsrat in der einmal bestehenden Zusammensetzung nicht auf ewig fortbesteht. Wenn ein Betriebsratsmitglied langfristig erkrankt, mit Erreichen des Rentenalters oder aus anderen Gründen den Betrieb verlässt oder nicht wiedergewählt wird, fehlt dem Betriebsrat möglicherweise der Wissensträger. Wenn erst zu diesem Zeitpunkt begonnen wird, die anderen Mitglieder entsprechend zu schulen, kann der Betriebsrat in der Zwischenzeit seine Aufgaben nicht sachgerecht erfüllen. Ein solcher Zustand kann nicht hingenommen werden. Für diese Argumentation kann die Rechtsprechung des BAG fruchtbar gemacht werden, nach der ein Schulungsanspruch schon besteht, wenn auf den Betriebsrat in naher Zukunft neue Aufgaben zukommen, um ihm eine Vorbereitung auf die künftigen Themen zu ermöglichen.[466]

Zudem spricht für die hier vertretene Auffassung folgende Überlegung: Unabhängig davon, ob der Anspruch nach Abs. 6 ausschließlich einen Kollektivanspruch oder auch einen Individualanspruch darstellt, ist ein Entsendebeschluss vor der Schulungsteilnahme erforderlich. Für eine dahingehende Differenzierung, dass der Kollektivanspruch aus Gesetz bestehe, während für die Entstehung des Individualanspruchs die Fassung des Entsendebeschlusses notwendig sei und sich somit eine zeitliche und damit einhergehend auch eine qualitative Abstufung ergebe, besteht kein logischer Anlass. Viel schlüssiger ist es, davon auszugehen,

---

464 Siehe Teil 2: B. I. 4. b) aa).
465 So auch ArbG Kassel, Beschluss vom 15.03.1973, Az. 1 BV 1/73, BB 1973, 610.
466 BAG, Beschluss vom 12.01.2011, Az. 7 ABR 94/09, NZA 2011, 813, 814; BAG, Beschluss vom 18.01.2012, Az. 7 ABR 73/10, NZA 2012, 813, 815.

dass der Betriebsrat den Anspruch aus Abs. 6 auch erst dann erwirbt, wenn die Voraussetzungen des Individualanspruchs vorliegen. Letzte Voraussetzung ist die Beschlussfassung über die Entsendung. In demselben Moment entsteht auch der individuelle Anspruch des zu entsendenden Mitglieds. Da die Voraussetzungen und der Zeitpunkt der Anspruchsentstehung für den Kollektivanspruch und den Individualanspruch dieselben sind, ergibt sich kein qualitativer Unterschied. Beide Ansprüche sind daher auf gleiche Weise im Gesetz angelegt.

b) Anspruchsvoraussetzungen

aa) Erforderlichkeit

Schon der Wortlaut des § 37 Abs. 6 S. 1 BetrVG gibt vor, dass der Anspruch auf Teilnahme an Schulungs- und Bildungsveranstaltungen nur besteht, soweit diese Kenntnisse vermitteln, die für die Betriebsratsarbeit „*erforderlich*" sind. Hierbei handelt es sich um einen unbestimmten Rechtsbegriff, der durch den Betriebsrat ausgefüllt wird und durch die Arbeitsgerichte überprüft werden kann.[467] Darlegungs- und beweisbelastet ist als Begünstigter der Betriebsrat bzw. das Betriebsratsmitglied.[468]

Bezugspunkt der Erforderlichkeitsprüfung ist dabei allein der Schulungsinhalt, nicht hingegen die Schulungsdauer.[469] Das ergibt sich aus dem insoweit eindeutigen Wortlaut des § 37 Abs. 6 S. 1 BetrVG, der den Begriff der Erforderlichkeit nur in Bezug auf die zu vermittelnden Kenntnisse verwendet.

(1) Objektive oder subjektive Betrachtungsweise?

In Literatur und Rechtsprechung lassen sich zwei unterschiedliche Herangehensweisen ausmachen, die Erforderlichkeit zu bestimmen: Teilweise erfolgt die Prüfung allein anhand objektiver Kriterien, größtenteils wird die Erforderlichkeit zweistufig geprüft, womit eine Subjektivierung vorgenommen wird.

---

467 BAG, Urteil vom 16.03.1988, Az. 7 AZR 557/87, AP Nr. 63 zu § 37 BetrVG 1972, unter II. der Gründe; BAG, Beschluss vom 07.06.1989, Az. 7 ABR 26/88, AP Nr. 67 zu § 37 BetrVG 1972, unter B. I. 1. a) der Gründe; Joost in: MüArbR § 220 Rn. 83; Loritz, NZA 1993, 2, 2 f.
468 Kreitner in: Küttner Personalbuch 2012 „Betriebsratsschulung" Rn. 4; Prütting in: Germelmann u.a. ArbGG § 58 Rn. 91; Wank/Maties, NZA 2005, 1033, 1035.
469 BAG, Beschluss vom 27.09.1974, Az. 1 ABR 71/73, AP Nr. 18 zu § 37 BetrVG 1972, unter III. 5. a) der Gründe; BAG, Urteil vom 28.05.1976, Az. 1 AZR 116/74, AP Nr. 24 zu § 37 BetrVG 1972, unter 3. b) der Gründe.

(a) Objektive Betrachtungsweise

Das LAG Frankfurt a.M. ermittelt anhand einer objektiven Bewertung, welche Schulungsinhalte erforderlich sind.[470] Maßgeblich seien dabei einzig die abstrakten betrieblichen Erfordernisse, nicht notwendig sei ein konkreter aktueller Bezug. Außer Acht zu bleiben hätten die Einschätzung des Betriebsrats und die individuellen Kenntnisse und Fähigkeiten des einzelnen sozialpolitischen Verhandlungspartners des Betriebsrats. Es begründet seine Auffassung mit dem Grundsatz der Verhältnismäßigkeit, der sich aus dem Gebot der vertrauensvollen Zusammenarbeit herleitet, § 2 Abs. 1 BetrVG.

Auch in der Literatur wird vereinzelt eine ausschließlich objektive Betrachtungsweise – allerdings bezogen auf den einzelnen Betriebsrat – vorgenommen.[471]

(b) Zweistufige objektive und subjektive Betrachtungsweise

Das BAG verfolgt einen anderen Ansatz und geht zweistufig vor, was bedeutet, dass die Erforderlichkeit bzgl. des Gremiums und des ausgewählten Mitglieds geprüft wird.[472] Zunächst müssen die Kenntnisse grundsätzlich für die Arbeit des Betriebsrats erforderlich sein. Das ist nach der ständigen Rechtsprechung des BAG der Fall bei der Vermittlung von Kenntnissen, die unter Berücksichtigung der konkreten Situation im Betrieb und Betriebsrat benötigt werden, damit die Betriebsratsmitglieder ihre derzeitigen oder demnächst anfallenden gesetzlichen Aufgaben wahrnehmen können.[473] Nur ausnahmsweise bei für die Betriebsratstätigkeit unverzichtbaren Grundlagen – wie beispielsweise den Grundkenntnissen des Betriebsverfassungsrechts – wird ein solcher konkreter Bezug nicht

---

470 LAG Frankfurt a.M., Beschluss vom 10.07.1973, Az. 5 TaBv 9/73, DB 1973, 2247, 2248.
471 Oetker, Anm. zu LAGE Nr. 35 zu § 37 BetrVG 1972, S. 4.
472 BAG, Beschluss vom 09.10.1973, Az. 1 ABR 6/73, AP Nr. 4 zu § 37 BetrVG 1972, unter III. 1. der Gründe; BAG, Beschluss vom 16.10.1986, Az. 6 ABR 14/84, AP Nr. 58 zu § 37 BetrVG 1972, unter II. 2. c) bb) der Gründe; BAG, Beschluss vom 07.06.1989, Az. 7 ABR 26/88, AP Nr. 67 zu § 37 BetrVG 1972, unter B. I. 2. der Gründe; BAG, Urteil vom 15.02.1995, Az. 7 AZR 670/94, AP Nr. 106 zu § 37 BetrVG 1972, unter 1. b) der Gründe; BAG, Beschluss vom 24.05.1995, Az. 7 ABR 54/94, AP Nr. 109 zu § 37 BetrVG 1972, unter II. 1. der Gründe.
473 BAG, Beschluss vom 09.10.1973, Az. 1 ABR 6/73, AP Nr. 4 zu § 37 BetrVG 1972, Leitsatz 1; BAG, Beschluss vom 15.05.1986, Az. 6 ABR 74/83, AP Nr. 54 zu § 37 BetrVG 1972, unter II. 2. a) der Gründe; BAG, Urteil vom 16.03.1988, Az. 7 AZR 557/87, AP Nr. 63 zu § 37 BetrVG 1972, unter II. 1. der Gründe; LAG Sachsen, Beschluss vom 22.11.2002, Az. 9 TaBv 17/02, NZA-RR 2003, 420, 421.

gefordert.[474] Weiterhin muss die Schulung für das ausgewählte Mitglied subjektiv erforderlich sein, was dann nicht der Fall ist, wenn es schon über entsprechende Kenntnisse verfügt,[475] bereits ein anderes Mitglied über entsprechende Kenntnisse verfügt[476] oder die Kenntnisse wegen Ende der Amtszeit nicht mehr genutzt werden könnten.[477] An dieser Stelle der Prüfung wird relevant, welche Funktion ein Mitglied im Betriebsrat einnimmt, da sich hiernach bestimmt, welche Fähigkeiten es besitzen muss. In Bezug auf die Übertragung besonderer Aufgaben und die Besetzung von Posten innerhalb des Betriebsrats entscheidet dieser autonom, so dass die Erforderlichkeit nicht mit Hinweis auf eine andere Aufgabenverteilung verneint werden darf. Hier wird also eine Subjektivierung der Erforderlichkeitsprüfung angestellt.

In der Literatur wird die Erforderlichkeit teilweise auf dieselbe Weise geprüft.[478] Zur Begründung wird teilweise darauf verwiesen, dass Abs. 6 Bezug nimmt auf die Abs. 2 und 3. Daraus ergebe sich, dass auch das zu schulende Mitglied und dessen Wissensstand Maßstab für die Beurteilung der Erforderlichkeit seien müssten.

(c) Bewertung

Die Auffassung, dass die Erforderlichkeit sich nach rein objektiven Kriterien richte, ist abzulehnen. Es kann nur zu widersinnigen Ergebnissen führen und die Kosten unnötig steigern, wenn Vorkenntnisse des zu schulenden Mitglieds unberücksichtigt bleiben.[479] Auch der Verhältnismäßigkeitsgrundsatz kann keine andere Bewertung

---

474 BAG, Beschluss vom 06.11.1973, Az. 1 ABR 8/73, AP Nr. 5 zu § 37 BetrVG 1972; BAG, Beschluss vom 27.09.1974, Az. 1 ABR 71/73, AP Nr. 18 zu § 37 BetrVG 1972, unter IV. 6. c) der Gründe; BAG, Beschluss vom 21.11.1978, Az. 6 ABR 10/77, AP Nr. 35 zu § 37 BetrVG 1972; BAG, Beschluss vom 16.10.1986, Az. 6 ABR 14/84, AP Nr. 58 zu § 37 BetrVG 1972.
475 BAG, Beschluss vom 16.10.1986, Az. 6 ABR 14/84, AP Nr. 58 zu § 37 BetrVG 1972, unter II. 2. a) bb) der Gründe; BAG, Beschluss vom 25.01.1995, Az. 7 ABR 37/94, NZA 1995, 591, 593; BAG, Beschluss vom 20.12.1995, Az. 7 ABR 14/95, NZA 1996, 895, 896; BAG, Urteil vom 07.05.2008, Az. 7 AZR 90/07, NZA-RR 2009, 195, 196.
476 Für den Personalrat: BVerwG, Beschluss vom 16.11.1987, Az. 6 PB 14/87, DVBl 1988, 686, 686.
477 BAG, Urteil vom 07.05.2008, Az. 7 AZR 90/07, NZA-RR 2009, 195, 196.
478 Glock in: Hess u.a. BetrVG § 37 Rn. 132; Thüsing in: Richardi BetrVG § 37 Rn. 98; Reich/Reich/Reich BetrVG § 37 Rn. 10; Stege/Weinspach BetrVG § 37 Rn. 46; Weber in: GK BetrVG I § 37 Rn. 164.
479 Siehe Beispiel: Däubler, Handbuch Schulung und Fortbildung, Rn. 111.

rechtfertigen, denn ganz im Gegenteil führt nur die Beachtung der Vorkenntnisse dazu, dass die Kosten gering gehalten werden, indem ein Betriebsratsmitglied bereits vorhandenes Wissen nicht noch einmal beigebracht bekommt. Eine Orientierung an dem Wissen des sozialpolitischen Verhandlungspartners, mithin des Arbeitgebers, ist bereits aus dem Umstand geboten, dass § 37 Abs. 6 und 7 BetrVG die Herstellung intellektueller Parität verfolgen[480] und diese Zielsetzung nicht mit Blick auf die Verhältnismäßigkeit der Kosten ausgeblendet werden kann.

Deswegen ist eine auf den Einzelfall bezogene und damit subjektivierende Betrachtung geboten.

Das Argument, dass der Verweis in Abs. 6 auf die Abs. 2 und 3 die Prüfung der Erforderlichkeit der Schulungsmaßnahme am Maßstab des zu schulenden Individuums nahe lege, ist nicht plausibel. Der Verweis stellt den individuellen Teil des Anspruchs heraus und stellt in diesem Zusammenhang lediglich klar, dass das zu schulende Mitglied unter Lohnfortzahlung freizustellen ist und einen Anspruch auf Freizeitausgleich hat. Nach der hier vertretenen Auffassung gewährt § 37 Abs. 6 BetrVG dem Betriebsrat und dem zu schulenden Mitglied zwei Ansprüche nebeneinander. Daher ist es denkrichtig verbindlich, die Erforderlichkeit für jeden Anspruch gesondert, also sowohl hinsichtlich des Gremiums als auch hinsichtlich des einzelnen Mitglieds zu prüfen. Das Bedürfnis, die Erforderlichkeit auch am individualisierten Maßstab zu prüfen, folgt daher aus dem individualrechtlichen Charakter des Anspruchs.

Dieser Prüfungsaufbau führt dazu, dass in den Fällen, in denen die Erforderlichkeit für den Betriebsrat zu bejahen ist, für das konkret zu schulende Mitglied auf Grund einschlägiger Vorkenntnisse aber nicht, der Betriebsrat seinen Anspruch behält, aber hinsichtlich eines anderen Mitglieds einen neuen Entsendebeschluss fassen muss. Die umgekehrte Situation kann sich ohnehin nicht ergeben: Wenn die Erforderlichkeit schon für den Betriebsrat nicht besteht, gehören die in der Schulung vermittelten Kenntnisse nicht zu den Aufgaben des Betriebsrats, so dass das einzelne Mitglied erst recht nicht über diese Kenntnisse verfügen muss.

(2) Teilweise Erforderlichkeit

Die bisherigen Ausführungen setzen voraus, dass eine Veranstaltung im Ganzen erforderlich oder nicht erforderlich für die Arbeit des Betriebsrats ist. Grundsätzlich ist die Erforderlichkeit auch einheitlich zu bewerten. Jedoch ist es möglich, dass eine Veranstaltung nur teilweise erforderliche Kenntnis vermittelt. Diese

---

480 Siehe Teil 2: B. I. 1. c).

Problematik kann sich sowohl bei der Erforderlichkeit bzgl. des Gremiums als auch bzgl. des Individuums ergeben. Zur Veranschaulichung dienen die folgenden zwei **Beispiele**:

Eine Schulung mit dem Thema „Arbeits- und Sozialrecht aktuell" führt zu einer teilweisen Erforderlichkeit in Bezug auf das Gremium: Während der Teil zur aktuellen Rechtsprechung im Arbeitsrecht erforderlich ist, betrifft den Betriebsrat die Rechtsprechung im Sozialrecht nicht.

Eine Schulung mit dem Thema: „Mitsprache des Betriebsrats bei verhaltens-, personen- und betriebsbedingter Kündigung" kann zur teilweisen Erforderlichkeit in Bezug auf ein einzelnes Betriebsratsmitglied führen, wenn das zu schulende Mitglied bereits eine Schulung zur betriebsbedingten Kündigung besucht hat, so dass insoweit keine weitere Schulung erforderlich ist.

(a) Handhabung

In denjenigen Fällen, in denen die behandelten Themen so klar voneinander abgrenzbar sind, dass ein zeitweiser Besuch der Schulungsveranstaltung möglich und sinnvoll ist, besteht der Anspruch nach § 37 Abs. 6 BetrVG nur hinsichtlich dieses erforderlichen Teils.[481] Ist hingegen eine Aufteilung der Veranstaltung praktisch nicht möglich, ist nach der Rechtsprechung maßgeblich, ob die erforderlichen Themen mit mehr als 50 Prozent überwiegen.[482] In einem solchen Fall fingiert die Rechtsprechung die Erforderlichkeit für den Rest der Veranstaltung aus Praktikabilitätsgründen.[483]

---

481   BAG, Beschluss vom 10.05.1974, Az. 1 ABR 60/73, AP Nr. 4 zu § 65 BetrVG 1972, unter II. 6. der Gründe; BAG, Urteil vom 28.05.1976, Az. 1 AZR 116/74, AP Nr. 24 zu § 37 BetrVG 1972, unter 3. a) der Gründe; Glock in: Hess u.a. BetrVG § 37 Rn. 162; Weber in: GK BetrVG I § 37 Rn. 170; Wedde in: DKKW BetrVG § 37 Rn. 133.

482   BAG, Urteil vom 28.05.1976, Az. 1 AZR 116/74, AP Nr. 24 zu § 37 BetrVG 1972, unter 3. a) der Gründe; BAG, Beschluss vom 11.08.1993, Az. 7 ABR 52/92, AP Nr. 92 zu § 37 BetrVG 1972, unter II. 2. a) aa) der Gründe; BAG, Beschluss vom 04.06.2003, Az. 7 ABR 42/02, unter B. I. der Gründe; BAG, Urteil vom 07.05.2008, Az. 7 AZR 90/07, NZA-RR 2009, 195, 198; LAG Hamburg, Beschluss vom 26.09.1996, Az. 1 TaBv 2/96, NZA-RR 1997, 344, 345; LAG Hamm, Beschluss vom 22.06.2007, Az. 10 TaBv 25/07, juris, unter B. II. 1. der Gründe.

483   BAG, Urteil vom 28.05.1976, Az. 1 AZR 116/74, AP Nr. 24 zu § 37 BetrVG 1972, unter 3. a) der Gründe; LAG Hessen, Beschluss vom 17.09.1987, Az. 12 TaBv 53/87, juris, unter II. 1. c) der Gründe.

(b) Kritik

Glock kritisiert diese Handhabung mit dem Argument, dass der Gesetzgeber den Arbeitgeber nur zur Kostentragung für Schulungs- und Bildungsveranstaltungen verpflichte, *„soweit"* diese erforderliche Kenntnisse vermitteln. Die Fiktion einer Veranstaltung als insgesamt erforderlich, wenn die erforderlichen Themen mit mehr als 50 Prozent überwiegen, führe dazu, dass die Betriebsratsmitglieder auf Kosten des Arbeitgebers entgegen dem Willen des Gesetzgebers die Vermittlung von Kenntnissen in Anspruch nehmen könnten, die nicht erforderlich sind. Ferner erlaube diese Vorgehensweise unverständlicherweise eine Einstufung als erforderlich, wenn die erforderlichen Themen zwar zahlenmäßig überwiegen, aber nicht den Hauptanteil der Schulungsdauer ausmachen. Dieses Problem habe die vom BAG aufgegebene „Geprägetheorie" besser gelöst.[484]

(c) Bewertung

Der Gesetzgeber hat durch die Formulierung *„soweit"* in § 37 Abs. 6 BetrVG gerade die Möglichkeit geschaffen, eine Veranstaltung in erforderliche und nicht erforderliche Teile aufzuspalten. Ebenso gut hätte die Fiktion als im Ganzen erforderlich im Falle des Überwiegens der erforderlichen Teile normiert werden können. Da das aber nicht der Fall ist, muss dieser hierin zum Ausdruck kommende Wille beachtet und darf nicht zu Lasten des Arbeitgebers ausgeblendet werden.

Da der Anspruch nach Abs. 6 nicht die einzige Möglichkeit zum Besuch von Schulungs- und Bildungsveranstaltungen für Betriebsratsmitglieder ist, sondern daneben ein Anspruch aus Abs. 7 BetrVG existiert,[485] ist der Besuch des nicht erforderlichen Teils am Maßstab des Abs. 7 zu behandeln und die Fragen der Kostentragungspflicht und der Freistellung des Mitglieds sind hierüber zu lösen.

Wenn die ins Auge gefasste Veranstaltung nicht als geeignet i. S. d. Abs. 7 anerkannt ist, dann muss das Mitglied auf den Besuch einer anderen Veranstaltung verwiesen werden.

(3) Zulässige Inhalte von Schulungs- und Bildungsveranstaltungen

Generell ist die Frage, ob eine Schulungs- und Bildungsveranstaltung für die Betriebsratstätigkeit erforderliches Wissen vermittelt, eine Einzelfallentscheidung. Deswegen hat sich in diesem Bereich eine sehr umfangreiche Kasuistik

---

484 Glock in: Hess u.a. BetrVG § 37 Rn. 163.
485 Siehe Teil 2: B. I. 3.

entwickelt.[486] Gemäß der obigen Darstellung[487] muss stets ein konkreter betriebsbezogener Anlass für die Teilnahme an einer Schulungs- und Bildungsveranstaltung vorliegen. In der Rechtsprechung lassen sich aber auch bestimmte Seminartypen ausmachen, die regelmäßig als erforderlich anzusehen sind. Zu diesen stets erforderlichen Themen gehören eine Einführung in das Betriebsverfassungsgesetz[488] und Grundwissen im allgemeinen Arbeitsrecht.[489] Die Darlegung des in der Rechtsprechung geforderten konkreten betriebsbezogenen Anlasses ist dann entbehrlich.

(a) Umstrittener Schulungsinhalt: Rhetorik

Nach wie vor umstritten ist die Erforderlichkeit von Rhetorikschulungen.

Das BAG verneinte in einigen Entscheidungen die Erforderlichkeit solcher Veranstaltungen.[490] Dabei hielt das Gericht Rhetorikschulungen aber nicht für grundsätzlich nicht erforderlich, sondern ließ die geltend gemachten Ansprüche jeweils daran scheitern, dass durch die Antragsteller nicht der konkrete betriebsbezogene Anlass dargelegt worden sei. Das BAG distanzierte sich später davon, dass es die Erforderlichkeit einer Vermittlung von rhetorischen Fähigkeiten grundsätzlich für ausgeschlossen halte.[491]

Demgegenüber hielt das BAG eine Schulungsveranstaltung mit dem Thema „*Diskussionsführung und Verhandlungstechnik*" für tauglich, erforderliche Kenntnisse zu vermitteln.[492] Voraussetzung sei aber die Darlegung, dass das

---

486 Siehe für einen nach Stichworten geordneten Überblick: Däubler, Handbuch Schulung und Fortbildung, Rn. 197 bis 264; Glock in: Hess u.a. BetrVG § 37 Rn. 159; Thüsing in: Richardi BetrVG § 37 Rn. 92 bis 94.
487 Siehe Teil 2: B. I. 2. b) aa) (1) (c).
488 BAG, Beschluss vom 06.11.1973, Az. 1 ABR 8/73, AP Nr. 5 zu § 37 BetrVG 1972, unter III. 4. der Gründe; BAG, Beschluss vom 29.01.1974, Az. 1 ABR 41/73, AP Nr. 5 zu § 40 BetrVG 1972, unter III. 7. der Gründe; BAG, Beschluss vom 27.09.1974, Az. 1 ABR 71/73, AP Nr. 18 zu § 37 BetrVG, unter III. 2. der Gründe; BAG, Beschluss vom 08.10.1974, Az. 1 ABR 72/73, AP Nr. 7 zu § 40 BetrVG 1972, unter III. 3. der Gründe; BAG, Beschluss vom 21.11.1978, Az. 6 ABR 10/77, AP Nr. 35 zu § 37 BetrVG 1972, unter III. 2. der Gründe.
489 BAG, Beschluss vom 16.10.1986, Az. 6 ABR 14/84, AP Nr. 58 zu § 37 BetrVG 1972, unter II. 2. c) aa) der Gründe; BAG, Beschluss vom 18.01.2012, Az. 7 ABR 73/10, NZA 2012, 813, 815; LAG S-H, Urteil vom 23.09.1987, Az. 5 Sa 409/87, NZA 1988, 590, 590.
490 BAG, Beschluss vom 20.10.1993, Az. 7 ABR 14/93, NZA 1994, 190; BAG, Beschluss vom 14.09.1994, Az. 7 ABR 27/94, NZA 1995, 381.
491 BAG, Urteil vom 15.02.1995, Az. 7 AZR 670/94, AP Nr. 106 zu § 37 BetrVG 1972, unter 1. b) der Gründe.
492 BAG, Beschluss vom 24.05.1995, Az. 7 ABR 54/94, AP Nr. 109 zu § 37 BetrVG 1972, unter II. 1. der Gründe.

Betriebsratsmitglied der rhetorischen Kenntnisse bedarf, damit der Betriebsrat seine gesetzlichen Aufgaben wahrnehmen kann. Das sei für den Betriebsratsvorsitzenden und dessen Stellvertreter oder andere Mitglieder, denen eine herausgehobene Stellung zukommt, zu bejahen.[493]

Teilweise wird in der Rechtsprechung die Erforderlichkeit einer Rhetorikschulung auf Ebene der subjektiven Erforderlichkeit verneint: So ging das BAG in einer Entscheidung davon aus, dass diejenigen Arbeitnehmer, die für ein Betriebsratsamt kandidieren, bereits über die erforderlichen Mindestkenntnisse in Gesprächsführung und Rhetorik verfügen.[494] Das LAG Köln folgte dieser Ansicht und verwies darauf, dass eine Verbesserung der bereits vorhandenen rhetorischen Fähigkeiten lediglich nützlich sei.[495]

Das LAG Schleswig-Holstein hingegen vertritt die Ansicht, dass ein Rhetorikseminar für die Betriebsratsarbeit erforderliche Kenntnisse vermittle. Es stellte sogar die Bedeutung eines solchen Seminars derjenigen einer Schulungs- und Bildungsveranstaltung gleich, die allgemeine Grundkenntnisse im Betriebsverfassungsrecht vermittelt.[496] Allerdings lieferte es keine argumentative Auseinandersetzung mit den in Literatur und Rechtsprechung vertretenen Ansichten, sondern wich mit der pauschalierten Behauptung, Kenntnisse in der Gesprächs-, Diskussions- und Verhandlungsführung seien für die Betriebsratsarbeit unverzichtbar, von der höchstrichterlichen Rechtsprechung ab.

Das LAG Sachsen setze sich in einer Entscheidung detailliert mit der Erforderlichkeit einer Veranstaltung mit dem Titel „Rhetorik für Frauen" auseinander und bejahte diese im konkreten Fall.[497] Dabei verwies es auf die gesetzlichen Aufgaben jedes Betriebsratsmitgliedes, für die rhetorische Fähigkeiten benötigt werden, nämlich die Pflicht zur Teilnahme und aktiven Mitwirkung an Betriebsratssitzungen gem. § 30 BetrVG, an monatlichen Besprechungen nach § 74 Abs. 1 BetrVG und gegebenenfalls weitere sich aus der Mitgliedschaft im Gesamtbetriebsrat sowie in Ausschüssen ergebende Aufgaben. Für den Betriebsratsvorsitzenden sowie dessen Stellvertreter bestünde die rhetorisch anspruchsvolle Aufgabe, Betriebsratssitzungen oder Betriebsversammlungen zu leiten, weswegen eine rhetorische Schulung generell erforderlich sei. Darüber hinaus prüft und bejaht das Gericht die

---

493 BAG, Beschluss vom 12.01.2011, Az. 7 ABR 94/09, NZA 2011, 813, 815.
494 BAG, Beschluss vom 06.11.1973, Az. 1 ABR 26/73, AP Nr. 6 zu § 37 BetrVG 1972, unter II. 2. b) der Gründe.
495 LAG Köln, Beschluss vom 20.12.2007, Az. 10 TaBv 53/07, juris, unter II. 2. der Gründe.
496 LAG S-H, Beschluss vom 04.12.1990, Az. 1 TaBv 21/90, AiB 1991, 199, 200.
497 LAG Sachsen, Beschluss vom 22.11.2002, Az. 9 TaBv 17/02, NZA-RR 2003, 420 ff.

Erforderlichkeit der Kenntnisvermittlung für das konkrete Mitglied, das an Schulungs- und Bildungsveranstaltungen derartigen Inhalts zuvor nicht teilgenommen hatte und auch auf Grund der beruflichen Ausbildung nicht beherrschte. Insbesondere distanzierte sich das LAG von der Ansicht, man könne rhetorische Fähigkeiten bei Kandidaten für das Betriebsratsamt voraussetzen.[498]

In der Literatur wird vereinzelt die objektive Erforderlichkeit von Rhetorikschulungen verneint.[499] Zur Begründung wird überwiegend auf den Zweck der Norm verwiesen, der nicht auf Herstellung intellektueller Parität gerichtet sei.[500]

Teilweise folgt die Literatur dem BAG in der Auffassung, Betriebsratsmitglieder verfügten regelmäßig bereits über ausreichende rhetorische Fähigkeiten,[501] so dass die subjektive Erforderlichkeit verneint wird.

(b) Bewertung

Zur Beurteilung der Frage, ob eine Schulungs- und Bildungsveranstaltung über Rhetorik erforderlich ist, muss unterschieden werden zwischen der Frage, ob solche Schulungsinhalte für die Arbeit des Betriebsrats überhaupt erforderlich sind und der Frage, ob bei dem konkreten Mitglied ein solcher Schulungsbedarf besteht. Teilweise werden diese Fragen nicht voneinander getrennt geprüft.

Zunächst ist stets die Frage zu klären, ob der Betriebsrat rhetorisches Können benötigt. Dabei ist der Normzweck des § 37 Abs. 6 BetrVG einzubeziehen. Nach der hier vertreten Auffassung ist die Zielsetzung der Ansprüche nach § 37 Abs. 6 und 7 BetrVG auf die Herstellung intellektueller Parität zwischen Betriebsrat und Arbeitgeber gerichtet. Demnach könnte eine Rhetorikschulung nur dann erforderlich sein, wenn rhetorisches Können zum Aufgabenbereich des Betriebsrats gehört und der Arbeitgeber in diesem Bereich überlegen ist. Da die Betriebspartner mit Argumenten arbeiten, nicht mit Kampfmaßnahmen, besteht grundsätzlicher Bedarf nach rhetorischem Können. Ob sich der Betriebsrat gegenüber dem Arbeitgeber rhetorisch im Hintertreffen befindet, stellt eine Einzelfallfrage dar und lässt sich nicht abstrakt klären. Jedenfalls darf dem Arbeitgeber ein rhetorisches Können nicht schlicht wegen seiner Eigenschaft als Arbeitgeber unterstellt werden.

Aber selbst wenn man davon ausgeht, dass der Arbeitgeber rhetorisch auf demselben Stand steht wie der Betriebsrat, ist die rhetorische Fortbildung für letzteren gleichwohl angezeigt, um intellektuelle Waffengleichheit herzustellen:

---

498 LAG Sachsen, Beschluss vom 22.11.2002, Az. 9 TaBv 17/02, NZA-RR 2003, 420, 421.
499 Oetker, Anm. zu LAGE Nr. 35 zu § 37 BetrVG 1972, S. 6.
500 Siehe zum Streitstand Teil 2: C. II. 1.
501 Oetker, Anm. zu LAGE Nr. 35 zu § 37 BetrVG 1972, S. 5.

Der Arbeitgeber befindet sich naturgemäß in der besseren Lage, selbst wenn er rhetorisch nicht überlegen ist. Denn er ist derjenige, der überzeugt werden muss. Nur in den wenigen Fällen der echten Mitbestimmung kann der Betriebsrat die Umsetzung einer unternehmerischen Entscheidung blockieren. In allen anderen Fällen kann der Arbeitgeber seine ins Auge gefasste Entscheidung auch dann treffen, wenn der Betriebsrat seine Auffassung nicht teilt. Der Betriebsrat muss echte Überzeugungsarbeit leisten, um mit seinen Ideen, Bedenken oder Gegenvorschlägen erfolgreich zu sein. Anderenfalls wird er selbst mit probaten Lösungen nicht auf offene Ohren stoßen. Somit ist ein objektiv bestehendes Erfordernis für Rhetorikschulungen stets zu bejahen.

Die sich anschließende Frage ist die, ob die Betriebsratsmitglieder bereits über genügende rhetorische Fähigkeiten verfügen. Das ist eine Einzelfallentscheidung. Die Auffassung, dass jeder, der sich um ein Betriebsratsamt bewirbt, bereits die erforderlichen Mindestkenntnisse in Rhetorik und Diskussionsführung besitze, ist jedenfalls nicht überzeugend. Zum einen fehlt hierfür jeder empirische Beleg, zum anderen ist das eine pauschale Verallgemeinerung, die – selbst wenn feststünde, dass die Ansicht auf eine Vielzahl von Betriebsratsmitgliedern zuträfe – starr angewendet nicht zu richtigen Entscheidung führt.

Damit ist immer eine Prüfung anzustellen, ob die Schulung subjektiv erforderlich ist.

bb) Betriebsratsbeschluss

Als weitere Voraussetzung muss vor Teilnahme an der Veranstaltung ein Entsendebeschluss durch den Betriebsrat gefasst werden.[502] Dieses Erfordernis besteht sowohl für das Entstehen des Kollektivanspruchs des Betriebsrats als auch für den Individualanspruch des Betriebsratsmitglieds.[503] Die Erforderlichkeit einer Beschlussfassung ergibt sich nicht unmittelbar aus § 37 Abs. 6 BetrVG, jedoch entscheidet der Betriebsrat gem. § 33 BetrVG über Fragen seiner inneren Organisation nach demokratischen Grundsätzen.

---

502 BAG, Urteil vom 20.11.1973, Az. 1 AZR 331/73, NJW 1974, 879, 880; BAG, Beschluss vom 10.05.1974, Az. 1 ABR 57/73, AP Nr. 3 zu § 65 BetrVG 1972, unter II. 2. der Gründe; BAG, Beschluss vom 27.09.1974, Az. 1 ABR 71/73, AP Nr. 18 zu § 37 BetrVG 1972, unter II. 2. der Gründe; BAG, Urteil vom 28.04.1988, Az. 6 AZR 405/86, AP Nr. 2 zu § 29 BetrVG 1972, unter II. 3. der Gründe; BAG, Beschluss vom 08.03.2000, Az. 7 ABR 11/98, NZA 200, 838, 839; Etzel, Betriebsverfassungsrecht, Rn. 319; Fitting BetrVG § 37 Rn. 231; Wichert, DB 1997, 2325, 2325.
503 Siehe zum Individualanspruch Teil 2: C. II. 2. a) cc).

Dem Betriebsrat kommt hinsichtlich der Einschätzung, was erforderlich ist, der Entscheidung, wer welche Veranstaltungen besucht und der Festlegung der zeitlichen Lage der Schulungs- und Bildungsveranstaltung ein Beurteilungsspielraum zu.[504] Nach allgemeiner Ansicht darf der Betriebsrat bei Beantwortung dieser Fragen nicht schlicht nach seinem subjektiven Ermessen vorgehen, sondern muss sich auf den Standpunkt eines vernünftigen Dritten stellen, der sowohl die Interessen des Betriebes als auch die der Belegschaft und des diese vertretenden Betriebsrats beachtet und die divergierenden Interessen gegeneinander abwägt.[505]

cc) Unterrichtung des Arbeitgebers

Gem. § 37 Abs. 6 S. 3 bis 6 BetrVG hat der Betriebsrat bei der Festlegung der zeitlichen Lage der Veranstaltung die betrieblichen Notwendigkeiten zu berücksichtigen und dem Arbeitgeber die Teilnahme und die zeitliche Lage rechtzeitig bekannt zu geben. Er muss also über den Inhalt des Entsendebeschlusses informieren. Die betrieblichen Notwendigkeiten sind nicht zu berücksichtigen, wenn freigestellte Betriebsratsmitglieder geschult werden sollen, da diese nicht in den Betriebsablauf integriert sind.[506] Nach allgemeiner Ansicht stellt das Unterlassen der Unterrichtung des Arbeitgebers eine Pflichtverletzung des Betriebsrats dar,

---

504 BAG, Beschluss vom 09.10.1973, Az. 1 ABR 6/73, AP Nr. 4 zu § 37 BetrVG 1972, unter III. 1. der Gründe; BAG, Beschluss vom 06.11.1973, Az. 1 ABR 8/73, AP Nr. 5 zu § 37 BetrVG 1972, unter III. 2. der Gründe; BAG, Beschluss vom 27.09.1974, Az. 1 ABR 71/73, AP Nr. 18 zu § 37 BetrVG 1972, unter III. 3. der Gründe; BAG, Beschluss vom 16.10.1986, Az. 6 ABR 14/84, AP Nr. 58 zu § 37 BetrVG 1972, unter II. 1. der Gründe; BAG, Beschluss vom 07.06.1989, Az. 7 ABR 26/88, AP Nr. 67 zu § 37 BetrVG 1972, unter B. I. 1. a) der Gründe; Fitting BetrVG § 37 Rn. 174; Koch in: ErfK § 37 BetrVG Rn. 13; Thüsing in: Richardi BetrVG § 37 Rn. 114; Wedde in: DKKW BetrVG § 37 Rn. 154.
505 BAG, Beschluss vom 27.09.1974, Az. 1 ABR 71/73, AP Nr. 18 zu § 37 BetrVG 1972, unter III. 3. der Gründe; BAG, Beschluss vom 07.06.1989, Az. 7 ABR 26/88, AP Nr. 67 zu § 37 BetrVG 1972, unter B. I. 1. a) der Gründe; BAG, Beschluss vom 19.07.1995, Az. 7 ABR 49/94, AP Nr. 110 zu § 37 BetrVG 1972, unter B. 3. b) der Gründe; BAG, Beschluss vom 08.03.2000, Az. 7 ABR 11/98, NZA 200, 838, 839; Fitting BetrVG § 37 Rn. 174; Joost in: MüArbR § 220 Rn. 95, 96; Koch in: ErfK § 37 BetrVG Rn. 13; Schiefer, NZA 1995, 454, 456; Stege/Weinspach § 37 Rn. 37; Thüsing in: Richardi BetrVG § 37 Rn. 88.
506 Däubler, Handbuch Schulung und Fortbildung, Rn. 309; Thüsing in: Richardi BetrVG § 37 Rn. 115; Weber in: GK BetrVG I § 37 Rn. 266; Wedde in: DKKW BetrVG § 37 Rn. 158.

so dass der Arbeitgeber im Wiederholungsfall einen Auflösungsantrag gem. § 23 Abs. 1 BetrVG stellen kann.[507]

Uneinheitlich wird die Frage beantwortet, ob es sich bei der Unterrichtung des Arbeitgebers auch um eine Anspruchsvoraussetzung handelt. Teilweise wird diese Frage ohne Begründung verneint.[508]

Demgegenüber wird von einigen die Unterrichtung des Arbeitgebers als Anspruchsvoraussetzung angesehen.[509] Vor allem *Thüsing* sieht hierin aber eine Anspruchsvoraussetzung mit der Folge, dass das Mitglied, das trotz unterbliebener Unterrichtung an der Veranstaltung teilnimmt, nicht bloß seine Pflichten aus dem Betriebsratsamt verletzt, sondern auch aus dem Einzelarbeitsverhältnis.[510]

Für die Qualifizierung als Anspruchsvoraussetzung spricht, dass durch die Teilnahme an einer Schulungs- und Bildungsveranstaltung von nicht freigestellten Mitgliedern in die Betriebsabläufe eingegriffen und der Arbeitgeber in seiner Organisationsfreiheit eingeschränkt wird. Eine solche Störung darf nicht ohne seine Kenntnisnahme erfolgen. Ferner sprechen Schutzgesichtspunkte zugunsten des Betriebsrats und des entsandten Mitglieds dafür, in der Unterrichtung eine anspruchsbegründende Voraussetzung zu sehen: Unterbleibt die Unterrichtung, hat der Arbeitgeber keine Möglichkeit, evtl. entgegenstehende Gründe vorzubringen und die Einigungsstelle anzurufen.[511] Nimmt das Mitglied an der Veranstaltung teil und stellen sich in einem anschließenden Verfahren die Gründe des Arbeitgebers als berechtigt dar, wäre er berechtigt, die Kostentragung zu verweigern und das Mitglied wegen Arbeitsversäumnis abzumahnen. Das Risiko hätten der Betriebsrat bzw. das entsandte Mitglied zu tragen.

c) Anspruchsinhalte

aa) Arbeitsbefreiung unter Fortzahlung des Arbeitsentgelts

Grundlage des Betriebsratsamts ist, dass es sich gem. § 37 Abs. 1 BetrVG um ein Ehrenamt handelt, so dass es unentgeltlich ausgeführt wird. Zugleich darf die

---

507 Etzel, Betriebsverfassungsrecht, Rn. 328; Däubler, Handbuch Schulung und Fortbildung, Rn. 573; Weber in: GK BetrVG I § 37 Rn. 270.
508 Etzel, Betriebsverfassungsrecht, Rn. 328; Däubler, Handbuch Schulung und Fortbildung, Rn. 573; Wedde in: DKKW BetrVG § 37 Rn. 157.
509 Joost in: MüArbR § 220 Rn. 103; Koch in: Schaub Arbeitsrechts-Hdb. § 221 Rn. 43; Wichert, DB 1997, 2325, 2325.
510 Thüsing in: Richardi BetrVG § 37 Rn. 124.
511 Siehe Teil 2: B. I. 2. d).

Amtsausübung gem. § 78 S. 2 BetrVG auch nicht zu Nachteilen führen. Daher ist das Entgelt für die Zeiträume, in denen das Betriebsratsmitglied seine betriebsverfassungsrechtlich zugeteilten Aufgaben erfüllt anstatt auf seinem Arbeitsplatz tätig zu sein, gem. § 37 Abs. 2 BetrVG fortzuzahlen. Da die Teilnahme an Schulungs- und Bildungsveranstaltungen zu den betriebsverfassungsrechtlichen Aufgaben des Betriebsratsmitglieds zählt,[512] bestimmt § 37 Abs. 6 S. 1 i. V. m. Abs. 2 BetrVG, dass das durch Betriebsratsbeschluss zur Schulung entsandte Mitglied des Betriebsrats zum Zweck der Teilnahme an der Veranstaltung von seiner beruflichen Tätigkeit ohne Minderung des Arbeitsentgelts zu befreien ist. Dabei gilt das Lohnausfallprinzip,[513] so dass das Betriebsratsmitglied so zu entlohnen ist, wie wenn es regulär weitergearbeitet hätte. Folge dessen haben Betriebsratsmitglieder, die außerhalb ihrer Arbeitszeit an Schulungs- und Bildungsveranstaltungen teilnehmen, keinen Anspruch auf Entlohnung.[514]

bb) Freizeitausgleich

Betriebsratsmitglieder, die außerhalb ihrer Arbeitszeit an Schulungs- und Bildungsveranstaltungen teilnehmen, können seit dem Betriebsverfassungsreformgesetz 2001 einen Anspruch auf Freizeitausgleich haben. Der vorher bestehende Streit ist durch die gesetzliche Bezugnahme in Abs. 6 auf Abs. 3 hinfällig geworden.[515] Da der Gesetzgeber vorsieht, dass Betriebsratsmitglieder ihren Amtsaufgaben während der individuellen Arbeitszeit nachkommen,[516] ist Voraussetzung für den Anspruch auf Freizeitausgleich, dass betriebsbedingte Gründe einer Schulungsteilnahme während der Arbeitszeit entgegenstehen, § 37 Abs. 3 S. 1 BetrVG.

Für teilzeitbeschäftigte Arbeitnehmer besteht die Besonderheit, dass sie in der Regel ein Freizeitopfer erbringen, da die Schulungs- und Bildungsveranstaltungen meistens ganztägig stattfinden. Daher erfolgt die Veranstaltung zumindest

---

512 BAG, Beschluss vom 29.01.1974, Az. 1 ABR 41/73, AP Nr. 5 zu § 40 BetrVG 1972, unter III. 3. der Gründe; BAG, Beschluss vom 21.04.1983, Az. 6 ABR 70/82, NJW 1984, 2309, 2309.
513 BAG, Urteil vom 18.09.1973, Az. 1 AZR 102/73, NJW 1973, 335, 335; Deinert, NZA 1997, 183, 183; Fitting BetrVG § 37 Rn. 182; Hromadka/Maschmann, Arbeitsrecht Band 2, Rn. 264; Wedde in: DKKW BetrVG § 37 Rn. 164.
514 BAG, Urteil vom 19.07.1977, Az. 1 AZR 302/74, AP Nr. 31 zu § 37 BetrVG 1972, unter II. 5. der Gründe; Deinert, NZA 1997, 183, 184; Thüsing in: Richardi BetrVG § 37 Rn. 133.
515 Siehe zur früheren Problematik: Deinert, NZA 1997, 183 ff.
516 Mauer in: BeckOK Arbeitsrecht § 37 BetrVG Rn. 8.

partiell außerhalb der individuellen Arbeitszeit. Allerdings stellt die Teilzeitbeschäftigung an sich schon den geforderten betriebsbedingten Grund dar, da sie Ausdruck der innerbetrieblichen Organisation ist.[517] Deshalb steht Teilzeitbeschäftigten ein Freizeitausgleichsanspruch bis zur Höhe eines entsprechenden Vollzeitarbeitnehmers zu.

cc) Kostentragung

Der Arbeitgeber ist nach § 40 BetrVG verpflichtet, die durch die Betriebsratstätigkeit entstehenden Kosten zu tragen. Da die Teilnahme an erforderlichen Schulungs- und Bildungsveranstaltungen zur Betriebsratstätigkeit gehört,[518] besteht diesbezüglich eine Kostentragungspflicht.[519] Diese umfasst die unmittelbaren Gebühren für die Seminarteilnahme sowie auf Grund dessen entstehende weitere Kosten wie beispielsweise Fahrtkosten und Kosten für Unterkunft und Verpflegung. Hier ist allerdings jeweils Voraussetzung, dass diese Kosten notwendig waren.[520] Der Betriebsrat kann vom Arbeitgeber die Zahlung eines angemessenen Vorschusses verlangen.[521] Ist der Betriebsrat bzw. das einzelne Mitglied Verbindlichkeiten eingegangen oder wurden Kosten verauslagt, so entsteht im ersten Fall ein Freistellungsanspruch, im zweiten Fall ein Aufwendungsersatzanspruch gegen den Arbeitgeber.[522]

Diese Kostentragungspflicht besteht nicht stets nur für das preisgünstigste Seminar. Der Betriebsrat kann sich im Rahmen des ihm zustehenden Beurteilungsspielraums für ein qualitativ besseres Seminar entscheiden.[523] Gibt es allerdings

---

517 BT Drucks. 14/5741, S. 41; BAG, Urteil vom 10.11.2004, Az. 7 AZR 131/04, NZA 2005, 704, 706; Fitting BetrVG § 37 Rn. 189; Kreitner in: Küttner Personalbuch 2012 „Betriebsratsschulungen" Rn. 22; Weber in: GK BetrVG I § 37 Rn. 212.
518 Fitting BetrVG § 40 Rn. 66.
519 BAG, Beschluss vom 31.10.1972, Az. 1 ABR 7/72, AP Nr. 2 zu § 40 BetrVG 1972, unter B. 1. der Gründe; BAG, Beschluss vom 28.06.1995, Az. 7 ABR 55/94, NZA 1995, 1216, 1219; Däubler, Handbuch Schulung und Fortbildung, Rn. 458; Fitting BetrVG § 40 Rn. 66.
520 Däubler, Handbuch Schulung und Fortbildung, Rn. 474 bis 493.
521 Fitting § 40 Rn. 91; Koch in: ErfK § 40 BetrVG Rn. 14; Thüsing in: Richardi § 40 Rn. 43; Weber in: GK BetrVG I § 40 Rn. 23.
522 BAG, Beschluss vom 13.05.1998, Az. 7 ABR 65/96, NZA 1998, 900, 901; Däubler, Handbuch Schulung und Fortbildung, Rn. 460; Fitting § 40 Rn. 93; Koch in: ErfK § 40 BetrVG Rn. 14.
523 Däubler, Handbuch Schulung und Fortbildung, Rn. 464; Fitting BetrVG § 40 Rn. 74; Weber in: GK BetrVG I § 40 Rn. 60; Wedde in: DKKW BetrVG § 40 Rn. 86; Wichert, DB 1997, 2325, 2329.

ein kostengünstigeres und nach Ansicht des Betriebsrats in der Qualität vergleichbares Seminar, so ist das günstigere Seminar zu wählen.[524]

dd) Begrenzung des Anspruchs durch den Verhältnismäßigkeitsgrundsatz?

Der Wortlaut des § 37 Abs. 6 BetrVG gibt außer der Erforderlichkeit kein begrenzendes Kriterium für den Anspruch auf Teilnahme an Schulungs- und Bildungsveranstaltungen vor. Gleichwohl wird diskutiert, ob zusätzlich die Verhältnismäßigkeit hinsichtlich der Dauer der Schulung, der Anzahl der Teilnehmer und der Kosten der Bildungsmaßnahme zu prüfen ist.[525]

(1) Prüfung der Verhältnismäßigkeit als Korrektiv

Das BAG sieht bei der Prüfung der Anspruchsvoraussetzungen Bedarf nach einem Korrektiv und prüft bzgl. der Dauer, der Anzahl der Teilnehmer und der Kosten solcher Veranstaltungen zusätzlich die Beachtung des Verhältnismäßigkeitsgrundsatzes.[526] Es argumentiert damit, dass auf die Größe und Leistungsfähigkeit des Betriebs Rücksicht zu nehmen sei. Auch müsse die Bedeutung der Schulungsinhalte Berücksichtigung finden, so dass Zeit und Geld nur entsprechend der Relevanz der Schulungsthemen zu investieren sein sollen. Als rechtliche Grundlage hierfür wird das Gebot der vertrauensvollen Zusammenarbeit gem. § 2 Abs. 1 BetrVG benannt.[527]

In der Literatur ist umstritten, ob der Anspruch durch den Grundsatz der Verhältnismäßigkeit zu beschränken ist.

Zum Teil wird diese Frage bejaht.[528] Argumentativ folgen die Vertreter dieser Auffassung der Begründung des BAG.

---

524 Däubler, Handbuch Schulung und Fortbildung, Rn. 465; Fitting BetrVG § 40 Rn. 74; IG Metall, Die Behandlung der Einzelfragen des § 37 Abs. 6 BetrVG, S. 47; Wedde in: DKKW BetrVG § 40 Rn. 86.
525 Schiefer in: Schulung und Weiterbildung (Komm.) Rn. 54 bis 57 und Rn. 73 bis 81.
526 BAG, Beschluss vom 06.11.1973, Az. 1 ABR 26/73, AP Nr. 6 zu § 37 BetrVG 1972, unter II. 2. c) der Gründe; BAG, Beschluss vom 27.09.1974, Az. 1 ABR 71/73, AP Nr. 18 zu § 37 BetrVG 1972, unter III. 4. der Gründe; BAG, Urteil vom 28.05.1976, Az. 1 AZR 116/74, AP Nr. 24 zu § 37 BetrVG 1972, unter B. 1. der Gründe; BAG, Beschluss vom 15.01.1992, Az. 7 ABR 23/90, NZA 1993, 189, 191; BAG, Beschluss vom 17.06.1998, Az. 7 ABR 22/97, AP Nr. 62 zu § 40 BetrVG 1972, unter B. 1. der Gründe.
527 BAG, Beschluss vom 08.10.1974, Az. 1 ABR 72/73, AP Nr. 7 zu § 40 BetrVG 1972, unter III. 5. der Gründe.
528 Etzel, Betriebsverfassungsrecht, Rn. 322; Gamillscheg, Kollektives Arbeitsrecht, S. 588; Glock in: Hess u.a. BetrVG § 40 Rn. 72; Stege/Weinspach BetrVG § 37 Rn. 49; Thüsing in: Richardi BetrVG § 37 Rn. 100; Wank/Maties, NZA 2005, 1033, 1035; Weber in: GK BetrVG I § 37 Rn. 184.

(2) Keine Prüfung der Verhältnismäßigkeit

Ein Teil der Literatur spricht sich gegen die zusätzliche Prüfung der Verhältnismäßigkeit aus,[529] weil das BetrVG für die Prüfung der Verhältnismäßigkeit keinen Anlass biete. Vielmehr verweise Abs. 6 auf Abs. 2, der für die Dauer der Freistellung und die Anzahl der freizustellenden Mitglieder ausschließlich das Kriterium der „*Erforderlichkeit*" aufstelle. Zudem sei die Einführung der Verhältnismäßigkeitsprüfung impraktikabel, weil es an einem festen Maßstab fehle.[530]

Zum Teil wird ein Mittelweg eingeschlagen, so dass die Verhältnismäßigkeit zwar bzgl. des Kostenerstattungsanspruchs Berücksichtigung finden soll, hinsichtlich der Dauer der Veranstaltung jedoch nicht, sofern diese die Voraussetzung der Erforderlichkeit erfüllt.[531]

(3) Bewertung

Zwar legt der Wortlaut der Norm die Beachtung der Verhältnismäßigkeit nicht nahe, allerdings handelt es sich bei der Verhältnismäßigkeit um einen allgemeinen Rechtsgrundsatz, der auch ohne explizite Erwähnung zu beachten ist.[532] Der Begriff der Verhältnismäßigkeit stammt zwar aus dem Öffentlichen Recht und bezieht sich auf die Rechtmäßigkeit staatlichen Handelns,[533] jedoch ist er nicht auf bestimmte Rechtsgebiete beschränkt,[534] sondern findet im Zivilrecht durch den Grundsatz von Treu und Glauben gem. § 242 BGB seinen Niederschlag.[535] Im Arbeitsrecht ist der Verhältnismäßigkeitsgrundsatz an verschiedenen Stellen zu beachten, beispielsweise auf Grund der Fürsorgepflicht und bei Ausübung des Direktionsrechts.[536]

Ferner ist es auf Grund der Berufsfreiheit des Arbeitgebers verfassungsrechtlich geboten, den Arbeitgeber nicht stärker zu belasten als es notwendig ist.

---

529 Becker in: LexisNexis BetrVG § 37 Rn. 41, 47; Däubler, Handbuch Schulung und Fortbildung, Rn. 288; Fitting BetrVG § 37 Rn. 171; Glock in: Hess u.a. BetrVG § 37 Rn. 124; Wedde in: DKKW BetrVG § 40 Rn. 85.
530 Zu der Argumentation im Einzelnen siehe vertiefend: Däubler, Handbuch Schulung und Fortbildung, Rn. 288; Fitting BetrVG § 37 Rn. 171.
531 Etzel, Betriebsverfassungsrecht, Rn. 314; ähnlich: Wichert, DB 1997, 2325, 2329, der die Verhältnismäßigkeit insbesondere in kleineren Betrieben berücksichtigen will.
532 BAG, Beschluss vom 27.09.1974, Az. 1 ABR 71/73, AP Nr. 18 zu § 37 BetrVG 1972, unter III. 4. der Gründe; Pahlen, Verhältnismäßigkeit und Schulungskosten, S. 57.
533 Pahlen, Verhältnismäßigkeit und Schulungskosten, S. 51.
534 Hirschberg, Der Grundsatz der Verhältnismäßigkeit, S. 1; Pahlen, Verhältnismäßigkeit und Schulungskosten, S. 59 ff.
535 Hirschberg, Der Grundsatz der Verhältnismäßigkeit, S. 25.
536 Pahlen, Verhältnismäßigkeit und Schulungskosten, S. 64, 74, 75.

Einerseits sind hier die Interessen des Betriebsrats und seiner Mitglieder zu beachten, die darauf gerichtet sind, beste Voraussetzungen für die Ausübung des Amtes zu haben, andererseits ist zu bedenken, dass der gesetzgeberische Anspruch nicht um jeden Preis durchgesetzt werden darf. Das Verhältnis zwischen Betriebsrat und Arbeitgeber beruht nicht auf der kämpferischen Auseinandersetzung so wie das zwischen den Koalitionspartnern, sondern ist durch das Gebot der vertrauensvollen Zusammenarbeit geprägt. Es wäre daher nicht bloß unbillig, sondern auch kontraproduktiv, den Arbeitgeber oberhalb der Grenze der Verhältnismäßigkeit zu belasten. Es ist weder der Belegschaft noch dem Betriebsrat damit gedient, wenn die Betriebsratsmitglieder für unverhältnismäßige Dauer oder in unverhältnismäßiger Anzahl freigestellt oder Seminare zu unverhältnismäßigen Kosten besuchen würden und den Arbeitgeber belasten. Denn dadurch würden die Basis für die Zusammenarbeit gestört und die Betriebsabläufe behindert.

Gerade die Prüfung der Verhältnismäßigkeit aber gewährleistet eine Berücksichtigung dieser verschiedenen Interessen.

Andererseits darf eine Verhältnismäßigkeitsprüfung nicht zu Rechtsunsicherheit führen, indem ein gefundenes Ergebnis zu der Erforderlichkeit der Teilnahme an einer Schulungs- und Bildungsveranstaltung in jedem Fall durch die Prüfung der Verhältnismäßigkeit der geplanten Maßnahmen umgeworfen werden kann. Hier bestünde auch die Gefahr des Rechtsmissbrauchs. Es ist unklar, auf welcher Grundlage die Bewertung als unverhältnismäßig erfolgen sollte. Insofern kämen die aktuelle Auftragslage, die Gewinnlage im letzten Geschäftsjahr, ein Vergleich zur Üblichkeit der Teilnahme an Schulungs- und Bildungsveranstaltungen in den Vorjahren und noch weitere Gesichtspunkte in Betracht.

Schlüssig wäre es, grundsätzlich nur das gesetzlich vorgegebene Kriterium der *„Erforderlichkeit"* zu prüfen und das Ergebnis keinem weiteren Korrektiv zu unterziehen. Um unbillige Härten im Einzelfall zu vermeiden, ist ausnahmsweise die Verhältnismäßigkeit der Maßnahme zu prüfen, wenn der Arbeitgeber glaubhaft darlegen kann, warum gerade in diesem Fall die Verpflichtung zur Ermöglichung der Schulungsteilnahme unverhältnismäßig sein soll.

d) Rechte des Arbeitgebers

Die Unterrichtung des Arbeitgebers[537] erfolgt, damit dieser die Möglichkeit hat, eventuell entgegenstehende Gründe vorzutragen.[538] Ist er der Auffassung, dass die betrieblichen Notwendigkeiten nicht ausreichend berücksichtigt worden sind, kann

---

537 Siehe Teil 2: B. I. 2. b) cc).
538 Kreitner in: Küttner Personalbuch 2012 „Betriebsratsschulung" Rn. 16.

er die Einigungsstelle anrufen.[539] Die Beachtung betrieblicher Notwendigkeiten wird durch die Einigungsstelle nur hinsichtlich der Festlegung der zeitlichen Lage und der personellen Auswahl überprüft.[540] Der Spruch der Einigungsstelle ersetzt dann die Einigung zwischen Arbeitgeber und Betriebsrat und wahrt die Rechte des Arbeitgebers, sofern die betrieblichen Gegebenheiten so zwingend sind, dass sie die Freistellung des Betriebsratsmitglieds für den avisierten Zeitraum unmöglich machen.[541] Die Teilnahme ist nach überwiegender Auffassung zurückzustellen, bis ein Spruch der Einigungsstelle vorliegt.[542]

Hält der Arbeitgeber hingegen die Schulungs- und Bildungsveranstaltung nicht für erforderlich, so kann er ein arbeitsgerichtliches Beschlussverfahren einleiten.[543] Es ist strittig, ob ein solcher Schritt das Betriebsratsmitglied daran hindert, an der Veranstaltung teilzunehmen.[544] Diese Frage ist jedenfalls dann zu bejahen, wenn der Arbeitgeber im Wege einer einstweiligen Verfügung die Teilnahme verhindern lässt.[545] Dabei ist wiederum umstritten, ob auch der Betriebsrat bzw. das einzelne Mitglied die Möglichkeit hat, durch eine einstweilige Verfügung die Teilnahme abzusichern.[546]

3. Der Anspruch nach § 37 Abs. 7 BetrVG

Der Gesetzgeber gewährt Betriebsratsmitgliedern nicht nur die Möglichkeit, sich unter den soeben dargestellten Voraussetzungen für die Betriebsratstätigkeit

---

539 Fitting BetrVG § 37 Rn. 248; Wichert, DB 1997, 2325, 2325.
540 Däubler, Handbuch Schulung und Fortbildung, Rn. 309; Thüsing in: Richardi BetrVG § 37 Rn. 126; Weber in: GK BetrVG I § 37 Rn. 271; Wedde in: DKKW BetrVG § 37 Rn. 156.
541 Fitting BetrVG § 37 Rn. 238; Koch in: ErfK § 37 BetrVG Rn. 24; Wedde in: DKKW BetrVG § 37 Rn. 160.
542 Fitting BetrVG § 37 Rn. 248; Glock in: Hess u.a. BetrVG § 37 Rn. 191; Thüsing in: Richardi BetrVG § 37 Rn. 130.
543 Fitting BetrVG § 37 Rn. 251; Wedde in: DKKW BetrVG § 37 Rn. 161.
544 Für ein Teilnahmerecht des Betriebsratsmitglieds: BAG, Beschluss vom 06.05.1975, Az. 1 ABR 135/73, AP Nr. 5 zu § 65 BetrVG 1972, unter II. 4. der Gründe; Fitting BetrVG § 37 Rn. 250; Wedde in: DKKW BetrVG § 37 Rn. 161. Gegen ein Teilnahmerecht des Betriebsratsmitglieds: Kopp, AuR 1976, 333, 336; Weber in: GK BetrVG I § 37 Rn. 280.
545 Fitting BetrVG § 37 Rn. 252; Thüsing in: Richardi BetrVG § 37 Rn. 130.
546 Bejahend: Fitting BetrVG § 37 Rn. 249; Weber in: GK-BetrVG I § 37 Rn. 281; Stege/Weinspach § 37 Rn. 53a; ablehnend: LAG Düsseldorf, Beschluss vom 06.09.1995, Az. 12 TaBv 69/95, NZA-RR 1996, 12, 13; LAG R-Pf, Beschluss vom 13.10.2006, Az. 6 TaBv 61/06, juris, unter Rn. 21.

erforderliche Kenntnisse anzueignen, sondern es besteht gem. § 37 Abs. 7 BetrVG ein Individualanspruch darauf, Schulungs- und Bildungsveranstaltungen zu besuchen, *„die von der zuständigen obersten Arbeitsbehörde des Landes nach Beratung mit den Spitzenorganisationen der Gewerkschaften und der Arbeitgeberverbände als geeignet anerkannt sind."*

a) Verhältnis zu dem Anspruch nach § 37 Abs. 6 BetrVG

Der Anspruch nach § 37 Abs. 7 BetrVG steht selbständig neben demjenigen aus Abs. 6 wie sich bereits aus den Eingangsworten des Abs. 7 *„unbeschadet der Vorschrift des Absatzes 6"* ergibt.[547] Es ist nicht zulässig, die Arbeitsbefreiung gem. Abs. 6 auf den Anspruch nach Abs. 7 anzurechnen.[548]

Die beiden Tatbestände beeinflussen sich lediglich dahingehend, dass für ein Betriebsratsmitglied, das an einer Veranstaltung nach Abs. 7 teilgenommen hat, eine Kenntnisvermittlung nach Abs. 6 zu demselben Thema nicht mehr *„erforderlich"* ist.[549] Denn es ist möglich, dass eine nach § 37 Abs. 7 BetrVG anerkannte Veranstaltung zugleich erforderliche Kenntnisse i. S. d. Abs. 6 für ein bestimmtes Betriebsratsmitglied vermittelt.[550] Im umgekehrten Fall sind *„erforderliche"* Kenntnisse auch stets Kenntnisse, die als für die Betriebsratstätigkeit geeignet i. S. d. Abs. 7 anerkannt sein können.[551]

b) Anspruchsvoraussetzungen

aa) Geeignetheit

Wie der Gesetzeswortlaut vorgibt, kommt es für den Anspruch nicht auf die tatsächliche Eignung an, sondern auf eine Anerkennung als geeignet durch die zuständige oberste Arbeitsbehörde des Landes. Die Festlegung, welche Schulungsinhalte geeignet sind, erfolgt demgemäß abstrakt und einheitlich für alle Betriebsräte. Der individuelle Wissensstand eines einzelnen Betriebsratsmitglieds ist in diesem Zusammenhang irrelevant und wirkt sich nicht auf den Schulungsanspruch aus.[552]

---

547 BAG, Beschluss vom 06.11.1973, Az. 1 ABR 8/73, AP Nr. 5 zu § 37 BetrVG 1972, unter III. 1. der Gründe; Mauer in: BeckOK Arbeitsrecht § 37 BetrVG Rn. 29; Schiefer, NZA 1993, 822, 822; Weber in: GK BetrVG I § 37 Rn. 178.
548 Weber in: GK BetrVG I § 37 Rn. 178 und 216; Wedde in: DKKW BetrVG § 37 Rn. 171.
549 Fitting BetrVG § 37 Rn. 229; Mauer in: BeckOK Arbeitsrecht § 37 BetrVG Rn. 29.
550 Klinkhammer, BB 1973, 1399, 1401.
551 BAG, Beschluss vom 06.11.1973, Az. 1 ABR 8/73, AP Nr. 5 zu § 37 BetrVG 1972.
552 BAG, Urteil vom 28.08.1996, Az. 7 AZR 840/95, AP Nr. 117 zu § 37 BetrVG 1972, unter 3. a) der Gründe.

In gleicher Weise wie eine Schulungs- und Bildungsveranstaltung nur teilweise erforderliche Kenntnisse vermitteln kann,[553] ist es denkbar, dass eine Veranstaltung nur teilweise geeignet ist. Es entspricht der überwiegenden Auffassung, dass eine solche nur teilweise geeignete Veranstaltung nicht im Ganzen als geeignet anerkannt werden darf.[554]

Umstritten ist, welche Veranstaltungen als geeignet i. d. S. anzuerkennen sind:

(1) Erfordernis eines Bezugs zur Betriebsratstätigkeit

Das BAG fordert trotz abstrakter Anerkennung einer Schulungsveranstaltung als geeignet einen Bezug zur Betriebsratstätigkeit.[555] Es lässt allerdings einen Bezug im Allgemeinen ausreichen, so dass Bildungsveranstaltungen geeignet i. d. S. sind, wenn sie einen hinreichenden Zusammenhang zur Tätigkeit eines Betriebsrats aufweisen und von Inhalt und Zweck einen nennenswerten Vorteil für eine sachgerechte Erfüllung der gesetzlichen Aufgaben eines Betriebsrats versprechen. Allgemeinbildende Veranstaltungen seien nicht erfasst.[556] Begründet wird diese Auffassung damit, dass der Freistellungsanspruch gerade deshalb bestehe, um den Betriebsratsmitgliedern die Wahrnehmung ihrer betriebsverfassungsrechtlichen Aufgaben zu ermöglichen. Nur bei einem solchen Verständnis ergebe es einen Sinn, dass neugewählte Mitglieder eine Woche länger an geeigneten Schulungs- und Bildungsveranstaltungen teilnehmen dürfen, als die erfahreneren Mitglieder. Dieses Ergebnis werde zudem durch die systematische Stellung des Anspruchs im Abschnitt über die Geschäftsführung des Betriebsrats gestützt. Zudem würde die Ermöglichung allgemeiner Bildungsmaßnahmen eine mit § 78 S. 2 BetrVG nicht zu vereinbarende Begünstigung darstellen. Der Ansicht sowie der Argumentation des BAG folgt die Literatur überwiegend.[557]

---

553 Siehe Teil 2: B. I. 2. b) aa) (2).
554 BAG, Beschluss vom 11.08.1993, Az. 7 ABR 52/92, AP Nr. 92 zu § 37 BetrVG 1972, unter II. 2. a) der Gründe; Däubler, Handbuch Schulung und Fortbildung, Rn. 285; Fitting BetrVG § 37 Rn. 203; Koch in: ErfK § 37 BetrVG Rn. 22; Weber in: GK BetrVG I § 37 Rn. 223; a.A. Wedde in: DKKW BetrVG § 37 Rn. 176.
555 BAG, Beschluss vom 11.08.1993, Az. 7 ABR 52/92, AP Nr. 92 zu § 37 BetrVG 1972, unter II. 2. b) der Gründe; Thüsing in: Richardi BetrVG § 37 Rn. 142.
556 BAG, Beschluss vom 18.12.1973, Az. 1 ABR 35/73, AP Nr. 7 zu § 37 BetrVG 1972, unter III. 3. c) der Gründe; BAG, Beschluss vom 06.04.1976, Az. 1 ABR 96/74, AP Nr. 23 zu § 37 BetrVG 1972, unter III. 1. der Gründe; BAG, Beschluss vom 11.08.1993, Az. 7 ABR 52/92, AP Nr. 92 zu § 37 BetrVG 1972, unter II. 2. b) der Gründe.
557 Fitting BetrVG § 37 Rn. 197, 198; Glock in: Hess u.a. BetrVG § 37 Rn. 209; Koch in: ErfK § 37 BetrVG Rn. 22; Loritz, NZA 1993, 2, 5; Mauer in: BeckOK Arbeitsrecht § 37 BetrVG Rn. 32; Schiefer, NZA 1995, 454, 457; Thüsing in: Richardi BetrVG § 37 Rn. 142, 143; Weber in: GK BetrVG I § 37 Rn. 218, 219.

(2) Entbehrlichkeit eines Bezugs zur Betriebsratstätigkeit

Teilweise wird davon ausgegangen, § 37 Abs. 7 BetrVG gewähre „*Bildungsurlaub*"[558] für Betriebsratsmitglieder, so dass auch die Vermittlung allgemeinen Wissens von der Vorschrift umfasst sei.[559] Zur Begründung wird angeführt, dass Betriebsratsmitglieder hinsichtlich der „*gesellschaftlichen Elementarzusammenhänge*" gebildet werden müssten, da diese Bezugspunkte zur Betriebsratsarbeit setzten und daher Grundwissen für die Betriebsratstätigkeit darstellten.[560] Eine Ausklammerung der Vermittlung staatsbürgerlichen Allgemeinwissens sei willkürlich und lasse unberücksichtigt, dass auch dieses Wissen für die moderne Betriebsratsarbeit unumgänglich sei.[561] Teilweise wird der Begriff des „Bildungsurlaubs" insoweit eingeschränkt, als ein Funktionsbezug zum Betriebsratsamt vorliegen müsse.[562]

(3) Bewertung

Bei der Bestimmung der möglichen Inhalte von Schulungs- und Bildungsveranstaltungen nach Abs. 7 ist einerseits das Begünstigungsverbot des § 78 S. 2 BetrVG zu beachten. Weiterbildung während der Arbeitszeit zu Themen, die lediglich von privatem Interesse sind, würden eine ungerechtfertigte Besserstellung der Betriebsratsmitglieder darstellen und sind daher auch nach Abs. 7 keine tauglichen Schulungsgegenstände.

Andererseits ist aber auch die Zielsetzung von § 37 Abs. 6 und 7 BetrVG zu beachten. Diese ist auf die Herstellung intellektueller Parität zwischen Betriebsrat und Arbeitgeber gerichtet, allerdings lediglich in denjenigen Bereichen, in denen der Betriebsrat zur Mitbestimmung berufen ist. Da es beispielsweise nicht zu den Aufgaben eines Betriebsratsmitglieds gehört, sich politisch zu betätigen oder mit allgemeinen wirtschaftlichen Fragen auseinanderzusetzen, ist nicht ersichtlich inwieweit derartige Kenntnisse einem Betriebsratsmitglied bei seiner Amtsausübung dienlich sein sollten, so dass eine Veranstaltungsteilnahme zu verneinen ist. Sollten in einem Einzelfall politische, wirtschaftliche oder gewerkschaftliche Kenntnisse als Hintergrundwissen oder als Basis für die betriebsverfassungsrechtliche Aufgabenwahrnehmung doch erforderlich sein,

---

558 Gamillscheg, Kollektives Arbeitsrecht, S. 606; Jacobi/Rausch, DB 1972, 972, 972; Kopp, AuR 1976, 333, 335.
559 Jacobi/Rausch, DB 1972, 972, 972; Wedde in: DKKW BetrVG § 37 Rn. 173; Weiss/Weyand BetrVG § 37 Rn. 41.
560 Weiss/Weyand BetrVG § 37 Rn. 41.
561 Wedde in: DKKW BetrVG § 37 Rn. 173.
562 Kraft, DB 1973, 2519, 2521.

dann besteht die Möglichkeit, ein Seminar zu diesem Thema zu besuchen, da es sich dann um im konkreten Einzelfall *„erforderliches"* Wissen i. S. d. Abs. 6 handeln würde.

Bei der Klärung des thematischen Umfangs dürfen aber in Abgrenzung zu dem Anspruch nach Abs. 6 nicht zu strenge Anforderungen an den Bezug zur Betriebsratstätigkeit gestellt werden. Ein konkreter und aktueller Bezug darf nicht verlangt werden, da sonst schon die Voraussetzungen des Abs. 6 vorlägen. Der gesetzgeberische Wille geht dahin, die Kenntnisse und Fertigkeiten der Betriebsratsmitglieder zu erhöhen, damit diese ihre betriebsverfassungsrechtlichen Aufgaben qualitativ besser erfüllen können. Somit müssen auch Themen als geeignete Schulungsinhalte anerkannt werden, die nicht zwingende Voraussetzung für die Ausübung des Betriebsratsamts sind, beispielsweise Rhetorik, sofern man diese nicht schon als erforderliches Wissen i. S. d. Abs. 6 anerkennt.

Die Ansicht, dass Betriebsratsmitgliedern nach § 37 Abs. 7 BetrVG ein Anspruch auf Teilnahme an allgemeinbildenden Veranstaltungen zustehe, ist im Ergebnis abzulehnen.

bb) Anerkennungsverfahren

Die Anerkennung als geeignet erfolgt nach Beratung mit den Spitzenorganisationen der Gewerkschaften und der Arbeitgeberverbände durch die zuständige oberste Arbeitsbehörde des Landes, in dem die Veranstaltung durchgeführt wird oder in dem der Veranstaltungsträger seinen Sitz hat.[563] Voraussetzung ist, dass der Träger der Veranstaltung einen entsprechenden Antrag auf Anerkennung gestellt hat.[564] Die Entscheidung über die Anerkennung ergeht in Form eines Verwaltungsaktes.[565]

cc) Betriebsratsbeschluss

Gem. § 37 Abs. 7 S. 3 i. V. m. Abs. 6 S. 3 BetrVG muss der Betriebsrat über die zeitliche Lage der Schulungs- und Bildungsveranstaltung durch Beschluss

---

563 BAG, Beschluss vom 18.12.1973, Az. 1 ABR 35/73, AP Nr. 7 zu § 37 BetrVG 1972, unter III. 1. der Gründe; Fitting BetrVG § 37 Rn. 212; Thüsing in: Richardi BetrVG § 37 Rn. 150.
564 Fitting BetrVG § 37 Rn. 210; Peter, Schulung und Bildung von Betriebsratsmitgliedern, S. 53; Thüsing in: Richardi BetrVG § 37 Rn. 152.
565 BAG, Beschluss vom 25.06.1981, Az. 6 ABR 92/79, AP Nr. 38 zu § 37 BetrVG 1972, unter II. der Gründe; Etzel, Betriebsverfassungsrecht, Rn. 345; Grunsky, Anm. zu BAG AP Nr. 38 und Nr. 41 zu § 37 BetrVG 1972, unter 1.
Zu den möglichen Adressaten dieses Verwaltungsaktes siehe: Thüsing in: Richardi BetrVG § 37 Rn. 156 bis 158.

entscheiden und dabei die betrieblichen Notwendigkeiten berücksichtigen. Insoweit ergeben sich keine Unterschiede zu dem Anspruch nach Abs. 6.

c) Anspruchsinhalte

aa) Arbeitsbefreiung unter Fortzahlung des Arbeitsentgelts

Das Betriebsratsmitglied ist unter den soeben genannten Voraussetzungen von der Arbeit freizustellen, um an der Veranstaltung teilzunehmen. Dieser Anspruch besteht für die Dauer von drei Wochen pro Amtszeit, für neu gewählte Mitglieder für vier Wochen.[566]

Auch im Fall der Schulungsteilnahme nach § 37 Abs. 7 BetrVG steht dem geschulten Betriebsratsmitglied gem. Abs. 7 S. 1 ein Anspruch auf Fortzahlung des Entgelts zu. Es gelten dieselben Regeln wie für die Schulungsteilnahme nach § 37 Abs. 6 BetrVG.[567]

bb) Freizeitausgleich

Fraglich ist, ob dem Betriebsratsmitglied auch ein Anspruch auf Freizeitausgleich zusteht, wenn es aus betriebsbedingten Gründen außerhalb seiner persönlichen Arbeitszeit an einer Veranstaltung i. S. d. Abs. 7 teilnimmt. Hierzu werden unterschiedliche Auffassungen vertreten.

(1) Anspruch auf Freizeitausgleich

Zum Teil wird ein Anspruch auf Freizeitausgleich bejaht, wenn ein Betriebsratsmitglied aus betriebsbedingten Gründen außerhalb der persönlichen Arbeitszeit an einer solchen Veranstaltung teilnimmt.[568] Das ergebe sich daraus, dass § 37 Abs. 7 S. 3 BetrVG die Regelungen der § 37 Abs. 6 S. 2 bis 6 in Bezug nehme, weshalb § 37 Abs. 3 BetrVG mittelbar gelte.

---

566 Fitting BetrVG § 37 Rn. 219; Glock in: Hess u.a. BetrVG § 37 Rn. 223; Heckes, Der Rechtsschutz gegen Behördenentscheidungen nach 37 Abs. 7 BetrVG, S. 21; Weber in: GK BetrVG I § 37 Rn. 215; Thüsing in: Richardi BetrVG § 37 Rn. 138, 164.
567 Siehe Teil 2: B. I. 2. c).
568 ArbG Bremen, Urteil vom 21.11.1985, Az. 8 Ca 8296/85, AuR 1986, 379; Däubler, Handbuch Schulung und Fortbildung, Rn. 442; Wolmerath in: Düwell BetrVG § 37 Rn. 56; Fitting BetrVG § 37 Rn. 226; Koch in: ErfK § 37 BetrVG Rn. 21.

(2) Kein Anspruch auf Freizeitausgleich

Teilweise wird ein Anspruch auf Freizeitausgleich für die Teilnahme an Schulungs- und Bildungsveranstaltungen nach § 37 Abs. 7 BetrVG gänzlich abgelehnt.[569] Zur Begründung wird vertreten, der Verweis in Abs. 7 S. 3 beziehe sich ausdrücklich nicht auf Abs. 6 S. 1, sodass die Regelung des Abs. 3 nicht in Bezug genommen werde. Die Inbezugnahme des Abs. 6 S. 2, der eingangs betriebsbedingte Gründe i. S. d. Abs. 3 definiert, sei ein redaktionelles Versehen und lasse keinen Schluss darauf zu, dass der Gesetzgeber den Freizeitausgleich mittelbar hätte anordnen wollen.

Weber weist außerdem auf den strukturellen Unterschied zwischen den Ansprüchen nach Abs. 6 und Abs. 7 hin: In Veranstaltungen nach Abs. 6 würden für die Betriebsratstätigkeit erforderliche Kenntnisse vermittelt, so dass auch die Teilnahme an der Veranstaltung als Amtsaufgabe des Mitglieds erforderlich sei. Hier habe der Arbeitgeber umfassend die Kosten zu tragen und Nachteile auszugleichen. Eine Schulungsteilnahme nach Abs. 7 hingegen erfolge ohne betriebsrätliche Veranlassung aus eigenem Entschluss des Mitglieds. Funktional erscheine ein Freizeitausgleich nur im Bereich erforderlicher Betriebsratstätigkeit gerechtfertigt.[570]

(3) Bewertung

Die Ansicht, in der dargestellten Situation bestehe ein Freizeitausgleichsanspruch, ist abzulehnen. Die Begründung ist sehr formalistisch und stützt sich neben dem Wortlaut auf keine weiteren Argumente. Außerdem spricht hiergegen, dass ein entsprechender Verweis auf die Regelung in Abs. 3 oder zumindest auf Abs. 6 S. 1, der wiederum auf Abs. 3 verweist, gerade fehlt. Hätte der Gesetzgeber einen Freizeitausgleichsanspruch gewähren wollen, wäre es ein Einfaches gewesen, vollumfänglich auf Abs. 6 zu verweisen.

Überzeugender sind die Argumente der Gegenansicht. Die Pflicht des Arbeitgebers zum Freizeitausgleich stellt einen Kostenpunkt der Weiterbildungsmaßnahme dar. Die Weiterbildung nach § 37 Abs. 7 BetrVG erfolgt zwar im Zusammenhang mit der Betriebsratstätigkeit, aber aus eigener Motivation und ohne betriebsverfassungsrechtlichen Anlass, so dass es sich bei den hierdurch entstehenden Kosten nicht um erforderliche Kosten handelt. Auch dieser Umstand spricht dafür, einen Freizeitausgleichsanspruch im Falle des § 37 Abs. 7 BetrVG zu versagen.

---

569 Glock in: Hess u.a. BetrVG § 37 Rn. 236; Greßlin, Teilzeitbeschäftigte Betriebsratsmitglieder, S. 159; Löwisch, BB 2001, 1734, 1742 f.; Weber in: GK BetrVG I § 37 Rn. 247 bis 249.
570 Weber in: GK BetrVG I § 37 Rn. 247 bis 249.

cc) Kostentragung

Im Gegensatz zu dem Anspruch nach § 37 Abs. 6 BetrVG steht dem Betriebsratsmitglied kein Aufwendungsersatzanspruch zu, wenn es an einer Schulung nach § 37 Abs. 7 BetrVG teilnimmt. Da die Kosten einer Schulungsteilnahme nach § 37 Abs. 7 BetrVG keine für die Betriebsratsarbeit erforderlichen Kosten darstellen, liegen die Voraussetzungen des § 40 Abs. 1 BetrVG nicht vor. Die Norm gilt nur für erforderliche Betriebsratstätigkeit.[571] Eine Kostentragung für die Teilnahme an geeigneten Schulungen i. S. d. § 37 Abs. 7 BetrVG schuldet der Arbeitgeber nicht.[572]

d) Rechtsschutz

Ebenso wie im Fall der Teilnahme an einer Schulungs- und Bildungsveranstaltung nach Abs. 6 besteht für den Arbeitgeber die Möglichkeit, die Einigungsstelle anzurufen, wenn er betriebliche Notwendigkeiten für nicht ausreichend berücksichtigt hält.[573]

Antragsberechtigt, gegen die Versagung der Anerkennung vorzugehen, sind der Träger der Schulungs- und Bildungsveranstaltung[574] und die für das Beteiligungsverfahren zuständigen Spitzenorganisationen der Gewerkschaften und Arbeitgeberverbände.[575] Ob auch ein einzelner Arbeitgeber einen anerkennenden Verwaltungsakt anfechten kann, wird unterschiedlich beantwortet: Das BAG hatte ursprünglich einmal die Befugnis eines einzelnen Arbeitgebers bejaht,[576] einen Anerkennungsbescheid anzufechten, diese Rechtsprechung später aber wieder aufgegeben.[577] In der Literatur herrscht über die Klagebefugnis des einzelnen Arbeitgebers Streit; überwiegend wird diese verneint.[578]

---

571 BAG, Beschluss vom 02.06.1986, Az. 7 ABR 76/86, juris, unter B. II. 2. der Gründe; BAG, Beschluss vom 19.04.1989, Az. 7 ABR 87/87, NZA 1989, 936, 936; Glock in: Hess u.a. BetrVG § 40 Rn. 10; Kauffmann-Lauven in: Moll ArbR § 62 Rn. 8; Wiese in: GK BetrVG I § 40 Rn. 10.
572 Klinkhammer, BB 1973, 1399, 1400; Kreft in: WPK BetrVG § 37 Rn. 45.
573 Kreitner in: Küttner Personalbuch 2012 „Betriebsratsschulung" Rn. 33.
574 Thüsing in: Richardi BetrVG § 37 Rn. 197.
575 Thüsing in: Richardi BetrVG § 37 Rn. 198.
576 BAG, Beschluss vom 06.04.1976, Az. 1 ABR 96/74, AP Nr. 23 zu § 37 BetrVG 1972, unter II. 3. a) der Gründe.
577 BAG, Beschluss vom 25.06.1981, Az. 6 ABR 92/79, AP Nr. 38 zu § 37 BetrVG 1972, unter II. der Gründe; BAG, Urteil vom 17.12.1981, Az. 6 AZR 546/78, AP Nr. 41 zu § 37 BetrVG 1972, unter 1. der Gründe.
578 Ausführlich dazu: Heckes, Der Rechtsschutz gegen Behördenentscheidungen nach 37 Abs. 7 BetrVG.

4. Verpflichtung nach § 37 Abs. 6 und 7 BetrVG?

Die bisherigen Ausführungen beschäftigten sich ausschließlich mit den Ansprüchen eines Betriebsratsmitglieds auf Weiterbildung. Es stellt sich ebenso die Frage, ob mit diesen Ansprüchen eine korrespondierende Verpflichtung des Betriebsratsmitglieds zur Teilnahme an Schulungs- und Bildungsveranstaltungen einhergeht.

a) Weiterbildung als Teil der Betriebsratstätigkeit

Dazu müsste die Teilnahme an Schulungs- und Bildungsveranstaltungen zur Tätigkeit des Betriebsratsmitglieds gehören.

Bei Bildungsveranstaltungen nach Abs. 6 besteht das Kriterium der Erforderlichkeit, was bedeutet, dass die dort zu erwerbenden Kenntnisse notwendige Voraussetzung für die ordnungsgemäße Betriebsratstätigkeit sein müssen. Da im Umkehrschluss die Tätigkeit als Mitglied des Betriebsrats nicht möglich ist, wenn das Betriebsratsmitglied nicht über diese Kenntnisse verfügt, entsteht eine so enge Verzahnung der Tätigkeiten, dass sie sachlich nicht voneinander getrennt werden können. Somit zählt bereits der Erwerb der erforderlichen Kenntnisse zur Betriebsratstätigkeit.[579]

Anders gestaltet sich die Situation, wenn geeignete Veranstaltungen nach Abs. 7 besucht werden. Diese stehen zwar im Zusammenhang mit der Betriebsratstätigkeit, sind aber gerade nicht erforderlich. Das Mitglied kann seinen betriebsverfassungsrechtlichen Aufgaben auch ohne die in dieser Veranstaltung vermittelten Kenntnisse nachkommen. In diesem Fall ist der Kenntniserwerb keine Aufgabe des Betriebsratsmitglieds und kann nicht der sonstigen Betriebsratsarbeit gleichgestellt werden.[580] Diesem Ergebnis entspricht es, dass das BetrVG den Arbeitgeber nicht verpflichtet, die durch die Teilnahme entstehenden Kosten zu tragen.

b) Bestehen einer Verpflichtung zur Weiterbildung

Denkbar ist der Fall, dass ein Betriebsratsmitglied die Teilnahme an erforderlichen Schulungsmaßnahmen beharrlich ablehnt. Dieses Verhalten wäre dann mit Konsequenzen verbunden, wenn das Betriebsratsmitglied zur Weiterbildung verpflichtet ist. Praxisrelevant sind die Fragen, ob die Verpflichtung zwangsweise durchgesetzt

---

579 BAG, Beschluss vom 29.01.1974, Az. 1 ABR 41/73, AP Nr. 5 zu § 40 BetrVG 1972, unter III. 3. der Gründe; BAG, Beschluss vom 21.04.1983, Az. 6 ABR 70/82, NJW 1984, 2309, 2309; Greßlin, Teilzeitbeschäftigte Betriebsratsmitglieder, S. 159.
580 BAG, Beschluss vom 29.01.1974, Az. 1 ABR 39/73, AP Nr. 9 zu § 37 BetrVG 1972, unter III. 2. der Gründe; Greßlin, Teilzeitbeschäftigte Betriebsratsmitglieder, S. 159.

oder zumindest sanktioniert werden kann. Das BAG und die Instanzrechtsprechung gehen ohne weitere Begründung vom Bestehen einer Verpflichtung aus.[581] Das erscheint etwas undifferenziert, da nicht geklärt wird, wem gegenüber eine Verpflichtung besteht. Insoweit kommen die Belegschaft, der Arbeitgeber und der Betriebsrat in Betracht.

aa) Verpflichtung gegenüber der Belegschaft

Der Betriebsrat ist Organ der Belegschaft.[582] Sie bestimmt die Zusammensetzung des Betriebsrats durch die Wahl der Betriebsratsmitglieder. Durch diese Mandatserteilung wird der Betriebsrat zwar nicht zum gesetzlichen Vertreter, aber zum Repräsentanten der Belegschaft. Er erhält durch die Mandatierung die Aufgabe, die Interessen der Belegschaft zu wahren und gegenüber dem Arbeitgeber zu vertreten.[583] Auch wenn es sich dabei um kein imperatives Mandat handelt,[584] die Arbeitnehmer also keine konkreten Verhaltensweisen von den Mitgliedern des Betriebsrats verlangen können, so schulden die Betriebsratsmitglieder doch die ordnungsgemäße Erfüllung der Amtspflichten. Dies folgt daraus, dass gem. § 23 Abs. 1 S. 1 BetrVG ein Viertel der wahlberechtigten Arbeitnehmer befugt ist, den Ausschluss eines Mitglieds aus dem Betriebsrat wegen grober Verletzung der gesetzlichen Pflichten zu beantragen.[585]

Da die Teilnahme an erforderlichen Schulungs- und Bildungsveranstaltungen i. S. d. Abs. 6 als Teil der Betriebsratstätigkeit anzusehen ist, weil sie die Voraussetzungen für die Erfüllung der übrigen Amtsaufgaben verschafft, stellt sie nach

---

581 BAG, Beschluss vom 29.01.1974, Az. 1 ABR 41/73, AP Nr. 5 zu § 40 BetrVG 1972, unter III. 3. der Gründe; BAG, Beschluss vom 21.04.1983, Az. 6 ABR 70/82, NJW 1984, 2309, 2309; ArbG Marburg, Beschluss vom 08.06.1990, Az. 2 BV 4/90, unter B. I. der Gründe; LAG Bremen, Beschluss vom 03.11.2000, Az. 4 TaBv 10/00, NZA-RR 2001, 310, 312; LAG Nürnberg, Beschluss vom 25.02.2003, Az. 2 TaBv 24/02, juris, unter II. B. 3. d. der Gründe; LAG Hessen, Beschluss vom 19.08.2004, Az. 9 TaBvGa 114/04, juris, unter II. der Gründe.
582 Richardi in: Richardi BetrVG Einleitung Rn. 100.
583 Richardi in: Richardi BetrVG Einleitung Rn. 85.
584 BVerfG vom 27.03.1979, Az. 2 BvR 1011/78, AP Nr. 31 zu Art. 9 GG, unter III. 2. a); v. Hoyningen-Huene, Betriebsverfassungsrecht, S. 64; Richardi in: Richardi BetrVG Einleitung Rn. 104.
585 Zu den Anforderungen an eine grobe Pflichtverletzung siehe: BAG, Beschluss vom 22.06.1993, Az. 1 ABR 62/92, AP Nr. 22 zu § 23 BetrVG 1972, unter III. 3. a) der Gründe; Besgen in: BeckOK Arbeitsrecht § 23 BetrVG Rn. 18.

der Rechtsprechung des BAG eine Amtspflicht dar.[586] Dem wird in der Literatur zugestimmt.[587]

Daraus ergibt sich eine Verpflichtung der Betriebsratsmitglieder gegenüber der Belegschaft zur Weiterbildung. Allerding ist zu beachten, dass es sich um keine einklagbare oder anderweitig zwangsweise durchsetzbare Pflicht handelt: Die einzige Konsequenz der Nichtweiterbildung ist die Möglichkeit zur Einleitung des Amtsenthebungsverfahrens nach § 23 Abs. 1 S. 1 BetrVG.

bb) Verpflichtung gegenüber dem Arbeitgeber

Ferner könnte man an eine Verpflichtung gegenüber dem Arbeitgeber denken. Dafür spricht, dass auch der Anspruch auf Weiterbildung gegenüber dem Arbeitgeber besteht.

Es stellt sich die Frage, ob eine Verpflichtung gegenüber dem Arbeitgeber gesetzlich intendiert ist. Die Schutzfunktion des Betriebsrats[588] besteht in Bezug auf die Belegschaft, nicht in Bezug auf den Arbeitgeber. Das Verhältnis zwischen Arbeitgeber und Betriebsrat, das sogenannte Betriebsverhältnis,[589] ist von kooperativer Zusammenarbeit zum Wohl des Betriebes geprägt. Gesetzlich niedergelegt ist diese Vorstellung im Gebot der vertrauensvollen Zusammenarbeit gem. § 2 Abs. 1 BetrVG.

Zwar bestehen auch Amtspflichten des Betriebsrats und seiner Mitglieder gegenüber dem Arbeitgeber, gegen deren grobe Verletzung der Arbeitgeber gem. § 23 Abs. 1 S. 1 BetrVG vorgehen kann. Allerdings handelt es sich bei diesen Pflichten stets um solche, die zum Schutz der arbeitgeberseitigen Rechte bestehen. Als Beispiele sind im Kontext des § 37 Abs. 6 und 7 BetrVG die Pflicht zur Berücksichtigung der betrieblichen Erfordernisse und die Unterrichtungspflicht zu nennen. Allgemein ist an die Pflicht zur Unterstützung des Arbeitgebers gem. § 89 Abs. 1 BetrVG und die Pflicht, an Sitzungen des Arbeitgebers teilzunehmen, §§ 74 Abs. 1, 89 Abs. 3 BetrVG, zu denken. Die Schulungsteilnahme dient nicht der Wahrung arbeitgeberseitiger Interessen.

---

586 BAG, Beschluss vom 29.01.1974, Az. 1 ABR 41/73, AP Nr. 5 zu § 40 BetrVG 1972, unter III. 3. der Gründe; BAG, Beschluss vom 21.04.1983, Az. 6 ABR 70/82, NJW 1984, 2309, unter II. 3. a) aa) der Gründe.
587 Becker in: LexisNexis BetrVG § 37 Rn. 41; Däubler, Handbuch Schulung und Fortbildung, Rn. 158; Fitting BetrVG § 37 Rn. 137; Weber in: GK BetrVG I § 37 Rn. 145; Wedde in: DKKW BetrVG § 37 Rn. 108; Wolmerath in: Düwell BetrVG § 37 Rn. 30.
588 v. Hoyningen-Huene, Betriebsverfassungsrecht, S. 64.
589 v. Hoyningen-Huene, Betriebsverfassungsrecht, S. 56.

Ebenfalls könnte man an eine Erweiterung der allgemeinen Leistungspflicht des Arbeitnehmers im Rahmen seines Individualvertrages denken. Wenn der Arbeitgeber ein Betriebsratsmitglied anweisen könnte, an einer Schulungs- und Bildungsmaßnahme teilzunehmen, würde die Weigerung zur Weiterbildung eine Arbeitsvertragsverletzung darstellen. In diesem Fall kämen Ermahnung, Abmahnung und verhaltensbedingte Kündigung in Betracht. Das würde aber dem System der Betriebsverfassung widersprechen, da der Betriebsrat seine Aufgaben selbständig wahrnimmt und nicht dem Weisungsrecht des Arbeitgebers unterliegt.[590] Die Weiterbildung erfolgt nur in Bezug auf das Betriebsratsamt und steht in keinem Zusammenhang mit dem Individualvertrag, so dass eine Verpflichtung auch nicht über diesen Umweg konstruiert werden kann.

Das Betriebsratsmitglied ist nicht gegenüber dem Arbeitgeber zur Weiterbildung verpflichtet.

cc) Verpflichtung gegenüber dem Betriebsrat

Zuletzt stellt sich die Frage, ob das Mitglied gegenüber dem Betriebsrat als Gremium verpflichtet ist, sich weiterzubilden. Der Betriebsrat ist zwar weder rechts- noch vermögensfähig. Dennoch besitzt er eine betriebsverfassungsrechtliche Rechts- und Handlungsbefugnis, so dass er tauglicher Anspruchsinhaber ist.[591]

Wie dargelegt dient der Anspruch nach Abs. 6 dem Zweck, dass der Betriebsrat als Gremium seine gesetzlichen Aufgaben erfüllen kann.[592] Dem Betriebsrat kommt hinsichtlich der Entscheidung, welche Kenntnisse für die Arbeit des Gremiums erforderlich sind, ein Beurteilungsspielraum zu. Ebenso hat er einen Beurteilungsspielraum dahingehend, welches Mitglied die Veranstaltung besuchen soll. Daher ist mit der wirksamen Beschlussfassung nicht nur der Anspruch des entsandten Mitglieds entstanden, sondern auch eine entsprechende Verpflichtung gegenüber dem Betriebsrat.

II. Die Schulungsansprüche als Gegenstand von Tarifvertrag und Betriebsvereinbarung

Über den soeben besprochenen gesetzlichen Rahmen hinaus ist es denkbar, ergänzende Regelungen in einem Tarifvertrag oder einer Betriebsvereinbarung zu

---

590 v. Hoyningen-Huene, Betriebsverfassungsrecht, S. 52.
591 BAG, Urteil vom 24.04.1986, Az. 6 AZR 607/83, NZA 1987, 100, 101; Koch in: ErfK § 1 BetrVG Rn. 18.
592 Siehe Teil 2: B. I. 1. c).

treffen. In Betracht kommen etwa eine Konkretisierung der Ansprüche dergestalt, dass der unbestimmte Rechtsbegriff der Erforderlichkeit ausgefüllt wird, eine Erweiterung des Schulungsanspruchs in thematischer Hinsicht erfolgt oder ein zeitliches Kontingent für Schulung und Fortbildung festgelegt wird.

Der Abschluss von Betriebsvereinbarungen zur Konkretisierung der durch das Betriebsverfassungsgesetz gewährten Schulungsansprüche wird allgemein als zulässig angesehen.[593] Zur Vermeidung von Rechtsstreitigkeiten zwischen Arbeitgeber und Betriebsrat sei es praktisch sinnvoll, sich auf ein dem Betriebsrat als Gremium zustehendes bestimmtes Kontingent an Schulungstagen zu einigen, über deren Verteilung betriebsratsintern entschieden wird.[594]

Sofern keine bloß konkretisierende Regelung getroffen wird, sondern der Umfang der Schulungsansprüche zum Gegenstand der Vereinbarung wird, sind die durch das BetrVG gesteckten Grenzen zu beachten: Die Rechte des Betriebsrats dürfen generell nicht beschränkt oder gar in Frage gestellt werden.[595] Ob eine Erweiterung der Schulungsansprüche zulässig ist, wird nicht einheitlich beantwortet. Vereinzelt wird jede Ausweitung als unzulässige Begünstigung i. S. d. § 78 S. 2 BetrVG angesehen,[596] zum Teil wird eine Erweiterung für zulässig erachtet, solange die Erweiterung nicht uferlos ist.[597] Hierzu kann folgendes **Beispiel** angeführt werden:

Beispiel: Nach der zweitgenannten Auffassung könnte der Schulungsanspruch gem. § 37 Abs. 6 BetrVG durch Betriebsvereinbarung auf alle Seminarthemen erweitert werden, die zumindest potenziell zum Aufgabengebiet des Betriebsrats zählen, wenn es auch aktuell an der „*Erforderlichkeit*" fehlt.

Der Vorwurf der unzulässigen Begünstigung i. S. d. § 78 S. 2 BetrVG würde dann durchgreifen, wenn durch die Betriebsvereinbarung die Teilnahme an Schulungen ermöglicht würde, die in keinem Zusammenhang mit der Betriebsratstätigkeit

---

593 BAG, Beschluss vom 06.04.1976, Az. 1 ABR 96/74, AP Nr. 23 zu § 37 BetrVG 1972, unter III.1. der Gründe; Däubler, Handbuch Schulung und Fortbildung, S. 346.
594 Däubler, Handbuch Schulung und Fortbildung, Rn. 345; Fitting BetrVG § 37 Rn. 176; Künzl, ZfA 1993, 341, 353; Wedde in: DKKW BetrVG § 37 Rn. 155; Weiss/Weyand BetrVG § 37 Rn. 34.
595 BAG, Beschluss vom 09.06.1999, Az. 7 ABR 66/97, AP Nr. 66 zu § 40 BetrVG 1972, unter B. II. 4. a) der Gründe, allerdings bezogen auf die Beschränkung der Ansprüche gem. § 40 BetrVG durch Tarifvertrag.
596 Weber in: GK BetrVG I § 37 Rn. 196.
597 Däubler, Handbuch Schulung und Fortbildung, S. 347; Fitting BetrVG § 37 Rn. 176.

stehen. Sofern jedoch ein zumindest potenzieller Bezug zur Betriebsratstätigkeit vorliegt, handelt es sich um eine Veranstaltungsteilnahme, die unter Abs. 6 fallen würde, sobald der Anlass konkret würde. Durch das Kriterium des zumindest potenziellen Bezugs wird verhindert, dass rein privatnützliche Veranstaltungen besucht werden. Somit handelt es sich lediglich um eine antizipierte und pauschalierte Regelung der Schulungsteilnahme, um Rechtsstreit zu vermeiden. Da die erworbenen Kenntnisse auf die Ausübung der Betriebsratstätigkeit gerichtet sind, kommen die Vorteile für das Betriebsratsmitglied auch mittelbar der Belegschaft zugute, indem ihre Interessen durch ein fachlich gut vorbereitetes und geschultes Mitglied vertreten werden. Eine unzulässige Begünstigung kann daher nicht schon in jeder Erweiterung des Schulungsanspruchs gesehen werden, sondern nur in einer unbeschränkten Ausweitung, die keinen Anknüpfungspunkt an die Betriebsratstätigkeit fordert.

III. Fazit

In § 37 Abs. 6 und 7 BetrVG hat der Gesetzgeber für Betriebsratsmitglieder ein Weiterbildungssystem geschaffen, das den Erwerb der für die Betriebsratstätigkeit erforderlichen und geeigneten Kenntnisse ermöglicht. Die Zielsetzung dieser Regelungen bestimmt die Inhalte. Sie ist auf die Herstellung intellektueller Parität gerichtet, weil echte Mitbestimmung nur auf derselben Augenhöhe mit dem Arbeitgeber stattfinden kann. Intellektuelle Parität bezieht sich ausschließlich auf die Bereiche, in denen dem Betriebsrat Befugnisse zustehen. Eine allgemeine Weiterbildung, die nicht im Zusammenhang mit der Betriebsratstätigkeit steht, würde einen Verstoß gegen das Begünstigungsverbot gem. § 78 S. 2 BetrVG darstellen.

Anspruchsinhaber des Anspruchs aus § 37 Abs. 6 BetrVG ist neben dem Betriebsrat auch das einzelne Betriebsratsmitglied. Die beiden Ansprüche haben dieselben Voraussetzungen und entstehen zeitgleich. Bei der Prüfung der Anspruchsvoraussetzung bietet das Kriterium der *„Erforderlichkeit"* mitunter Schwierigkeiten, da es sich um einen unbestimmten Rechtsbegriff handelt, ist aber ein im Ergebnis greifbares Kriterium. Weitere Voraussetzungen sind Betriebsratsbeschluss und Unterrichtung des Arbeitgebers. Die Anspruchsinhalte sind weitreichend und von der Erforderlichkeit im konkreten Fall abhängig. Grundsätzlich ist keine Eingrenzung der Schulungsteilnahme durch eine Verhältnismäßigkeitsprüfung vorzunehmen. Um den Arbeitgeber nicht unzumutbar zu belasten, ist in besonderen Einzelfällen die Verhältnismäßigkeit der Maßnahme für den Arbeitgeber zu prüfen. Der Arbeitgeber hat Möglichkeiten, Gründe vorzutragen, die der Geltendmachung der Schulungs- und Bildungsansprüche entgegenstehen. Auf diese Weise werden auch seine Rechte gewahrt.

Durch das Nebeneinander der Ansprüche nach § 37 Abs. 6 und Abs. 7 BetrVG besteht ein umfassendes Regelungsinstrument, das eine angemessene Vorbereitung auf das Amt ermöglicht.

Voraussetzung des Anspruchs nach Abs. 7 ist neben der *„Geeignetheit"* der Veranstaltung ein Betriebsratsbeschluss. Dieser Bezieht sich nicht auf das „Ob" der Veranstaltungsteilnahme, sondern auf die zeitliche Lage. Obwohl das Kriterium der Geeignetheit ebenfalls ein unbestimmter Rechtsbegriff ist, bestehen hier kaum praktische Schwierigkeiten, da in einem Anerkennungsverfahren durch die zuständige oberste Arbeitsbehörde des Landes die Geeignetheit festgestellt wird. Der Anspruch hat die bezahlte Freistellung zum Inhalt und erstreckt sich mangels gesetzlicher Regelung weder auf Freizeitausgleich noch auf die Kostentragung für die Schulungsmaßnahme selbst.

Das einzelne Betriebsratsmitglied ist wegen seiner Schutzfunktion zugunsten der Belegschaft dieser gegenüber verpflichtet, an erforderlichen Veranstaltungen nach Abs. 6 teilzunehmen. Eine solche Verpflichtung besteht gegenüber dem Arbeitgeber nicht, da die Schulungsteilnahme nicht der Wahrung der Interessen des Arbeitgebers dient und mangels Bezug zum Individualarbeitsverhältnis nicht im Wege des Direktionsrechts verlangt werden kann.

Nach gefasstem Entsendebeschluss ist das entsandte Mitglied gegenüber dem Gremium Betriebsrat verpflichtet, an der Schulungs- und Bildungsveranstaltung teilzunehmen, da diesem auf Grund des Zwecks der Norm und seines Beurteilungsspielraums eine solche Entscheidungsbefugnis zusteht.

Der Anspruch auf Schulung und Fortbildung kann durch Tarifvertrag oder Betriebsvereinbarung erweitert werden, wobei ein zumindest potenzieller Bezug zur Betriebsratstätigkeit bestehen muss, um die Mitglieder des Betriebsrats nicht unzulässig i. S. d. § 78 S. 2 BetrVG zu begünstigen.

Insgesamt besteht damit ein ausbalanciertes Gesetzessystem, das den Mitgliedern des Betriebsrats eine umfassende Vorbereitung auf die ihnen bevorstehenden Aufgaben ermöglicht, ohne dabei die Rechte des Arbeitgebers zu missachten.

C. Weiterbildung anderer Interessenvertreter

Neben dem Betriebsrat bestehen noch andere Gruppen von Interessenvertretern, die teilweise ähnliche Funktionen und Aufgaben erfüllen wie der Betriebsrat. Nachdem festgestellt werden konnte, welchem Zweck die Weiterbildungsregelungen der § 37 Abs. 6 und 7 BetrVG dienen und welche Inhalte sie haben, ist die Weiterbildungssituation anderer betrieblicher Interessenvertreter aussieht. Zum einen könnten auf Grund eigenständiger Vorschriften entsprechende Rechte und Pflichten bestehen. Zum anderen kommt in Betracht, dass aus den § 37 Abs. 6 und 7 BetrVG über die Betriebsratsmitglieder hinaus auch andere Interessenvertreter Reche herleiten und verpflichtet werden können. Da vielfach keine eigenständigen Weiterbildungsansprüche gesetzlich geregelt sind, ist zu prüfen, ob das ausbalancierte System von Schulung und Fortbildung nur für Betriebsräte Geltung findet oder ob eine analoge Anwendung in Betracht kommt.

I. Ersatzmitglieder des Betriebsrats

1. Anforderungen an Ersatzmitglieder des Betriebsrats

Bei den Betriebsratswahlen werden nicht bloß die ordentlichen Mitglieder gewählt, sondern auch Ersatzmitglieder bestimmt. Sie nehmen die Funktion von Betriebsratsmitgliedern wahr, die vorübergehend gehindert sind, ihr Amt auszuüben, § 25 BetrVG. Die Vertretung durch Ersatzmitglieder dient dem Zweck, stets die Arbeits- und Beschlussfähigkeit des Betriebsrats zu gewährleisten. Daher kommen Ersatzmitgliedern im Falle ihres Vertretens dieselben Aufgaben zu wie ordentlichen Betriebsratsmitgliedern.

2. Anspruch auf Weiterbildung

Die rechtliche Stellung der Ersatzmitglieder bzgl. ihrer Berechtigung zur Teilnahme an Schulungs- und Bildungsveranstaltungen wird situationsbezogen unterschiedlich beurteilt. Nach allgemeiner Auffassung soll ihnen grundsätzlich kein Anspruch auf Teilnahme an Schulungs- und Bildungsveranstaltungen zukommen.[598] Nur Ersatzmitglieder, die in den Betriebsrat nachgerückt sind haben Ansprüche gem. § 37 Abs. 6 und 7 BetrVG. Mit dem Nachrücken werden sie zu ordentlichen vollwertigen Mitgliedern und erlangen demzufolge dieselbe rechtliche Stellung.

Obwohl diejenigen Ersatzmitglieder, die nur vertretungsweise im Betriebsrat tätig werden, keine ordentlichen Betriebsratsmitglieder sind, wird auch diesen ein Weiterbildungsanspruch nach Abs. 6 zugesprochen, wenn sie in ständiger und häufiger Wiederholung oder für längere Zeit nachrücken.[599] Zu beachten ist allerdings, dass auch in diesem Fall die Anspruchsvoraussetzungen vorliegen müssen, also die Schulung des Ersatzmitglieds für die Arbeit des Betriebsrats erforderlich sein muss.[600] Ein Schulungsanspruch nach § 37 Abs. 7 BetrVG wird hingegen allgemein abgelehnt.[601] Mangels Erforderlichkeitsprüfung fehlt es an einem konkreten Bezug zur Tätigkeit.

3. Verpflichtung zur Weiterbildung

Ebenso wie den ordentlichen Mitgliedern des Betriebsrats kommt auch den dauerhaft oder häufig nachrückenden Ersatzmitgliedern die Aufgabe zu, die Arbeitnehmerinteressen verantwortungsvoll zu vertreten. Dazu müssen sie über die erforderlichen Kenntnisse verfügen. Da die argumentative Grundlage für den Anspruch auf Weiterbildung für Ersatzmitglieder des Betriebsrats die Arbeitsfähigkeit des Betriebsrats ist, entsteht korrespondierend mit diesem Anspruch auf Grund derselben Argumentation auch eine entsprechende Verpflichtung zur Weiterbildung gegenüber der Belegschaft und gegenüber dem Betriebsrat.[602]

---

598 Wedde in: DKKW BetrVG § 37 Rn. 145; Fitting BetrVG § 37 Rn. 178; Glock in: Hess u.a. BetrVG § 37 Rn. 167.
599 BAG, Beschluss vom 10.05.1974, Az. 1 ABR 47/73, AP Nr. 2 zu § 65 BetrVG, unter III. 4. der Gründe; BAG, Beschluss vom 15.05.1986, Az. 6 ABR 64/83, AP Nr. 53 zu § 37 BetrVG, unter II. 2. der Gründe; BAG, Beschluss vom 19.09.2001, Az. 7 ABR 32/00, AP Nr. 9 zu § 25 BetrVG 1972, unter B. I. der Gründe; Becker in: LexisNexis BetrVG § 37 Rn. 51; Däubler, Handbuch Schulung und Fortbildung, Rn. 355; Fitting BetrVG § 37 Rn. 179; Glock in: Hess u.a. BetrVG § 37 Rn. 167.
600 BAG, Beschluss vom 15.05.1986, Az. 6 ABR 64/83, AP Nr. 53 zu § 37 BetrVG 1972, unter II. 2. a) der Gründe; BAG, Beschluss vom 14.12.1994, Az. 7 ABR 31/94, AP Nr. 100 zu § 37 BetrVG 1972, unter B. II. der Gründe; BAG, Beschluss vom 19.09.2001, Az. 7 ABR 32/00, AP Nr. 9 zu § 25 BetrVG 1972, unter B. 2. a) der Gründe; Thüsing in: Richardi BetrVG § 37 Rn. 109.
601 BAG, Beschluss vom 14.12.1994, Az. 7 ABR 31/94, AP Nr. 100 zu § 37 BetrVG 1972, unter II. 2. der Gründe.
602 Siehe Teil 2: B. I. 4.

II. Mitglieder des Wahlvorstandes

1. Anforderungen an Mitglieder des Wahlvorstandes

Die Aufgaben des Wahlvorstandes bestehen in der Vorbereitung und Durchführung der Wahl sowie in der Feststellung des Wahlergebnisses gem. § 18 Abs. 1 S. 1 BetrVG. Ferner obliegt ihm gem. § 29 Abs. 1 BetrVG die Einberufung des Betriebsrats zur konstituierenden Sitzung.

2. Anspruch auf Weiterbildung

Trotz der zum Teil komplexen Vorschriften über die Betriebsratswahl gibt es für die Mitglieder des Wahlvorstands keine ausdrückliche Vorschrift über die Berechtigung zur Teilnahme an Schulungs- und Bildungsveranstaltungen. Auch fehlt es an einer Anordnung einer entsprechenden Anwendung des § 37 Abs. 6 BetrVG.

Gleichwohl spricht das BAG seit 1984 einen Schulungsanspruch für Mitglieder des Wahlvorstandes zu.[603] Das BAG begründet seine Auffassung mit der Schwierigkeit der Materie insbesondere für neu gewählte Mitglieder und mit der außerordentlichen Bedeutung für die Wirksamkeit der Wahl. Ferner bestehe ansonsten die Gefahr, dass die Betriebsratswahlen wegen Fehlerhaftigkeit wiederholt werden müssen. Dadurch entstünden dem Arbeitgeber erhebliche Kosten, was zu verhindern sei.[604] Die rechtliche Konstruktion dieses Anspruchs legt das BAG nicht dar.

Dieses Ergebnis findet in Rechtsprechung und Literatur Zustimmung.[605] Der fehlende Verweis auf Abs. 6 wird teilweise als unschädlich angesehen, weil er nicht erforderlich sei: Da § 37 Abs. 6 BetrVG lediglich konkretisiere, was § 37 Abs. 2 BetrVG bereits im Allgemeinen regele, ergebe sich der Schulungsanspruch bzgl. der für die Arbeit im Wahlvorstand erforderlichen Kenntnisse schon aus § 37 Abs. 2 BetrVG.[606]

---

603 BAG, Urteil vom 07.06.1984, Az. 6 AZR 3/82, NZA 1985, 66 ff.; AG, Urteil vom 26.04.1995, Az. 7 AZR 874/94, NZA 1996, 160, 160.
604 BAG, Urteil vom 07.06.1984, Az. 6 AZR 3/82, NZA 1985, 66, 66.
605 LAG Hamm, Beschluss vom 30.11.1972 Az. 8 BV Ta 27/72, DB 1973, 288; LAG S-H, Urteil vom 07.07.1994, Az. 4 Sa 88/94, BB 1995, 466; ArbG Frankfurt a.M., Beschluss vom 03.03.1999, Az. 14 BV 210/98, AiB 1999, 401, 401; Fitting BetrVG § 20 Rn. 39; Koch in: Schaub Arbeitsrechts-Hdb. § 218 Rn. 9; Kreutz in: GK BetrVG I § 20 Rn. 60; Galperin/Löwisch BetrVG I § 20 Rn. 23; Joost in: MüArbR § 216 Rn. 140; Reichold in: HWK § 20 BetrVG Rn. 13; Nicolai in: Hess u.a. BetrVG § 20 Rn. 37.
606 ArbG Frankfurt a.M., Beschluss vom 03.03.1999, Az. 14 BV 210/98, AiB 1999, 401, 401; Thüsing in: Richardi BetrVG § 37 Rn. 111.

Diese Vorgehensweise überzeugt. Zwar ist Abs. 6 im Verhältnis zu Abs. 2 die speziellere und damit vorrangige Vorschrift. Dessen Anwendungsbereich ist aber mangels Bezugnahmenorm nicht eröffnet. Es sprechen keine systematischen Gründe gegen die Anwendung des § 37 Abs. 2 BetrVG. Wahlvorstandsmitglieder können sich im Ergebnis auf den allgemeinen § 37 Abs. 2 BetrVG als Anspruchsgrundlage für die Teilnahme an Schulungen stützen.

3. Verpflichtung zur Weiterbildung

Anders als die Mitglieder des Betriebsrats werden die Mitglieder des Wahlvorstands nicht durch die Belegschaft gewählt, sondern gem. § 16 Abs. 1 BetrVG durch den Betriebsrat bestellt. Auch kommt dem Wahlvorstand gegenüber der Belegschaft keine schützende Funktion zu, so dass hier – anders als bei den Betriebsratsmitgliedern – keine Verpflichtung zur Schulungsteilnahme begründet werden kann.

Die Beziehung zum Arbeitgeber hingegen ist durch die Verantwortung geprägt, die Wahlen ordnungsgemäß durchzuführen und somit den Arbeitgeber vor einer unnötigen Kostenbelastung durch Wahlwiederholung zu bewahren. Unter Umständen käme für den Fall der Verweigerung der Weiterbildung und einer deshalb fehlerhaften Wahl ein Schadensersatzanspruch des Arbeitgebers gegenüber dem Wahlvorstandsmitglied gem. § 280 Abs. 1 BGB in Betracht. Auf Grund dieser Schutzfunktion kann eine Verpflichtung zur Weiterbildung bejaht werden.

Da die Mitglieder des Wahlvorstandes durch den Betriebsrat bestellt werden, besteht zwischen ihnen eine mit dem Verhältnis von Betriebsrat zur Belegschaft vergleichbare Beziehung. Der Wahlvorstand trägt die Verantwortung für die ordnungsgemäße Wahldurchführung, so dass ihm gegenüber dem Betriebsrat eine Schutzfunktion zukommt. Dieser hat er durch qualifizierte Arbeit nachzukommen, so dass gegenüber dem Betriebsrat bei Vorliegen der Voraussetzungen eine Verpflichtung zur Weiterbildung besteht.

III. Mitglieder des Gesamt- und des Konzernbetriebsrats

1. Anforderungen an Mitglieder des Gesamt- und Konzernbetriebsrats

Der Gesamtbetriebsrat gem. §§ 47 ff. BetrVG besitzt betriebsübergreifende Kompetenz und hat eine Reihe gesetzlich zugewiesener Aufgaben, die umfangreich und schwierig sind und sich nicht mit den Aufgaben des Betriebsrats decken.[607] Ebenso haben die Mitglieder des Konzernbetriebsrats, der in den §§ 54 ff. BetrVG vorgesehen ist, komplizierte Aufgaben, die von einem juristischen Laien nicht im Selbststudium erlernt werden können.[608]

2. Anspruch auf Weiterbildung

Auf Grund dieser Aufgaben erscheint ein Anspruch auf Teilnahme an Schulungs- und Bildungsveranstaltungen notwendig, jedoch fehlt eine Inbezugnahme des § 37 Abs. 6 und 7 BetrVG.

a) Kein selbständiger Schulungsanspruch

Nach allgemeiner Auffassung in Rechtsprechung und Literatur begründet die Mitgliedschaft im Gesamtbetriebsrat oder im Konzernbetriebsrat keinen selbständigen Anspruch auf Arbeitsbefreiung zur Teilnahme an Schulungs- und Bildungsveranstaltungen.[609] Jedoch wird der oben aufgezeigte Bedarf nach Schulung der Mitglieder des Gesamt- und des Konzernbetriebsrats in der Praxis dadurch gedeckt, dass diese nach überwiegender Auffassung die Ansprüche aus § 37 Abs. 6 und 7 BetrVG in ihrer Ursprungsfunktion als Betriebsratsmitglied geltend machen können.[610] Dabei umfasse der Inhalt der möglichen Veranstaltungen die für die Tätigkeit im Gesamt

---

607 Die Bestellung der Europäischen Betriebsräte gem. § 11 EBRG; die Anfechtung der Wahl der Aufsichtsratsmitglieder der Arbeitnehmer gem. §§ 76 BetrVG 1952, 22 Abs. 2 MitbestG; die Bestellung des Wahlvorstandes, §§ 16 Abs. 3 BetrVG und § 17 Abs. 1 BetrVG; die Errichtung des Konzernbetriebsrats (§§ 54 BetrVG ff); die Mitwirkung bei der Bestellung des Wahlvorstandes für die Wahl der Aufsichtsratsmitglieder der Arbeitnehmer nach BetrVG 1952, MitbestErgG und MitbestG.
608 Für Betriebsratsmitglieder: BAG, Beschluss vom 15.05.1986, Az. 6 ABR 74/83, AP Nr. 54 zu § 37 BetrVG 1972, unter II. 2. c) der Gründe; BAG, Beschluss vom 16.10.1986, Az. 6 ABR 14/84, AP Nr. 58 zu § 37 BetrVG 1972, unter II. 1. c) bb) der Gründe; BAG, Beschluss vom 19.09.2001, Az. 7 ABR 32/00, AP Nr. 9 zu § 25 BetrVG 1972, unter B. I. 1. der Gründe.
609 BAG, Beschluss vom 10.06.1975, Az. 1 ABR 140/73, AP Nr. 1 zu § 73 BetrVG 1972, unter III. 2. der Gründe; Joost in: MüArbR § 225 Rn. 80, § 227 Rn. 68.
610 Joost in: MüArbR § 225 Rn. 80, § 227 Rn. 68; Reinecke in: Küttner Personalbuch 2012 „Gesamtbetriebsrat" Rn. 24.

betriebsrat erforderlichen Thematiken.[611] Diese Handhabung wird damit begründet, dass die Tätigkeit im Gesamtbetriebsrat Ausfluss der Tätigkeit im Betriebsrat sei,[612] und die dort anfallenden Aufgaben zum Pflichtenkreis eines in den Gesamtbetriebsrat entsandten Betriebsratsmitglieds gehören. Für die Mitglieder des Konzernbetriebsrats solle diese mit derselben Begründung auch gelten. Insoweit ergeben sich keine Unterschiede zu der Rechtsstellung der Gesamtbetriebsratsmitglieder.

b) Bewertung

Diese Argumentation ist überzeugend, da sowohl die Mitgliedschaft im Gesamt- als auch die im Konzernbetriebsrat auf die Mitgliedschaft im Betriebsrat zurückgeht. Dementsprechend erweitert sich durch die Wahl in eines der überbetrieblichen Gremien der Aufgabenkreis, so dass weitergehende Kenntnisse zur Erfüllung der betriebsverfassungsrechtlichen Amtspflichten erforderlich sind. Durch die Erweiterung des Aufgabenkreises ändert sich nichts an den Voraussetzungen des Schulungs- und Bildungsanspruchs, deren Vorliegen genauso wie für Betriebsratsmitglieder zu prüfen ist.

3. Verpflichtung zur Weiterbildung

Da sich die Mitgliedschaft im Gesamtbetriebsrat bzw. im Konzernbetriebsrat aus der Ursprungsmitgliedschaft im Betriebsrat ableitet, sind die Schulungsansprüche gem. § 37 Abs. 6 und 7 BetrVG auf die Mitgliedschaft im Gesamt- bzw. Konzernbetriebsrat zu erstrecken. Konsequent wäre es, auch die bestehende Verpflichtung zur Weiterbildung auf das weitere Amt auszuweiten. Wie ausgeführt erweitert sich der Aufgabenkreis durch die zusätzliche Mitgliedschaft in einem der weiteren Gremien. Die Pflicht zur ordnungsgemäßen Amtsausübung besteht sodann für die Mitgliedschaft in beiden Gremien. Demgemäß sind die Mitglieder des Gesamt- bzw. Konzernbetriebsrats gegenüber der Belegschaft und dem Betriebsrat, dem sie angehören, auch verpflichtet, sich das für die Arbeit in einem der überbetrieblichen Gremien erforderliche Wissen durch Weiterbildung anzueignen.

---

611 BAG, Beschluss vom 06.11.1973, Az. 1 ABR 8/73, AP Nr. 5 zu § 37 BetrVG 1972, unter 6. der Gründe; Annuß in: Richardi BetrVG § 51 Rn. 50; Fitting BetrVG § 51 Rn. 43; Kreutz in: GK BetrVG I § 51 Rn. 54.
612 Annuß in: Richardi BetrVG § 51 Rn. 48, 50.

IV. Mitglieder des Wirtschaftsausschusses

1. Anforderungen an die Mitglieder Wirtschaftsausschusses

Der Wirtschaftsausschuss stellt ein die Arbeitnehmer repräsentierendes Gremium dar, dessen Aufgabe es ist, die wirtschaftliche Entwicklung des Unternehmens und die sich daraus ergebenden Auswirkungen auf die Personalplanung zu kontrollieren. Zu diesem Zweck wird der Wirtschaftsausschuss durch Zurverfügungstellung der entsprechenden Unterlagen unterrichtet und berät sich hierüber gemeinsam mit dem Arbeitgeber. Zu den wirtschaftlichen Angelegenheiten zählen beispielsweise die wirtschaftliche und finanzielle Lage des Unternehmens,[613] die Produktions- und Absatzlage, Rationalisierungsvorhaben, die geplante Stilllegung, Verlegung oder der Zusammenschluss von Betrieben oder Betriebsteilen.[614] Um diese Aufgaben erfüllen zu können, müssen die Mitglieder über wirtschaftliches und betriebswirtschaftliches Verständnis verfügen.

2. Anspruch auf Weiterbildung

Es ist umstritten, ob und gegebenenfalls in welchem Umfang für Mitglieder des Wirtschaftsausschusses Schulungsansprüche bestehen. Hierzu wird teilweise vertreten, dass die Regelungen für Betriebsräte auf Wirtschaftsausschussmitglieder anzuwenden sind. Teilweise wird ein eigener Schulungsanspruch abgelehnt und auf die Schulungsteilnahme in der Funktion als Betriebsratsmitglied verwiesen:

a) Kein selbständiger Schulungsanspruch

Das BAG lehnt einen selbständigen Schulungsanspruch der Mitglieder des Wirtschaftsausschusses ab. Eine analoge Anwendung der Regelungen gem. § 37 Abs. 6 und 7 BetrVG auf Mitglieder des Wirtschaftsausschusses scheide mangels planwidriger Regelungslücke aus.[615] Während der Gesetzgeber für andere

---

613 BAG, Beschluss vom 17.09.1991, Az. 1 ABR 74/90, NZA 1992, 418, 418.
614 Koch in: Arbeitsrecht von A-Z „Wirtschaftsausschuss".
615 BAG, Urteil vom 28.04.1988, Az. 6 AZR 39/86, NZA 1989, 221, 222; BAG, Urteil vom 11.11.1998, Az. 7 AZR 491/97, NZA 1999, 1119, 1120.

Personengruppen eine entsprechende Anwendung anordne,[616] fehle ein solcher Verweis in § 107 BetrVG. Darüber hinaus begründet das BAG seine Auffassung damit, dass § 107 Abs. 1 S. 3 BetrVG davon ausgehe, dass die Mitglieder des Wirtschaftsausschusses die zur Erfüllung ihrer Aufgaben erforderlichen fachlichen und persönlichen Fähigkeiten bereits bei Amtseintritt besäßen.[617] Es soll jedoch eine Seminarteilnahme in der Eigenschaft als Betriebsratsmitglied zu Themen, die für die Tätigkeit im Wirtschaftsausschuss relevant sind, möglich sein.[618]

Darüber hinaus hat das BAG Ausnahmefälle anerkannt, in denen ein Schulungsanspruch für Mitglieder des Wirtschaftsausschusses bestehe, die nicht zugleich Mitglieder des Betriebsrats sind. Ausnahmsweise soll eine Schulung möglich sein, wenn Mitglieder des Wirtschaftsausschusses die Informationen nicht verstehen würden, die der Arbeitgeber dem Wirtschaftsausschuss mitzuteilen hat.[619] Diese Rechtsprechung hat vereinzelte Zustimmung durch die Instanzrechtsprechung erfahren.[620]

Das LAG Köln lehnt eine analoge Anwendung des § 37 Abs. 6 BetrVG auf Wirtschaftsausschussmitglieder ab, da keine planwidrige Regelungslücke bestehe.[621] Ob ein Wirtschaftsausschussmitglied in seiner Funktion als Betriebsratsmitglied Schulungen besuchen kann, lässt das Gericht offen, da es ohnehin an der Erforderlichkeit fehle: Entweder die Kenntnisse seinen auch für die Tätigkeit im Wirtschaftsausschuss nicht *„erforderlich"* oder sie haben im Falle der Erforderlichkeit wegen der Regelung des § 107 Abs. 1 S. 3 BetrVG bei Amtsantritt vorzuliegen.[622]

Teilweise werden Argumentation und Ergebnis des BAG auch in der Literatur begrüßt.[623]

---

616 Beispielsweise § 51 Abs. 1 BetrVG für den Gesamtbetriebsrat; § 59 Abs. 1 für den Konzernbetriebsrat; § 65 Abs. 1 für die Jugend- und Auszubildendenvertretung.
617 BAG, Beschluss vom 06.11.1973, Az. 1 ABR 8/73, AP Nr. 5 zu § 37 BetrVG 1972, Leitsatz 5; BAG, Beschluss vom 20.01.1976, Az. 1 ABR 44/75, AP Nr. 10 zu § 89 ArbGG 1953, unter 2. b) der Gründe.
618 BAG, Beschluss vom 06.11.1973, Az. 1 ABR 8/73, AP Nr. 5 zu § 37 BetrVG 1972, unter III. 6. der Gründe.
619 BAG, Urteil vom 28.04.1988, Az. 6 AZR 39/86, NZA 1989, 221, 222.
620 LAG S-H, Beschluss vom 23.05.1996, Az. 4 TaBv 4/96, juris, unter II. 3. der Gründe; LAG Köln, Beschluss vom 13.06.1997, Az. 11 TaBv 87/96, juris.
621 LAG Köln, Beschluss vom 13.06.1997, Az. 11 TaBv 87/96, juris, unter II. der Gründe.
622 LAG Köln, Beschluss vom 13.06.1997, Az. 11 TaBv 87/96, juris, unter II. der Gründe.
623 Besgen in: BeckOK Arbeitsrecht § 107 BetrVG Rn. 12; Galperin/Löwisch BetrVG I § 37 Rn. 99; Glock in: Hess u.a. BetrVG § 37 Rn. 167; Reich BetrVG § 37 Rn. 10; Thüsing in: Richardi BetrVG § 37 Rn. 111; Wolmerath in: Düwell BetrVG § 37 Rn. 36.

b) Selbständiger Schulungsanspruch analog § 37 Abs. 6 BetrVG

Zum Teil lehnt sich die Rechtsprechung aber auch gegen die mittlerweile ständige Rechtsprechung des BAG:[624] Es könne nicht davon ausgegangen werden, dass die Mitglieder des Wirtschaftsausschusses die erforderliche fachliche und persönliche Eignung besitzen, da es sich hierbei bloß um eine Sollvorschrift handele. Daher sei ein Schulungsanspruch zu bejahen.

In der Literatur wird überwiegend die Auffassung vertreten, dass für Mitglieder des Wirtschaftsausschusses ein eigener Anspruch auf Schulung analog § 37 Abs. 6 BetrVG bestehe.[625] Die analoge Anwendung ergebe sich daraus, dass die Mitglieder des Wirtschaftsausschusses vom Betriebsrat bestellt werden und dieser alternativ einen Ausschuss mit diesen Aufgaben betrauen könnte, § 107 Abs. 3 S. 1 BetrVG. Für diesen bestünden unproblematisch Schulungsmöglichkeiten nach § 37 Abs. 6 und 7 BetrVG, so dass eine Andersbehandlung nicht einzusehen sei.[626]

Das Argument der überwiegenden Rechtsprechung, die Mitglieder des Wirtschaftsausschusses seien bereits in ausreichendem Maße qualifiziert, wird zurückgewiesen. Zum einen handele es sich bei § 107 Abs. 1 S. 3 BetrVG um eine reine Sollvorschrift, so dass sich hieraus keine Voraussetzung für die Bestellung ergebe, ferner könne in der Praxis nicht davon ausgegangen werden, dass sich qualifizierte Mitarbeiter in stets ausreichender Zahl für das Amt interessieren. Das Leitbild von dem persönlich und fachlich qualifizierten Wirtschaftsausschussmitglied, das in § 107 Abs. 1 S. 3 BetrVG zum Ausdruck kommt, solle einzig bei der Erforderlichkeitsprüfung Berücksichtigung finden.[627]

c) Bewertung

Die Position des BAG ist nicht überzeugend. Die pauschale Annahme, dass die Mitglieder des Wirtschaftsausschusses bereits ausreichend qualifiziert seien, trifft erstens nicht auf jeden Einzelfall zu und vermag zweitens nicht schon das Bestehen des Anspruchs zu verneinen, sondern allenfalls das Vorliegen der Anspruchsvoraussetzungen.

---

624 LAG Hamm, Beschluss vom 13.10.1999, Az. 3 TaBv 44/99, NZA-RR 2000, 641; LAG Hamm, Beschluss vom 01.06.2005, Az. 10 TaBv 1/05, AiB 2006, 175.
625 Annuß in: Richardi BetrVG § 107 Rn. 28; Däubler, Handbuch Schulung und Fortbildung, Rn. 366; Fitting BetrVG § 37 Rn. 180; Wedde in: DKKW BetrVG § 37 Rn. 123; Däubler in: DKKW BetrVG § 107 Rn. 32; Künzl, ZfA 1993, 341, 354; Wichert DB 1997, 2325, 2328.
626 Künzl, ZfA 1993, 341, 354.
627 Annuß in: Richardi BetrVG § 107 Rn. 28; Laßmann/Rupp, Handbuch Wirtschaftsausschuss, S. 65.

Ebenso wenig wie Betriebsratsmitgliedern pauschal rhetorisches Können unterstellt werden darf, kann man in der Praxis davon ausgehen, dass Mitglieder des Wirtschaftsausschusses stets dem gesetzlichen Leitbild des § 107 Abs. 1 S. 3 BetrVG entsprechen. Abgesehen davon ist es selbst einem Mitglied, das bei Amtsantritt über das erforderliche Wissen verfügt, nicht möglich, dieses Wissen ohne fortwährende Schulungen im Falle mehrjähriger Amtsausübung aufrecht zu erhalten. Schon unter diesem Aspekt ergibt sich ein Weiterbildungsbedarf.

Eine bereits vorhandene Qualifikation ist vielmehr erst bei der Prüfung der Erforderlichkeit einer Schulung zu berücksichtigen. Diese Vorgehensweise führt gegebenenfalls dazu, dass die Voraussetzungen des Schulungsanspruchs zu verneinen sind, nicht aber schon das Bestehen der Anspruchsgrundlage. Durch einen fortwährenden Vergleich des Soll-Zustands mit der Ist-Qualifikation können Qualifikationsverluste ebenso wie gestiegene Anforderungen berücksichtigt und dem Unternehmen dienliche Ergebnisse erzielt werden.

Ein Weiterbildungsanspruch ist grundsätzlich zu bejahen. Fraglich ist, auf welcher Grundlage ein dahingehender Anspruch angenommen werden kann.

Für eine analoge Anwendung der § 37 Abs. 6 und 7 BetrVG müssten die Analogievoraussetzungen – mithin eine planwidrige Regelungslücke und eine vergleichbare Interessenlage – gegeben sein.

Die planwidrige Regelungslücke zeigt sich darin, dass der Gesetzgeber davon ausgegangen ist, dass sich stets ausreichend (in quantitativer und qualitativer Hinsicht) befähigte Personen für die Tätigkeit im Wirtschaftsausschuss finden. Diese Vorstellung zeigt sich in § 107 Abs. 1 S. 3 BetrVG. In der Praxis hat sich erwiesen, dass diese Vorstellung nicht zutreffend ist.[628] Von der irrigen Vorstellung ausgehend, war es konsequent, keinen Schulungs- und Bildungsanspruch für die Mitglieder des Wirtschaftsausschusses zu schaffen; in Anbetracht der tatsächlichen Lage aber zeigt sich genau hierin die Planwidrigkeit der Regelungslücke.

Ferner müsste eine vergleichbare Interessenlage bestehen. Die Aufgaben, die dem Wirtschaftsausschuss zukommen, sind umfangreich, schwierig und von großer betriebswirtschaftlicher und wirtschaftlicher Bedeutung. Ohne entsprechende Kenntnisse können die Mitglieder des Wirtschaftsausschusses diese Aufgaben nicht pflichtgemäß erfüllen. Daher ist die Tätigkeit im Wirtschaftsausschuss insofern mit derjenigen im Betriebsrat vergleichbar, als mit beiden Ämtern eine große Verantwortung verbunden ist, auf die die Amtsinhaber durch Schulungen vorbereitet werden müssen. Schließlich stellt der Wirtschaftsausschuss nach der

---

628 Laßmann/Rupp, Handbuch Wirtschaftsausschuss, S. 63, 65.

Rechtsprechung des BAG einen Ausschuss des Betriebsrats dar,[629] so dass sich auch hieraus eine Gemeinsamkeit ergibt, die eine Vergleichbarkeit ermöglicht. Eine vergleichbare Interessenlage ist zu bejahen.

Den Mitgliedern des Wirtschaftsausschusses steht ein eigenständiger Weiterbildungsanspruch analog § 37 Abs. 6 und 7 BetrVG zu.

3. Verpflichtung zur Weiterbildung

Schließlich stellt sich die Frage, ob eine mit diesem Anspruch auf Weiterbildung korrespondierende Verpflichtung zur Weiterbildung gegeben ist.

Für diejenigen Mitglieder, die zugleich ein Betriebsratsamt bekleiden, ergibt sich die Verpflichtung schon daraus, dass das weiter Amt ihren Aufgabenkreis erweitert und sie als Betriebsratsmitglieder zur pflichtgemäßen Amtsführung und damit zur Weiterbildung gegenüber der Belegschaft und dem Betriebsrat verpflichtet ist, wenn diese erforderlich ist.[630]

Fraglich ist, ob sich auch für die anderen Mitglieder des Wirtschaftsausschusses mit dem Anspruch auf Weiterbildung eine korrespondierende Verpflichtung zur Weiterbildung ergibt. Argumentative Grundlage für den Anspruch analog § 37 Abs. 6 und 7 BetrVG ist die große wirtschaftliche Bedeutung für den Betrieb. Dieser Verantwortung kann der Wirtschaftsausschuss nur nachkommen, wenn seine Mitglieder entsprechende Kompetenz besitzen. Die Interessenlage der Beteiligten unterscheidet sich in der Verpflichtungssituation nicht von der Anspruchssituation. Die Voraussetzungen der Analogie liegen ebenfalls vor. Eine Verpflichtung zur Weiterbildung analog § 37 Abs. 6 BetrVG ist zu bejahen ist.

V. Mitglieder der Jugend- und Auszubildendenvertretung

1. Anforderungen an die Mitglieder der Jugend- und Auszubildendenvertretung

Die Aufgaben der Jugend- und Auszubildendenvertretung (JAV) bestehen gem. § 60 BetrVG in der Wahrnehmung der besonderen Belange der Jugendlichen und

---

629 BAG, Beschluss vom 18.11.1980, Az. 1 ABR 31/78, AP Nr. 2 zu § 108 BetrVG 1972, unter 2. b) der Gründe.
630 Siehe Teil 2: B. I. 4.

Auszubildenden. Im Vergleich zum Betriebsrat ergibt sich daher ein kleinerer, speziellerer Tätigkeitskreis. Der JAV kommt eine den Betriebsrat unterstützende Funktion zu in allen Fragen, die die jugendlichen Arbeitnehmer betreffen, vor allem in Fragen der Berufsbildung, § 70 Abs. 1 BetrVG. Ferner überwacht die JAV die Einhaltung der zugunsten der jugendlichen Arbeitnehmer geltenden Bestimmungen. Die JAV ist kein selbständiges Organ der Betriebsverfassung, sondern vom Betriebsrat abhängig.[631] Die Interessenwahrnehmung erfolgt gegenüber dem Betriebsrat und nur mittelbar gegenüber dem Arbeitgeber.[632] Gegenüber dem Betriebsrat kann und soll die JAV allerdings eine aktive Rolle spielen, indem sie ein weitgehendes Antrags- und Mitspracherecht hat (§ 67 Abs. 1 S. 2, Abs. 2 BetrVG) und befugt ist, in allen die jugendlichen Arbeitnehmer betreffenden Angelegenheiten selbst Beschlüsse zu fassen.

2. Anspruch auf Weiterbildung

Gem. § 65 Abs. 1 BetrVG gilt § 37 BetrVG ohne Einschränkungen für die JAV entsprechend, so dass ein Anspruch auf Teilnahme an erforderlichen bzw. geeigneten Schulungs- und Bildungsveranstaltungen entsprechend § 37 Abs. 6 und 7 BetrVG besteht.

a) Anspruchsinhalte

„Erforderlich" sind solche Schulungsinhalte, die für die Tätigkeit in der JAV unbedingt notwendig sind.[633] Davon umfasst sind die Kenntnisse der Aufgaben der JAV und deren Rechte gegenüber dem Betriebsrat.[634] Während das BAG darüber

---

631 BAG, Urteil vom 20.11.1973, Az. 1 AZR 331/73, NJW 1974, 879, 880; BAG, Beschluss vom 10.05.1974, Az. 1 ABR 60/73, AP Nr. 4 zu § 65 BetrVG 1972, unter II. 2. der Gründe; Reinecke in: Küttner Personalbuch 2012 „Jugend- und Auszubildendenvertretung" Rn. 1; Richardi/Annuß in: Richardi BetrVG § 60 Rn. 13.
632 Koch in: Schaub Arbeitsrechts-Hdb. § 227 Rn. 8.
633 BAG, Beschluss vom 10.05.1974, Az. 1 ABR 60/73, AP Nr. 4 zu § 65 BetrVG 1972, unter II. 2. der Gründe; Richardi/Annuß in: Richardi BetrVG § 65 Rn. 41.
634 BAG, Beschluss vom 10.05.1974, Az. 1 ABR 60/73, AP Nr. 4 zu § 65 BetrVG 1972, unter II. 3. der Gründe; LAG Frankfurt a.M., Beschluss vom 10.07.1973, Az. 5 TaBv 9/73, DB 1973, 2247, 2249; Däubler, Handbuch Schulung und Fortbildung, Rn. 385; Fitting BetrVG § 65 Rn. 15; Oetker in: GK BetrVG I § 65 Rn. 51; Trittin in: DKKW BetrVG § 65 Rn. 22.

hinaus mit Verweis auf die Unselbständigkeit der JAV einen eher strengen Maßstab ansetzt und beispielsweise intensive Schulungen zum JArbSchG und zum BBiG nicht als erforderlich angesehen hat,[635] werden derartige Schulungsinhalte in der Literatur mit Verweis auf die altersbedingten geringeren Kenntnisse und Erfahrungen als erforderlich angesehen.[636]

b) Anspruchsumsetzung

Die Entsendung zu einer erforderlichen Schulungsveranstaltung erfolgt durch Beschluss, wobei hier umstritten ist, ob ein Entsendebeschluss des Betriebsrats vorliegen muss oder ob die JAV hierüber selbständig entscheiden kann. Die h. M. und ständige Rechtsprechung des BAG gehen von dem Erfordernis eines Betriebsratsbeschlusses aus.[637] Zur Begründung wird auf die Unselbständigkeit der JAV verwiesen und betont, dass dem Betriebsrat die Vertretung aller Arbeitnehmer obliegt, einschließlich der Jugendlichen und Auszubildenden.

Teilweise wird dieser Auffassung widersprochen: Der JAV stehe ein eigenständiges Beschlussrecht zu, da ihr der Gesetzgeber durch die Anordnung der entsprechenden Anwendung des § 37 BetrVG dieselben Rechte zuspräche wie dem Betriebsrat.[638]

Bei der JAV handelt es sich um ein unselbständiges Institut der Betriebsverfassung, dem nur gegenüber dem Betriebsrat, nicht aber gegenüber dem Arbeitgeber selbst Rechte zukommen. Schon daraus ergibt sich, dass es an einer Kompetenz fehlt, einen Beschluss zu fassen, der zu einer Verbindlichkeit des Arbeitgebers führen würde. Die Rechte der Mitglieder der JAV werden ebenso gut gewahrt, indem der Betriebsrat den für die Schulungsteilnahme erforderlichen Entsendebeschluss fasst. Da die Mitglieder der JAV gem. § 67 Abs. 1 und 2 BetrVG an den Betriebsratssitzungen teilnehmen können und ihnen Stimmrechte zukommen, werden ihre Belange gewahrt.

---

635 BAG, Beschluss vom 10.05.1974, Az. 1 ABR 60/73, AP Nr. 4 zu § 65 BetrVG 1972, unter II. 4. der Gründe; BAG, Beschluss vom 06.05.1975, Az. 1 ABR 135/73, AP Nr. 5 zu § 65 BetrVG 1972, unter III. 5. der Gründe.
636 Fitting BetrVG § 65 Rn. 15; Trittin in: DKKW BetrVG § 65 Rn. 21.
637 BAG, Urteil vom 20.11.1973, Az. 1 AZR 331/73, NJW 1974, 879, 880; BAG, Beschluss vom 15.01.1992, Az. 7 ABR 23/90, NZA 1993, 189, 191; Christoffer, NZA - RR 2009, 572, 573; Koch in: Arbeitsrecht von A-Z „Jugend- und Auszubildendenvertretung"; Koch in: ErfK § 65 BetrVG Rn. 2; Mauer in: BeckOK Arbeitsrecht § 65 BetrVG Rn. 12.
638 Däubler, Handbuch Schulung und Fortbildung, Rn. 381; Linder, NJW 1974, 1349.

3. Verpflichtung zur Weiterbildung

Da die in § 70 Abs. 1 BetrVG benannten Aufgabenbereiche die Amtspflichten der JAV bilden,[639] obliegt es den Mitgliedern, diese Aufgaben ordnungsgemäß zu erfüllen. Da die jeweiligen Rechtsstellungen der Mitglieder von JAV und Betriebsrat auf Grund der entsprechenden Anwendung derjenigen Normen, die die Rechtsstellung der Mitglieder betreffen, vergleichbar sind, besteht ebenso wie für die Mitglieder des Betriebsrats eine Verpflichtung, sich diese Kenntnisse im Wege der Weiterbildung anzueigen, sofern sie die hierfür erforderlichen Kenntnisse nicht besitzen. Diese Verpflichtung besteht zum einen – entsprechend der Verpflichtungen der Betriebsratsmitglieder – gegenüber den in § 60 Abs. 1 BetrVG genannten Arbeitnehmern des Betriebes, die die Wählerschaft bilden. Andererseits besteht nach gefasstem Entsendebeschluss durch den Betriebsrat diesem gegenüber ebenfalls eine Weiterbildungsverpflichtung.

VI. Mitglieder der Schwerbehindertenvertretung

1. Anforderungen an die Mitglieder der Schwerbehindertenvertretung

Gem. § 95 SGB IX hat die Schwerbehindertenvertretung die Eingliederung schwerbehinderter Menschen in den Betrieb zu fördern, die Interessen der Schwerbehinderten in dem Betrieb oder der Dienststelle zu vertreten und ihnen beratend und helfend zur Seite zu stehen. Dazu zählen gem. § 95 Abs. 1 S. 2 SGB IX insbesondere die Überwachung der Einhaltung der zugunsten schwerbehinderter Menschen geltenden Normen (Nr. 1), die Beantragung von Maßnahmen, die den Schwerbehinderten dienen, (Nr. 2) und die Entgegennahme von Anregungen und Beschwerden von Schwerbehinderten, um diese mit dem Arbeitgeber zu klären (Nr. 3). Zu diesem Zweck stehen der Schwerbehindertenvertretung gem. § 95 Abs. 4 SGB IX weitgehende Teilnahmerechte zu. Die Anforderungen an die Mitglieder der Schwerbehindertenvertretung sind daher mit denen der Betriebsratsmitglieder vergleichbar (Interessenwahrnehmung und -vertretung) und gehen teilweise darüber hinaus, indem Spezialkenntnisse in den die Schwerbehinderten betreffenden Rechtsgebieten vorhanden sein müssen.

---

639 Richardi/Annuß in: Richardi BetrVG § 60 Rn. 12.

2. Anspruch auf Weiterbildung

Die Vertrauenspersonen der schwerbehinderten Menschen haben gem. § 96 Abs. 4 SGB IX einen Anspruch auf Befreiung von ihrer beruflichen Tätigkeit ohne Minderung des Arbeitsentgelts für die Teilnahme an Schulungs- und Bildungsveranstaltungen, soweit diese Kenntnisse vermitteln, die für die Arbeit der Schwerbehindertenvertretung erforderlich sind. Damit besteht eine Parallelvorschrift zu § 37 Abs. 6 BetrVG,[640] die in Abs. 4 S. 4 explizit die Ersatzmitglieder der Schwerbehindertenvertretung in den Kreis der Anspruchsberechtigten einbezieht. Daher sei auf die obigen Ausführungen zum Schulungsanspruch der Betriebsratsmitglieder verwiesen.

3. Verpflichtung zur Weiterbildung

Da die Rechtsstellungen der Vertrauenspersonen einerseits und die der Betriebsratsmitglieder andererseits im Grunde identisch ausgestaltet sind,[641] muss auch hinsichtlich der sach- und ordnungsgemäßen Amtsführung derselbe Sorgfaltsmaßstab gelten. Hierzu gehört die Aneignung der erforderlichen Kompetenz. Eine diesbezügliche Verpflichtung besteht zum einen gegenüber der Wählerschaft, die in § 94 Abs. 2 SGB IX benannt ist, zum anderen gegenüber der Schwerbehindertenvertretung, nachdem sie den Entsendebeschluss für die Schulungsteilnahme gefasst hat.

VII. Mitglieder des Sprecherausschusses

1. Anforderungen an die Mitglieder des Sprecherausschusses

Dem Sprecherausschuss obliegt die Wahrnehmung der Belange der leitenden Angestellten i. S. d. § 5 Abs. 3 BetrVG, weswegen seine Funktion mit der des Betriebsrats vergleichbar ist, sich jedoch auf den vom BetrVG ausgeschlossenen Personenkreis beschränkt.[642] Im Rahmen dessen kommen dem Sprecherausschuss sowohl Vertretungsbefugnisse gem. §§ 25, 26 SprAuG als auch Beteiligungsrechte gem. §§ 30

---

[640] Da geeignete Kenntnisse nicht erwähnt werden, fehlt es an einer parallelen Regelung zu § 37 Abs. 7 BetrVG.
[641] Vergleiche § 96 SGB IX mit §§ 37, 40 BetrVG.
[642] Joost in: MüArbR § 233 Rn. 4; Kortstock in: Nipperdey Lexikon Arbeitsrecht „Sprecherausschuss"; Richardi in: Richardi BetrVG § 5 BetrVG Rn. 294.

bis 32 SprAuG zu. Diese beschränken sich auf Unterrichtungs-, Anhörungs- und Beratungsrechte; echte Mitbestimmungsrechte stehen dem Sprecherausschuss nicht zu, so dass das Tätigkeitsfeld des Sprecherausschusses zwar weniger umfangreich als das des Betriebsrats, aber im Grunde mit diesem vergleichbar ist. Die Mitglieder des Sprecherausschusses müssen daher Kenntnisse der Rechtsgebiete besitzen, in denen ihnen Rechte und Befugnisse zustehen. Das ist insbesondere das SprAuG, aber wegen der Strukturellen Ähnlichkeit und der Bezugnahme auch das BetrVG.

2. Anspruch auf Weiterbildung

Angesichts der wahrzunehmenden Aufgaben stellt sich auch für die Mitglieder des Sprecherausschusses die Frage, ob diese einen Anspruch auf Arbeitsbefreiung zum Zweck der Weiterbildung und einen Aufwendungsersatzanspruch für die Kosten der Schulungsmaßnahme haben. Eine mit den § 37 Abs. 6 und BetrVG vergleichbare Regelung ist im SprAuG nicht vorgesehen. Mit § 14 Abs. 1 SprAuG existiert allerdings eine dem § 37 Abs. 2 BetrVG entsprechende Regelung und mit § 14 Abs. 2 SprAuG eine, die dem § 40 BetrVG entspricht. Daher wird teilweise ein Anspruch auf bezahlte Freistellung gem. § 14 Abs. 1 SprAuG angenommen.[643] Ein Anspruch auf Aufwendungsersatz bzgl. der entstandenen Schulungskosten, beispielsweise Seminargebühren, gegenüber dem Arbeitgeber sei gem. § 14 Abs. 2 SprAuG gegeben, sofern die Schulung erforderlich war.[644]

Häufig wird ein Anspruch auf Teilnahme an Weiterbildungsmaßnahmen auf Kosten des Arbeitgebers verneint.[645] Stattdessen sei den Mitgliedern des Sprecherausschusses im Hinblick auf ihre berufliche Qualifikation und ihre Vorbildung in betrieblichen Angelegenheiten ein Selbststudium zumutbar.[646]

Leitende Angestellte weisen zwar eine hohe berufliche Qualifikation auf, die jedoch in der Regel nicht juristischer Natur ist. Die Ansicht, die Sprecherausschlussmitglieder könnten sich daher im Selbststudium das erforderliche Wissen aneignen, ist nicht überzeugend. Für Betriebsratsmitglieder ist in der Rechtsprechung anerkannt,

---

643 Annuß/Girlich in: HWK § 14 SprAuG Rn. 4; Goldschmidt, Sprecherausschuss, S. 453; Joost in: MüArbR § 234 Rn. 89; Oetker, ZfA 1990, 43, 51; Oetker in: ErfK § 14 SprAuG Rn. 5.
644 Goldschmidt, Sprecherausschuss, Rn. 451; Hromadka SprAuG § 14 Rn. 22; Löwisch SprAuG § 14 Rn. 17; Oetker, ZfA 1990, 43, 52; Oetker in: ErfK § 14 SprAuG Rn. 5.
645 Abeln, Stellung des Sprecherausschussmitglieds, S. 51; Kramer, DB 1993, 1138, 1140; Romer, Das Sprecherausschussgesetz, S. 89.
646 Kramer, DB 1993, 1138, 1140; Joost in: MüArbR § 323 Rn. 90.

dass diese nicht auf ein Selbststudium verwiesen werden können,[647] weil es einem juristischen Laien gerade nicht zuzumuten ist, sich in komplizierte Gesetzesmaterien und die einschlägige Rechtsprechung alleine einzuarbeiten. Für eine Andersbehandlung der Mitglieder des Sprecherausschusses ist kein plausibler Grund ersichtlich. Sofern für ein Sprecherausschussmitglied auf Grund seiner Vorkenntnisse im Einzelfall keine Schulungsmaßnahme nötig ist, so ist dieser Umstand bei der Prüfung der Anspruchsvoraussetzungen zu berücksichtigen und ein Anspruch ggf. zu verneinen. Insbesondere ist dem Sprecherausschussmitglied zuzutrauen, im Rahmen seiner eigenverantwortlichen Aufgabenwahrnehmung zu entscheiden, ob die Teilnahme an einer Schulungsmaßnahme mit den dienstlichen Belangen zu vereinbaren ist. Ein genereller Ausschluss der Schulungsmöglichkeit führt jedenfalls nicht zu gerechten Ergebnissen. Ein Weiterbildungsanspruch besteht gem. § 14 Abs. 1, Abs. 2 SprAuG.

3. Verpflichtung zur Weiterbildung

Sowohl die Funktionen der Gremien Sprecherausschuss und Betriebsrat als auch die gesetzliche Stellung der jeweiligen Mitglieder sind miteinander vergleichbar. Da beide Gruppen die Interessen ihrer Arbeitnehmergruppen zu wahren und zu vertreten haben, ergibt sich eine pflichtenmäßige Übereinstimmung. Daher gilt in Bezug auf die Pflicht zur sach- und ordnungsgemäßen Amtsführung, dass dieser nur bei entsprechend umfangreichem Wissensstand nachgekommen werden kann. Somit besteht für die Mitglieder des Sprecherausschusses eine Verpflichtung zur Weiterbildung, sofern die erforderlichen Kenntnisse nicht bereits vorhanden sind. Aus dem Schutzzweck ergibt sich, dass diese Verpflichtung wiederum gegenüber der Wählerschaft, mithin den leitenden Angestellten, sowie gegenüber dem Gremium besteht.

VIII. Mitglieder des Europäischen Betriebsrats

1. Anforderungen an Mitglieder des Europäischen Betriebsrats

In grenzübergreifend tätigen Unternehmen innerhalb der Europäischen Union findet eine gemeinsame Interessenvertretung der dort tätigen Arbeitnehmer

---

647 BAG, Beschluss vom 15.05.1986, Az. 6 ABR 74/83, AP Nr. 54 zu § 37 BetrVG 1972, unter II. 2. c) der Gründe; BAG, Beschluss vom 16.10.1986, Az. 6 ABR 14/84, AP Nr. 58 zu § 37 BetrVG 1972, unter II. 1. c) bb) der Gründe; BAG, Beschluss vom 19.09.2001, Az. 7 ABR 32/00, AP Nr. 9 zu § 25 BetrVG 1972, unter B. I. 1. der Gründe.

statt. Gem. § 17 EBRG sollen die zentrale Leitung und das Besondere Verhandlungsgremium (BVG) im Rahmen einer Vereinbarung darüber befinden, ob sie ihren Informations- und Anhörungspflichten durch Errichtung eines Europäischen Betriebsrats (EBR) nach § 18 EBRG oder durch ein dezentrales Verfahren nach § 19 EBRG oder durch eine Kombination von beidem nachkommen. In jedem Fall hat das vereinbarte Gremium dieselben Aufgaben: Es überwacht die wirtschaftliche Entwicklung des Unternehmens bzw. der Unternehmensgruppe und hat zu diesem Zweck das Recht auf Unterrichtung und Anhörung bzgl. der Entwicklung der Geschäftslage und der wirtschaftlichen Perspektiven des Unternehmens, § 29 EBRG. Funktion und Aufgaben des BVG und des EBR sind eher mit denen des deutschen Wirtschaftsausschusses vergleichbar, als mit denen des deutschen Betriebsrats. Um ihren Aufgaben nachzukommen, müssen die Mitglieder über wirtschaftliches und betriebswirtschaftliches Verständnis verfügen und darüber hinaus mit den verschiedenen Sprachen und Rechtssystemen derjenigen Staaten vertraut sein, in denen das Unternehmen bzw. die Unternehmensgruppe Betriebe hat.

2. Anspruch auf Weiterbildung

a) Frühere Rechtslage

Angesichts dieser verantwortungsvollen Aufgabe stellte sich bei Inkrafttreten des EBRG 1996 die Frage, ob die Mitglieder des BVG und des EBR Anspruch auf Teilnahme an Schulungen haben. Die ursprüngliche Europäische Betriebsräte-Richtlinie[648] hielt sich hinsichtlich eines Anspruchs auf Schulung bedeckt. Das EBRG a. F., das die Richtlinie in deutsches Recht umsetzte, sah keinen Schulungsanspruch vor.

Nach h. M. war ein eigener Anspruch auf Schulung für die Mitglieder des BVG und des EBR abzulehnen.[649] Diese Auffassung wurde ausschließlich mit dem Wortlaut des § 40 Abs. 1 EBRG begründet, der explizit nur § 37 Abs. 1 bis 5 BetrVG

---

648 Richtlinie 94/45/EG des Rates vom 22.09.1994 über die Einsetzung eines Europäischen Betriebsrats oder die Schaffung eines Verfahrens zur Unterrichtung und Anhörung der Arbeitnehmer in gemeinschaftsweit operierenden Unternehmen und Unternehmensgruppen, AblEG Nr. L 254 vom 30.09.1994, S. 64.
649 Fitting BetrVG (24. Auflage 2008) § 37 Rn. 151; Gaul, NJW 1996, 3378, 3384; Glock in: Hess u.a. BetrVG (7. Auflage 2008) § 37 Rn. 126a; Joost in: MüArbR § 275 Rn. 92; Müller EBRG § 40 Rn. 5; Weber in: GK BetrVG I (8. Auflage 2005) § 37 Rn. 169.

in Bezug nahm und folglich die Regelungen über den Besuch von Schulungs- und Bildungsveranstaltungen nicht für anwendbar erklärte.

Nur vereinzelt wurde den Mitgliedern des BVG und des EBR ein (aus der Betriebsratsmitgliedschaft abgeleiteter) Schulungsanspruch zugestanden.[650] Die Vertreter dieser Ansicht bedienten sich insoweit der Argumentation, mit der die Schulungsansprüche von Gesamt- und Konzernbetriebsratsmitgliedern begründet werden, und gingen den Umweg über die Mitgliedschaft im nationalen Betriebsrat. Demzufolge sollten die Mitglieder des BVG und des EBR in ihrer Funktion als Betriebsratsmitglieder Schulungen gem. § 37 Abs. 6 BetrVG zu Thematiken besuchen können, die für ihre Tätigkeit im BVG und im EBR erforderlich sind. Begründet wird diese Auffassung mit dem Wortlaut des bisherigen Art. 10 der Richtlinie, die den europäischen Interessenvertretern den gleichen Schutz und gleichartige Sicherheiten zuspricht wie den nationalen Betriebsräten. Aus diesem Grund habe eine richtlinienkonforme Auslegung dahingehend zu erfolgen, dass den Mitgliedern des BVG und des EBR Schulungsansprüche zustehen.[651]

b) Heutige Rechtslage

Am 05.06.2009 ist die Neufassung der Europäischen Betriebsräte-Richtlinie[652] in Kraft getreten, die nun in Art 10 Abs. 4 die Ermöglichung von Schulungen für die Interessenvertreter ausdrücklich benennt. Durch Änderungsgesetz vom 14.06.2011[653] wurde die neue Richtlinie in deutsches Recht umgesetzt. Gem. § 40 Abs. 1 S. 2 EBRG gilt für nach § 38 EBRG erforderliche Fortbildung § 37 Abs. 6 S. 1, 2 BetrVG entsprechend.

Dementsprechend haben Mitglieder des EBR Anspruch auf Teilnahme an erforderlichen Schulungen. Der Anspruch schließt die Lohnfortzahlung und die Kostentragung für die Maßnahme selbst ein, die gem. § 39 EBRG von der zentralen Leitung zu tragen sind.

Bei der Bestimmung der Erforderlichkeit bilden die Vertretungsaufgaben in einem internationalen Umfeld den Maßstab.

---

650 Däubler, Handbuch Schulung und Fortbildung, Rn. 364; Weber in: GK BetrVG I § 37 Rn. 169; Wolmerath in: Düwell BetrVG § 37 Rn. 36.
651 Däubler, Handbuch Schulung und Fortbildung, Rn. 365.
652 Richtlinie 2009/38/EG des Europäischen Parlaments und des Rates vom 06.05.2009 über die Einsetzung eines Europäischen Betriebsrats oder die Schaffung eines Verfahrens zur Unterrichtung und Anhörung der Arbeitnehmer in gemeinschaftsweit operierenden Unternehmen und Unternehmensgruppen (Neufassung).
653 BGBl. I S. 1050.

Eine Teilnahme an geeigneten Schulungsveranstaltungen sieht weder die Richtlinie noch § 40 EBRG vor. Da der Gesetzgeber § 38 EBRG erst 2011 in Kenntnis der Diskussion um Bestehen und Umfang eines Schulungsanspruchs der Mitglieder des EBR geändert und in Umsetzung der Richtlinie ausdrücklich nur einen Anspruch auf Teilnahme an *„erforderlichen"* Schulungen benannt hat, besteht kein Raum für eine erweiternde Auslegung des § 38 EBRG oder eine analoge Anwendung des § 37 Abs. 7 BetrVG.

3. Verpflichtung zur Weiterbildung

Eine gesetzlich angeordnete Verpflichtung zur Weiterbildung besteht nicht. Allerdings ist auch dem Amt als Mitglied des EBR eine Pflicht zur ordnungs- und sachgerechten Amtsausübung immanent. Die Verantwortung gegenüber dem Gremium und der Belegschaft sind mit derjenigen von Betriebsratsmitgliedern vergleichbar. Durch die Inbezugnahme des § 37 Abs. 6 BetrVG besteht der Anspruch, an *„erforderlichen"* Schulungen teilzunehmen. Mit derselben Argumentation wie in Bezug auf Mitglieder des Betriebsrats kann eine Verpflichtung zur Teilnahme an erforderlichen Schulungen bejaht werden.

IX. Mitglieder des Aufsichtsrats

1. Anforderungen an die Mitglieder des Aufsichtsrats

Der Aufsichtsrat (AR) ist das oberste Kontrollgremium bei einer Kapitalgesellschaft,[654] dem durch seine Beteiligung an wichtigen Planungen und Entscheidungen eine große Verantwortung zukommt. Zu seinen Aufgaben gehört neben der Bestellung und Abberufung des Vorstandes gem. § 112 AktG die laufende Überwachung der Geschäftsführung des Vorstandes gem. § 111 AktG. Daneben obliegen ihm Prüfungspflichten und Pflichten zur Berichterstattung.[655]

---

[654] Der AR ist Pflichtorgan in allen Aktiengesellschaften, § 30 Abs. 1 AktG, und Kommanditgesellschaften auf Aktien, § 278 Abs. 3 i. V. m. § 9 AktG. Auch Genossenschaften müssen einen AR haben, wenn nicht unter den Voraussetzungen des § 9 Abs. 1 GenossenschaftsG in der Satzung auf einen AR verzichtet wurde. GmbH, die i. d. R. mehr als 500, aber nicht mehr als 2000 Arbeitnehmer beschäftigen, haben nach §§ 1 Abs. 1 Nr. 3, 4 Abs. 1 DrittelbG, GmbH mit i. d. R mehr als 2000 Arbeitnehmern nach §§ 1, 6 Abs. 1, 7 MitbestG einen AR zu errichten. Schließlich schreibt § 3 Abs. 1 Montan-MitbestG die Errichtung eines AR für GmbH vor, die ein Unternehmen i. S. d. § 1 Montan-MitbestG betreiben.

[655] Für einen Überblick über die genauen Aufgaben des AR siehe: Lutter, DB 2009, 775 bis 779.

Das Amt des Aufsichtsratsmitglieds erfordert daher Kenntnisse zur Beurteilung der Rechtmäßigkeit, Wirtschaftlichkeit und Zweckmäßigkeit von Führungsentscheidungen und betriebswirtschaftliche Fertigkeiten, um die dem AR vorgelegten Berichte zu verstehen und bewerten zu können. Nach der Rechtsprechung des BGH müssen die Mitglieder eines AR über diejenigen Mindestkenntnisse allgemeiner, wirtschaftlicher, organisatorischer und rechtlicher Art verfügen, die erforderlich sind, um alle normalerweise anfallenden Geschäftsvorgänge ohne fremde Hilfe verstehen und sachgerecht beurteilen zu können.[656] Im Anwendungsbereich der Investmentgesellschaften stellt § 6 Abs. 3 S. 1 InvG das Erfordernis auf, dass Mitglieder des AR ihrer Persönlichkeit und ihrer Sachkunde nach die Wahrung der Interessen der Anleger gewährleisten sollen. Die Qualifikation des AR als Gremium (ohne Erwähnung des einzelnen Mitglieds) findet zudem Erwähnung in Ziffer 5.4.1. Abs. 1 Deutscher Corporate Governance Kodex (DCGK).[657] Hiernach muss sich der Aufsichtsrat so zusammenzusetzen, dass seine Mitglieder insgesamt über die zur ordnungsgemäßen Wahrnehmung der Aufgaben erforderlichen Kenntnisse, Fähigkeiten und fachlichen Erfahrungen verfügen. Gem. § 161 Abs. 1 S. 1 AktG haben Vorstand und Aufsichtsrat der börsennotierten Gesellschaft jährlich zu erklären, dass den Empfehlungen des DCGK entsprochen wurde und wird.

Somit werden von allen Seiten hohe Anforderungen an die fachliche Qualifikation von Aufsichtsratsmitgliedern gestellt. In der Praxis wurde das Erfordernis aktuellen Wissens beispielsweise während der Wirtschaftskrise besonders deutlich. Die Auseinandersetzung mit den Auswirkungen der Finanzmarktkrise bildete im Jahr 2009 einen Schwerpunkt der Aufsichtsratstätigkeit in einigen Banken und anderen Unternehmen.[658] Insbesondere die Kenntnis der zahlreichen und vor allem kurzfristigen gesetzlichen Änderungen war zwingende Voraussetzung für die

---

656 BGH vom 15.11.1982, Az. II ZR 27/82, NJW 1983, 991, 991.
657 Der DCGK dient dazu, die Einhaltung der bestehenden gesetzlichen Regeln für Unternehmensleitung und -überwachung transparent zu machen, um das Vertrauen der Investoren in die Unternehmensführung deutscher Unternehmen zu stärken. Er enthält keine zwingenden Vorgaben, sondern Empfehlungen. Siehe im Einzelnen: http://www.corporate-governance-code.de/, abgefragt am 15.05.2013.
658 Vgl. beispielsweise Analytik Jena AG: http://www.docter-germany.com/files_db/1265814635_0749__7.pdf, abgefragt am 07.03.2010; Commerzbank AG: http://reports2.equitystory.com/cgi-bin/show.ssp?companyName=commerzbank&language=German&report_id=gb-2008&id=303010, abgefragt am 07.03.2010; MAN Ferrostaal AG: http://www.man.de/MAN-Downloadgalleries/All/3Investor_Relations/Hauptversammlung/2009/MAN_GB_2008_de_AR-Bericht.pdf, abgefragt am 07.03.2010; Q.Sells SE: http://finanzberichte.heureka.de/qcells/geschaeftsbericht-2008/bericht-des-aufsichtsrats/print.html, abgefragt am 07.03.2010.

Tätigkeit im Aufsichtsrat. Beispielsweise wurden im Oktober 2008 mit dem Finanzmarktstabilisierungsgesetz Rahmenbedingungen geschaffen, um die Lage auf dem Finanzmarkt zu stabilisieren. Schon im April 2009 wurden mit einem Ergänzungsgesetz neue Instrumente eingeführt, die eine flexiblere Handhabung der Sonderfonds ermöglichen und die Übernahme von Unternehmen des Finanzsektors durch den Bund erleichtern sollten. Die Möglichkeit, Mittel aus dem Sonderfond Finanzmarktstabilisierung aufzunehmen, stellte ein neues zusätzliches Betätigungsfeld dar, das wegen der Brisanz und finanziellen Bedeutung eine Weiterbildung und Schulung der AR-Mitglieder in diesem Bereich unerlässlich machte.[659]

Die Frage nach dem Bestehen eines Anspruch auf und einer Verpflichtung zur Weiterbildung ist daher zu klären.

2. Anspruch auf Weiterbildung

Teilweise wird in der Literatur angenommen, dass sämtliche Aufsichtsratsmitglieder bereits bei Amtsantritt über die erforderliche Qualifikation verfügen müssten, um die Handlungsfähigkeit des Aufsichtsrats zu gewährleisten.[660] Die laufende Aktualisierung der vorhandenen Qualifikation wird nicht thematisiert. Dem zufolge kommen Weiterbildungsansprüche gegenüber dem Arbeitgeber generell nicht in Betracht – weder für Arbeitnehmervertreter noch für Anteilseignervertreter.

Großteils wird zur Beantwortung der Frage, über welche Kenntnisse die Mitglieder bereits bei der Wahl verfügen müssen, zwischen den Arbeitnehmervertretern und Anteilseignervertretern unterschieden: Das Vorhandensein der erforderlichen fachlichen Qualifikation bei Amtseintritt sei nur für die Anteilseignervertreter verbindlich, während die Vertreter der Arbeitnehmerschaft diese im Laufe des Amtes erwerben dürften.[661] Das ergebe sich daraus, dass die persönlichen Wählbarkeitsvoraussetzungen gesetzlich benannt

---

659 Der Aufsichtsrat, Programm der Jahrestagung 2009, http://www.wirtschaft seminare. de/uploads/tx_wsfevents/Der_Aufsichtsrat_7000.pdf, abgefragt am 07.03.2010.
660 Hommelhoff, ZGR 1983, 551, 574 f., der lediglich das Kennenlernen der Eigentümlichkeiten des Unternehmens als nach Amtsantritt noch zu erwerbendes Wissen zugesteht.
661 Habersack in: MüKo AktG § 100 Rn. 11; Jacklofsky, Arbeitnehmerstellung und Aufsichtsratsamt, S. 110; Köstler/Zachert/Müller, Aufsichtsratspraxis, Rn. 753; Oetker in: ErfK § 100 AktG Rn. 2.

seien[662] und eine bestimmte fachliche Qualifikation nicht erwähnt werde. Demzufolge seien Grundkenntnisse im Wege der Weiterbildung zu erwerben, sofern sie nicht vorhanden sind.[663]

Nach hier vertretener Auffassung ist für die Beantwortung der Frage, ob den Mitgliedern des AR ein Anspruch auf Weiterbildung gegenüber dem Arbeitgeber zusteht, zwischen Arbeitnehmervertretern und Anteilseignervertretern zu unterscheiden. Da nur die Arbeitnehmervertreter in einem Arbeitsverhältnis zum Arbeitgeber stehen, kommen nur insoweit arbeitsrechtliche Vorschriften zur Anwendung.

Ausgehend von den bisherigen Ausführungen ergibt sich die Frage, ob diejenigen Arbeitnehmervertreter im AR, die zugleich Mitglieder des Betriebsrats sind, den Anspruch aus § 37 Abs. 6 BetrVG geltend machen können, um sich für die Tätigkeit im AR erforderliches Wissen anzueignen. Teilweise wird das bejaht, da trotz Unabhängigkeit der Ämter ein enger sachlicher Zusammenhang mit dem Ursprungsamt bestehe.[664]

Eine analoge Anwendung des § 37 Abs. 6 BetrVG auf Arbeitnehmervertreter im AR und damit ein eigener, von der Mitgliedschaft im Betriebsrat losgelöster Anspruch wird in der Literatur abgelehnt.[665] Zur Begründung wird auf die strukturellen Unterschiede beider Ämter verwiesen: Während das Betriebsratsamt ehrenamtlich in der Arbeitszeit ausgeübt werde, stelle das Aufsichtsratsamt ein entgeltliches Nebenamt dar,[666] das außerhalb der Arbeitszeit geführt werde. Ferner unterscheide sich das Aufsichtsratsamt vom Betriebsratsamt dadurch, dass der Betriebsrat als Gremium ein einheitliches Interesse verfolge, während im AR die verschiedenen Interessengruppen zusammenkämen.[667]

---

662 Beispielsweise in: § 100 AktG, §§ 7 Abs. 2 MitbestG, 6 Abs. 2 MitbestErgG, §§ 15 Abs. MitbestG, 6 Abs. 1 Montan-MitbestG, 10c Abs. 2 MitbestErgG, 76 Abs. 2 S. 3 BetrVG 1952, § 6 Abs. 2 S. 1 MitbestG, §§ 7 Abs. 2 und 4 MitbestG, 6 Abs. 3 Montan-MitbestG, 6 Abs. 1 und 3 MitbestErgG.
663 Köstler/Zachert/Müller, Aufsichtsratspraxis, Rn. 750, 753.
664 Däubler, Handbuch Schulung und Fortbildung, Rn. 379; Köstler/Zachert/Müller, Aufsichtsratspraxis, Rn. 750; Wißmann in: WWKK § 26 MitbestG Rn. 13.
665 Faude, DB 1983, 2249, 2251; Jacklofsky, Arbeitnehmerstellung und Aufsichtsratsamt, S. 117; Oetker in: ErfK § 26 MitbestG Rn. 5; Wißmann in: WWKK § 26 MitbestG Rn. 12; wohl auch Hommelhoff, ZGR 1983, 551, 573 f., der die Eigenverantwortlichkeit der Qualifikationsverschaffung betont.
666 § 113 Abs. 1 AktG sieht vor, dass den Aufsichtsratsmitgliedern eine Vergütung gewährt werden *kann*. Für einen Vergütungsanspruch bedarf es einer entsprechenden Festlegung durch Satzung oder Hauptversammlung. Siehe zur Vergütung von Aufsichtsratsmitgliedern: Maser/Göttle, NZG 2013, 201 ff.
667 Faude, DB 1983, 2249, 2251; Hoffmann/Preu, Der AR, Rn. 447.

Einer dritten Auffassung nach besteht für alle Arbeitnehmervertreter im AR ein Anspruch auf bezahlte Freistellung gegenüber dem Arbeitgeber zum Zwecke der Weiterbildung.[668] Da es sich bei der Teilnahme an Schulungs- und Bildungsveranstaltungen um eine erforderliche Tätigkeit im Rahmen der Amtsausübung handele, bestehe der Anspruch auf Lohnfortzahlung. Teilweise wird diese Ansicht abgelehnt.[669]

Umstritten ist darüber hinaus, ob der Arbeitgeber nach §§ 675, 670 BGB zur Erstattung der Kosten verpflichtet ist, die das Aufsichtsratsmitglied für die Weiterbildungsmaßnahme aufgebracht hat, beispielsweise die Seminargebühren. Dies wird zum Teil bejaht.[670] Überwiegend wird diesbezüglich eine differenzierende Betrachtung vorgenommen und ein Kostenerstattungsanspruch für die Schulungen zur Erlangung der Mindestqualifikation verneint,[671] während die entstandenen Kosten für den Erwerb von Spezialkenntnissen einen Aufwendungsersatzanspruch begründen sollen, sofern das Mitglied die entstandenen Kosten für erforderlich halten durfte.[672]

Die Ansicht, dass die Arbeitnehmervertreter im AR, die zugleich dem Betriebsrat angehören, ihren Anspruch aus § 37 Abs. 6 BetrVG geltend machen könnten, um sich das für die Arbeit im AR erforderliche Wissen anzueignen, überzeugt nicht. Die Tätigkeit im AR leitet sich nicht aus der Betriebsratsmitgliedschaft her, so dass die Aufgaben im AR nicht den Aufgabenkreis aus dem Betriebsratsamt erweitern. Da die Aufsichtsratstätigkeit an die Mitglieder andere Anforderungen stellt als die Betriebsratstätigkeit, sind die für das Aufsichtsratsamt erforderlichen Kenntnisse auch nicht erforderlich für die Arbeit im Betriebsrat, so dass die Voraussetzungen des § 37 Abs. 6 BetrVG nie erfüllt wären.

Ebenso ist eine Anwendung der Schulungsansprüche für Betriebsräte analog § 37 Abs. 6 und 7 BetrVG zu verneinen. Hier fehlt es nicht nur an der planwidrigen Regelungslücke, sondern auch an der Voraussetzung einer vergleichbaren Interessenlage, da die Ämter als Betriebsratsmitglied und als Arbeitnehmervertreter

---

668 Däubler, Handbuch Schulung und Fortbildung, Rn. 377; Köstler/Zachert/Müller, Aufsichtsratspraxis, Rn. 753.
669 Jacobs in: MüKo AktG, § 42 SEBG Rn. 8, 9; Gach in: MüKo AktG, § 26 MitbestG Rn. 8.
670 Gach in: MüKo AktG, § 26 MitbestG Rn. 8.
671 Fonk, NZG 2009, 761, 769; Hoffmann/Preu, Der AR, Rn. 449; Lutter in: Lutter/Hommelhoff GmbHG § 52 Rn. 70; Lutter/Krieger, Rechte und Pflichten des Aufsichtsrats, Rn. 846; Schneider in: Scholz GmbHG § 52 Rn. 368.
672 Lutter/Krieger, Rechte und Pflichten des Aufsichtsrats, Rn. 846; Potthoff/Trescher/Theisen, Das Aufsichtsratsmitglied, Rn. 983.

im AR strukturverschieden sind: Das Betriebsratsamt dient der Interessenvertretung der Belegschaft gegenüber dem Arbeitgeber und damit einem einheitlichen Zweck. Durch die Beteiligungsrechte des Betriebsrats sollen die Rechte der Arbeitnehmer gewahrt werden, wenn Entscheidungen des Arbeitgebers in Bereichen der betrieblichen Organisation und der Arbeitsabläufe sowie der Betriebsstruktur anstehen. Die unternehmerische Entscheidungsfreiheit bleibt davon unberührt. Demgegenüber dient die Tätigkeit im AR der Kontrolle der (betriebs)wirtschaftlichen Zweckmäßigkeit von Unternehmerentscheidungen und ist auf die Mitbestimmung in unternehmerischen Planungs- und Entscheidungsprozessen ausgerichtet. Die Funktionen der beiden Gremien sind daher nicht gleichartig.

Zur Beantwortung der Frage nach einem Weiterbildungsanspruch der Arbeitnehmervertreter sind die einzelnen Anspruchsinhalte zu unterscheiden.

Zunächst ist zu klären, ob die Arbeitnehmervertreter berechtigt sind, während der Arbeitszeit an Weiterbildungsmaßnahmen teilzunehmen. In Anbetracht des Umfangs und der Schwierigkeit der mit der Amtsausübung verbundenen Aufgaben lassen sich diese nicht ohne die erforderliche Qualifikation sorgfältig erledigen. Da die Mitglieder des AR der Gesellschaft für Schäden haften, die sie pflichtwidrig verursachen, §§ 116, 93 Abs. 2 AktG, und abberufen werden können, wenn sie nicht über die erforderliche Mindestqualifikation verfügen, § 103 Abs. 3 AktG, gehört die erforderliche Weiterbildung zur Amtsausübung und muss während der Arbeitszeit möglich sein.

Es stellt sich die Frage, ob die Arbeitnehmervertreter für die Dauer der Weiterbildungsmaßnahme Lohnfortzahlung beanspruchen können. Ein Lohnfortzahlungsanspruch während der Ausübung des Aufsichtsratsmandats ist im deutschen Recht nicht geregelt.[673] Die Verweigerung der Lohnfortzahlung für die Dauer der Schulungsteilnahme würde aber einen Bruch mit dem üblichen Vergütungssystem bedeuten. Wonach in der Regel eine feste Vergütung gezahlt wird, die nur bei unentschuldigter Untätigkeit entsprechend herabgesetzt werden darf.[674] Von einer unentschuldigten Untätigkeit im Falle einer Schulungsteilnahme kann nach Maßgabe der vorstehenden Ausführungen keine Rede sein. In der Literatur wird auf Grundlage dieser Überlegung überwiegend ein Lohnfortzahlungsanspruch bei berechtigtem Fernbleiben von der Arbeit bejaht.[675] Da die Teilnahme

---

673 Für die Mitglieder des AR in einer SE regelt § 42 SEBG regelt die Entgeltfortzahlung während der Teilnahme an Schulungs- und Bildungsveranstaltungen.
674 Maser/Göttle, NZG 2013, 201, 203.
675 Gach in: MüKo AktG § 26 MitbestG Rn. 2; Hopt/Roth in: GK-AktG § 113 AktG Rn. 129; Köstler/Zachert/Müller, Aufsichtsratspraxis, Rn. 755; Oetker in: GK-AktG § 26 MitbestG Rn. 9; Wißmann in: WWKK § 26 MitbestG Rn. 11.

an Weiterbildungsveranstaltungen als eine erforderliche Tätigkeit i. S. d. Amtsausübung angesehen wird, handelt es sich um ein berechtigtes Fernbleiben. Diesem Ergebnis ist zuzustimmen, da das Behinderungsverbot einen Lohnfortzahlungsanspruch gebietet. Das Behinderungsverbot ist in § 26 MitbestG und in § 9 DrittelbG normiert, gilt darüber hinaus aber auch für AR, die nach dem AktG gebildet wurden.[676] Es dient dem Organschutz und stellt sicher, dass der AR funktionsfähig ist und seinen gesetzlichen Aufgaben, insbesondere den Kontrollaufgaben nachkommen kann.[677] Somit besteht für Arbeitnehmervertreter ein Lohnfortzahlungsanspruch für die Dauer der Weiterbildungsmaßnahme.

Zuletzt ist fraglich, ob sie die Aufwendungen vom Arbeitgeber erstattet verlangen können. Der in der Literatur befürwortete Anspruch gem. §§ 675, 670 BGB besteht für erforderliche Aufwendungen, die i. S. d. Amtsausübung getätigt werden. Nach dem Vorstehenden fallen die Kosten der Weiterbildung hierunter. Eine Differenzierung zwischen Grund- und Spezialkenntnissen ist impraktikabel, insbesondere wenn es um die Aktualisierung von Grundkenntnissen handelt. Dieses Ergebnis lässt sich ebenfalls durch das Behinderungsverbot stützen: Bestünde kein Aufwendungsersatzanspruch, würde dieses finanzielle Hindernis die Weiterbildungsbereitschaft der Aufsichtsratsmitglieder sinken lassen und damit die Arbeit des AR mittelbar behindern.

3. Verpflichtung zur Weiterbildung

Schließlich stellt sich die Frage, ob mit dem Anspruch auf Weiterbildung eine Verpflichtung zur Weiterbildung einhergeht. Eine dahingehende Plicht ist nicht ausdrücklich gesetzlich geregelt. Für die Annahme einer Weiterbildungspflicht spricht gleichwohl, dass den Mitgliedern des AR umfassende Aufgaben zukommen, die sie gem. §§ 116, 93 Abs. 1 AktG mit der Sorgfalt eines ordentlichen und gewissenhaften Überwachers und Beraters zu erledigen haben.[678] Diese Pflicht besteht unabhängig davon, ob sie wiedergewählte oder neue Mitglieder sind, mithin unabhängig von eventuellen Vorkenntnissen.[679] Die Verantwortung ist für wiedergewählte und neue Mitglieder jeweils gleich groß und ihr kann nur nachgekommen werden, wenn Kenntnisse über Stellung, Aufgaben und Befugnisse des AR

---

676 Wißmann in: MüArbR § 283 Rn. 24.
677 Faude, DB 1983, 2249, 2250; Greiner in: A/P/S § 26 MitbestG Rn. 8.
678 Habersack in: MüKo AktG § 116 AktG Rn. 16.
679 Jacklofsky, Arbeitnehmerstellung und Aufsichtsratsamt, S. 111.

und seiner Mitglieder vorhanden sind.[680] Da diese Kenntnisse wie oben beschrieben keine Wählbarkeitsvoraussetzung sind, müssen sie sich während der Amtsausübung im Wege der Weiterbildung angeeignet werden. Für Schäden, die aus Pflichtverletzungen, namentlich aus der mangelnden Qualifikation entstehenden, sind die Mitglieder des AR haftbar:[681] Sie haften gem. § 48 AktG gegenüber der Gesellschaft neben dem Vorstand als Gesamtschuldner für die Schäden, die aus Pflichtverletzungen während der Gründung hervorgehen. Darüber hinaus haften sie gem. §§ 116, 93 Abs. 2 AktG für schuldhafte Pflichtverletzungen bei der Mandatsausübung. Schließlich können sie gem. § 103 Abs. 3 AktG abberufen werden, wenn sie pflichtwidrig handeln und nicht über die erforderlichen Kenntnisse verfügen. Die bestehenden Haftungs- und Abberufungsmöglichkeiten sind geeignet, die Arbeitnehmervertreter im AR zur regelmäßigen Weiterbildung zu verpflichten.

4. Exkurs: Anteilseignervertreter

Die Anteilseignervertreter im AR sind keine Arbeitnehmer. Ihre Rechtsposition soll trotzdem aus Gründen der Vollständigkeit an dieser Stelle behandelt werden. Es stellt sich die Frage, ob für sie ein Weiterbildungsanspruch und eine entsprechende Verpflichtung bestehen. Wie bereits dargestellt wurde, entspricht es der überwiegenden Auffassung, dass Anteilseignervertreter bereits bei Amtsantritt über die erforderliche fachliche Qualifikation zur Ausübung des Aufsichtsratsmandats verfügen müssen. Man könnte daher vertreten, dass generell kein Weiterbildungsbedarf besteht. Diesem Schluss steht entgegen, dass Wissen einer Halbwertszeit unterliegt. Daher ergibt sich das Erfordernis der Aktualisierung und Erweiterung des Fachwissens. Überwiegend wird an Anteilseignervertreter die Anforderung gestellt, dass sie selbst für eine Erhaltungsqualifikation zu sorgen haben. Es wird damit argumentiert, dass die Anteilseignervertreter die entsprechende Qualifikation ohnehin schuldeten, so dass keine Ansprüche gegenüber der Gesellschaft bestünden.[682]

Fraglich ist, ob dieser Auffassung gefolgt werden kann. Zunächst ist festzuhalten, dass mangels Differenzierung in Gesetzeswortlaut und Rechtsprechung des BGH die aufgestellten Anforderungen an die fachliche Qualifikation für Arbeitnehmervertreter und Anteilseignervertreter gleichermaßen gelten. Demzufolge müssen auch Anteilseignervertreter bei Amtsantritt über die grundsätzliche Qualifikation

---

680 Jacklofsky, Arbeitnehmerstellung und Aufsichtsratsamt, S. 111.
681 Habersack in: MüKo AktG § 116 AktG Rn. 16.
682 Fonk, NZG 2009, 761, 769; Habersack in: MüKo AktG § 113 Rn. 24.

verfügen, wohingegen spezifische Fachkenntnisse (beispielsweise technischer oder unternehmensspezifischer Art) nicht bereits bei Amtsantritt vorhanden sein müssen. Des Weiteren ist zu bedenken, dass das Amt als Aufsichtsratsmitglied über viele Jahre hinweg ausgeübt werden kann und selbst eine einmal vorhandene Qualifikation an Wert verliert, wenn sie nicht ständig aktualisiert und angewandt wird. Gleichzeitig gilt auch für Anteilseignervertreter das bereits für Arbeitnehmervertreter aufgezeigte Haftungssystem. Zudem besteht die Abberufungsmöglichkeit auf Grund mangelhafter Fähigkeiten. Aus diesen Gründen besteht für die Vertreter der Anteilseigner im Grunde dieselbe Situation wie für die Arbeitnehmervertreter, so dass ihnen die gleichen umfassenden Ansprüche bzgl. der Teilnahme an Weiterbildungsveranstaltungen zustehen. Auch für sie muss der Besuch von Schulungsveranstaltungen ein berechtigtes Fernbleiben von der Mandatsausübung darstellen. Aus diesem Grund wirkt sich die Teilnahme an Schulungen nicht nachteilig auf die Höhe der Vergütung aus. Die Frage nach der Kostentragung für die Maßnahme selbst richtet sich – wie oben dargelegt – nach §§ 675, 670 BGB, so dass die „*Erforderlichkeit*" der Schulungsteilnahme das maßgebliche Kriterium bildet.

Mit diesem Anspruch korrespondiert eine Verpflichtung zur Weiterbildung: Die gesetzliche Anforderung, wonach bereits bei Amtsantritt die erforderliche Qualifikation vorliegen muss, zeigt, dass der Gesetzgeber davon ausgeht, dass allen Mitgliedern des AR eine besonders große Verantwortung zukommt und ihre Qualifikation besonders wichtig ist. Diese Anforderung ist nur dann sinnvoll, wenn die Qualifikation auch während der gesamten Amtsausübung vorhanden ist. Da auf Grund veränderlicher Umstände – insbesondere im technischen und rechtlichen Bereich – Fachwissen einer Halbwertszeit unterliegt, ist die Qualifikation fortwährend aktiv aufrecht zu erhalten. Somit ergibt sich aus dem Sinn und Zweck der Vorschrift und aus dem gesetzgeberischen Willen eine Verpflichtung der Anteilseignervertreter zur Weiterbildung, der wiederum durch das Schadensersatzrisiko und die Möglichkeit der Abberufung Nachdruck verliehen wird.

X. Zusammenfassung und Fazit

Die Schulung von anderen Interessenvertretern als Betriebsratsmitgliedern ist nicht umfassend geregelt. Da vielfach spezielle Normen fehlen, muss auf § 37 Abs. 6 und 7 BetrVG zurückgegriffen werden. Es wurde festgestellt, dass der Kreis der Anspruchsberechtigten über Betriebsratsmitglieder hinausgeht:

Ersatzmitglieder des Betriebsrats haben in gleicher Weise wie ordentliche Mitglieder einen Anspruch auf Teilnahme an erforderlichen Schulungen gem. § 37

Abs. 6 BetrVG, sofern sie in den Betriebsrat nachgerückt sind oder wiederholt als Vertretung die Aufgaben des Betriebsrats wahrzunehmen haben. Ein Anspruch nach § 37 Abs. 7 BetrVG besteht erst mit dem endgültigen Nachrücken in den Betriebsrat. Hiermit korrespondiert eine Verpflichtung zur Teilnahme an erforderlichen Schulungen.

Im Ergebnis gilt dieses auch für die Mitglieder des Wahlvorstandes, wobei sich der Anspruch sowie die Verpflichtung aus § 37 Abs. 2 BetrVG ergeben. Bei der Prüfung der Erforderlichkeit ist der spezielle Aufgabenkreis der Wahlvorstandsmitglieder zu beachten.

Da die Tätigkeiten im Gesamt- oder Konzernbetriebsrat auf die Mitgliedschaft im Betriebsrat zurückgehen, wird hierdurch der Aufgabenkreis als Betriebsratsmitglied erweitert. Daher besteht ein Anspruch auf die Teilnahme an Schulungen, die Kenntnisse für die Tätigkeit im Gesamt- oder Konzernbetriebsrat vermitteln. Der Anspruch wird aus § 37 Abs. 6 und 7 BetrVG abgeleitet. Aus demselben Grund besteht auch eine korrespondierende Verpflichtung nach Abs. 6.

Gleiches gilt für die Mitglieder des Wirtschaftsausschusses, die zugleich Mitglied des Betriebsrats sind. Diejenigen Mitglieder des Wirtschaftsausschusses, die kein Betriebsratsmandat besitzen, können einen eigenständigen Schulungsanspruch analog § 37 Abs. 6 und 7 BetrVG geltend machen, wenn die Weiterbildung erforderlich ist. Eine Verpflichtung ist mit derselben Argumentation wie für die Betriebsratsmitglieder anzunehmen.

Für die Mitglieder der JAV bestimmt § 65 Abs. 1 BetrVG die entsprechende Anwendbarkeit des § 37 BetrVG. Daher ergeben sich mit Ausnahme des anderen Bezugspunktes für die Erforderlichkeitsprüfung keine Unterschiede zu den Ausführungen für die Mitglieder des Betriebsrats. Anspruch und Verpflichtung sind zu bejahen.

Aus § 96 Abs. 4 SGB IX folgt die entsprechende Anwendung des § 37 BetrVG für die Mitglieder der Schwerbehindertenvertretung. Die Anspruchsinhalte sind mit denen der Betriebsratsmitglieder identisch. Auch besteht eine Verpflichtung, erforderliche Kenntnisse zu erwerben.

Für die Mitglieder des Sprecherausschusses ist ein Selbststudium ebenso wenig zumutbar wie für andere Interessenvertreter. Für sie besteht ein Anspruch auf bezahlte Freistellung zum Zweck der Schulungsteilnahme gem. § 14 Abs. 1 SprAuG und ein Anspruch auf Aufwendungsersatz bzgl. der Schulungskosten gegenüber dem Arbeitgeber gem. § 14 Abs. 2 SprAuG. Um die Aufgaben im Sprecherausschuss ordnungsgemäß ausüben zu können, sind die Mitglieder verpflichtet, sich die für die Tätigkeit erforderlichen Kenntnisse anzueignen.

Seit 2011 besteht für Mitglieder des EBR ein eigenständiger Anspruch auf Weiterbildung gem. § 38 ERBG, sowie eine dem Amt immanente entsprechende

Verpflichtung. Die Kosten hierfür sind gem. § 39 EBRG von der zentralen Leitung zu tragen.

Arbeitnehmervertreter im AR haben einen Anspruch darauf, an Weiterbildungsmaßnahmen teilzunehmen, weil das Vorhalten der hinreichenden fachlichen Qualifikation zur ordnungsgemäßen Amtsführung zählt. Sie haben ferner einen Anspruch auf Lohnfortzahlung, der sich aus dem Behinderungsverbot gem. § 26 MitbestG, § 9 DrittelbG ergibt. Schließlich steht ihnen ein Anspruch auf Aufwendungsersatz gem. §§ 675, 670 BGB für die durch die Weiterbildungsmaßnahme entstandenen Kosten zu. Die Anteilseigner können ebenfalls Ansprüche auf Schulungsteilnahme gegenüber der Gesellschaft geltend machen, sofern sie entgegen den Vorgaben des AktG die erforderliche Qualifikation nicht (mehr) besitzen und die Schulung daher „*erforderlich*" ist.

Die Ansprüche auf Weiterbildung sind also teilweise gesetzlich niedergelegt, teilweise ergeben sie sich aus der Mitgliedschaft im Betriebsrat, teilweise ist wegen der Schutzfunktion des jeweiligen Gremiums gegenüber der vertretenen Arbeitnehmerschaft eine analoge Anwendung der für Betriebsratsmitglieder bestehenden Ansprüche geboten.

Die festgestellten Verpflichtungen der Interessenvertreter lassen sich allesamt mit der Schutzfunktion gegenüber den jeweils repräsentierten Arbeitnehmern begründen. Indem ein Amt als Arbeitnehmervertreter übernommen wurde, gebietet es die Pflicht zur sach- und ordnungsgemäßen Amtsausübung, die Interessen und Rechte der vertretenen Arbeitnehmer umfassend zu wahren. Das wiederum ist nur bei ausreichender fachlicher Kompetenz möglich. Ferner ist jeder betriebliche Interessenvertreter dazu verpflichtet, die Handlungsfähigkeit des Gremiums, dem es angehört, nicht zu beeinträchtigen. Daher kann mit derselben Argumentation wie für Betriebsratsmitglieder eine Verpflichtung im Verhältnis zu dem Gremium, dem der Interessenvertreter angehört, bejaht werden. Die Pflicht zur Weiterbildung ist nicht erzwingbar; es kann gleichwohl in den meisten Fällen Druck ausgeübt werden, indem Instrumentarien zum Ausschluss aus dem Gremium bei Pflichtverletzung oder mangelhafter Qualifikation bestehen sowie teilweise eine Haftung auf Schadensersatz in Frage kommt.

Als einheitliches Prinzip lässt sich Folgendes erkennen:

Je verantwortungsvoller die Tätigkeit ist, desto eher besteht Bedarf nach qualifizierten Amtsinhabern. Sind erforderliche Kenntnisse bei Amtsantritt noch nicht vorhanden, müssen sie erworben werden. Da Wissen und fachliche Qualifikation einem Verfall unterliegen, bedarf auch dann einer stetigen Erhaltungsqualifizierung, wenn Fachwissen bereits bei Amtsantritt vorhanden ist. Die Interessenvertreter haben entsprechend einen Anspruch auf Weiterbildung. Soweit eine Pflicht zur verantwortungsvollen Mandatsausübung besteht, leitet sich hieraus eine Pflicht zur Weiterbildung her, da nur so das Amt verantwortungsvoll geführt werden kann. Auch ohne explizite Erwähnung kommt dieser Gedanke im deutschen Recht zum Ausdruck, indem Sanktionen für die Mitglieder bestehen, wenn sie ihre Amtspflichten verletzen (beispielsweise § 23 BetrVG, §§ 116, 93 Abs. 2 AktG, § 103 Abs. 3 AktG).

D. Weiterbildung von Beauftragten des Arbeitgebers

Als weitere Arbeitnehmergruppe ist die Rechtsstellung von Betriebsbeauftragten zu untersuchen. Im Gegensatz zu Betriebsratsmitgliedern und anderen Interessenvertretern erfüllen Beauftragte des Arbeitgebers den Zweck, bestimmten Risiken und Gefahrenquellen im Unternehmen vorzubeugen. Die Betriebsbeauftragten sind regelmäßig Arbeitnehmer eines Betriebes, können aber auch als Externe auf der Grundlage eines Dienstvertrages beschäftigt werden.[683] Im Folgenden werden nur die Rechtsstellungen derjenigen Betriebsbeauftragten besprochen, die in einem Arbeitsverhältnis stehen. Im Rahmen der Arbeitsvertragsbeziehung können die Rechte und Pflichten der Parteien frei vereinbart und daher ein Anspruch auf sowie eine Verpflichtung zur Weiterbildung begründet werden. Wurde im Vertrag diesbezüglich keine Regelung getroffen, können sich Ansprüche und Verpflichtungen aus Gesetz bzw. Verordnung ergeben.

In den meisten Bereichen ist der Arbeitgeber zur Beschäftigung von Betriebsbeauftragten zum Zwecke der Überwachung bestimmter betrieblicher Gefahrenquellen gesetzlich verpflichtet. Über die gesetzlich verbindlich angeordneten Beauftragten hinaus wird die Bestellung anderer Betriebsbeauftragter lediglich empfohlen, z.B. die des Erfinderberaters (vgl. § 21 Abs. 1 ArbNErfG) oder des Hygienebeauftragten.

Betriebsbeauftragte ermöglichen dem Arbeitgeber eine effektive Eigenkontrolle und unterstützen ihn bei der Erfüllung originärer öffentlich-rechtlich normierter Pflichten. Die gesetzliche Verantwortung für die vom Betrieb ausgehenden Gefahren verbleibt jedoch stets beim Arbeitgeber.[684] Dieser ist Adressat eventueller öffentlich-rechtlicher Maßnahmen. In strafrechtlicher Hinsicht existieren für Betriebsbeauftragte keine Sonderdelikte und sie sind nicht im strafrechtlichen Sinn als (Beschützer-)Garant verantwortlich.[685] Eine zivilrechtliche Verantwortlichkeit im Verhältnis zum Arbeitgeber besteht, wobei die Haftungsprivilegierung des Arbeitnehmers zu beachten ist, so dass auch der betriebsbeauftragte

---

683 Pulte, Betriebsbeauftragte in der Wirtschaft, S. 1.
684 Heilmann/Taeger, Rechtsstellung und Haftung der Betriebsbeauftragten, S. 4.
685 Alt in: MüKo StGB § 326 Rn. 103;
    Überwachungsgarant: Pulte, Betriebsbeauftragte in der Wirtschaft, S. 8;
    a.A. Böse, NStZ 2003, 636 ff.

Arbeitnehmer nur für Schäden haftet, die durch grobe Fahrlässigkeit oder Vorsatz verursacht wurden.[686]

Gleichwohl ist zu beachten, dass die Überwachung der Gefahrenquellen, auf die noch im Einzelnen eingegangen wird, gerade die Tätigkeit eines Betriebsbeauftragten ausmacht und dieser damit einem Schutzinteresse der Allgemeinheit oder einer Gruppe – häufig der Belegschaft – dient. Dieses Schutzinteresse bezieht sich vielfach auf das Leben, die Gesundheit, die Umwelt oder das allgemeine Persönlichkeitsrecht derjenigen Menschen, die entweder als Mitarbeiter oder auch als Betriebsexterne mit dem Betrieb und den hiervon ausgehenden Gefahren in Berührung kommen. Daher obliegt den Betriebsbeauftragten eine große Verantwortung.

Die Anforderungen an die Qualifikation von Betriebsbeauftragten ergeben sich aus dem Schutzzweck, dem sie dienen. Zum Betriebsbeauftragten darf nur bestellt werden, wer fachlich und persönlich geeignet ist. Für jeden gesetzlich vorgeschriebenen Betriebsbeauftragten findet sich insofern eine gesetzliche Regelung. Dabei ist es nicht ausreichend, wenn der Betriebsbeauftragte die erforderliche Qualifikation zu Beginn der Tätigkeit aufweist. Seine Funktion erfordert, dass der Betriebsbeauftragte seine Qualifikation aufrechterhält und fortwährend aktualisiert, um das Amt den neuesten technischen Entwicklungen, wissenschaftlichen Erkenntnissen und rechtlichen Vorgaben gemäß zu erfüllen.

Besonders sensible Bereiche sind die des Arbeits- und Gesundheitsschutzes, des Umweltschutzes und des Datenschutzes. Daher wird der gesetzliche Rahmen für Beauftragte des Arbeitgebers in diesen drei Bereichen untersucht und deren Ansprüche auf und Verpflichtungen zur Weiterbildung miteinander verglichen.

I. Betriebsbeauftragte im Bereich Arbeits- und Gesundheitsschutz

1. Der Sicherheitsbeauftragte

a) Anforderungen an Sicherheitsbeauftragte

In Unternehmen mit regelmäßig mehr als 20 Beschäftigten hat der Arbeitgeber gem. § 22 SGB VII Sicherheitsbeauftragte zu bestellen, die ihn bei der Durchführung der Maßnahmen zur Verhütung von Arbeitsunfällen und Berufskrankheiten

---

686 Externe Sicherheitsbeauftragte haften wegen Schlechterfüllung gem. § 280 Abs. 1 BGB voll.

unterstützen. Aufgabe des Sicherheitsbeauftragten ist gem. § 22 Abs. 2 SGB VII, das Vorhandensein und die ordnungsgemäßen Benutzung der vorgeschriebenen Schutzeinrichtungen und der persönlichen Schutzausrüstung zu kontrollieren und den Arbeitgeber auf eventuelle Unfall- und Gesundheitsgefahren hinzuweisen. Ferner hat der Sicherheitsbeauftragte die Funktion einer innerbetrieblichen Vertrauens- und Kontaktperson in Sicherheitsfragen.[687]

Der Sicherheitsbeauftragte muss daher zum Schutz der Beschäftigten und im Sinne des Präventionsauftrags des § 14 SGB VII über besondere Kenntnisse über die Verhütung von Arbeitsunfällen und Berufskrankheiten verfügen.

b) Anspruch auf Weiterbildung

Die Verantwortung für das Vorhandensein der notwendigen Qualifikation des Sicherheitsbeauftragten liegt nicht beim Arbeitgeber, sondern bei den Berufsgenossenschaften. Diese haben gem. § 23 Abs. 1 S. 1 SGB VII für die erforderliche Aus- und Fortbildung der mit dem Arbeitsschutz betrauten Personen (wozu auch der Sicherheitsbeauftragte zählt) zu sorgen und die entstehenden Kosten zu tragen. Welche Maßnahmen „*erforderlich*" sind, hängt sowohl von den Vorkenntnissen des Sicherheitsbeauftragten als auch von den Aufgaben und Gegebenheiten im Betrieb ab.[688]

Der Arbeitgeber ist lediglich gem. § 20 Abs. 6 BGV A1[689] dazu verpflichtet, dem Sicherheitsbeauftragten Gelegenheit zu geben, an Aus- und Fortbildungsmaßnahmen der Berufsgenossenschaft teilzunehmen. Daher schuldet er gem. § 23 Abs. 3 SGB VII die bezahlte Arbeitsfreistellung für die Schulungsmaßnahme nach dem Lohnausfallprinzip.[690]

Für Sicherheitsbeauftragte besteht damit ein vollständiges Regelungswerk, das ihre Ansprüche auf Fortbildung betrifft. Dieser Anspruch des Sicherheitsbeauftragten wird zusätzlich dadurch betont, dass in § 209 SGB VII ein Ordnungswidrigkeitstatbestand geregelt ist: Gem. § 209 Abs. 1 Nr. 1, Abs. 3 SGB VII i. V. m. § 15 Abs. 1 Nr. 2 SBG VII i. V. m. § 20 Abs. 6 BGV A1 kann dem Unternehmer eine Geldstrafe von bis zu zehntausend EUR auferlegt werden, wenn er die Fortbildung des Sicherheitsbeauftragten nicht ermöglicht oder gar behindert.

---

687 Pieper ArbSchR SGB VII Rn. 31.
688 Schmitt SGB VII § 23 Rn. 3.
689 Nachzulesen unter: http://www.bgw-online.de/internet/generator/Inhalt/OnlineInhalt/ Medientypen/bgw__vorschriften-regeln/BGVA1__Grunds_C3_A4tze_20der_20Pr_ C3_A4vention,property=pdfDownload.pdf, abgefragt am 13.11.2012.
690 Kohte in: MüArbR § 292 Rn. 60; Schmitt SGB VII § 23 Rn. 9.

c) Verpflichtung zur Weiterbildung

Die Rollen und Aufgaben der Unfallversicherungsträger und des Unternehmers in Bezug auf die Aus- und Fortbildung des Sicherheitsbeauftragten sind klar festgelegt. Demgegenüber ist eine Verpflichtung des Sicherheitsbeauftragten zur Weiterbildung nicht ausdrücklich geregelt. Daher stellt sich die Frage, ob er zur Teilnahme an erforderlichen Weiterbildungsmaßnahmen verpflichtet ist.

Denkbar wäre eine Verpflichtung gegenüber der Berufsgenossenschaft, da diese gem. § 23 Abs. 1 S. 1 SGB VII die Sorge für die erforderliche Aus- und Fortbildung trägt. Insbesondere sind die Unfallversicherungsträger gem. § 23 Abs. 1 S. 3 SGB VII dazu verpflichtet, sowohl die Unternehmer als auch die Versicherten zur Teilnahme an Weiterbildungsmaßnahmen anzuhalten.[691] Hiernach kann der Betroffene nachhaltig um Teilnahme ersucht, hingegen nicht zur Teilnahme verpflichtet werden.[692]

Es könnte jedoch eine Verpflichtung gegenüber dem Arbeitgeber bestehen. Dafür kommt zunächst in Betracht, dass im Arbeitsvertrag ausdrücklich eine Verpflichtung zur Weiterbildung geregelt ist. Eine solche Regelung ist denkbar, da die Bestellung des Sicherheitsbeauftragten arbeitsvertraglich und nicht durch Weisung des Arbeitgebers vorzunehmen ist.[693] Sofern der Beauftragte sich weigert, dieser arbeitsvertraglich festgelegten Pflicht nachzukommen, bestehen für den Arbeitgeber die Möglichkeiten, eine Abmahnung oder eine verhaltensbedingten Kündigung auszusprechen. Ein besonderer Kündigungsschutz besteht für den Sicherheitsbeauftragten nicht.[694]

Besteht im Vertrag keine ausdrückliche Vereinbarung hinsichtlich der Weiterbildung, könnte man das gleiche Ergebnis aus dem Schutzzweck des § 22 SGB VII herleiten. Der Sicherheitsbeauftragte hat hiernach die Aufgabe, für die Sicherheit im Betrieb zu sorgen und Arbeitsunfälle sowie Berufskrankheiten zu verhüten. Damit trägt er gegenüber der Belegschaft eine hohe Verantwortung, der er nicht nachkäme, wenn er nur unzureichende Kenntnisse vorweisen könnte.

Eine echte Verpflichtung bestünde nur dann, wenn sie erzwingbar wäre. Eine Erzwingbarkeit wäre auch dann gegeben, wenn der Betriebsbeauftragte auf Grund unzureichender Qualifikation abberufen werden könnte. Eine Kompetenz der Berufsgenossenschaft, den Sicherheitsbeauftragten selbst abzuberufen oder dessen

---

691 Pieper ArbSchR SGB VII Rn. 35; Schmitt SGB VII § 23 Rn. 5.
692 Pieper ArbSchR SGB VII Rn. 35; Ricke in: Kasseler SVR § 23 SGB VII Rn. 3; Schmitt SGB VII § 23 Rn. 5.
693 Kohte in: MüArbR § 292 Rn. 48.
694 Schulte in: Moll ArbR § 45 Rn. 211.

Abberufung vom Arbeitgeber zu verlangen, ist nicht gegeben. Auch eine gesetzliche Sanktion für denjenigen Sicherheitsbeauftragten, der sich nicht fortbildet, besteht nicht.

Allerdings ist die Abberufung durch den Arbeitgeber gleichwohl möglich, wenn sachliche Gründe hierfür vorliegen.[695] Das Nichtvorhandensein der erforderlichen Qualifikation und die Verweigerung von Fortbildung würden einen solchen sachlichen Grund bilden, da es sich um essentielle Bestandteile seines Amtes als Sicherheitsbeauftragter handelt, die vernachlässigt werden. Somit besteht zumindest ein mittelbarer Druck. Eine Verpflichtung zur Weiterbildung ist daher zu bejahen.

2. Der Betriebsarzt

a) Anforderungen an Betriebsärzte

Der Betriebsarzt hat gem. § 3 Abs. 1 ASiG die Aufgabe, den Arbeitgeber beim Arbeitsschutz und bei der Unfallverhütung in allen Fragen des Gesundheitsschutzes zu unterstützen. Er trägt zur Prävention von Erkrankungen und der Förderung der Gesundheit bei, indem er den Arbeitgeber und andere für den Arbeitsschutz und die Unfallverhütung verantwortliche Personen unterweist, Arbeitnehmer untersucht und sie entsprechend den Ergebnissen der Untersuchung berät und die Maßnahmen des Arbeitsschutzes und der Unfallverhütung überwacht. Nur in Notfällen wird er behandelnd tätig, so dass seine Hauptfunktion in Beratung und Vorbeugung zu sehen ist.[696] Der Betriebsarzt erfüllt damit eine verantwortungsvolle Aufgabe, der eine hohe Bedeutung zukommt und für die er vorbehaltlich des Haftungsprivilegierung gem. § 105 SGB VII zivilrechtlich verantwortlich ist (allerdings entsprechend den Grundsätzen über die Haftungsbeschränkung bei betrieblicher Tätigkeit). Kommt also beispielsweise auf Grund einer falschen Beratung des Arbeitgebers ein Betriebsangehöriger zu Schaden, haftet der Betriebsarzt hierfür.

Um eine möglichst sorgfältige Aufgabenerfüllung durch den Betriebsarzt sicherzustellen, verlangt § 4 ASiG eine besondere Qualifikation des Betriebsarztes. Hiernach darf nur eine Person zum Betriebsarzt bestellt werden, die die Befähigung zur Ausübung des ärztlichen Berufes hat und die erforderliche arbeitsmedizinische Fachkunde besitzt.[697] Beides ist Voraussetzung für die Bestellung

---

695 Greiner in: A/P/S § 22 SGB VII Rn. 2; Schulte in: Moll ArbR § 45 Rn. 211.
696 Oppenauer in: Kollmer ArbSchG § 15 Rn. 63a; Laufs in: Uhlenbruck/Laufs 4. Kapitel § 12 Rn. 28.
697 Pieper ArbSchR ASiG Rn. 94.

zum Betriebsarzt. Eine Ausnahme von dem Erfordernis der Fachkunde besteht gem. § 18 ASiG nur für den Fall, dass der Arbeitgeber sich dazu verpflichtet, den Betriebsarzt entsprechend fortbilden zu lasen.[698]

b) Anspruch auf Weiterbildung

Unabhängig von einer selbst eingegangenen Verpflichtung des Arbeitgebers, den Betriebsarzt fortbilden zu lassen, bestimmt § 2 Abs. 3 S. 1 ASiG eine Pflicht des Arbeitgebers, den Betriebsärzten die zur Erfüllung ihrer Aufgaben erforderliche Fortbildung zu ermöglichen. In Betracht kommen in erster Linie Weiterbildungsveranstaltungen zu medizinischen Themen, aber auch in anderen Bereichen des Arbeits- und Unfallschutzes.[699] Die Regelung knüpft an das Kriterium der *„Erforderlichkeit"* der Fortbildungsveranstaltung an, womit der Arbeitgeber vor einer unzweckmäßigen finanziellen Belastung geschützt wird.

Das Gesetz gibt Betriebsärzten, die sich weiterbilden wollen, einen Anspruch auf Weiterbildung.[700] Der Anspruch umfasst die bezahlte Arbeitsfreistellung gem. § 2 Abs. 3 S. 2 ASiG und die Kostentragung für die Maßnahme selbst gem. § 2 Abs. 3 S. 3 ASiG.

c) Verpflichtung zur Weiterbildung

Die Frage nach einer Verpflichtung des Betriebsarztes zur Weiterbildung ist in vergleichbarer Weise wie für den Sicherheitsbeauftragten zu beantworten: Eine individualvertragliche Regelung ist möglich, damit die in § 4 ASiG vorgeschriebene Qualifikation zumindest erhalten bleibt.[701]

Aus dem Gesetz folgt keine unmittelbare Verpflichtung zur Weiterbildung. Jedoch ist aufgrund der gegenüber der Belegschaft bestehenden Schutzfunktion des Betriebsarztes eine Weiterbildungsverpflichtung zu bejahen: Der betriebliche Gesundheitsschutz ist Aufgabe des Betriebsarztes. Dabei verändern sich die Arbeitsbedingungen, so dass der Betriebsarzt neuen Risiken vorbeugen muss, wie z.B. psychischen Belastungen am Arbeitsplatz[702] und Muskel-Skelett-Erkrankungen durch sitzende und stehende Tätigkeiten, durch einseitige Fehlhaltungen oder

---

698 Pieper ArbSchR ASiG Rn. 93.
699 Brunhöber in: HK ASiG § 2 Rn. 6.
700 Brunhöber in: HK ASiG § 2 Rn. 6.
701 Schrader in: Schaub Formularsammlung I. Buch § 7 Rn. 63.
702 BMAS, Psychische Gesundheit im Betrieb, S. 37.

Heben und Tragen von Lasten. Somit besteht ein Bedürfnis nach ständiger Weiterbildung des Betriebsarztes, um seiner Funktion und seiner Verantwortung gegenüber den Mitarbeitern des Betriebs gerecht zu werden.

Zudem stellt das in § 4 ASiG festgelegte Qualifikationsprofil nicht nur eine Voraussetzung für die Bestellung, sondern auch für die Ausübung der Tätigkeit dar. Bei deren Nichterfüllen liegt ein wichtiger Grund für eine arbeitgeberseitige Abberufung vor, so dass eine sanktionierbare Verpflichtung zur Weiterbildung von Betriebsärzten besteht.

3. Die Fachkraft für Arbeitssicherheit

a) Anforderungen an Fachkräfte für Arbeitssicherheit

Gem. § 1 ASiG hat der Arbeitgeber Fachkräfte für Arbeitssicherheit zu bestellen, damit die dem Arbeitsschutz und der Unfallverhütung dienenden Vorschriften angepasst an die konkreten Betriebsverhältnisse angewandt werden, arbeitsmedizinische und sicherheitstechnische Erkenntnisse im Betrieb verwirklicht werden und die dem Arbeitsschutz und der Unfallverhütung dienenden Maßnahmen einen möglichst hohen Wirkungsgrad erreichen. Damit unterstützt die Arbeitssicherheitsfachkraft den Arbeitgeber beim Arbeitsschutz und bei der Unfallverhütung in allen Fragen der Arbeitssicherheit, was auch in § 6 S. 1 ASiG geregelt ist.

Die erforderliche fachliche Qualifikation regelt § 7 ASiG, wonach Sicherheitsingenieure berechtigt sein müssen, die Berufsbezeichnung Ingenieur zu führen, und Sicherheitstechniker über die sicherheitstechnische Fachkunde verfügen müssen.

b) Anspruch auf Weiterbildung

Ein gesetzlicher Anspruch auf Weiterbildung besteht für die Fachkraft für Arbeitssicherheit gem. § 5 Abs. 3 S. 1 ASiG. Hiernach ist der Arbeitgeber verpflichtet, der Fachkraft für Arbeitssicherheit die zur Erfüllung der Aufgaben erforderliche Fortbildung zu ermöglichen. Insoweit handelt es sich um eine Parallelvorschrift zu § 3 Abs. 3 ASiG, der die Fortbildung für Betriebsärzte regelt. Daher sei auf die obigen Ausführungen verwiesen.

c) Verpflichtung zur Weiterbildung

Eine Verpflichtung zur Weiterbildung ist auch für Fachkräfte für Sicherheit nicht gesetzlich bestimmt. Da die Fachkraft für Sicherheit demselben Schutzgut dient wie der Betriebsarzt, nämlich der Arbeitssicherheit, und da die Rechte und Pflichten in derselben Weise geregelt sind wie beim Betriebsarzt, lassen sich rechtliche Herleitung einer Weiterbildungspflicht und die dahinführende Argumentation übertragen. Damit besteht auch für die Fachkraft von Arbeitssicherheit eine Verpflichtung zur Weiterbildung.

II. Betriebsbeauftragte im Bereich Umweltschutz

1. Der Betriebsbeauftragte für Immissionsschutz

a) Anforderungen an Immissionsschutzbeauftragte

Der Betreiber einer genehmigungsbedürftigen Anlage i. S. d. § 4 Abs. 1 S. 1 BImSchG ist gem. § 53 Abs. 1 BImSchG i. V. m. § 1 Abs. 1 der 5. BImSchV zur Bestellung eines Immissionsschutzbeauftragten verpflichtet.[703] Die Bestellung dient der Umsetzung des Gesetzeszwecks, der generell auf Umweltschutz gerichtet ist, § 1 Abs. 1 BImSchG. Speziell auf genehmigungsbedürftige Anlagen bezogen besteht er in der Vermeidung und Verminderung schädlicher Umwelteinwirkungen durch Emissionen sowie im Schutz und der Vorsorge gegen Gefahren, erhebliche Nachteile und erhebliche Belästigungen, § 1 Abs. 2 BImSchG.

Die Funktion und die Aufgaben des Immissionsschutzbeauftragten bestehen gem. § 54 BImSchG zum einen in der Kontrolle der Anlage, d.h. in der Überwachung der Einhaltung der immissionsschutzrechtlichen Vorschriften. Zum anderen kommt dem Immissionsschutzbeauftragten eine Initiativfunktion zu, indem er den Betreiber anhält, umweltfreundliche Verfahren und Erzeugnisse zu verwenden. Er muss die technischen Verfahrensweisen und die entstehenden Stoffe beurteilen, Mängel feststellen und die von der Anlage ausgehenden Emissionen messen können. Zur besseren Aufgabenerfüllung sind möglichst genaue betriebsinterne Kenntnisse vorteilhaft.[704] Daher soll der Immissionsschutzbeauftragte gem. § 1 Abs. 1 der 5. BImSchV dem Betrieb angehören. Er vermittelt dem Anlagenbetreiber den erforderlichen Sachverstand;[705] die Verantwortung für die Anlage verbleibt beim Betreiber, so dass dem Immissionsschutzbeauftragten keine Möglichkeit zukommt, eigenverantwortlich in den Betriebsablauf einzugreifen.

---

703 Darüber hinaus kann sich eine Pflicht zur Bestellung auch aus einer behördlichen Einzelanordnung ergeben, § 53 Abs. 2 BImSchG.
704 Schwertner in: BeckOK Umweltrecht § 53 BImSchG Rn. 13.
705 Schwertner in: BeckOK Umweltrecht § 53 BImSchG Rn. 2.

Indem die Gefahren, die er zu überwachen hat, über die betrieblichen Grenzen hinausgehen und Natur und Gesellschaft betreffen, kommt ihm eine große – wenn auch keine haftungsrelevante – Verantwortung zu. Daher darf gem. § 55 Abs. 2 S. 1 BImSchG nur zum Immissionsschutzbeauftragten bestellt werden, wer die zur Erfüllung seiner Aufgaben erforderliche Fachkunde und Zuverlässigkeit besitzt. Die erforderliche Fachkunde ist mittels eines Hochschulstudiums auf den Gebieten des Ingenieurwesens, der Chemie oder der Physik zu erwerben und durch die Teilnahme an einem oder mehreren Lehrgängen für Immissionsschutzbeauftragte zu vertiefen.[706]

Die Zuverlässigkeit erfordert gem. § 10 Abs. 1 5. BImSchV, dass der Beauftragte auf Grund seiner persönlichen Eigenschaften, seines Verhaltens und seiner Fähigkeiten zur ordnungsgemäßen Erfüllung der ihm obliegenden Aufgaben geeignet ist.

b) Anspruch auf Weiterbildung

Ein Anspruch des Immissionsschutzbeauftragten auf Weiterbildung ergibt sich aus § 55 Abs. 4 BImSchG. Hiernach ist der Arbeitgeber verpflichtet, dem Beauftragten die Teilnahme an erforderlichen Schulungen zu ermöglichen. Daneben verpflichtet § 9 Abs. 1 der 5. BImSchV den Arbeitgeber öffentlich-rechtlich dazu, für die regelmäßige, mindestens alle zwei Jahre stattfindende Fortbildung des Beauftragten zu sorgen.[707]

Der genaue Inhalt solcher Fortbildungsveranstaltungen ist nicht festgelegt. Hinsichtlich des thematischen und zeitlichen Umfangs ist das Merkmal der regelmäßigen Fortbildung erfüllt, wenn der Beauftragte die Möglichkeit erhält, sich über neue einschlägige Erkenntnisse, Erfahrungen und Normen zu informieren, so dass gegebenenfalls bestehende Wissensdefizite beseitig werden.[708] Die Vorschrift regelt damit einen Anspruch des Beauftragten gegenüber seinem Arbeitgeber, ihm eine Erhaltungsqualifikation in zeitlicher und finanzieller Hinsicht zu ermöglichen.

c) Verpflichtung zur Weiterbildung

Da nach der gesetzgeberischen bzw. verordnungsgeberischen Konzeption die Verantwortung für die Fortbildung des Immissionsschutzbeauftragten ausschließlich beim Arbeitgeber liegt, besteht für den Immissionsschutzbeauftragten keine normative

---

706 Hansmann in: Landmann/Rohmer Umweltrecht § 7 5. BImSchV Rn. 7.
707 Hansmann in: Landmann/Rohmer Umweltrecht § 9 5. BImSchV Rn. 2.
708 Hansmann in: Landmann/Rohmer Umweltrecht § 9 5. BImSchV Rn. 5.

Pflicht, an Fortbildungsmaßnahmen teilzunehmen. Es stellt sich die Frage, ob er sich weigern kann, an solchen Maßnahmen teilzunehmen oder ob er ohne ausdrückliche gesetzliche Anordnung zur Weiterbildung verpflichtet ist.

Die arbeitsvertragliche ausdrückliche Regelung von Weiterbildung ist möglich und sinnvoll, weil der Arbeitgeber seinerseits öffentlich-rechtlich dazu verpflichtet ist, für die Fortbildung des Immissionsschutzbeauftragten zu sorgen. Indem er sich mit seinem Immissionsschutzbeauftragten einigt, dass dieser sich regelmäßig fortbildet, kann er die Fortbildung zum Gegenstand der geschuldeten Leistung machen kann und gegebenenfalls mit Abmahnung oder Kündigung auf die Verweigerung reagieren. In diesem Zusammenhang ist der besondere Kündigungsschutz des Immissionsschutzbeauftragten gem. § 58 Abs. 2 BImSchG zu beachten. Die Kündigung ist nur möglich, sofern die Weigerung einen wichtigen Grund darstellt.

Ohne vertragliche Vereinbarung muss der Immissionsschutzbeauftragte die Fachkunde und Zuverlässigkeit besitzen, da sie Voraussetzungen für die Amtsausübung sind. Ansonsten kann die zuständige Behörde dem Anlagenbetreiber gem. § 55 Abs. 2 S. 2 BImSchG aufgeben, einen anderen Beauftragten zu bestellen. Unabhängig hiervon kann der Arbeitgeber auch selbst entscheiden, den Beauftragten von seinen Aufgaben zu entbinden, wenn er sich als ungeeignet herausstellt und ihm die erforderliche Fachkunde oder die erforderliche Zuverlässigkeit fehlt.[709] Insoweit bestehen eine Zwangsmöglichkeit und eine Verpflichtung des Immissionsschutzbeauftragten zur Weiterbildung.

Überdies trägt der Immissionsschutzbeauftragte eine große Verantwortung für Schutzgüter, die außerhalb des betrieblichen Einflussbereichs liegen. Schon aus diesem Grund wäre es der Allgemeinheit gegenüber unverantwortlich und würde dem Schutzzweck des BImSchG zuwiderlaufen, wenn ein nicht hinreichend qualifizierter Arbeitnehmer das Amt des Immissionsschutzbeauftragten ausüben würde. Auch aus diesem Schutzgedanken heraus ergibt sich eine Verpflichtung des Immissionsschutzbeauftragten zur Weiterbildung, die dem Amt immanent ist.

2. Der Störfallbeauftragte

a) Anforderungen an Störfallbeauftragte

Gem. § 58a Abs. 1 BImSchG i. V. m. § 1 Abs. 2 der 5. BImSchV sind Betreiber genehmigungsbedürftiger Anlagen dazu verpflichtet, Störfallbeauftragte zu

---

709 Hansmann in: Landmann/Rohmer Umweltrecht § 55 BImSchG Rn. 38.

bestellen, sofern dies wegen eventuell auftretender Gefahren für die Allgemeinheit und die Nachbarschaft erforderlich ist. Nach der gesetzgeberischen Intention soll der Störfallbeauftragte die Anlagensicherheit verbessern.[710]

Die Aufgaben und Funktion eines Störfallbeauftragten regelt § 58b BImSchG. Danach hat dieser – genau wie der Beauftragte für Immissionsschutz – eine Beratungsfunktion gegenüber dem Anlagenbetreiber sowie die Pflichten zur jährlichen Berichterstattung und zur schriftlichen Aufzeichnung. In Abgrenzung zum Immissionsschutzbeauftragten nimmt der Störfallbeauftragte gem. § 58b Abs. 1 S. 1 BImSchG die Beratungsfunktion in sicherheitsrelevanten Angelegenheiten die Anlage betreffend wahr, während der Immissionsschutzbeauftragte in den übrigen immissionsschutzrechtlichen Angelegenheiten berät.

Wegen dieser verantwortungsvollen Tätigkeit muss der Störfallbeauftragte die erforderliche Fachkunde und Zuverlässigkeit besitzen, §§ 7 bis 10 5. BImSchV.

b) Anspruch auf Weiterbildung

Da gem. § 58c Abs. 1 Hs. 1 BImSchG die in den §§ 55 und 57 BImSchG genannten Pflichten des Betreibers entsprechend gegenüber dem Störfallbeauftragten gelten, besteht gem. § 55 Abs. 4 BImSchG eine Verpflichtung des Arbeitgebers, dem Störfallbeauftragten die Teilnahme an erforderlichen Schulungen zu ermöglichen. Die Regelung des § 9 Abs. 1 der 5. BImSchV betrifft neben dem Immissionsschutzbeauftragten auch die Störfallbeauftragten.

Daher trifft den Anlagenbetreiber in Bezug auf den Störfallbeauftragten die Pflicht, für die regelmäßige Fortbildung zu sorgen, so dass der Beauftragte zwecks derartiger Teilnahmen die bezahlte Arbeitsfreistellung und Kostentragung für die Maßnahme selbst gegenüber seinem Arbeitgeber beanspruchen kann.

c) Verpflichtung zur Weiterbildung

Im Hinblick auf eine Verpflichtung des Störfallbeauftragten gilt das zum Immissionsschutzbeauftragten Gesagte. Auch hier kann eine individualvertragliche Verpflichtung geregelt werden. Ferner besteht gem. der §§ 7 bis 10 5. BImSchV eine Qualifikationsanforderung, die der Beauftragte während seiner Tätigkeitsausübung bereithalten muss. In Kombination mit der Möglichkeit der Abberufung gem. §§ 58c Abs. 1 Hs. 1, 55 Abs. 2 S. 2 BImSchG besteht eine Verpflichtung zur regelmäßigen Weiterbildung.

---

[710] BT Drucks. 11/4909, S. 25; Schwertner in: BeckOK Umweltrecht § 58a BImSchG vor Rn. 1.

3. Der Betriebsbeauftragte für Abfall

a) Anforderungen an Betriebsbeauftragte für Abfall

Die Pflicht zur Bestellung eines Betriebsbeauftragten für Abfall ergibt sich aus § 59 KrWG.[711] Er unterstützt die Selbstüberwachung der abfallerzeugenden bzw. entsorgenden Betriebe, indem ihm gem. § 60 KrWG eine Kontroll- und Überwachungsfunktion, eine Informationspflicht, eine Initiativfunktion und eine Pflicht zur Berichterstattung zukommen. Seine Tätigkeiten sind auf Abfallvermeidung, -verringerung, -verwertung und -beseitigung gerichtet und dienen damit dem Umweltschutz.

Die zur Erfüllung dieser Aufgaben erforderliche Qualifikation ergibt sich aus § 60 Abs. 3 KrWG i. V. m. § 55 Abs. 2 BImSchG, der wiederum durch die §§ 7 f. BImSchV ausgefüllt wird. Dabei ist zu beachten, dass die BImSchV die Fachkunde speziell von Immissionsschutz- und Störfallbeauftragten regelt. Die dort aufgestellten Voraussetzungen sind daher bloß entsprechend auf den Betriebsbeauftragten für Abfall übertragbar.[712] Die Anforderungen an die Zuverlässigkeit hingegen können uneingeschränkt übertragen werden.[713]

Ergänzend trifft § 60 Abs. 3 S. 2 KrWG die Regelung, dass das Bundesministerium für Umwelt, Naturschutz und Reaktorsicherheit ermächtigt ist, durch Rechtsverordnung mit Zustimmung des Bundesrates die Anforderungen an Fachkunde und Zuverlässigkeit des Abfallbeauftragten festzulegen. Hiervon wurde bislang keinen Gebrauch gemacht.

b) Anspruch auf Weiterbildung

Bzgl. der Weiterbildung des Betriebsbeauftragten für Abfall findet sich keine Regelung im KrWG. Durch den Verweis in § 60 Abs. 3 KrWG ist § 55 Abs. 4 BImSchG anzuwenden. Der Arbeitgeber ist zur Unterstützung des Beauftragten und insbesondere zur Ermöglichung der Teilnahme an erforderlichen Schulungen verpflichtet. Daher ergibt sich für den Abfallbeauftragten ein Anspruch auf regelmäßige Weiterbildung gegenüber seinem Arbeitgeber,[714] der die bezahlte Arbeitsfreistellung und die Kostenübernahme umfasst.

---

711 Bis zum 31.05.2012: § 54 ff. KRW-/AbfG a. F.
712 Queitsch in: BeckOK Umweltrecht § 60 KrWG Rn. 14; Versteyl in: V/M/S KrWG § 60 Rn. 19.
713 Queitsch in: BeckOK Umweltrecht § 60 KrWG Rn. 15.
714 Queitsch in: BeckOK Umweltrecht § 60 KrWG Rn. 21.

c) Verpflichtung zur Weiterbildung

Eine Verpflichtung zur Weiterbildung ergibt sich für den Abfallbeauftragten über die Anwendung der Vorschriften des BImSchG: Nach § 60 Abs. 3 KrWG i. V. m. § 55 Abs. 2 BImSchG muss der Abfallbeauftragte die erforderliche Fachkunde und Zuverlässigkeit besitzen, da die zuständige Behörde ansonsten von dem Arbeitgeber die Abberufung des Abfallbeauftragten verlangen kann. Somit ist der Betriebsbeauftragte zur Weiterbildung verpflichtet.

4. Der Betriebsbeauftragte für Gewässerschutz

a) Anforderungen an Gewässerschutzbeauftragte

Gem. § 64 WHG[715] sind Benutzer von Gewässern, die an einem Tag mehr als 750 Kubikmeter Abwasser einleiten dürfen, zur Bestellung eines Betriebsbeauftragten für Gewässerschutz verpflichtet. Das gesetzgeberische Motiv dafür, einen Gewässerschutzbeauftragten vorzuschreiben, liegt darin, dass ein umfassender und effektiver Gewässerschutz nicht allein durch staatliche Aufsicht gewährleistet werden kann, sondern auch einer ergänzenden Selbstkontrolle durch die Gewässerbenutzer bedarf.[716] Der Gewässerschutzbeauftragte hat beratende Funktion, § 65 WHG, und berät die Geschäftsleistung in den Belangen des Gewässerschutzes, während die Verantwortung für die Umsetzung der wasserrechtlichen Vorgaben bei der Gewässerbenutzer, mithin beim Arbeitgeber liegt.[717]

In § 65 WHG wird im Einzelnen der Aufgabenbereich des Gewässerschutzbeauftragten festgelegt. Ihm kommen allgemeine Beratungsaufgaben zu (Abs. 1) und die Pflicht zur Berichterstattung (Abs. 2). Darüber hinaus kann die zuständige Behörde die Aufgaben des Gewässerschutzbeauftragten konkretisieren (Abs. 3).

Zum Gewässerschutzbeauftragten darf gem. § 66 WHG i. V. m. § 55 Abs. 2 BImSchG nur bestellt werden, wer die erforderliche Fachkunde und Zuverlässigkeit besitzt. Es gelten die Begriffsbestimmungen in §§ 7 bis 10 der 5. BImSchV

---

715 Bis zum 28.02.2010: § 21c ff. WHG a. F.
716 Gößl in: S/Z/D WHG § 21b Rn. 45; Müggenborg in: BeckOK Umweltrecht § 64 WHG Rn. 4; Pape in: Landmann/Rohmer Umweltrecht vor §§ 21a bis 21h WHG Rn. 2.
717 Müggenborg in: BeckOK Umweltrecht § 64 WHG Rn. 5.

zurückgegriffen.[718] Nach h. M. setzt die erforderliche Fachkunde regelmäßig ein abgeschlossenes Hochschulstudium auf dem Gebiet des Ingenieurwesens, der Chemie, der Biologie oder der Physik voraus.[719]

b) Anspruch auf Weiterbildung

Wegen des Verweises in § 66 WHG auf u. a. § 55 Abs. 4 BImSchG gelten die Regelungen über die Weiterbildung von Immissionsschutzbeauftragten gleichermaßen. Der Arbeitgeber ist verpflichtet, dem Gewässerschutzbeauftragten die Teilnahme an erforderlichen Schulungen zu möglichen. Daher besteht ein Anspruch auf Arbeitsbefreiung und Ersatz von Aufwendungen wie z. B. Reisekosten und Lehrgangsgebühren.[720]

c) Verpflichtung zur Weiterbildung

Eine eigene Regelung über die Verpflichtung zur regelmäßigen Weiterbildung besteht für den Gewässerschutzbeauftragten nicht. Gem. § 66 WHG i. V. m. § 55 Abs. 4 BImSchG kann die zuständige Behörde die Abberufung des Gewässerschutzbeauftragten verlangen, wenn dieser die erforderliche Fachkunde und Zuverlässigkeit nicht besitzt. Dieses rechtfertigt sich aus der Schutzfunktion des Gewässerschutzbeauftragten gegenüber Rechtsgütern der Allgemeinheit. Das Schutzgut der Gewässerreinheit ist dabei als besonders wichtig zu bewerten, was auch dadurch zum Ausdruck kommt, dass selbst die fahrlässige Gewässerverunreinigung gem. § 324 Abs. 3 StGB strafbar ist. Einen solchen strafrechtlichen Vorwurf müsste ein Gewässerschutzbeauftragter sich machen lassen, wenn die Verunreinigung auf die mangelhaften Kenntnisse zurückzuführen ist. Schließlich besteht die Möglichkeit, dass sich Gewässerschutzbeauftragter und Arbeitgeber individualvertraglich einigen und die regelmäßige Weiterbildung zum Gegenstand der geschuldeten Arbeitsleistung machen. Insbesondere das hohe Schutzgut der Wassersauberkeit spricht für die Zulässigkeit einer solchen Vereinbarung. Eine Verpflichtung des Gewässerschutzbeauftragten zur Weiterbildung ist zu bejahen.

---

718 Müggenborg in: BeckOK Umweltrecht § 64 WHG Rn. 2; Reinhardt/Gieseke/Wiedemann in: Czychowski WHG § 21c Rn. 11.
719 Gößl in: S/Z/D WHG § 21c WHG a. F. Rn. 21; Hansmann in: Landmann/Rohmer Umweltrecht § 7 5. BImSchV Rn. 7.
720 Pape in: Landmann/Rohmer Umweltrecht § 21c WHG Rn. 40.

5. Der Gefahrgutbeauftragte

a) Anforderungen an Gefahrgutbeauftragte

Wer als Unternehmer oder Betriebsinhaber an der Beförderung gefährlicher Güter beteiligt ist, hat gem. § 1 GefahrgutbeauftragtenVO mindestens einen Gefahrgutbeauftragten zu bestellen, der sämtliche Vorgänge überwacht, die mit der Beförderung gefährlicher Güter zusammenhängen. Somit dient auch der Gefahrgutbeauftragte der innerbetrieblichen Selbstkontrolle. Seine genauen Aufgaben sind in den §§ 1c, 1d i. V. m. Anlage 1 GefahrgutbeauftragtenVO geregelt. Ihm kommt u.a. die Pflicht zu, dem Unternehmer Mängel anzuzeigen, die die Sicherheit beim Transport gefährlicher Güter beeinträchtigen, den Unternehmer bei der Gefahrgutbeförderung zu beraten, jährlich einen Bericht über die Tätigkeiten des Unternehmens zu erstellen sowie die Überprüfung des Schulungsstandes der Mitarbeiter, des Vorliegens von Arbeitsanleitungen und Anweisungen und der Durchführung präventiver Maßnahmen zur Gefahrenaufklärung. Ferner besteht gem. § 1d GefahrgutbeauftragtenVO die Pflicht zur Erstellung eines Unfallberichtes, wenn sich ein Unfall mit gefährlichen Gütern ereignet hat, bei dem Personen, Tiere, Sachen oder die Umwelt zu Schaden gekommen sind.

§ 2 GefahrgutbeauftragtenVO regelt die Anforderungen an Gefahrgutbeauftragte. Hiernach darf zum Gefahrgutbeauftragten nur bestellt werden, wer für diese Tätigkeit durch geeignete, leistungsfähige und von der IHK anerkannte Schulungsveranstalter speziell geschult worden ist. Der nach erfolgreicher Teilnahme erteilte Schulungsnachweis hat dabei gem. § 2 Abs. 4 S. 1 GefahrgutbeauftragtenVO eine Geltungsdauer von fünf Jahren, so dass die Tätigkeitsausübung an die regelmäßige Teilnahme an Schulungen geknüpft ist. Der Verordnungsgeber hat hierbei besonderen Wert auf die Sachkunde des Gefahrgutbeauftragten gelegt.[721]

Der Unternehmer trägt gem. § 7 Abs. 2 Nr. 3 GefahrgutbeauftragtenVO u.a. die Sorge dafür, dass der Gefahrgutbeauftragte geschult wird und ein entsprechender Nachweis vorliegt. Anderenfalls handelt er ordnungswidrig gem. § 7a Nr. 9 GefahrgutbeauftragtenVO.

b) Anspruch auf Weiterbildung

Die regelmäßige Schulungsteilnahme ist Voraussetzung für die Ausübung der Tätigkeit. Ferner ist der Arbeitgeber gem. § 7 Abs. 2 Nr. 3 GefahrgutbeauftragtenVO

---

721 Vierhaus, NStZ 1991, 466, 466.

dafür verantwortlich, dass der Gefahrgutbeauftragte im Besitz der erforderlichen Schulungsbescheinigung ist. Es ist jedoch nicht geregelt, wie der Arbeitgeber dieser Verpflichtung nachzukommen hat. Insbesondere ist nicht bestimmt, ob er dem Gefahrgutbeauftragten die Schulungsteilnahme ermöglichen muss, dieser also einen Anspruch auf bezahlte Arbeitsfreistellung und auf Aufwendungsersatz für die Schulung gegenüber dem Arbeitgeber hat. Da die *„Ermöglichung"* der Fortbildung durch den Arbeitgeber für den Gefahrgutbeauftragten im Gegensatz zu vielen anderen Betriebsbeauftragten gerade nicht vorgeschrieben ist und auch sonst keine Unterstützungspflicht normiert ist, fehlt es an Anhaltspunkten für derartige Verpflichtungen des Arbeitgebers. Die Anordnung in § 7 Abs. 2 Nr. 3 GefahrgutbeauftragtenVO, dass der Arbeitgeber für die Schulung zu sorgen hat, ist so zu verstehen, dass er ordnungsrechtlich die Verantwortung trägt und daher dazu berechtigt ist, den Beauftragten zur Schulungsteilnahme anzuhalten. Der Gefahrgutbeauftragte muss sich letztlich aber selbständig um seine regelmäßige Schulung kümmern.

c) Verpflichtung zur Weiterbildung

Eine Verpflichtung zur Weiterbildung ist in der GefahrgutbeauftragtenVO nicht unmittelbar enthalten.

Die regelmäßige Weiterbildung kann durch Individualvereinbarung Gegenstand der geschuldeten Arbeitsleistung werden. An einer derartigen Regelung dürfte insbesondere der Arbeitgeber ein starkes Interesse haben, da er ordnungsrechtlich die Sorge für die regelmäßige Schulung des Gefahrgutbeauftragten trägt.

Ohne eine solche Vereinbarung ergibt sich die Verpflichtung zur Weiterbildung aus § 2 Abs. 1 S. 1 i. V. m. Abs. 4 S. 1 GefahrgutbeauftragtenVO. Indem die Tätigkeitsausübung daran geknüpft ist, dass der Gefahrgutbeauftragte Inhaber eines Schulungsnachweises ist und dieser nach fünf Jahren seine Gültigkeit verliert, ergibt sich aus der Verordnung eine Verpflichtung zur regelmäßigen Weiterbildung. Indem die Tätigkeit als Gefahrgutbeauftragter ohne gültigen Schulungsnachweis nicht ausgeübt werden darf, droht dem Gefahrgutbeauftragten für den Fall seiner Weigerung die Abberufung.

Der Gefahrgutbeauftragte ist zur Weiterbildung verpflichtet. Diese Verpflichtung besteht nicht nur öffentlich-rechtlich, indem der Schutz der Allgemeinheit bezweckt wird, sondern auch gegenüber dem Arbeitgeber, dem eine Ordnungswidrigkeitsstrafe droht, wenn der Beauftragte nicht im Besitz eines gültigen Schulungsnachweises ist.

6. Der Beauftragte für Strahlenschutz

a) Anforderungen an Strahlenschutzbeauftragte

Die Pflicht zur Bestellung eines Strahlenschutzbeauftragten ergibt sich aus § 31 StrlSchV bzw. aus § 13 RöV und besteht für Unternehmer, die genehmigungspflichtige Anlagen betreiben, weil sie strahlenschutzrelevante Tätigkeiten ausüben.

Der Strahlenschutzbeauftragte ist zwar auch ein innerbetriebliches Organ zur Selbstkontrolle des Unternehmens, aber – anders als die bisher untersuchten Betriebsbeauftragten – kein bloßes Unterstützungsorgan des Arbeitgebers, sondern selbst entscheidungsbefugt und in diesem Rahmen auch nach außen verantwortlich.[722] Aufgabe des Strahlenschutzverantwortlichen nach der StrlSchV ist im Wesentlichen, die Einhaltung der Strahlenschutzgrundsätze und der Schutzvorschriften zu überwachen sowie Maßnahmen zu ergreifen, um ein Kritischwerden von Kernbrennstoffen zu verhindern, § 33 StrlSchV. Aufgabe des Strahlenschutzverantwortlichen nach er RöV ist es, geeignete Schutzmaßnahmen zu ergreifen, um Menschen und Umwelt vor unnötiger Strahlenbelastung zu bewahren, § 15 RöV.

Auf Grund der sehr hohen Schutzgüter und der rechtlichen Verantwortlichkeit für eventuelle Schlechtleistung dürfen nur Personen zu Strahlenschutzbeauftragten bestellt werden, bei denen keine Tatsachen vorliegen, aus denen sich Bedenken gegen ihre Zuverlässigkeit ergeben, und die über besondere Fachkunde verfügen, §§ 31 Abs. 3, 30 StrlSchV bzw. §§ 13 Abs. 3, 18a RöV. Die erforderliche Fachkunde umfasst dabei eine geeignete Ausbildung, praktische Erfahrung und die erfolgreiche Teilnahme an von der zuständigen Stelle als geeignet anerkannten Kursen und muss mindestens alle fünf Jahre aktualisiert werden.

b) Anspruch auf Weiterbildung

Der Strahlenschutzbeauftragte ist neben dem Strahlenschutzverantwortlichen selbst Adressat der StrlSchV und der RöV. Die jeweils aufgestellten Anforderungen an die Fachkunde muss der Beauftragte selbst erfüllen. Der Strahlenschutzverantwortliche ist nicht verpflichtet, für die Erhaltung der Fachkunde und die Teilnahme an entsprechenden Fortbildungsmaßnahmen zu sorgen. Daher besteht kein Anspruch gegenüber dem Arbeitgeber auf Kostentragung für solche Maßnahmen.

---

722 Hansmann in: Landmann/Rohmer Umweltrecht vor §§ 53 bis 58d BImSchG Rn. 13.

Es stellt sich die Frage, ob der Strahlenschutzbeauftragte sich während der Arbeitszeit fortbilden darf und einen Anspruch auf bezahlte Freistellung hat oder ob er sich in seiner Freizeit um die Erhaltung seiner Qualifikation kümmern muss. Für den Arbeitgeber besteht hier lediglich ein Benachteiligungs- und Behinderungsverbot, § 32 Abs. 5 StrlSchV, § 14 Abs. 5 RöV. Eine Unterstützungspflicht hingegen besteht nicht. Daher hat der Strahlenschutzbeauftragte keine diesbezüglichen Ansprüche gegen den Strahlenschutzverantwortlichen.

c) Verpflichtung zur Weiterbildung

In § 30 Abs. 2 StrlSchV sowie in § 18a Abs. 2 RöV ist eine Verpflichtung zur Weiterbildung geregelt, die eine Erhaltungsqualifizierung gewährleistet: Hiernach ist die Fachkunde im Strahlenschutz mindestens alle fünf Jahre durch eine erfolgreiche Teilnahme an einem anerkannten Kurs oder anderen als geeignet anerkannten Fortbildungsmaßnahmen aktualisiert werden. Es besteht damit eine unmittelbare öffentlich-rechtliche Verpflichtung des Strahlenschutzbeauftragten zur Weiterbildung.

Im Weigerungsfalle kann die zuständige Stelle die Fachkunde entziehen oder die Fortgeltung mit Auflagen versehen, § 30 Abs. 2 S. 4 StrlSchV bzw. 18a Abs. 2 S. 4 RöV, so dass der Beauftragte seine Tätigkeit nicht mehr oder nur unter Auflagen ausüben kann. Dadurch ist ein Verstoß gegen die ausdrücklich normative Weiterbildungsverpflichtung auch sanktionierbar.

7. Der Betriebsbeauftragte für Biologische Sicherheit

a) Anforderungen an Betriebsbeauftragte für Biologische Sicherheit

Wer gentechnische Arbeiten oder Freisetzungen durchführt, ist gem. § 6 Abs. 4 GenTG i. V. m. § 16 GenTSV dazu verpflichtet, einen oder mehrere – grundsätzlich betriebsangehörige – Beauftragte für Biologische Sicherheit zu bestellen. Der Gesetzeszweck besteht gem. § 1 GenTG darin, Menschen, Umwelt, Tiere, Pflanzen und Sachgüter vor schädlichen Auswirkungen gentechnischer Verfahren und Produkte zu schützen. Zur Förderung dieses Zwecks obliegen dem Betriebsbeauftragten für Biologische Sicherheit gem. § 18 GenTSV Überwachungs-, Beratungs- und Berichterstattungsaufgaben. Daher kommt für dieses Amt gem. § 17 Abs. 1 GenTSV nur in Frage, wer die erforderliche Sachkunde besitzt, was sich nach dem für Projektleiter geltenden § 15 GenTSV richtet. Daher muss der Betriebsbeauftragte nachweisbare Kenntnisse insbesondere in klassischer und molekularer

Genetik und praktische Erfahrungen im Umgang mit Mikroorganismen, Pflanzen oder Tieren und die erforderlichen Kenntnisse über Sicherheitsmaßnahmen und Arbeitsschutz bei gentechnischen Arbeiten besitzen.

b) Anspruch auf Weiterbildung

Im GenTG ist ein Anspruch des Beauftragten auf Weiterbildung geregelt. Nach § 19 Abs. 1 GenTSV ist der Betreiber zur Unterstützung des Betriebsbeauftragten für Biologische Sicherheit verpflichtet. Diese Unterstützungspflicht beinhaltet nach Satz 2 die Ermöglichung der erforderlichen Fortbildung. Diese hat „*auf Kosten*" des Arbeitgebers zu erfolgen, so dass der Betriebsbeauftragte für Biologische Sicherheit einen Anspruch sowohl auf Kostentragung für die Maßnahme selbst als auch auf bezahlte Arbeitsfreistellung gegenüber seinem Arbeitgeber hat.

c) Verpflichtung zur Weiterbildung

Eine explizite Verpflichtung zur Weiterbildung ist nicht normiert. Jedoch regelt § 17 Abs. 1 GenTSV, dass nur Personen zum Beauftragten für Biologische Sicherheit bestellt werden dürfen, die über die erforderliche Sachkunde verfügen. Hierin ist eine Verpflichtung zu sehen, die ähnlich wie die Verpflichtung des Betriebsarztes und des Immissionsschutzbeauftragten formuliert ist.

Es besteht keine öffentlich-rechtliche Abberufungsmöglichkeit. Da kein besonderer Kündigungsschutz existiert, kann eine personenbedingte Kündigung erfolgen, wenn der Beauftragte fachlich nicht (mehr) geeignet ist. Zu denken ist auch hier an eine individualvertragliche Vereinbarung, durch die die Weiterbildung zur geschuldeten Tätigkeit gemacht werden kann. In diesem Fall kann der Arbeitgeber mit den regulären Instrumentarien der Abmahnung und der verhaltensbedingten Kündigung gegen eine Verweigerung des Beauftragten für Biologische Sicherheit vorgehen. Der Beauftragte für Biologische Sicherheit kann daher zur Weiterbildung verpflichtet werden.

III. Der Beauftragte für Datenschutz

1. Anforderungen an Datenschutzbeauftragte

Sofern die durch ein Unternehmen oder eine Behörde vorgenommene Datenerhebung, -verarbeitung oder -nutzung eine bestimmte Größenordnung annimmt oder besonders sensible Daten betrifft, ist die verantwortliche Stelle gem. § 4 f Abs. 1

BDSG dazu verpflichtet, einen Beauftragten für den Datenschutz zu bestellen. Dessen Aufgabe besteht darin, die Beachtung der den Datenschutz betreffenden Vorschriften zu überwachen; er dient damit ebenfalls der innerbetrieblichen Selbstkontrolle.[723]

Zum Datenschutzbeauftragten darf gem. § 4 f Abs. 2 S. 1 BDSG nur bestellt werden, wer die zur Erfüllung seiner Aufgaben erforderliche Fachkunde und Zuverlässigkeit besitzt. Die Fachkunde setzt dabei nicht bloß Kenntnisse im Datenschutzrecht voraus, sondern auch betriebswirtschaftliches Verständnis und Grundwissen in dem Bereich Datenverarbeitungsverfahren und -technik.[724] Wie umfangreich die Fachkunde sein muss, hängt dabei gem. Satz 2 von Art und Umfang der Datenverarbeitung ab. Erforderlich sind aber regelmäßig Kenntnisse im Datenschutzrecht und in der IT-Technik sowie betriebsspezifische Kenntnisse.[725]

2. Anspruch auf Weiterbildung

Für den Datenschutzbeauftragten besteht ein besonderes Bedürfnis nach Weiterbildung, da die erforderlichen Kenntnisse im Bereich des Datenschutzes der rechtlichen und technischen Weiterentwicklung in besonderem Maße unterliegen. Mit der Novellierung des BDSG zum 01.09.2009 hat der Datenschutzbeauftragte in § 4 f Abs. 3 S. 7 BDSG einen umfassenden Anspruch auf Weiterbildung erhalten. Hiernach kann er gegenüber seinem Arbeitgeber die Ermöglichung der Teilnahme an Fort- und Weiterbildungsveranstaltungen und die Übernahme der hierdurch entstehenden Kosten beanspruchen. Daher kann er sowohl die bezahlte Arbeitsfreistellung verlangen als auch Aufwendungsersatz beanspruchen.

3. Verpflichtung zur Weiterbildung

Eine Verpflichtung zur Weiterbildung ist nicht ausdrücklich bestimmt. Allerdings regelt § 4 f Abs. 2 S. 1 BDSG, dass das Vorhandensein der erforderlichen Fachkunde und Zuverlässigkeit zwingende Voraussetzung für die Tätigkeit als Datenschutzbeauftragter ist. Sofern dieser die erforderliche Qualifikation nicht aufweist, kann die Aufsichtsbehörde gem. § 38 Abs. 5 S. 3 BDSG die Abberufung

---

723 Gola in: BDSG § 4 f Rn. 1, 5.
724 Wank in: ErfK § 4 f BDSG Rn. 3.
725 Gola in: BDSG § 4 f Rn. 20; Scheja in: Leupold/Glossner IT-Recht Teil 4 Rn. 104.

des Beauftragten für den Datenschutz verlangen. Daraus ergibt sich das Erfordernis der regelmäßigen Aktualisierung der Qualifikation, folglich eine mittelbare Verpflichtung des Datenschutzbeauftragten zur Weiterbildung.

IV. Fazit

Die betriebszugehörigen Betriebsbeauftragten stehen in einem regulären Arbeitsverhältnis, dessen Inhalte frei vereinbart werden können. Daher können sowohl ein Anspruch auf als auch eine Verpflichtung zur Weiterbildung geregelt werden. In einem solchen Fall richtet sich die Rechtslage unmittelbar nach dem Arbeitsvertrag, wobei gesetzliche Vorgaben eingehalten werden müssen. In den Fällen, dass eine solche explizite Regelung nicht getroffen wurde, bestimmen sich die Rechte und Pflichten aus Gesetz und/oder Verordnung.

Für die meisten gesetzlich vorgeschriebenen Betriebsbeauftragten in den Bereichen des Arbeits- und Gesundheitsschutzes, des Umweltschutzes und des Datenschutzes besteht ein normativer Anspruch auf Weiterbildung, indem eine Unterstützungspflicht des Arbeitgebers besteht, die insbesondere die Ermöglichung der Weiterbildung umfasst. Der Anspruch auf Ermöglichung der Weiterbildung ist auf die bezahlte Arbeitsfreistellung zwecks Teilnahme an Weiterbildungsveranstaltungen und die Kostentragung durch den Arbeitgeber gerichtet. Ein solcher umfassender Anspruch besteht für den Sicherheitsbeauftragten, den Betriebsarzt, die Fachkraft für Arbeitssicherheit, den Immissionsschutzbeauftragen, den Störfallbeauftragten, den Abfallbeauftragten, den Gewässerschutzbeauftragten, den Beauftragten für Biologische Sicherheit und den Datenschutzbeauftragten.

Der Gefahrgutbeauftragte und der Strahlenschutzbeauftragte hingegen tragen die alleinige Verantwortung dafür, dass die erforderliche Weiterbildung erfolgt. Gegen den Arbeitgeber besteht kein Anspruch auf zeitliche oder finanzielle Ermöglichung der Weiterbildung. Geschützt werden sie dadurch, dass der Arbeitgeber sie hierbei nicht behindern darf.

Im Gegensatz dazu finden sich nur in zwei Fällen eindeutige gesetzliche Anordnungen einer Verpflichtung zur Weiterbildung: Für den Strahlenschutzbeauftragten i. S. d. StrlSchV sowie i. S. d. RöV besteht die Verpflichtung, mindestens alle fünf Jahre an einer Weiterbildungsmaßnahme teilzunehmen und hierdurch die Fachkunde nachzuweisen. Ähnlich ist die Verpflichtung des Gefahrgutbeauftragten geregelt. Dieser muss Inhaber einer Schulungsbescheinigung sein, die alle fünf Jahre durch Teilnahme an einer Schulung und Ablegen einer Prüfung zu aktualisieren ist.

Für alle übrigen Beauftragten ergibt sich eine Verpflichtung zur Weiterbildung gegenüber dem Arbeitgeber nicht aus einer konkreten Norm, aber aus dem Schutzzweck der Bestellpflicht eines Beauftragten: Für die Tätigkeit als Betriebsbeauftragter kommt wegen der hohen Verantwortung gegenüber einer Gruppe oder der Allgemeinheit und der Wichtigkeit des Schutzguts stets nur in Frage, wer die erforderliche Fachkunde und Zuverlässigkeit besitzt. Zum Zeitpunkt der Bestellung muss daher eine bestimmte Qualifikation vorhanden sein. Dieses Erfordernis ist nur dann sinnvoll, wenn diese Qualifikation während der Amtsausübung aufrechterhalten bleibt. Ein Beauftragter, der nicht über die erforderliche Qualifikation verfügt, kann auf Verlangen der Behörde oder durch autonome Entscheidung des Arbeitgebers abberufen werden. Daher steht die Tätigkeitsausübung zumindest unter der Bedingung, dass der Beauftragte die erforderliche Qualifikation aufweist, so dass sich eine Verpflichtung zur Weiterbildung für jeden Betriebsbeauftragten ergibt.

Einzig für den Beauftragten für Biologische Sicherheit ist eine solche Abberufungsmöglichkeit nicht vorgesehen. Hier besteht die Möglichkeit der Kündigung aus personenbedingten Gründen, so dass auf diese Weise die Weiterbildungsteilnahme erzwungen werden kann.

Als einheitliches Prinzip lässt sich für die Betriebsbeauftragten erkennen, dass der Bedarf nach qualifizierten Amtsinhabern umso höher ist, je verantwortungsvoller die ausgeübten Tätigkeiten sind. Der Gesetz- bzw. Verordnungsgeber bringt dieses Bedürfnis dadurch zum Ausdruck, dass die Betriebsbeauftragten in den meisten Fällen einen normierten Anspruch darauf haben, dass der Arbeitgeber ihnen die Weiterbildung ermöglicht. Dieser Anspruch ist einklagbar und gewährleistet, dass die Beauftragten ihr Wissen aktualisieren und um neue technische, wissenschaftliche und rechtliche Erkenntnisse erweitern.

Eine gesetzlich angeordnete Verpflichtung besteht in den meisten Fällen nicht. Eine solche würde zunächst voraussetzen, dass der Beauftragte Adressat des Gesetzes bzw. der Verordnung ist. Das ist nur beim Strahlenschutzbeauftragten der Fall. In allen anderen Fällen ist Normadressat der Arbeitgeber, der allein verantwortlich für die betrieblichen Gefahrenquellen ist. Damit obliegt ihm (bzw. der Berufsgenossenschaft im Fall des Sicherheitsbeauftragten und der Fachkraft für Arbeitssicherheit) die Verantwortung dafür, den Betriebsbeauftragten zur Weiterbildung anzuhalten. Trotz Fehlens einer gesetzlichen Anordnung kann eine Verpflichtung aus der Natur des Amtes, jedenfalls auf Grund einer dahingehenden zulässigen arbeitsvertraglichen Vereinbarung gegenüber dem Arbeitgeber bejaht werden.

V. Ausblick

Abschließend stellt sich die Frage, ob die gegenwärtigen Vorschriften ausreichen oder ob eine unmittelbare öffentlich-rechtliche Verpflichtung sowie eine eigene haftungsrechtliche, ordnungswidrigkeitsrechtliche oder sogar strafrechtliche Verantwortung des Beauftragten geboten ist.

Insoweit könnte man sich an dem Regelungssystem orientieren, das für Strahlenschutzbeauftragte besteht. Diese sind selbst Adressat der StrlSchV bzw. der RöV und werden unmittelbar verpflichtet.

Für die Einführung einer unmittelbaren Verantwortung aller Betriebsbeauftragten spräche, dass eine Sanktionsmöglichkeit einen stärkeren Anreiz für die Weiterbildung setzen würde, was sich letztlich positiv auf die Qualität der Arbeitsleistung auswirken würde. Dadurch wiederum würde ein erhöhter Schutz für die betroffenen Schutzgüter geschaffen.

Dagegen sprechen aber Arbeitnehmerschutzgesichtspunkte, die beispielsweise in der allgemeinen Haftungsprivilegierung im Arbeitsverhältnis Niederschlag gefunden haben. Das Risiko, das der Arbeitgeber durch den Betrieb einer sicherheitsrelevanten Anlage schafft, darf nicht auf einen Arbeitnehmer abzuwälzen sein. Ein Schadensrisiko besteht auch bei der Tätigkeit anderer Arbeitnehmer, die in sicherheitsrelevanten Bereichen tätig sind, z.B. Statikern, Laboranten oder Ärzten. Der Unterschied zum Betriebsbeauftragten liegt lediglich darin, dass letztere keine ausführende, sondern in erster Linie eine überwachende Aufgabe hat. Darin ist kein ausreichender sachlicher Grund für eine Außerachtlassung der Schutzbedürftigkeit des Arbeitnehmers vor, so dass die bestehende Verteilung der Verantwortung zu befürworten ist.

E. Weiterbildung und Tarifvertrag

Branchenübergreifend ist zu beobachten, dass die Koalitionspartner in jeder Tarifrunde in erster Linie über Entgelt streiten. Arbeitszeiten und andere Arbeitsbedingungen sind nachrangige Themen. Berufliche Qualifizierung und Weiterbildung haben in der Vergangenheit allenfalls eine untergeordnete Rolle gespielt.[726] Auf Gewerkschaftsseite mag dies daran liegen, dass das Thema Weiterbildung als nicht ausreichend mobilisierungsfähig eingeschätzt wird. Stattdessen wird es als vornehmlich öffentliche Aufgabe wahrgenommen, Regularien der Aus-, Fort- und Weiterbildung zu schaffen.[727] In diesem Zusammenhang wurde seitens der Gewerkschaften bereits mehrfach die Forderung nach einem Weiterbildungsgesetz gestellt.[728] Es gibt auf Seiten des Gesetzgebers keinerlei Bestrebungen, Weiterbildung einen gesetzlichen Rahmen zu geben.

Auf Seiten der Arbeitgeber sorgt weder die Idee eines Weiterbildungsgesetzes noch einer zunehmenden tariflichen Regelung von Weiterbildung für Begeisterung.[729]

Die Diskussion um die Einbeziehung von Qualifizierungsfragen in Tarifverträge begann bereits in den 1960er-Jahren, indem Rationalisierungsschutzabkommen Weiterbildung als milderes Mittel im Vergleich zum Ausspruch von Kündigungen aufführten.[730] Der darin zum Ausdruck kommende Gedanke entspricht der heutigen Fassung von § 1 Abs. 2 S. 3 KSchG. Eine darüber hinausgehende selbständige Bedeutung kam Weiterbildung in Tarifverträgen ab Mitte der 1980er-/Anfang der 1990er-Jahre zu.[731] Seitdem waren Qualifizierungsansprüche häufiger Gegenstand von Tarifverträgen. Als Beispiele sind der Tarifvertrag zur Sicherung bei technischen und arbeitsorganisatorischen Änderungen bei VW aus dem Jahr 1987, die Qualifizierungsmitbestimmungen des Lohn- und

---

726 Richter/Gamisch, AuA 2007 Heft 2, S. 95, 95.
727 Bahnmüller/Fischbach, Qualifizierung und Tarifvertrag, S. 13; Bayer/Haag, Arbeitshilfe zur tarifpolitischen Gestaltung der beruflichen Weiterbildung, S. 25.
728 Bahnmüller/Fischbach, Qualifizierung und Tarifvertrag, S. 13; Bayer/Haag, Arbeitshilfe zur tarifpolitischen Gestaltung, S. 25; Weiß, Tarifvertragliche Regelungen zur Finanzierung der betrieblichen Weiterbildung, S. 46.
729 Bahnmüller/Fischbach, Qualifizierung und Tarifvertrag, S. 14.
730 Bahnmüller/Fischbach, Qualifizierung und Tarifvertrag, S. 18; Heidemann, RdJB 2002, 282, 284.
731 Bahnmüller, WSI-Mitt. 2002, 38, 38; Fracke, Die betriebliche Weiterbildung, S. 174; Zachert in: Kempen/Zachert TVG § 1 Rn. 533.

Gehaltsrahmentarifvertrages für die Metallindustrie Baden-Württemberg aus dem Jahr 1988 sowie dessen Nachfolgeregelung aus dem Jahr 2001, der Tarifvertrag zur Fortbildung und Umschulung in der Druckindustrie aus dem Jahr 1990, der Tarifvertrag zur Förderung der Aus-, Fort- und Weiterbildung für die Textil- und Bekleidungsindustrie aus dem Jahr 1997 und der Qualifizierungstarifvertrag für die Chemische Industrie aus dem Jahr 2003 zu nennen. Die Chemieindustrie hat die Bedeutung von Weiterbildung auch unter dem Aspekt des demografischen Wandels erkannt und beispielsweise in § 6 des Tarifvertrages „Lebensarbeitszeit und Demografie" aus dem Jahr 2008[732] Regelungen zur Weiterbildung getroffen. Darüber hinaus sieht § 8 des Tarifvertrages sogenannte Langzeitkonten vor, die beispielsweise für die Finanzierung von Qualifizierungsmaßnahmen genutzt werden können.

Aktuell existieren in Deutschland tarifliche Regelungen zur Weiterbildung, die ungefähr ein Viertel aller Arbeitnehmer erfassen.[733] Trotz dieser Verbesserung kann von einer Trendwende gleichwohl nicht gesprochen werden. Hierzu fehlt es an der Nachhaltigkeit, mit der Weiterbildung Einzug in Tarifverträge findet.

Die Situation im öffentlichen Dienst hingegen ist seit 2005 im Tarifvertrag für den öffentlichen Dienst bzw. 2006 im Tarifvertrag der Länder klar geregelt. Die staatlicherseits bestehende Anerkennung der Bedeutung von Weiterbildung spiegelt sich jeweils in § 5 wider. Hier finden sich Regelungen zur Qualifizierung der Beschäftigten. In Abs. 1 wird jeweils die Bedeutung der Qualifizierung für beide Seiten betont. Darüber hinaus besteht gem. Abs. 4 ein Anspruch auf ein regelmäßiges Gespräch mit der jeweiligen Führungskraft, in dem festgestellt wird, ob Qualifizierungsbedarf besteht und wie diesem gegebenenfalls nachgekommen werden kann. Wichtig für die betroffenen Arbeitnehmer ist in diesem Zusammenhang die Regelung des Abs. 5, wonach Weiterbildungszeit als Arbeitszeit anzusehen ist. Ferner regelt Abs. 6 die Kostentragungspflicht des Arbeitgebers für veranlasste Weiterbildungsmaßnahmen. Zu beachten ist, dass sich aus § 5 TVöD bzw. TV-L kein individueller Anspruch auf Teilnahme an Weiterbildungsmaßnahmen ergibt, wie Abs. 2 S. 1 explizit besagt.

---

732 BAVC, Tarifvertrag „Lebensarbeitszeit und Demografie", http://www.arbeit-demografie.nrw.de/includes/download/Chemietarifpaket_2008.pdf, abgefragt am 01.10.2012, S. 9 ff.

733 Bahnmüller, Tarifvertragliche Regulierung von Weiterbildung, www.bibb.de/dokumente/pdf/stst_foko_120309_arbeitskaeftebedarf_im_demografischen_wandel_bahnmueller.pdf, abgefragt am 17.05.2013.

Gegenstand der folgenden Untersuchung ist die Frage nach der tariflichen Regelbarkeit von Weiterbildung sowie die Frage, ob sich auf diese Weise Ansprüche oder Pflichten für die Tarifgebundenen ergeben.

I. Tarifliche Regelbarkeit

1. Verfassungsrechtliche Grundlage

Ausgangspunkt für die Bestimmung der Gegenstände tariflicher Regelbarkeit ist die verfassungsmäßig garantierte Koalitionsfreiheit. Art. 9 Abs. 3 S. 1 GG gewährt jedermann das Recht, zur Wahrung und Förderung der Arbeits- und Wirtschaftsbedingungen Vereinigungen zu bilden. Neben dieser individuellen Koalitionsfreiheit garantiert Art. 9 Abs. 3 S. 1 GG nach allgemeiner Ansicht auch die kollektive Koalitionsfreiheit,[734] wonach die von Individuen gebildete Koalition eigenständigen Schutz genießt. Auch die spezifische Koalitionsbetätigung wird durch die kollektive Koalitionsfreiheit geschützt.[735] Gleichzeitig begrenzt Art. 9 Abs. 3 S. 1 GG den sachlich-gegenständlichen Bereich der Koalitionsfreiheit auf „*Arbeits- und Wirtschaftsbedingungen*".[736] Hierunter ist die Gesamtheit der Bedingungen zu verstehen, unter denen abhängige Arbeit geleistet und eine sinnvolle Ordnung des Arbeitslebens ermöglicht wird.[737]

Weiterbildung beeinflusst den Inhalt des Arbeitsverhältnisses und gehört zu den prägenden Bedingungen. Ihre Ausgestaltung nimmt Einfluss auf die Ordnung des Arbeitslebens. Die Thematik ist daher von der verfassungsrechtlich gewährleisteten Regelungsbefugnis der Koalitionspartner umfasst.

---

734 BVerfG, Urteil vom 18.11.1954, Az. 1 BvR 629/52, NJW 1954, 1881, 1882; BVerfG, Beschluss vom 26.06.1991, Az. 1 BvR 779/85, NZA 1991, 809, 809; Dieterich in: ErfK Art. 9 GG Rn. 39; Säcker/Oetker, Grundlagen und Grenzen der Tarifautonomie, S. 31.

735 BVerfG, Urteil vom 18.11.1954, Az. 1 BvR 629/52, NJW 1954, 1881, 1882; Säcker/Oetker, Grundlagen und Grenzen der Tarifautonomie, S. 33.

736 Dieterich in: ErfK Art. 9 GG Rn. 72; Löwisch/Rieble TVG Grundlagen Rn. 90; Müller, Arbeitskampf und Recht, S. 39; Säcker/Oetker, Grundlagen und Grenzen der Tarifautonomie, S. 35; Scholz, Koalitionsfreiheit als Verfassungsproblem, S. 43 ff.; Wiedemann in: Wiedemann/Stumpf TVG Einleitung Rn. 88.

737 BAG, Urteil vom 03.04.1990, Az. 1 AZR 123/89, NZA 1990, 886, 887; Dieterich in: ErfK Art. 9 GG Rn. 23; Fracke, Die betriebliche Weiterbildung, S. 176; Löwisch/Rieble in: MüArbR § 155 Rn. 22; Säcker/Oetker, Grundlagen und Grenzen der Tarifautonomie, S. 72; 98; Treber in: Schaub Arbeitsrechts-Hdb. § 189 Rn. 25; ausführlich: Schlaffke, Regelungen zur Weiterbildung im Tarifvertrag, S. 62 bis 67.

2. Einfachgesetzliche Einschränkung

Die verfassungsmäßig garantierte Regelungsbefugnis erfährt eine Einschränkung durch die einfachgesetzlich konstituierten Vorgaben des § 1 Abs. 1 TVG. Hiernach wird die Regelungsbefugnis der Tarifpartner beschränkt auf „*Rechte und Pflichten der Tarifvertragsparteien*" und „*Rechtsnormen, die den Inhalt, den Abschluss und die Beendigung von Arbeitsverhältnissen sowie betriebliche und betriebsverfassungsrechtliche Fragen ordnen können*". Andere als die in § 1 TVG genannten Ziele können nicht Gegenstand eines Tarifvertrages und dürfen nicht Ziel eines Arbeitskampfes sein.[738]

Die Thematik Weiterbildung lässt sich unter verschiedenen Gesichtspunkten regeln. In Betracht kommt die Begründung von Rechten und Pflichten der tarifgebundenen Vertragsparteien. Diese Regelungen betreffen den Inhalt von Arbeitsverhältnissen. Auch können betriebliche und betriebsverfassungsrechtliche Fragen der Weiterbildung geregelt werden. Damit stellt Weiterbildung eine Thematik dar, die den einfachgesetzlichen Einschränkungen der Regelungsbefugnis der Koalitionspartner gem. § 1 TVG entspricht.

3. Wirksamkeitskontrolle tariflicher Regelungen

Eine tarifliche Vereinbarung ist darüber hinaus nur dann wirksam, wenn sie verfassungs- und gesetzeskonform ist.

Die sich aus den Grundrechten ergebenden verfassungsmäßigen Grenzen sind – zumindest mittelbar – zu beachten.[739] Im Hinblick auf Weiterbildung kommen Berührungspunkte mit der Berufsfreiheit gem. Art. 12 GG, der Eigentumsgarantie des Art. 14 GG und der allgemeinen Handlungsfreiheit gem. Art. 2 Abs. 1 GG des Arbeitgebers in Betracht. Aus Sicht der betroffenen Arbeitnehmer sind vor allem deren Berufsfreiheit gem. Art. 12 GG, der allgemeine Gleichheitssatz gem. Art. 3 Abs. 1 GG und das allgemeinen Persönlichkeitsrecht gem. Artt. 2 Abs. 1, 1 Abs. 1 GG zu beachten.[740] Es kommt auf die konkret getroffene Regelung an, die verfassungsgemäß sein muss. Die Grundrechtspositionen der auf beiden Seiten

---

738 BAG, Urteil vom 10.12.2002, Az. 1 AZR 96/02, NZA 2003, 734, 734; Löwisch/Rieble TVG Grundlagen Rn. 447.

739 Früher wurde überwiegend eine unmittelbare Grundrechtsbindung des normativen Teils eines Tarifvertrages angenommen. Grundlegend: BAG, Urteil vom 15.01.1955, Az. 1 AZR 305/54, NJW 1955, 684, 686.

740 Siehe: Schlaffke, Regelungen zur Weiterbildung im Tarifvertrag, S. 91 ff.

Tarifgebundenen müssen im Wege einer praktischen Konkordanz Berücksichtigung finden.

Eventuell entgegenstehendes Gesetzesrecht muss dispositiv – jedenfalls tarifdispositiv – sein. Da Weiterbildung kaum gesetzlich geregelt ist, sind die Schnittstellen überschaubar. Insoweit kommen die oben erläuterten Normen in Betracht, vor allem BBiG, BetrVG, § 1 Abs. 2 S. 3 KSchG, spezialgesetzliche Weiterbildungsansprüche und Pflichten sowie die Landesweiterbildungsgesetze.

Die Generalklauseln § 138 BGB und § 242 BGB sind zudem zu beachten. Auch insoweit kommt es im Einzelfall auf die konkrete Ausgestaltung der tariflichen Regelung an.

II. Mögliche Inhalte

Nachdem festgestellt wurde, dass Weiterbildung grundsätzlich ein tauglicher Regelungsgegenstand für Tarifverträge ist, stellt sich die Frage nach möglichen Inhalten.

Thematisch gibt es keinen spezifischen Regelungsgegenstand der Weiterbildung, auf den die Tarifparteien beschränkt wären.[741] Vielmehr kann grundsätzlich jede Qualifizierungsmaßnahme, die dem Arbeitnehmer Fähigkeiten, Fertigkeiten und Kenntnisse vermittelt, Gegenstand eines Tarifvertrages sein. Dabei stellt sich die Frage, welchen Regelungsgehalt tarifvertragliche Weiterbildungsklauseln haben können.

Zur Beantwortung dieser Frage ist zunächst zwischen dem normativen und dem schuldrechtlichen Teil des Tarifvertrages zu unterscheiden.[742] Während der schuldrechtliche Teil Rechte und Pflichten der Koalitionspartner zueinander festlegt,[743] können im normativen Teil die Tarifgebundenen berechtigt und verpflichtet werden.[744] Insofern können sich im schuldrechtlichen Teil keine Regelungen finden, die die Weiterbildungssituation zwischen Arbeitgeber und Arbeitnehmer regeln.

Die Regelungen, denen eine normative Wirkung zukommt, sind thematisch begrenzt. Gem. § 4 Abs. 1 S. 1 TVG haben die Rechtsnormen des Tarifvertrages, die

---

741 Löwisch/Rieble TVG § 1 Rn. 2040.
742 So auch Fracke, Die betriebliche Weiterbildung, S. 179, 190.
743 Franzen in: ErfK § 1 TVG Rn. 79; Hamacher in: Moll ArbR § 69 Rn. 49; Waas in: BeckOK Arbeitsrecht § 1 TVG Rn. 58.
744 Franzen in: ErfK § 4 TVG Rn. 1, 2; Giesen in: BeckOK Arbeitsrecht § 4 TVG Rn. 1; Löwisch/Rieble TVG § 4 Rn. 2.

den Inhalt, den Abschluss oder die Beendigung von Arbeitsverhältnissen ordnen, normative Wirkung. § 4 Abs. 1 S. 2 TVG erstreckt die normative Wirkung auf Rechtsnormen des Tarifvertrages über betriebliche und betriebsverfassungsrechtliche Fragen. Zudem sieht § 4 Abs. 2 TVG vor, dass die Regelungen, die Gemeinsame Einrichtungen der Tarifvertragsparteien zum Gegenstand haben, normativ wirken. Demgegenüber besitzen die Regelungen des Tarifvertrages, die die Beziehung zwischen den Tarifvertragsparteien betreffen, lediglich eine schuldrechtliche Wirkung.

1. Inhaltsnormen i. S. d. § 4 Abs. 1 S. 1 TVG

Wird betriebliche Weiterbildung im Verhältnis Arbeitgeber zu Arbeitnehmer durch Tarifvertrag geregelt, betrifft dies den Inhalt des Arbeitsverhältnisses. Es liegt eine sogenannte Inhaltsnorm vor.[745] Im Hinblick auf Weiterbildung kommen verschiedene Inhaltsnormen in Betracht:

a) Qualifizierungsgespräch

Wie in § 5 Abs. 4 TVöD bzw. TV-L könnte in anderen Tarifverträgen ein Anspruch auf ein jährliches Gespräch vereinbart werden, in dem ein eventuell besehender Qualifizierungsbedarf ermittelt wird. Ein Anspruch auf Vornahme von Weiterbildungsmaßnahmen entsteht hierdurch nicht. Da allein durch ein Gespräch keine weitergehende Verpflichtung des Arbeitgebers begründet wird, begegnet eine dahingehende Vereinbarung keinen verfassungsrechtlichen Bedenken.

b) Teilhabeanspruch

Denkbar wäre die Aufnahme eines Teilhabeanspruchs an betrieblicher Weiterbildung. Damit die Regelung neben dem ohnehin bestehenden arbeitsrechtlichen Gleichbehandlungsanspruch einen eigenständigen Wert besitzt, müsste der tarifliche Anspruch an geringere Voraussetzungen geknüpft sein. Denkbar wäre die Vereinbarung, dass ein Anspruch auf Weiterbildung entsteht, sobald der Arbeitgeber Weiterbildung im Betrieb anbietet, ohne dass eine spezifische Vergleichsgruppe bestehen muss und ohne dass sich das Weiterbildungsangebot an alle vergleichbaren

---

[745] Berg u.a. TVG § 1 Rn. 338; Reim/Nebe in: Däubler TVG § 1 Rn. 345; Zachert in: Kempen/Zachert TVG § 1 Rn. 60.

Arbeitnehmer richten muss. Eine solche Vereinbarung betrifft den Arbeitgeber sowohl in seiner Berufsfreiheit gem. Art. 12 GG, als auch in seinem Eigentumsrecht gem. Art. 14 GG sowie in der allgemeinen Vertrags- und Handlungsfreiheit gem. Art. 2 Abs. 1 GG. Das Entstehen eines Anspruchs ist aber durch den Arbeitgeber selbst steuerbar. Insbesondere wird der Umfang, in dem Weiterbildung betrieben wird, durch den Arbeitgeber festgelegt. An der Verfassungsmäßigkeit einer solchen Regelung bestehen daher ebenfalls keine Bedenken.

c) Bestandsschutz-Qualifizierung

Darüber hinaus besteht die Möglichkeit, § 1 Abs. 2 S. 3 KSchG zu ergänzen. Nach hier vertretener Auffassung bildet die Norm zwar eine Anspruchsgrundlage für Weiterbildung, wenn das Arbeitsverhältnis konkret von Kündigung bedroht ist. Wie aufgezeigt, ist dieses Auffassung aber nicht unumstritten. Eine entsprechende ausdrückliche Regelung im Tarifvertrag würde für Rechtsklarheit sorgen. Da eine solche Regelung nur die Gesetzeslage deklaratorisch wiederholt, entsteht hierdurch kein Eingriff in verfassungsrechtlich erheblicher Weise.

d) Selbständiger Weiterbildungsanspruch

Schließlich könnten die Koalitionspartner die nach den Landesweiterbildungsgesetzen bestehenden Ansprüche inhaltlich oder zeitlich erweitern und allen Arbeitnehmern selbständige Weiterbildungsansprüche verschaffen. Durch eine dahingehende Vereinbarung wären die Grundrechte des Arbeitgebers aus Art. 12 GG, Art. 14 GG und Art. 2 Abs. 1 GG stark betroffen. Damit die tarifliche Vorschrift verfassungskonform ist, dürfte der Arbeitgeber nicht übermäßig belastet werden.

Das BVerfG hat sich bereits 1988 zu der Verfassungsmäßigkeit der Landesweiterbildungsgesetze von Hessen und NRW geäußert.[746] Die dort aufgezeigten Grenzen müssten auch bei tariflichen Regelungen beachtet werden, um nicht in die Grundrechtsposition des Arbeitgebers ungerechtfertigt einzugreifen. Nach der Rechtsprechung des BVerfG darf die Belastung des Arbeitgebers durch die bezahlte Freistellung zum Zwecke des Bildungsurlaubs nicht unbeschränkt erfolgen: Sie sei verfassungsrechtlich nur zulässig, soweit sie sich durch die *„Verantwortungsbeziehung des Arbeitgebers, die seine Belastung mit dem allgemeinen Bildungsurlaubsanspruch des weiterzubildenden Arbeitnehmers rechtfertigt"*, begründen lasse. Darüber

---

[746] BVerfG, Beschluss vom 15.12.1987, Az. 1 BvR 563/85, NJW 1988, 1899 ff. BT Drucks. 5/2345, S. 22.

hinaus müssten Ausgleichsmöglichkeiten geschaffen werden, etwa eine Kostenumlage auf alle Arbeitgeber (Solidareinrichtung).[747]

Demzufolge ergeben sich für die Erweiterung der Weiterbildungsansprüche von Arbeitnehmern durch Tarifvertrag folgende Grenzen: Der Anspruch muss zum einen durch die „Verantwortungsbeziehung des Arbeitgebers" gerechtfertigt sein, so dass ein thematischer Bezug zum Arbeitsplatz sowie eine Verantwortlichkeit des Arbeitgebers für den Qualifizierungsbedarf erkennbar sein muss. Zum anderen kann die volle Kostentragung dem Arbeitgeber nur obliegen, wenn ihr „*greifbare Vorteile*"[748] für den Arbeitgeber gegenüberstehen. Andernfalls muss eine Kostenumlage erfolgen.

Aus praktischer Sicht ist zu erwägen, ob eine dahingehende Regelung eine wirkliche Verbesserung der Weiterbildungssituation bewirken kann, da die nach den Bildungsurlaubsgesetzen bestehenden Ansprüche ohnehin nicht vollumfänglich geltend gemacht werden.[749]

e) Förderung besonders schutzwürdiger Arbeitnehmergruppen

In Anlehnung an die obigen Ausführungen[750] könnten Weiterbildungsansprüche exklusiv für Arbeitnehmer mit einem besonderen Weiterbildungsbedürfnis tarifvertraglich vereinbart werden. Solche Regelungen liegen nahe, weil die gesetzlichen Fördermöglichkeiten nur unvollständig sind und in den meisten Fällen keine Anspruchsqualität im Verhältnis zum Arbeitgeber aufweisen.

Die Schaffung exklusiver Ansprüche für besondere Gruppen stellt tatbestandlich eine Ungleichbehandlung dar. Der sachliche Grund hierfür ist in dem besonderen Weiterbildungsbedürfnis zu sehen. Sofern an ein in § 1 AGG genanntes Merkmal angeknüpft wird (Alter, Behinderung, mittelbar an das Geschlecht bei den Elternzeitlern), kommen § 10 AGG (Rechtfertigung einer Ungleichbehandlung wegen des Alters[751]) und § 5 AGG in Betracht. § 5 AGG lässt ungeachtet der in den §§ 8, 9, 10, 20 AGG benannten Gründe eine unterschiedliche Behandlung zu, wenn durch geeignete und angemessene Maßnahmen bestehende Nachteile wegen eines in § 1 genannten Grundes verhindert oder ausgeglichen werden sollen. Da der Gesetzgeber

---

747 BVerfG, Beschluss vom 15.12.1987, Az. 1 BvR 563/85, NJW 1988, 1899, 1901.
748 Stege/Schiefer, NZA 1992, 1061, 1063.
749 So auch Görs/Brödel, WSI-Mitt. 1982, 360; Zachert in: Kempen/Zachert TVG § 1 Rn. 538.
750 Siehe Teil 2: A. II.
751 Siehe Teil 2: A. II. 1. d).

dem jeweiligen besonderen Weiterbildungsbedürfnis nur unzureichend nachkommt, sind berufliche Nachteile zu verzeichnen. Exklusive Ansprüche auf Weiterbildung tragen zur Beseitigung der bestehenden Nachteile bei und sind daher zulässige positive Maßnahmen.[752]

f) Kostenbeteiligungs- und Rückzahlungsklauseln

Mit Rücksicht auf die Interessen des Arbeitgebers könnten auch eine Kostenbeteiligung des Arbeitnehmers oder eine Rückzahlungsklausel für den Fall der Eigenkündigung vor Ablauf einer festgelegten Dauer aufgenommen werden.

Eine Kostenbeteiligung muss so ausgestaltet sein, dass sie keine unzulässige Lohnverwendungsklausel darstellt. Hierunter versteht man eine Vereinbarung, die den Arbeitnehmer verpflichtet, Teile seines Arbeitslohnes zu bestimmten Zwecken zu verwenden.[753] Tariflich regelbar ist daher eine Anrechnung der Weiterbildungskosten auf den Lohn; demgegenüber stellt es eine unzulässige Lohnverwendungsklausel dar, wenn der Arbeitnehmer verpflichtet wird, die Weiterbildungskosten aus seinem Vermögen zu bezahlen.[754]

In einem Tarifvertrag können Rückzahlungsklauseln vereinbart werden. Sie unterliegen im Gegensatz zu individuell vereinbarten Rückzahlungsklauseln einer nur beschränkten Rechtskontrolle.[755] Nach ständiger höchstrichterlicher Rechtsprechung können Tarifverträge für Umschulung, Weiterbildung und sonstige Ausbildung außerhalb des BBiG die Rückzahlung von Ausbildungskosten vorsehen.[756] Gleichwohl wird durch eine tarifliche Rückzahlungsklausel und die damit einhergehende erzwungene Bindung in Grundrechte des Arbeitnehmers, insbesondere in dessen Berufsfreiheit gem. Art. 12 GG, eingegriffen. Für die Verfassungsmäßigkeit kommt es auf die Verhältnismäßigkeit der Klausel an.[757] Diese beurteilt

---

752 Resümierend zur Frauenförderung durch Tarifvertrag: Zachert in: Kempen/Zachert TVG § Rn. 539 ff.
753 Preis in: ErfK § 611 BGB Rn. 467.
754 Rieble in: FS 50 Jahre BAG, S. 831, 848.
755 Franzen in: ErfK § 1 TVG Rn. 73; Glaser in: Moll ArbR § 26 Rn. 70; Poeche/Reinekke in: Küttner Personalbuch 2012 „Rückzahlungsklausel" Rn. 17; Preis in: ErfK § 611 Rn. 442.
756 BAG 20.02.1975, Az. 5 AZR 240/74, AP Nr. 2 zu § 611 BGB Ausbildungsbeihilfe, unter II. der Gründe; BAG, Urteil vom 23.04.1997, Az. 5 AZR 29/96, NZA 1997, 1002, 1003; BAG, Urteil vom 15.03.2000, Az. 5 AZR 584/98, NZA 2001, 39, 40.
757 BAG, Urteil vom 24.07.1991, Az. 5 AZR 443/90, NZA 1992, 405, 407; Franzen in: ErfK § 1 TVG Rn. 73.

sich nach der Ausbildungsdauer und der Höhe der Kosten, die zu der vereinbarten Bindungsdauer und dem erlangten Ausbildungsvorteil für den Arbeitnehmer ins Verhältnis gesetzt werden.[758]

g) Verpflichtung des Arbeitnehmers

Neben einem Anspruch auf Weiterbildung ist grundsätzlich auch eine tarifvertragliche Verpflichtung zur Weiterbildung möglich.[759] Diese würde aber in das Grundrecht der Berufsfreiheit des Arbeitnehmers gem. Art. 12 GG und in seine allgemeine Handlungsfreiheit gem. Art. 2 Abs. 1 GG eingreifen. Der Eingriff müsste verfassungsrechtlich gerechtfertigt und verhältnismäßig sein. Dazu muss sich die Weiterbildung im vom Arbeitnehmer gewählten Berufsbild bewegen und darf ihm keine grundlegend anderen Fähigkeiten abverlangen.[760] Gewisse technische und wirtschaftliche Veränderung dürfen aber Berücksichtigung finden,[761] so dass insbesondere eine Anpassungs- oder Erhaltungsqualifizierung[762] möglich ist. Eine Verpflichtung zur Aufstiegsqualifizierung, die den Arbeitnehmer auf neue Aufgaben und sein berufliches Fortkommen vorbereitet,[763] dürfte demgegenüber eher unverhältnismäßig sein.

Ergänzend gilt, dass Weiterbildung, die während der vereinbarten Arbeitszeit stattfindet und regulär vergütet wird, regelmäßig als verhältnismäßig anzusehen sein dürfte. Eine Weiterbildungsverpflichtung, die gegen den Willen des Arbeitnehmers ein Freizeitopfer verlangt, wäre hingegen unzulässig.[764]

2. Betriebsnormen i. S. d. § 4 Abs. 1 S. 2, 1. Alt. TVG

Betriebsnormen regeln das auf den Betrieb bezogene Rechtsverhältnis zwischen dem Arbeitgeber und der Belegschaft als Kollektiv.[765] Somit betreffen sie auch

---

758 BAG, Urteil vom 06.09.1995, Az. 5 AZR 174/94, NZA 1996, 437, 439; Löwisch/Rieble TVG § 1 Rn. 2058.
759 Löwisch/Rieble TVG § 1 Rn. 2043.
760 Löwisch/Rieble TVG § 1 Rn. 2043.
761 Löwisch/Rieble TVG § 1 Rn. 2043.
762 Richter/Gamisch, AuA 2007 Heft 2, S. 95, 96.
763 Löwisch/Rieble TVG § 1 Rn. 2041.
764 Rieble, in: FS 50 Jahre BAG, S. 831, 848.
765 BAG, Beschluss vom 17.06.1997, Az. 1 ABR 3/97, NZA 1998, 213, 214; Beuthien, ZfA 1983, 141, 143; Franzen in: ErfK § 1 TVG Rn. 45; Löwisch/Rieble TVG § 1 Rn. 20; Reim/Nebe in: Däubler TVG § 1 Rn. 353.

die nicht tarifgebundenen Arbeitnehmer. Sie sind nur dann zulässig, wenn sich der betreffende Sachverhalt nur betriebseinheitlich regeln lässt.[766] Anders als Inhaltsnormen i. S. d. § 4 Abs. 1 S. 1 TVG regeln sie nicht die Rechte und Pflichten einzelner Arbeitnehmer.[767]

In Bezug auf Weiterbildung sind nicht viele Regelungen vorstellbar, die eine Betriebsnorm darstellen würden. *Fracke* führt als einziges Beispiel die Errichtung einer speziellen Weiterbildungsabteilung im Betrieb an.[768] Eine solche Abteilung könnte für die Beratung der Belegschaft in Weiterbildungsfragen zuständig sein und die praktische Durchführung organisieren. Mittelbar könnte das Vorhandensein einer solchen Abteilung die betriebliche Weiterbildungspraxis verbessern. Zu beachten ist aber, dass weder Betriebsrat noch Belegschaft noch ein einzelner Arbeitnehmer Ansprüche aus einer derartigen Vereinbarung herleiten könnten.[769] Ebenso könnten keine unmittelbaren Verpflichtungen begründet werden. Betriebsnormen zum Thema Weiterbildung hätten damit eher die Wirkung einer Absichtsbekundung.

3. Betriebsverfassungsrechtliche Normen i. S. d. § 4 Abs. 1 S. 2, 2. Alt. TVG

Betriebsverfassungsrechtliche Normen regeln das Rechtsverhältnis zwischen Arbeitgeber und Betriebsrat.[770] Sie können nach h. M. von den Vorschriften des BetrVG abweichende Regelungen treffen und die Rechte des Betriebsrats stärken oder erweitern.[771] Die Erweiterung der Beteiligungsrechte des Betriebsrats ist nicht

---

766 Fracke, Die betriebliche Weiterbildung, S. 180.
767 BAG, Beschluss vom 17.06.1997, Az. 1 ABR 3/97, NZA 1998, 213, 213; Franzen in: ErfK § 1 TVG Rn. 45; Reim/Nebe in: Däubler TVG § 1 Rn. 353.
768 Fracke, Die betriebliche Weiterbildung, S. 180.
769 Im Einzelnen hierzu: Fracke, Die betriebliche Weiterbildung, S. 181.
770 Beuthien, ZfA 1983, 141, 143; Franzen in: ErfK § 1 TVG Rn. 48; Löwisch/Rieble TVG § 1 Rn. 22.
771 BAG, Beschluss vom 18.08.1987, Az. 1 ABR 30/86, NZA 1987, 779, 783; BAG, Beschluss vom 10.02.1988, Az. 1 ABR 70/86, NZA 1988, 699, 699; BAG, Beschluss vom 29.09.2004, Az. 1 ABR 29/03, NZA 2005, 313, 315; Fitting BetrVG § 1 Rn. 255; Fracke, Die betriebliche Weiterbildung, S. 182; Franzen in: ErfK § 1 TVG Rn. 48; Waas in: BeckOK Arbeitsrecht § 1 TVG Rn. 100; Lerch/Weinbrenner, NZA 2011, 664, 665; Matthes in: MüArbR § 238 Rn. 15; Thüsing in: Wiedemann/Stumpf TVG § 1 Rn. 765 ff.; a.A.: Richardi, NZA 1988, 673, 676.

grenzenlos möglich.[772] Sie muss die Grundrechte des Arbeitgebers, insbesondere dessen Unternehmerfreiheit, wahren und darf daher nur innerhalb der funktionalen Zuständigkeit des Betriebsrats erfolgen.[773] Die grundsätzlich im BetrVG angelegte Systematik darf durch die tarifvertragliche Erweiterung nicht gestört werden.[774]

Wie aufgezeigt bestehen für den Betriebsrat im Bereich der Weiterbildung gem. §§ 92, 92a, 96 bis 98 BetrVG umfassende Beteiligungs- und Mitbestimmungsrechte.[775] Ob die Beteiligungsrechte des Betriebsrats in personellen Angelegenheiten, zu denen die §§ 96 bis 98 BetrVG zählen, durch Tarifvertrag erweitert werden können, ist umstritten.[776]

a) Erweiterung der Beteiligungsrechte zulässig

Nach überwiegend vertretener Auffassung ist eine Erweiterung der Beteiligungsrechte des Betriebsrats in personellen Angelegenheiten zulässig.[777] Teilweise wird dabei aber besonders betont, dass die gesetzlich vorgegebene Abstufung der Beteiligungsrechte beachtet und die Entscheidung über das „Ob" von Weiterbildungsmaßnahmen dem Arbeitgeber überlassen werden müsse.[778] Die Zulässigkeit

---

772 Fracke, Die betriebliche Weiterbildung, S. 183; Löwisch/Rieble TVG § 1 Rn. 452; Wiese in: GK BetrVG II § 87 Rn. 13.
773 Hermeler, Erweiterung der Rechte des Betriebsrats durch Tarifvertrag, S. 139 ff.; Koch in: Schaub Arbeitsrechts-Hdb. § 230 Rn. 7a; Wendeling-Schröder in: Kempen/Zachert TVG § 1 Rn. 587.
774 BAG, Beschluss vom 09.05.1995, Az. 1 ABR 56/94, NZA 1996, 156, 158; Raab in: GK BetrVG II vor § 92 Rn. 22; Wiese in: GK BetrVG II § 87 Rn. 13.
775 Siehe Teil 2: A. I. 2. b).
776 Galperin/Löwisch BetrVG II vor § 92 Rn. 3a; Raab in: GK BetrVG II vor § 92 Rn. 10 ff.
777 BAG, Beschluss vom 10.02.1988, Az. 1 ABR 70/86, NZA 1988, 699, 699; BAG, Beschluss vom 31.01.1995, Az. 1 ABR 35/94, NZA 1995, 1059, 1063; Bachner in: DKKW BetrVG § 99 Rn. 31; Däubler, Das Grundrecht auf Mitbestimmung, S. 374; Fitting BetrVG § 1 Rn. 259; Hensche/Heuschmid in: Däubler TVG § 1 Rn. 935; Hermeler, Erweiterung der Rechte des Betriebsrats durch Tarifvertrag, S. 164; Meier-Krenz, Die Erweiterung von Beteiligungsrechten des Betriebsrats, S. 167; Spilger, Tarifvertragliches Betriebsverfassungsrecht, S. 39 bis 46; Thüsing in: Wiedemann/Stumpf TVG § 1 Rn. 769.
778 Fracke, Die betriebliche Weiterbildung, S. 185; Schlaffke, Regelungen zur Weiterbildung im Tarifvertrag, S. 272 f.; Thüsing in: Wiedemann/Stumpf TVG § 1 Rn. 770; a.A. Hensche/Heuschmid in: Däubler TVG § 1 Rn. 937, die eine Bindung an die Stufenfolge des BetrVG verneinen.

der Erweiterung wird überwiegend mit § 102 Abs. 6 BetrVG begründet, der Vereinbarungen zwischen Arbeitgeber und Betriebsrat über die Erweiterung der Beteiligung des Betriebsrats bei Kündigungen, die ebenfalls zu den personellen Angelegenheiten zählt, ausdrücklich zulässt.[779]

b) Erweiterung der Beteiligungsrechte unzulässig

Teilweise wird eine Erweiterung der Beteiligungsrechte des Betriebsrats in personellen Angelegenheiten für unzulässig erachtet.[780] Die Auffassung wird damit begründet, dass durch eine Erweiterung der abgestuften Beteiligungsrechte die Vorgaben des BetrVG missachtet und gestört würden. Zudem folge aus § 102 Abs. 6 BetrVG lediglich, dass Arbeitgeber und Betriebsrat vom BetrVG abweichende Regelungen treffen könnten. Eine anderweitige Regelung durch Tarifvertrag sei gerade nicht vorgesehen.[781]

c) Bewertung

Eine Erweiterung der Rechte des Betriebsrats nach §§ 92, 92a, 96 bis 98 BetrVG durch tarifliche Regelung setzt zunächst voraus, dass die Beteiligungsrechte des Betriebsrats grundsätzlich durch Tarifvertrag erweitert werden können. Hierfür spricht, dass §§ 1 Abs. 1, 2. Hs., 4 Abs. 1 S. 2 TVG ausdrücklich und uneingeschränkt die Regelung betriebsverfassungsrechtlicher Fragen durch Tarifvertrag zulässt. Obwohl die Erweiterungsmöglichkeit der betriebsrätlichen Beteiligungsrechte durch Tarifvertrag schon bei Geltung des BetrVG 1952 BetrVG umstritten war,[782] hat der Gesetzgeber bei der Reformierung des BetrVG 1972 keine Klärung herbeigeführt, sondern die Frage bewusst offengelassen.[783] Zudem handelt es sich bei dem BetrVG um ein Arbeitnehmerschutzgesetz, dessen Normen ohne

---

779 BAG, Beschluss vom 10.02.1988, Az. 1 ABR 70/86, NZA 1988, 699, 700; Braasch in: Düwell BetrVG § 102 Rn. 147; Etzel in: Etzel u.a. KR § 102 BetrVG Rn. 244; Fitting BetrVG § 1 Rn. 245; Raab in: GK BetrVG II § 102 Rn. 197; Thüsing in: Wiedemann/Stumpf TVG § 1 Rn. 769.
780 Raab in: GK BetrVG II vor § 92 Rn. 24; Richardi in: Richardi BetrVG Einleitung Rn. 134.
781 Heinze, Personalplanung, Rn. 734; Raab in: GK BetrVG II § 102 Rn. 202; Schlochauer in: Hess u.a. BetrVG § 102 Rn. 216; Stege/Weinspach BetrVG § 102 Rn. 18.
782 BAG, Urteil vom 24.09.1959, Az. 2 AZR 28/57, juris, unter II. 4. der Gründe.
783 BAG, Beschluss vom 10.02.1988, Az. 1 ABR 70/86, NZA 1988, 699, 699.

ausdrückliche Anordnung nur einseitig zwingend sind.[784] Eine Anordnung, dass es sich bei den Vorschriften des BetrVG 1972 um zweiseitig zwingende Normen handeln solle, hat der Reformgesetzgeber trotz Kenntnis der gegenständlichen Problematik nicht vorgenommen.[785] Eine Erweiterung der Beteiligungsrechte des Betriebsrats durch Tarifvertrag ist grundsätzlich möglich.

Speziell für die Beteiligung des Betriebsrats in personellen Angelegenheiten gilt nichts anderes. Die Argumentation, dass die Abstufung der Beteiligungsrechte des BetrVG eingehalten werden müsse, kann nicht überzeugen. Zum einen ist die Beachtung der Vorgaben des BetrVG kein Argument gegen die generelle Möglichkeit, die Beteiligungsrechte des Betriebsrats in personellen Angelegenheiten zu erweitern. Dem entspricht es, dass beispielsweise *Thüsing* eine Erweiterung für möglich hält, aber zugleich auf die Beachtung des Stufensystems hinweist.[786] Zum anderen ist eine Beachtung des Stufensystems des BetrVG nicht erforderlich. Die Tarifvertragsparteien können die Beteiligungsrechte frei erweitern,[787] da aus dem Stufensystem des BetrVG keine Einschränkung der verfassungsrechtlich garantierten Koalitionsfreiheit folgt.[788] Zudem zeigt § 102 Abs. 6 BetrVG, dass der gesetzgeberische Wille einer Erweiterung der Beteiligungsrechte des Betriebsrats zumindest nicht entgegensteht. Ausweislich des Wortlauts der Vorschrift hatte der Gesetzgeber zwar nur die Vereinbarung zwischen Arbeitgeber und Betriebsrat vor Augen. Eine tarifliche Erweiterung der Rechte des Betriebsrats in personellen Angelegenheiten muss aber auf Grund der folgenden Überlegungen ebenfalls zulässig sein: Aus Perspektive der Arbeitnehmer ist eine tarifvertragliche Erweiterung der Beteiligungsrechte unproblematisch, da ihre Rechte verbessert werden. Aus Sicht des Arbeitgebers könnte die Vereinbarung in Konflikt mit seiner Unternehmerfreiheit geraten, da Entscheidungen, die zu treffen ihm nach der gesetzlichen Konzeption allein obliegt, der Mitwirkung des Betriebsrats unterworfen werden. Allerdings wirkt sich die Stärke der Gewerkschaft (im Vergleich zum Betriebsrat) nur beim Abschluss des Tarifvertrages aus. In der Anwendung der erweiterten Beteiligungsrechte verhandelt der Arbeitgeber ausschließlich mit dem Betriebsrat. Diese Situation

---

784 BAG, Beschluss vom 10.02.1988, Az. 1 ABR 70/86, NZA 1988, 699, 700; Fitting BetrVG § 1 Rn. 257.
785 BAG, Beschluss vom 10.02.1988, Az. 1 ABR 70/86, NZA 1988, 699, 699; Wendeling-Schröder in: Kempen/Zachert TVG § 1 Rn. 581.
786 Thüsing in: Wiedemann/Stumpf TVG § 1 Rn. 669, 770.
787 Wendeling-Schröder in: Kempen/Zachert TVG § 1 Rn. 588.
788 Hensche/Heuschmid in: Däubler TVG § 1 Rn. 937.

unterscheidet sich nicht von der, dass die Erweiterung der Beteiligungsrechte mit dem Betriebsrat selbst vereinbart worden wäre. Die einmalige Situation, in der der Arbeitgeber der Gewerkschaft als Gegenspieler ausgesetzt ist, rechtfertigt sich durch seine Mitgliedschaft im tarifschließenden Arbeitgeberverband bzw. beim Abschluss eines Firmentarifvertrages durch die unmittelbare Verhandlungsführung.

Auch in personellen Angelegenheiten ist eine Erweiterung der Beteiligungsrechte des Betriebsrats durch Tarifvertrag möglich.

d) Anspruch auf und Verpflichtung zur Weiterbildung

Durch die Erweiterung der Beteiligungsrechte des Betriebsrats lassen sich unmittelbar keine Ansprüche und Pflichten der Arbeitsvertragsparteien begründen. Die Beteiligungsrechte des Betriebsrats können aber beispielsweise dahingehend erweitert werden, dass der Betriebsrat über § 92a BetrVG hinaus konkrete Arbeitnehmer für Weiterbildungsmaßnahmen vorschlagen darf, die Erzwingbarkeit einer Einigung in Form eines Einigungsstellenspruchs im Anwendungsbereich des § 96 Abs. 1 S. 2, 1. Hs. BetrVG geschaffen wird oder der Betriebsrat im Anwendungsbereichs des § 98 Abs. 3 BetrVG ein Mitbestimmungsrecht hinsichtlich des „Ob" von Weiterbildungsmaßnahmen erhält. Auf diese Weise können sich individuelle Ansprüche auf Weiterbildung ergeben. Zur Klarstellung sollten die Koalitionspartner der Vereinbarung, durch die sie die Beteiligungsrechte des Betriebsrats erweitern, den Zweck voranstellen, den sie hiermit verfolgen. Dieser kann darin bestehen, den Arbeitnehmern bei entsprechender Ausübung des Beteiligungsrechts durch den Betriebsrat individuelle Weiterbildungsansprüche zu verschaffen.

Zu einer Verpflichtung zur Weiterbildung kann die Erweiterung der Beteiligungsrechte des Betriebsrats nicht führen. Wie die Auseinandersetzungen mit § 97 Abs. 2 BetrVG[789] und mit § 98 Abs. 3 BetrVG[790] gezeigt haben, ist eine Verpflichtung infolge der Beteiligung des Betriebsrats nur zum Zwecke der Kündigungsprävention möglich. Andernfalls wäre der Eingriff in das allgemeine Persönlichkeitsrecht der betroffenen Arbeitnehmer gem. Artt. 2 Abs. 1, 1 Abs. 1 GG nicht zu rechtfertigen.

---

789 Siehe Teil 2: A. I. 2. b) gg) (3).
790 Siehe Teil 2: A. I. 2. b) gg) (4).

4. Gemeinsame Einrichtungen gem. § 4 Abs. 2 TVG

§ 4 Abs. 2 TVG sieht die Vereinbarung und Regelung von sogenannten Gemeinsamen Einrichtungen der Tarifvertragsparteien vor. Dabei handelt es sich um von den Tarifvertragsparteien geschaffene und von ihnen abhängige Organisationen, deren Zweck und Organisationstruktur durch Tarifvertrag festgelegt werden, und die in einer eigenen unmittelbaren Rechtsbeziehung zu den tarifgebundenen Arbeitgebern und Arbeitnehmern stehen.[791] Ihre Funktion liegt darin, Teilbereiche aus dem Arbeitsverhältnis herauszulösen, zu bündeln und selbständig abzuwickeln.[792]

Als Gegenstände einer Gemeinsamen Einrichtung kommen alle Regelungen in Betracht, die auch Gegenstand einer Individualnorm sein könnten.[793] Typische Gegenstände sind die in § 4 Abs. 2 TVG beispielhaft genannten Lohnausgleichskassen und Urlaubskassen sowie andere Kassen zur Finanzierung unternehmensübergreifender Zwecke. In Bezug auf Weiterbildung sind ebensolche „Weiterbildungskassen" vorstellbar, über die Weiterbildungsmaßnahmen finanziert werden.[794]

Als Beispiel ist die Chemie-Stiftung Sozialpartner-Akademie (CSSA) zu nennen. Sie ist eine Gemeinsame Einrichtung der Chemie-Sozialpartner, die im Jahr 2009 gegründet wurde. Sie hat unter anderem die Förderung der berufsbezogenen Weiterbildung zum Gegenstand und unterstützt die Unternehmen bei der Umsetzung.[795]

Hinsichtlich der Regelungsbefugnis der Koalitionspartner sind die oben dargestellten allgemeinen Grenzen zu berücksichtigen.[796]

Darüber hinaus kann sich ein Problem ergeben, wenn die Gemeinsame Einrichtung nicht ausschließlich durch die tarifgebundenen Arbeitgeber, sondern über Arbeitnehmerbeiträge finanziert werden soll. Die Einziehung von Arbeitnehmerbeiträgen ist nicht zulässig, wenn die finanzierten Aufgaben in den alleinigen Verantwortungsbereich des Arbeitgebers fallen.[797] Eine solche klare Zuordnung zu

---

791 BAG, Urteil vom 25.01.1989, Az. 5 AZR 43/88, AP Nr. 5 zu § 1 GesamthafenbetriebsG, unter II. 1. der Gründe; Franzen in: ErfK § 4 TVG Rn. 22; Treber in: Schaub Arbeitsrechts-Hdb. § 202 Rn. 68; Kempen in: Kempen/Zachert TVG § 4 Rn. 225; siehe ausführlich zum Begriff: Assenmacher, Funktionen und Befugnisse der Gemeinsamen Einrichtungen, S. 38 bis 47.
792 Kempen in: Kempen/Zachert TVG § 4 Rn. 225.
793 Franzen in: ErfK § 1 TVG Rn. 22.
794 Löwisch/Rieble TVG § 4 Rn. 346; Otto/Schwarze, ZfA 1995, 639, 655.
795 CSSA, Berufliche Weiterbildung, http://www.cssa-wiesbaden.de/weiterbildung.html, abgefragt am 29.09.2012.
796 Siehe Teil 2: E. I.
797 Fracke, Die betriebliche Weiterbildung, S. 190; Otto/Schwarze, ZfA 1995, 639, 681.

dem alleinigen Verantwortungsbereich des Arbeitgebers lässt sich – wie die obigen Ausführungen gezeigt haben – in den meisten Fällen nicht vornehmen. Es müsste danach unterschieden werden, wer den Anlass zur Weiterbildung gegeben hat und wer die Vorteile der Qualifizierungsmaßnahme erlangt. Eine Kostenbeteiligung des Arbeitnehmers wäre demnach zulässig, wenn es für die Teilnahme an der Weiterbildungsmaßnahme keinen konkreten arbeitsplatzbezogenen Anlass gibt, da in diesem Fall eine alleinige Verantwortung des Arbeitgebers ausgeschlossen ist.

Wird die „Weiterbildungskasse" durch Arbeitgeberbeiträge finanziert, besteht kein Problem hinsichtlich der Verfassungsmäßigkeit. Das BVerfG hat – wie oben dargestellt – die Finanzierung von Weiterbildung über ein Solidarprinzip selbst als Beispiellösung angeführt.[798]

Im Zusammenhang mit der Vereinbarung einer Gemeinsamen Einrichtung können die Koalitionspartner regeln, dass die Arbeitnehmer einen unmittelbaren Anspruch auf Weiterbildung gegen die Gemeinsame Einrichtung erhalten.[799] Der Anspruch kann an das Vorliegen von bestimmten Voraussetzungen geknüpft werden, z.B. daran, dass in einem Qualifizierungsgespräch ein Qualifizierungsbedarf festgestellt worden ist. Alternativ hierzu steht die Vereinbarung, dass der Arbeitgeber Weiterbildungsleistungen an die Arbeitnehmer erbringt und er einen Erstattungsanspruch hinsichtlich der erbrachten Leistungen gegen die Gemeinsame Einrichtung erhält. In diesem Fall fehlt es an einem eigenen Anspruch der Arbeitnehmer.

Eine Verpflichtung der Arbeitnehmer zur Weiterbildung ist ausgeschlossen. Eine solche widerspräche dem Zweck Gemeinsamer Einrichtungen, die anstelle des Arbeitgebers Leistungen an Arbeitnehmer erbringen und damit deren Rechtsposition verbessern sollen.[800]

III. Fazit

Seit ca. 20 Jahren ist Weiterbildung häufiger Gegenstand tariflicher Regelungen. Einen Schwerpunkt der Tarifpraxis stellt die Thematik gleichwohl nicht dar.

Die Regelungsbefugnis der Koalitionspartner wird durch Art. 9 Abs. 3 GG auf „Arbeits- und Wirtschaftsbedingungen" festgelegt und einfachgesetzlich durch § 1 TVG konkretisiert. Weiterbildung liegt innerhalb der Regelungsbefugnis der Koalitionspartner und stellt daher einen tauglichen Gegenstand von Tarifverträgen

---

798 Siehe Teil 2: E. II. 1. d).
799 Assenmacher, Funktionen und Befugnisse der Gemeinsamen Einrichtungen, S. 140.
800 Assenmacher, Funktionen und Befugnisse der Gemeinsamen Einrichtungen, S. 9.

dar. Die Wirksamkeit tarifvertraglicher Regelungen ist im Einzelfall zu überprüfen. Die Grundrechte der Tarifgebundenen müssen im Wege einer praktischen Konkordanz Berücksichtigung finden.

Inhaltsnormen, Betriebsnormen, betriebsverfassungsrechtliche Normen sowie die Vereinbarung Gemeinsamer Einrichtungen sind Möglichkeiten, die Thematik Weiterbildung tarifvertraglich zu regeln.

Durch eine Inhaltsnorm kann einem Arbeitnehmer ein Weiterbildungsanspruch verschafft werden. Je nach konkretem Inhalt kann dieser sich in einem Qualifizierungsgespräch erschöpfen, einen Teilhabeanspruch statuieren, Ansprüche für besondere Situationen oder besonders schutzbedürftige Arbeitnehmergruppen schaffen oder einen allgemeinen und selbständigen Anspruch auf Weiterbildung vorsehen. Im letzteren Fall müssen die Vorgaben des BVerfG beachtet werden. Die praktische Wahrnehmung des zuletzt genannten allgemeinen Anspruchs wird außerdem auf Grund der zurückhaltenden Inanspruchnahme der Weiterbildungsansprüche nach Landesrecht als gering eingeschätzt. Im Zusammenhang mit einem über die Gesetzeslage hinausgehenden Anspruch können auch Kostenbeteiligungs- und Rückzahlungsklauseln in den Tarifvertrag aufgenommen werden. Eine Verpflichtung des Arbeitnehmers zur Weiterbildung durch Tarifvertrag ist unter Beachtung der verfassungsrechtlichen Vorgaben eingeschränkt möglich.

Durch eine Betriebsnorm lässt sich eine Weiterbildungsabteilung etablieren, deren Vorhandensein die betriebliche Weiterbildungssituation möglicherweise verbessert, von der aber keine Verbindlichkeit ausgeht. Die Wirkung einer solchen Tarifnorm wird als gering eingeschätzt.

Durch betriebsverfassungsrechtliche Normen im Tarifvertrag können die Beteiligungsrechte des Betriebsrats in Angelegenheiten der Berufsbildung erweitert werden. Hierdurch lässt sich die betriebliche Weiterbildungssituation dahingehend verbessern, dass der Betriebsrat durch eine entsprechende Ausübung der neu geschaffenen Mitbestimmungsrechte einzelnen Arbeitnehmern selbständige Ansprüche auf Weiterbildung verschaffen kann. Eine Verpflichtung kommt auf diese Weise nicht in Betracht, da schon die Auseinandersetzung mit den gesetzlich geregelten Beteiligungsrechten gezeigt hat, dass eine Verpflichtung nur in der Ausnahmesituation des § 97 Abs. 2 BetrVG in Betracht kommt.

Gemeinsame Einrichtungen stellen eine weitere Möglichkeit dar, Weiterbildung einer tariflichen Regelung zuzuführen. Durch die Vereinbarung einer „Weiterbildungskasse", die sich durch Arbeitgeberbeiträge finanziert und den tarifgebundenen Arbeitnehmern bei Vorliegen der aufgestellten Voraussetzungen Weiterbildung ermöglicht, kann eine tatsächliche Verbesserung der Weiterbildungssituation herbeigeführt werden.

F. Weiterbildung und Betriebsvereinbarung

Eine weitere Möglichkeit, Weiterbildung auf kollektiver Ebene zu regeln, ist der Abschluss von Betriebsvereinbarungen. Neben der oben erörterten Möglichkeit, die Ansprüche der Betriebsratsmitglieder gem. § 37 Abs. 6 und 7 BetrVG durch Betriebsvereinbarung zu konkretisieren,[801] kommt die Weiterbildung der regulären Arbeitnehmer als Regelungsgegenstand in Betracht. Auf diese Weise könnten betriebseinheitliche Standards geschaffen, Rechte und Pflichten begründet und Richtlinien für die Umsetzung vereinbart werden. Ferner ist eine Erweiterung der Beteiligungsrechte des Betriebsrats in Angelegenheiten der Berufsbildung zu erwägen.

In der Vergangenheit war Weiterbildung nur teilweise ein Thema bei Betriebsvereinbarungen. *Busse* und *Heidemann* haben im Jahr 2012 eine Auswertung von 504 betrieblichen Vereinbarungen aus den Jahren 1999 bis 2011 vorgenommen.[802] Diese hat ergeben, dass in gerade einmal 20 Prozent der untersuchten Betriebsvereinbarungen Weiterbildung ein eigenständiger Regelungsgegenstand war.[803] Häufig werde Weiterbildung als „*Und-Thema*"[804] im Zusammenhang mit anderen Materien behandelt. Darüber hinaus wurde Weiterbildung nur teilweise im Zusammenhang mit anderen Themen, beispielsweise Beschäftigungssicherung, am Rande geregelt. Die Analyse von *Busse* und *Heidemann* lässt auf eine tendenziell desinteressierte Haltung in Bezug auf Weiterbildung schließen und deckt sich mit dem Ergebnis einer WSI-Betriebsrätebefragung aus dem Jahr 2007. Die telefonische Befragung von 2.070 Betriebsratsmitgliedern hat ergeben, dass in gerade einmal 38 Prozent der Betriebe mit Betriebsrat Betriebsvereinbarungen bestehen, die u.a. Weiterbildung zum Inhalt haben.[805]

Genauere und aktuellere Aussagen zu bestehenden Vereinbarungen und der Praxis in den Betrieben lassen sich derzeit nicht vornehmen. Betriebsvereinbarungen werden nicht zentral gesammelt und dokumentiert. Die Analysen und Befragungen, die in der Vergangenheit durchgeführt wurden, beziehen sich auf wenige

---

801 Siehe Teil 2: B. II.
802 Busse/Heidemann, Betriebliche Weiterbildung.
803 Busse/Heidemann, Betriebliche Weiterbildung, S. 18.
804 Busse/Heidemann, Betriebliche Weiterbildung, S. 16.
805 Busse/Seifert, Tarifliche und betriebliche Regelungen zur beruflichen Weiterbildung, S. 33.

Hundert Betriebsvereinbarungen. Gesicherte statistische Aussagen über Inhalte, Anwendung und Nutzen können daher nicht vorgenommen werden.[806]

Im folgenden Abschnitt geht es daher stattdessen um die rechtlichen Grundlagen, Grenzen und Möglichkeiten, Weiterbildung in durch Betriebsvereinbarung zu regeln. Außerdem werden die möglichen Inhalte auf ihre Zulässigkeit und Zweckmäßigkeit hin untersucht und abschließend bewertet.

I. Funktionelle Zuständigkeit der Betriebspartner

Vertragspartner der Betriebsvereinbarung sind der Arbeitgeber auf der einen und der Betriebsrat (bzw. Gesamt- oder Konzernbetriebsrat) als Vertreter der Belegschaft auf der anderen Seite.[807] Voraussetzung für die Regelbarkeit von Weiterbildung durch eine Betriebsvereinbarung ist, dass es sich um eine Angelegenheit handelt, die der funktionellen Zuständigkeit der Betriebspartner unterfällt.[808] Eine Betriebsvereinbarung kann daher über alle Themen abgeschlossen werden, bei denen der Gesetzgeber die Einigung zwischen den Betriebspartnern vorgesehen hat, insbesondere über Angelegenheiten, die dem Mitbestimmungsrecht des Betriebsrats unterliegen.[809]

Der Betriebsrat hat gem. §§ 92, 92a, 96 bis 98 BetrVG Beteiligungsrechte in Angelegenheiten der Berufsbildung, wovon die berufliche Weiterbildung umfasst ist. § 97 Abs. 2 BetrVG und § 98 Abs. 1 bis 3 BetrVG gewährt dem Betriebsrat echte Mitbestimmungsrechte. Damit ist die Weiterbildung von Arbeitnehmern eine den Betriebspartnern obliegende Angelegenheit, so dass Betriebsvereinbarungen hierüber grundsätzlich geschlossen werden können.

II. Grenzen der Regelungsbefugnis

Beim Abschluss von Betriebsvereinbarungen haben die Betriebspartner zwingendes Gesetzesrecht zu beachten.[810] Die Betriebspartner haben bei Abschluss einer

---

806 Lotter, Beschäftigungssicherung, S. 185.
807 Koch in: Schaub Arbeitsrechts-Hdb. § 231 Rn. 17.
808 Fitting BetrVG § 77 Rn. 46; Matthes in: MüArbR § 238 Rn. 47; Richardi in: MüArbR § 7 Rn. 27; Richardi in: Richardi BetrVG § 77 Rn. 50 und 64; Werner in: BeckOK Arbeitsrecht § 77 BetrVG Rn. 35.
809 Richardi in: MüArbR § 7 Rn. 27; Richardi in: Richardi BetrVG § 77 Rn. 50.
810 BAG, Beschluss vom 24.08.2004, Az. 1 ABR 28/03, NZA 2005, 371, 374; Hempelmann, Die freiwillige Betriebsvereinbarung, S. 170.

Betriebsvereinbarung die Grundrechte zu beachten.[811] Dies folgt nach der Rechtsprechung des BVerfG aus der Schutzgebotsfunktion der Grundrechte.[812] Auch nach der Rechtsprechung des Großen Senats des BAG sind die Betriebspartner an die Grundsätze des freiheitlichen und sozialen Rechtsstaats gem. Art. 20 GG gebunden und haben die Grundrechte der Arbeitnehmer gem. Art. 2 Abs. 1 sowie gem. Art. 12 GG zu beachten.[813]

Ferner sind die Betriebspartner bei Abschluss einer Betriebsvereinbarung an das arbeitsrechtliche Richterrecht gebunden.[814]

Ob und inwieweit die Regelungsbefugnis der Betriebspartner darüber hinaus durch Tarifrecht eingeschränkt wird, hängt davon ab, in welcher Art die Betriebsvereinbarung über Weiterbildung geschlossen werden soll.[815] Zugunsten der Arbeitnehmer ist zudem § 75 BetrVG zu beachten.

III. Art der Betriebsvereinbarung

Fraglich ist, welche Art Betriebsvereinbarung die Betriebspartner über Weiterbildung abschließen können.

1. Mitbestimmte und freiwillige Betriebsvereinbarungen

Das BetrVG unterscheidet zwischen mitbestimmten Betriebsvereinbarungen gem. § 77 BetrVG und freiwilligen Betriebsvereinbarungen gem. § 88 BetrVG. Die Abgrenzung richtet sich danach, ob dem Betriebsrat zu der Thematik ein echtes Mitbestimmungsrecht zusteht oder nicht.[816] Die Differenzierung ist relevant für die Frage nach der Erzwingbarkeit, für die Nachwirkung[817] sowie für die Grenze der Regelungsbefugnis auf Grund Tarifrechts.[818]

---

811 Richardi in: Richardi BetrVG § 77 Rn. 100.
812 BVerfG, Beschluss vom 23.04.1986, Az. 2 BvR 487/80, NJW 1997, 827, 828.
813 BAG, Urteil vom 12.12.2006, Az. 1 AZR 96/06, NZA 2007, 453, 455; Eich, NZA 2010, 1389, 1392; Hempelmann, Die freiwillige Betriebsvereinbarung, S. 170.
814 Hempelmann, Die freiwillige Betriebsvereinbarung, S. 171.
815 Siehe Teil 2: F. III. 3. b) bb) (3).
816 Hoffmann in: BeckOK GewO § 105 Rn. 51 und 52; Kania in: ErfK § 77 BetrVG Rn. 12; Matthes in: MüArbR § 239 Rn. 3; Richardi in: Richardi BetrVG § 88 Rn. 2.
817 Siehe zu Kündigung und Nachwirkung ausführlich: Engelhardt, Kündigung und Nachwirkung von teilmitbestimmten Betriebsvereinbarungen, S. 105 ff.; Hempelmann, Die freiwillige Betriebsvereinbarung, S. 208 ff.
818 Kania in: ErfK § 77 BetrVG Rn. 13.

2. Teilmitbestimme Betriebsvereinbarungen

Über den Gesetzeswortlaut hinaus kommen auch Mischformen in Betracht. Soll eine Betriebsvereinbarung über eine Thematik abgeschlossen werden, die zum Teil mitbestimmungspflichtig ist, teilweise aber nicht, handelt es sich um eine sogenannte teilmitbestimmte Betriebsvereinbarung.[819]

3. Anwendung auf Weiterbildung

Der Betriebsrat hat in Berufsbildungsfragen kein einheitliches Beteiligungsrecht. Wie oben gesehen hat er gem. §§ 97 Abs. 2, 98 Abs. 1 bis 3 BetrVG echte Mitbestimmungsrechte, während im Übrigen schwächere Formen der Beteiligung, mithin das Recht auf Unterrichtung, Anhörung und Beratung sowie ein Vorschlagsrecht, bestehen. Daher könnte eine Betriebsvereinbarung über die Einführung von betrieblichen Bildungsmaßnahmen im Falle tätigkeitsändernder Maßnahmen und über die Durchführung von Berufsbildungsmaßnahmen erzwungen werden. Im Übrigen könnte der Abschluss einer freiwilligen Betriebsvereinbarung in Betracht kommen. Dazu müsste Weiterbildung ein tauglicher Regelungsgegenstand für eine freiwillige Betriebsvereinbarung sein. Diese Frage wird in der Literatur und Rechtsprechung unterschiedlich beantwortet.

a) Weiterbildung als tauglicher Gegenstand einer freiwilligen Betriebsvereinbarung

§ 88 BetrVG steht im Dritten Abschnitt des Vierten Teils des BetrVG mit der Überschrift *„Soziale Angelegenheiten"*. Auf Grund dieser systematischen Stellung ist umstritten, ob die Regelungsbefugnis der Betriebspartner beim Abschluss freiwilliger Betriebsvereinbarungen auf soziale Angelegenheiten beschränkt ist oder darüber hinaus auf *„Personellen Angelegenheiten"*, zu denen Weiterbildung als Teil der Berufsbildung zählt, erstreckt werden kann.

---

819 BAG, Urteil vom 26.10.1993, Az. 1 AZR 46/93, NZA 1994, 572, 572; Eichhorn/Hickler, Handbuch Betriebsvereinbarung, S. 33; Hohmeister, BB 1999, 418, 419; Kania in: ErfK § 77 BetrVG Rn. 15; Koch in: Schaub Arbeitsrechts-Hdb. § 231 Rn. 61; Matthes in: MüArbR § 239 Rn. 3.

aa) Freiwillige Betriebsvereinbarung nur in sozialen Angelegenheiten

Teilweise wird in der Literatur die Ansicht vertreten, dass wegen der systematischen Stellung des die freiwillige Betriebsvereinbarung regelnden § 88 BetrVG nur soziale Angelegenheiten taugliche Regelungsgegenstände einer freiwilligen Betriebsvereinbarung seien.[820]

Die Berufsbildung, die Weiterbildung umfasst, steht in dem Abschnitt über personelle Angelegenheiten, so dass dieser Ansicht zufolge der Abschluss einer freiwilligen Betriebsvereinbarung über Weiterbildung ausgeschlossen wäre.

bb) Berufsbildung als soziale Angelegenheit i. S. d. § 88 BetrVG

Auf die soeben dargestellte Ansicht baut die Auffassung von *Oetker* auf. Er geht davon aus, dass eine freiwillige Betriebsvereinbarung zwar nur in sozialen Angelegenheiten abgeschlossen werden könne, die Berufsbildung jedoch als sonstige soziale Angelegenheit i. S. d. § 88 BetrVG anzusehen sei.[821] Er begründet seine Auffassung mit der Historie des BetrVG und einer materiellen Bewertung der Berufsbildungsvorschriften. Systematisch gehörte die Berufsbildung im BetrVG 1952 zu den sozialen Angelegenheiten, so dass der Abschluss freiwilliger Betriebsvereinbarungen in diesem Bereich unproblematisch möglich war. Durch die Zuordnung der Berufsbildung zu den personellen Angelegenheiten im BetrVG 1972, hat der Gesetzgeber diese Möglichkeit bei formaler Betrachtung genommen. Dieses Ergebnis stehe im Widerspruch zu dem in der Gesetzesbegründung erklärten Willen, der gewachsenen Bedeutung von Berufsbildung Rechnung zu tragen.[822] Es dürfe daher keine formale Betrachtung erfolgen. Bei materieller Betrachtung zeige sich die Zugehörigkeit der Berufsbildung zu den sozialen Angelegenheiten, da die Vorschriften den Inhalt des Arbeitsverhältnisses gestalten und nicht Begründung und Beendigung des Arbeitsverhältnisses betreffen.

---

820 Galperin/Löwisch BetrVG II § 88 Rn. 3; Herrmann, NZA 2000, Beil. zu Heft 3, S. 14, 17; Löwisch, DB 2005, 554, 555; Löwisch/Kaiser BetrVG § 88 Rn. 1; Richardi in: Richardi BetrVG § 88 Rn. 3; Rieble, NZA 2003, 1243, 1245; Wiese in: GK BetrVG II § 88 Rn. 10; Worzalla in: Hess u.a. BetrVG § 88 Rn. 3.
821 Oetker, Die Mitbestimmung der Betriebs- und Personalräte, S. 62 bis 64.
822 BT Drucks. 6/1786, S. 32 und 50 f.

cc) Freiwillige Betriebsvereinbarung auch in personellen Angelegenheiten

Das BAG sowie Teile der Literatur vertreten die Auffassung, der Regelungsbereich freiwilliger Betriebsvereinbarungen sei nicht auf soziale Angelegenheiten begrenzt, sondern erstrecke sich auch auf personelle Angelegenheiten.[823]

Aus § 88 BetrVG folge zwar nur die umfassende Regelungsbefugnis in Bezug auf soziale Angelegenheiten, jedoch seien die Grenzen zwischen sozialen, personellen und wirtschaftlichen Angelegenheiten fließend. Daher sei § 88 BetrVG als Auffangnorm anzusehen und als ausreichende Grundlage für freiwillige Betriebsvereinbarungen über personelle und wirtschaftliche Angelegenheiten zu erachten.[824]

Zudem folge aus dem Umkehrschluss des § 77 Abs. 3 BetrVG, dass nur Arbeitsentgelte und sonstige Arbeitsbedingungen, die durch Tarifvertrag geregelt sind oder üblicherweise geregelt werden, nicht Gegenstand einer Betriebsvereinbarung sein können. Positiv ausgedrückt bedeute dieses, dass in den Schranken des § 77 Abs. 1 BetrVG jede durch Tarifvertrag regelbare Angelegenheit grundsätzlich auch Gegenstand einer Betriebsvereinbarung sein könne.[825]

Ferner zeige der Vergleich zu § 28 Abs. 1 SprAuG, dass den Betriebspartnern eine umfassende Regelungsbefugnis zustehe. Nach § 28 Abs. 1 SprAuG können Arbeitgeber und Sprecherausschuss über den Inhalt, den Abschluss oder die Beendigung von Arbeitsverhältnissen der Leitenden Angestellten Betriebsvereinbarungen schließen. Eine Beschränkung auf bestimmte Angelegenheiten sieht das SprAuG nicht vor. Es könne nicht davon ausgegangen werden, dass der Gesetzgeber dem Sprecherausschuss eine weiterreichende Regelungskompetenz einräumen wollte als dem Betriebsrat.[826]

---

823 BAG, Beschluss vom 07.11.1989, Az. GS 3/85, AP Nr. 46 zu § 77 BetrVG 1972, unter C. I. 2. der Gründe; BAG, Urteil vom 12.12.2006, Az. 1 AZR 96/06, NZA 2007, 453, 454; Berg in: DKKW BetrVG § 88 Rn. 9; Eichhorn/Hickler, Handbuch Betriebsvereinbarung, S. 30; Fitting BetrVG § 88 Rn. 2; Hempelmann, Die freiwillige Betriebsvereinbarung, S. 165 f.; Koch in: Schaub Arbeitsrechts-Hdb. § 236 Rn. 3; Linck in: Schaub Arbeitsrechts-Hdb. § 128 Rn. 6; Werner in: BeckOK Arbeitsrecht § 88 BetrVG vor Rn. 1.

824 BAG, Beschluss vom 07.11.1989, Az. GS 3/85, AP Nr. 46 zu § 77 BetrVG 1972, unter C. I. 2. a) der Gründe.

825 BAG, Beschluss vom 07.11.1989, Az. GS 3/85, AP Nr. 46 zu § 77 BetrVG 1972, unter C. I. 2. b) der Gründe; BAG, Urteil vom 12.12.2006, Az. 1 AZR 96/06, NZA 2007, 453, 454; Fitting BetrVG § 88 Rn. 2; Hempelmann, Die freiwillige Betriebsvereinbarung, S. 163; Linck in: Schaub Arbeitsrechts-Hdb. § 128 Rn. 6; a.A. Löwisch/Kaiser BetrVG § 88 Rn. 1.

826 BAG, Urteil vom 12.12.2006, Az. 1 AZR 96/06, NZA 2007, 453, 454; Hempelmann, Die freiwillige Betriebsvereinbarung, S. 165 f.; Kania in: ErfK § 88 BetrVG Rn. 1; Kothe in: Düwell BetrVG § 88 Rn. 5; a.A. Löwisch/Kaiser BetrVG § 88 Rn. 1.

dd) Bewertung

Der Auffassung des BAG und von Teilen des Schrifttums ist zuzustimmen. Zum einen berücksichtigt sie den gesetzgeberischen Willen, den Betriebspartnern eine umfassende Regelungsbefugnis zukommen zu lassen. Zum anderen ist der am Telos orientierten Auslegung der Vorzug gegenüber einer streng systematischen Herangehensweise zu geben, die willkürliche Ergebnisse in Kauf nimmt. Außerdem muss beachtet werden, dass die grundsätzliche Regelungsbefugnis der Betriebspartner parallel zur Regelungsbefugnis der Tarifvertragsparteien entwickelt wurde.

Die streng formalistische Argumentation mit der systematischen Stellung des § 88 BetrVG einerseits und der §§ 92, 92a, 96 bis 98 BetrVG andererseits kann nicht überzeugen. Die Zuordnung der Berufsbildung zu den personellen Angelegenheiten erfolgte, um der gewachsenen Bedeutung dieser Thematik Rechnung zu tragen. Sie erfolgte nicht, um auf diesem Wege die zuvor unstreitig bestehende Möglichkeit, die Thematik durch eine Betriebsvereinbarung zu regeln, abzuschaffen.

Schließlich überzeugt auch die Auffassung *Oetkers* nicht. Die Mitbestimmung in Angelegenheiten der Berufsbildung kann nicht als soziale Angelegenheit angesehen werden, da sie kraft ausdrücklicher gesetzlicher Zuordnung eine personelle Angelegenheit darstellt. Die historische Argumentation, dass die Berufsbildung vor 1972 eine soziale Angelegenheit darstellte, überzeugt nicht, da der Gesetzgeber bewusst eine Änderung vorgenommen hat. Es ist nicht nachvollziehbar, warum vehement eine Anwendbarkeit des § 88 BetrVG auf andere als soziale Angelegenheiten aus systematischen Gründen abgelehnt, gleichzeitig aber ungeachtet der gesetzlichen Systematik eine Zugehörigkeit der Berufsbildung zu den sozialen Angelegenheiten angenommen wird.

ee) Zwischenergebnis

§ 88 BetrVG findet auch auf andere als soziale Angelegenheiten Anwendung. Die Betriebspartner können freiwillige Betriebsvereinbarungen über die nicht mitbestimmungspflichtigen Sachverhalte der Berufsbildung, insbesondere der Weiterbildung, abschließen.

Weiterbildung ist teilweise mitbestimmt und erzwingbar, mithin tauglicher Gegenstand einer mitbestimmten Betriebsvereinbarung i. S. d. § 77 BetrVG. Zum Teil ist Weiterbildung nicht mitbestimmt und trotz der systematischen Stellung der Berufsbildung tauglicher Gegenstand einer freiwilligen Betriebsvereinbarung i. S. d. § 88 BetrVG.

Lebensnah und sinnvoll erscheint daher nicht die getrennte Vereinbarung von zwei Betriebsvereinbarungen, sondern der Abschluss einer einheitlichen sogenannten teilmitbestimmten Betriebsvereinbarung.

b) Rechtsfolgen

Fraglich ist, welche Rechtsvorschriften auf eine teilmitbestimmte Betriebsvereinbarung anzuwenden sind. Insbesondere stellen sich die Fragen, ob eine einheitliche rechtliche Bewertung erfolgt und ob die teilmitbestimmte Betriebsvereinbarung wie eine mitbestimmte oder wie eine freiwillige Betriebsvereinbarung behandelt wird.

aa) Gemeinsame oder getrennte Behandlung

Hinsichtlich der rechtlichen Behandlung einer teilmitbestimmten Betriebsvereinbarung kommen zwei Positionen in Betracht: Die Betriebsvereinbarung könnte einheitlich zu behandeln sein oder aber sie wird in einen mitbestimmungspflichtigen und einen nicht mitbestimmungspflichtigen Teil aufgespalten und jeweils getrennt nach den entsprechenden Vorschriften über mitbestimmte bzw. freiwillige Betriebsvereinbarungen des BetrVG behandelt. Die Problematik wirkt sich gleichermaßen wie die Abgrenzung zwischen mitbestimmter und freiwilliger Betriebsvereinbarung auf die Frage der Erzwingbarkeit, die Nachwirkung und das Verhältnis zum Tarifrecht aus.[827]

Nach überwiegend vertretener Auffassung hat eine gemeinsame Behandlung zu erfolgen, wenn mitbestimmte und freiwillige Normen so eng miteinander verbunden sind, dass keine sinnvolle Aufspaltung möglich ist.[828]

Insoweit kommt es auf die konkrete Betriebsvereinbarung im Einzelfall an. Eine Generallösung für alle denkbaren Betriebsvereinbarungen zur Weiterbildung gibt es nicht. Für eine gemeinsame Behandlung spricht tendenziell, dass Weiterbildung als Teil der Berufsbildung eine zusammenhängende Thematik bildet. Die innere thematische Verbundenheit unterscheidet eine teilmitbestimmte Betriebsvereinbarung von einer sogenannten teilweise mitbestimmten Betriebsvereinbarung.[829] Bei einer teilweise mitbestimmten Betriebsvereinbarung werden mehrere voneinander abgrenzbare Themen in einer Betriebsvereinbarung zusammengefasst, von denen manche der Mitbestimmung des Betriebsrats unterliegen und manche nicht. Die teilweise mitbestimmte Betriebsvereinbarung wird aufgespalten und getrennt voneinander behandelt.[830]

bb) Anwendbare Vorschriften

Sofern man zu einer einheitlichen Behandlung der teilmitbestimmten Betriebsvereinbarung kommt, muss geklärt werden, ob die Vorschriften über

---

827 Siehe Teil 2: F. III.
828 Berg in: DKKW BetrVG § 77 Rn. 119; Löwisch/Kaiser BetrVG § 77 Rn. 67.
829 Kania in: ErfK § 77 BetrVG Rn. 16.
830 Kania in: ErfK § 77 BetrVG Rn. 16.

mitbestimmte oder diejenigen über freiwillige Betriebsvereinbarungen maßgeblich sein sollen. Die Beantwortung der Frage wirkt sich auf die Erzwingbarkeit, die Nachwirkung und die Grenze der Regelungsbefugnis auf Grund Tarifrechts aus.

(1) Erzwingbarkeit

Wie bereits dargestellt hängt die Erzwingbarkeit einer Betriebsvereinbarung mittels Anrufung der Einigungsstelle davon ab, ob dem Betriebsrat in der betreffenden Angelegenheit ein echtes Mitbestimmungsrecht zusteht oder nicht. Grundsätzlich reicht die Regelungsbefugnis der Einigungsstelle nur soweit, wie das Mitbestimmungsrecht des Betriebsrats besteht.[831] Ausnahmsweise können unter dem Gesichtspunkt der Annexkompetenz ein Initiativrecht des Betriebsrats und eine Zuständigkeit der Einigungsstelle bestehen, so dass die Betriebsvereinbarung insgesamt erzwingbar ist. Voraussetzung hierfür ist, dass die zu regelnde mitbestimmte Angelegenheit ohne die ergänzende Regelung nicht sinnvoll ausgestaltet werden kann.[832]

Für den Fall, dass die Betriebsvereinbarung zur Weiterbildung eine solch enge Verbindung zwischen mitbestimmten und freiwilligen Angelegenheiten enthält, wäre die Betriebsvereinbarung im Ganzen erzwingbar. Andernfalls erfolgt eine getrennte Behandlung.

(2) Nachwirkung

Für die Nachwirkung einer teilmitbestimmten Betriebsvereinbarung gilt Folgendes:
Nach der Rechtsprechung des BAG und teilweise in der Literatur vertretener Auffassung kommt es für den Fall, dass eine Aufspaltung in einen mitbestimmten und einen nichtmitbestimmten Teil nicht möglich ist,[833] darauf an, ob durch die

---

831 LAG S-H, Beschluss vom 21.06.2007, Az. 4 TaBV 12/07, juris, unter II. 1. der Gründe.
832 BAG, Beschluss vom 08.03.1977, Az. 1 ABR 33/75, AP Nr. 1 zu § 87 Auszahlung, unter II. 2. der Gründe; BAG, Beschluss vom 13.02.2007, Az. 1 ABR 18/06, NZA 2007, 640, 642; LAG S-H, Beschluss vom 21.06.2007, Az. 4 TaBV 12/07, juris, unter II. 1. a) der Gründe.
833 Nach Auffassung des BAG ist eine teilmitbestimmte Betriebsvereinbarung grundsätzlich aufzuspalten, so dass nur die Gegenstände nachwirken, die der zwingenden Mitbestimmung unterfallen: BAG, Urteil vom 26.08.2008, Az. 1 AZR 354/07, NZA 2008, 1426, 1428; BAG, Beschluss vom 05.10.2010, Az. 13 TaBV 1961/08, BeckRS 2011, 68111, unter B. II. 1. a) der Gründe.

Kündigung die Mitbestimmungsrechte des Betriebsrats betroffen sind. Nur wenn die Mitbestimmungsrechte des Betriebsrats tangiert werden, entfaltet zur Sicherung der Mitbestimmung die gesamte Betriebsvereinbarung Nachwirkung.[834] Zur Veranschaulichung dient folgendes **Beispiel**:

Beispiel: Die Betriebspartner haben durch Betriebsvereinbarung umfangreiche Regelungen über die Einführung und Durchführung von betrieblichen Weiterbildungsmaßnahmen getroffen. Diese beziehen sich sowohl auf Weiterbildungsmaßnahmen, die auf Grund einer tätigkeitsändernden Maßnahme erforderlich werden, als auch Weiterbildungsmaßnahmen zur Aufstiegsqualifizierung. Der Arbeitgeber fasst den Entschluss, keine betrieblichen Weiterbildungsangebote außerhalb des i. S. d. § 97 Abs. 2 BetrVG Erforderlichen mehr anzubieten. Er kündigt daher die Betriebsvereinbarung und will durch eine neue Betriebsvereinbarung nur die Einführung von betrieblichen Bildungsmaßnahmen in Folge tätigkeitsändernder Maßnahmen regeln.

Da der Arbeitgeber sich entschlossen hat, außerhalb von § 97 Abs. 2 BetrVG keinerlei Weiterbildungsmaßnahmen mehr anzubieten, sind die Mitbestimmungsrechte des Betriebsrats nach § 98 Abs. 1 bis 3 BetrVG zwar nicht betroffen. Wenn der Arbeitgeber das „Ob" verneint, gibt es hinsichtlich des „Wie" nichts mitzubestimmen. Da die Betriebsvereinbarung aber auch die Einführung von Maßnahmen der Berufsbildung infolge tätigkeitsändernder Maßnahmen betrifft, und dem Betriebsrat diesbezüglich ein Mitbestimmungsrecht gem. § 97 Abs. 2 BetrVG zusteht, wirkt die Betriebsvereinbarung gem. § 77 Abs. 6 BetrVG insgesamt nach, bis sie durch eine andere Abmachung ersetzt wird.

In der Literatur wird teilweise die weitergehende Auffassung vertreten, dass eine Aufspaltung nie vorgenommen wird und die teilmitbestimmte Betriebsvereinbarung stets im Ganzen Nachwirkung gem. § 77 Abs. 6 BetrVG entfaltet.[835]

(3) Tarifliche Begrenzung der Regelungsbefugnis

Obwohl der Abschluss einer Betriebsvereinbarung zur Weiterbildung prinzipiell in die Regelungsbefugnis der Betriebspartner fällt, ist die Regelungsbefugnis nicht

---

834 BAG, Urteil vom 26.08.2008, Az. 1 AZR 354/07, NZA 2008, 1426, 1428; BAG, Beschluss vom 05.10.2010, Az. 13 TaBV 1961/08, BeckRS 2011, 68111, unter B. II. 1. a) der Gründe; Koch in: Schaub Arbeitsrechts-Hdb. § 231 Rn. 61.
835 Berg in: DKKW BetrVG § 77 Rn. 119.

unbegrenzt. Die verfassungsrechtlich geschützte Tarifautonomie der Gewerkschaften muss gewahrt werden.[836]

Im Fünften Abschnitt des Vierten Teils des BetrVG werden für die Mitbestimmung des Betriebsrats in Angelegenheiten der Berufsbildung keine Einschränkungen der Regelungsbefugnis aufgestellt. Das BetrVG begrenzt die generelle Regelungsbefugnis der Betriebspartner aber an zwei anderen Stellen: Die Regelungssperre gem. § 77 Abs. 3 BetrVG schließt den Abschluss von Betriebsvereinbarungen über Arbeitsbedingungen aus, die durch Tarifvertrag geregelt sind oder üblicherweise durch Tarifvertrag geregelt werden. In § 87 Abs. 1 Eingangssatz BetrVG wird die Mitbestimmung in sozialen Angelegenheiten gem. § 87 BetrVG ausgeschlossen, soweit bereits eine abschließende gesetzliche oder tarifliche Regelung besteht.[837]

Der Unterschied beider Vorschriften liegt darin, dass die tarifliche Sperrwirkung nach § 77 Abs. 3 BetrVG bereits dann eingreift, wenn bestimmte Arbeitsbedingungen *„üblicherweise"* tariflich geregelt werden. Wann Arbeitsbedingungen *„üblicherweise"* tariflich geregelt werden, bestimmt sich nach der Tarifpraxis.[838] Tarifüblich ist eine Regelung schon, wenn Verhandlungen über einen den Regelungsgegenstand betreffenden Tarifvertrag geführt werden. Keine Tarifüblichkeit liegt vor, wenn es in der Vergangenheit noch keinen Tarifvertrag gab, in dessen räumlichen, betrieblichen und fachlichen Geltungsbereich der jeweilige Betrieb fiel.[839] Auf die Tarifgebundenheit des Arbeitgebers kommt es nur für § 87 Abs. 1 Eingangssatz BetrVG an,[840] nicht aber für § 77 Abs. 3 BetrVG.[841] Es stellt sich die Frage, ob sich hieraus Grenzen für die Regelung von Weiterbildung durch Betriebsvereinbarung ergeben.

---

836 BVerfG, Beschluss vom 24.04.1996, Az. 1 BvR 712/86, NZA 1996, 1157, 1158; BAG, Urteil vom 24.01.1996, Az. 1 AZR 597/95, NZA 1996, 948, 948 f.; Lorenz in: Düwell BetrVG § 77 Rn. 40.
837 Auf das umstrittene Verhältnis der beiden Normen zueinander soll hier nicht eingegangen werden. Zum Streitstand siehe: Matthes in: MüArbR § 238 Rn. 66 bis 68; Richardi in: Richardi BetrVG § 77 Rn. 247 bis 249.
838 BAG, Urteil vom 26.08.2008, Az. 1 AZR 354/07, NZA 2008, 1426, 1428.
839 BAG, Urteil vom 26.08.2008, Az. 1 AZR 354/07, NZA 2008, 1426, 1428.
840 BAG, Beschluss vom 24.02.1987, Az. 1 ABR 18/85, NZA 1987, 639, 642; BAG, Beschluss vom 20.12.1988, Az. 1 ABR 57, 87, NZA 1989, 564, 565; Fitting BetrVG § 87 Rn. 42; Klebe in: DKKW BetrVG § 87 Rn. 37; Richardi in: Richardi BetrVG § 87 Rn. 154 m. w. N.
841 BAG, Urteil vom 24.01.1996, Az. 1 AZR 597/95, NZA 1996, 948, 949; BAG, Beschluss vom 21.01.2003, Az. 1 ABR 9/02, juris, unter B. II. 2. c) aa) (1) der Gründe; BAG, Beschluss vom 22.03.2005, Az. 1 ABR 64/03, juris, unter B. II. 2. c) dd) der Gründe; BAG, Beschluss vom 10.10.2006, Az. 1 ABR 59/05, juris, unter 2. c) cc) (1) der Gründe; Fitting BetrVG § 77 Rn. 78; Kania in: ErfK § 77 BetrVG Rn. 45; Matthes in: MüArbR § 238 Rn. 64; Richardi in: Richardi BetrVG § 87 Rn. 259 m. w. N.

Zunächst muss differenziert werden, ob eine mitbestimmte, eine freiwillige oder eine teilmitbestimmte Betriebsvereinbarung geschlossen wird. Wie oben dargestellt, sind alle drei Konstellationen denkbar, aber der Abschluss einer teilmitbestimmte Betriebsvereinbarung am sinnvollsten.[842]

(a) Teilweise Regelung durch mitbestimmte Betriebsvereinbarung

Eine Betriebsvereinbarung über Weiterbildung kommt als mitbestimmte Betriebsvereinbarung in Betracht, wenn nur die Tatbestände, die der echten Mitbestimmung unterliegen, einer Regelung zugeführt werden.

Für mitbestimmte Betriebsvereinbarungen in sozialen Angelegenheiten i. S. d. § 87 BetrVG ist dessen Eingangssatz zu beachten. § 87 Abs. 1 Eingangssatz BetrVG gilt hingegen nicht generell für jede Art von mitbestimmter Betriebsvereinbarung.

(aa) Berufsbildung als soziale Angelegenheit i. S. d. § 88 BetrVG

Oetker vertritt die Ansicht, dass die Berufsbildung i. S. d. §§ 96 bis 98 BetrVG als soziale Angelegenheit anzusehen sei.[843] Darauf aufbauend wendet er § 87 Abs. 1 BetrVG entsprechend an und schließt die Mitbestimmung des Betriebsrats in Angelegenheiten der Berufsbildung aus, wenn diesbezüglich zwingendes Tarifrecht besteht und der Arbeitgeber tarifgebunden ist.[844] Zur Begründung stellt *Oetker* auf das Telos des § 87 Abs. 1 Eingangssatz BetrVG ab und betont, dass die Arbeitnehmer durch den Tarifvertrag bereits vor einseitigen Gestaltungen der Berufsbildung durch den Arbeitgeber geschützt seien. Damit kommt *Oetker* ebenfalls zu dem Ergebnis, dass die Tarifvertragsparteien die Betriebsräte durch die zwingende Regelung von Sachverhalten zur Berufsbildung gänzlich von der Mitbestimmung ausschließen können.

Nach dieser Auffassung begrenzt § 87 Abs. 1 Eingangssatz BetrVG die Regelungsbefugnis der Betriebspartner.

(bb) Berufsbildung als personelle Angelegenheit

Gemäß der Amtlichen Überschrift des Fünften Abschnitts des Vierten Teils des BetrVG stellt die Berufsbildung i. S. d. §§ 96 bis 98 BetrVG eine personelle Angelegenheit dar. Diese Zuordnung des Gesetzgebers wird soweit ersichtlich – außer von *Oetker* – nicht in Frage gestellt. Es entspricht dem gesetzgeberischen Willen und der allgemeinen Ansicht, dass Berufsbildung eine personelle Angelegenheit

---

842 Siehe Teil 2: F. III. 3. a) ee).
843 Oetker, Die Mitbestimmung der Betriebs- und Personalräte, S. 64.
844 Oetker, Die Mitbestimmung der Betriebs- und Personalräte, S. 209, 220.

darstellt. Folglich wird eine Einschränkung der Regelungsmacht nach § 87 Abs. 1 Eingangssatz BetrVG nicht angenommen. In Anwendung der sogenannten Vorrangtheorie der h. M. in Rechtsprechung und Literatur[845] ergibt sich eine Begrenzung der Regelungsmacht der Betriebspartner stets aus dem Tarifvorbehalt gem. § 77 Abs. 3 BetrVG, wenn nicht der Anwendungsbereich des § 87 Abs. 1 Eingangssatz BetrVG eröffnet ist und den Vorrang genießt.

Somit unterliegen nach dieser Auffassung mitbestimmte Betriebsvereinbarungen außerhalb der sozialen Angelegenheiten dem Tarifvorbehalt des § 77 Abs. 3 BetrVG.

(b) Teilweise Regelung durch freiwillige Betriebsvereinbarung

Sofern die Gegenstände einer Betriebsvereinbarung nicht der echten Mitbestimmung des Betriebsrats unterliegen, handelt es sich um eine freiwillige Betriebsvereinbarung. Es entspricht allgemeiner Auffassung, dass freiwillige Betriebsvereinbarungen dem Tarifvorbehalt des § 77 Abs. 3 BetrVG unterliegen und nicht dem Tarifvorrang gem. § 87 Abs. 1 Eingangssatz BetrVG.[846]

(c) Umfassende Regelung durch teilmitbestimmte Betriebsvereinbarung

Den häufigsten Fall dürften teilmitbestimmte Betriebsvereinbarungen über Weiterbildung darstellen. Das BetrVG trifft keine Aussage dazu, ob teilmitbestimmte Betriebsvereinbarungen dem Tarifvorbehalt des § 77 Abs. 3 BetrVG oder dem Tarifvorrang gem. § 87 Abs. 1 Eingangssatz BetrVG unterliegen.

Hromadka vertritt die Auffassung, dass beim Abschluss teilmitbestimmter Betriebsvereinbarungen stets der Tarifvorbehalt des § 77 Abs. 3 BetrVG zu beachten sei, wenn eine untrennbare Einheit von „Ob" und „Wie" gegeben ist.[847] Dies sei dann der Fall, wenn denknotwendig nur eine Regelung in derselben Rechtsquelle in Betracht kommt.[848]

(d) Sperrwirkung zwingender tariflicher Bestimmungen kraft Natur der Sache

Ohne eine Differenzierung zwischen den verschiedenen Arten der Betriebsvereinbarungen vorzunehmen, beschäftigt sich die Literatur vereinzelt mit dem Verhältnis zwischen Betriebsvereinbarungen über Weiterbildung und Tarifvertrag.

---

845 Zum Streitstand siehe Richardi in: Richardi BetrVG § 77 Rn. 247 bis 251.
846 Fitting BetrVG § 87 Rn. 39; Hempelmann, Die freiwillige Betriebsvereinbarung, S. 179; Matthes in: MüArbR § 318 Rn. 68; Richardi in: Richardi BetrVG § 87 Rn. 172.
847 Hromadka in: FS Schaub, S. 337, 342 und 346.
848 Hromadka in: FS Schaub, S. 337, 342.

Rumpff/Boewer wenden weder § 87 Abs. 1 Eingangssatz BetrVG noch § 77 Abs. 3 BetrVG an. Sie schließen vielmehr jede Form der Mitbestimmung in Fragen der Berufsbildung (somit auch den Abschluss einer Betriebsvereinbarung) kraft Natur der Sache aus, wenn zwingende tarifliche Regelungen über dieselbe Materie bestehen.[849] Durch die tarifliche Regelung sei den berechtigten Interessen und dem Schutzbedürfnis der Arbeitnehmer bereits ausreichend Rechnung getragen worden, so dass für weiteren Schutz durch Mitbestimmung des Betriebsrats kein Bedürfnis mehr bestehe.[850] Eine solche zwingende tarifliche Regelung bestehe schon dann, wenn allein der Arbeitgeber tarifgebunden ist. Denn die Arbeitnehmer könnten durch Gewerkschaftsbeitritt den gewünschten Schutz einfordern.[851] Der Abschluss einer entsprechenden Betriebsvereinbarung sei erst dann möglich, wenn der Tarifvertrag keine zwingende Wirkung mehr entfaltet, sondern nur noch nachwirkt.[852] Anders verhielte es sich, wenn die Tarifvertragsparteien die tariflichen Regeln nicht als abschließend ausgestalten wollten, sondern lediglich als ergänzungsbedürftige Rahmenvorschriften verstanden haben.

(e) Bewertung

Die verschiedenen Auffassungen und Konstellationen machen eine Stellungnahme erforderlich.

Es entspricht allgemeiner Auffassung, dass freiwillige Betriebsvereinbarungen dem Tarifvorbehalt des § 77 Abs. 3 BetrVG unterliegen und nicht dem Tarifvorrang gem. § 87 Abs. 1 Eingangssatz BetrVG.[853] Dem ist zuzustimmen.

Es ist zu klären, ob beim Abschluss mitbestimmter oder teilmitbestimmter Betriebsvereinbarungen zu Weiterbildung § 87 Abs. 1 Eingangssatz BetrVG zu beachten ist.

Die Norm gilt nur für mitbestimmte Betriebsvereinbarungen über soziale Angelegenheiten. Es kann keine Ausweitung auf mitbestimmte Betriebsvereinbarungen in anderen Angelegenheiten vorgenommen werden. Dagegen sprechen Wortlaut, Systematik sowie Sinn und Zweck der Norm. Eine Anwendung des § 87 BetrVG

---

849 Rumpff/Boewer, Mitbestimmung in wirtschaftlichen Angelegenheiten, F. Rn. 111 und 108 (in Ermangelung der Existenz des heutigen § 97 Abs. 2 ausschließlich auf § 98 BetrVG bezogen).
850 Rumpff/Boewer, Mitbestimmung in wirtschaftlichen Angelegenheiten, F. Rn. 111.
851 Rumpff/Boewer, Mitbestimmung in wirtschaftlichen Angelegenheiten, F. Rn. 113.
852 Rumpff/Boewer, Mitbestimmung in wirtschaftlichen Angelegenheiten, F. Rn. 112.
853 Richardi in: Richardi BetrVG § 87 Rn. 172; Fitting BetrVG § 87 Rn. 39; Hempelmann, Die freiwillige Betriebsvereinbarung, S. 179; Matthes in: MüArbR § 238 Rn. 68.

auf andere als soziale Angelegenheiten wird weder in der Rechtsprechung noch in der Literatur vertreten.

Zu einer Anwendbarkeit des § 87 Abs. 1 Eingangssatz BetrVG auf Angelegenheiten der Berufsbildung gelangt man nur, wenn man wie *Oetker* die Berufsbildung zu den sozialen Angelegenheiten zählt. Diese Auffassung wurde bereits abgelehnt, da sie aus den genannten Gründen nicht überzeugt.[854] Folglich ist die – an sich konsequente – Anwendung des § 87 Abs. 1 Eingangssatz BetrVG ebenfalls abzulehnen. Weiterbildung ist keine in § 87 Abs. 1 BetrVG genannte soziale Angelegenheit. Es handelt es sich bei Berufsbildung auch um keine sonstige soziale Angelegenheit, so dass sich aus dem in § 87 Abs. 1 Eingangssatz BetrVG normierten Gesetzesvorrang keine Einschränkungen ergeben. Folglich kommt eine Anwendbarkeit des § 87 Abs. 1 Eingangssatz BetrVG weder auf mitbestimmte noch auf teilmitbestimmte Betriebsvereinbarungen über Weiterbildung in Betracht.

Eine Beschränkung kraft Natur der Sache ist abzulehnen. Die Einschränkung der Regelungsbefugnis der Betriebspartner, die *Rumpff/Boewer* vornehmen, entsprechen denen des § 87 Abs. 1 Eingangssatz BetrVG. Dieser ist nach der obigen Argumentation nicht anwendbar. Es ist nicht nachvollziehbar, welche sachlichen Gründe für eine „Quasi-Anwendung" des § 87 Abs. 1 Eingangssatz BetrVG sprechen sollten. Dieses gilt erst recht, da der Gesetzgeber im BetrVG mit § 77 Abs. 3 BetrVG eine Schutzvorschrift zugunsten der Tarifvertragsparteien geschaffen hat, die durch Anwendung der Auffassung von *Rumpff/Boewer* unterlaufen würde.

Die Auffassung *Hromadkas* überzeugt. Da der Anwendungsbereich des § 87 Abs. 1 Eingangssatz BetrVG klar auf soziale Angelegenheiten begrenzt ist, kann sich für die teilmitbestimmte Betriebsvereinbarung allenfalls dann eine Anwendbarkeit dieser Norm ergeben, wenn die mitbestimmten Teile der Betriebsvereinbarung soziale Angelegenheiten i. S. d. § 87 BetrVG darstellen. In allen anderen Fällen ist bei Abschluss der Betriebsvereinbarung der Tarifvorbehalt des § 77 Abs. 3 BetrVG zu beachten. Da Weiterbildung keine soziale Angelegenheit darstellt, ergibt sich die zu beachtende Begrenzung der Regelungsbefugnis der Betriebspartner aus § 77 Abs. 3 BetrVG. Beim Abschluss von Betriebsvereinbarungen zur Weiterbildung kommt es daher stets darauf an, ob eine tarifliche Regelung besteht oder eine Tarifüblichkeit festgestellt werden kann. Dies stellt stets eine Frage des Einzelfalls dar.

---

854 Siehe Teil 2: F. III. 3. a) bb) und dd).

IV. Mögliche Inhalte

Als mögliche Inhalte einer Betriebsvereinbarung kommen dieselben Themen in Betracht wie für einen Tarifvertrag. Auch können Betriebsvereinbarungen dieselben Normtypen aufweisen wie Tarifverträge:

Regelt die Betriebsvereinbarung Ansprüche der Betriebspartner untereinander, handelt es sich um schuldrechtliche Normen, die keine unmittelbare und zwingende Wirkung auf die von der Betriebsvereinbarung erfassten Arbeitsverhältnisse haben.[855]

Trifft die Betriebsvereinbarung Regelungen, die die den Inhalt, den Abschluss oder die Beendigung von Arbeitsverhältnissen betreffen, handelt es sich um Inhaltsnormen. Diese wirken unmittelbar und zwingend.[856]

Unmittelbare und zwingende Wirkung haben auch betriebliche oder betriebsverfassungsrechtliche Bestandteile der Betriebsverfassung.[857] Insoweit verhält sich die Reichweite der Normsetzung durch eine Betriebsvereinbarung parallel zum Tarifvertrag.

1. Inhaltsnormen

a) Anspruch auf Weiterbildung

Eine Betriebsvereinbarung ist taugliches Instrument, um Weiterbildung zu regeln und Arbeitnehmern Ansprüche auf Weiterbildung zu verschaffen. Hinsichtlich der Anspruchsqualität kommen auch hier Unterschiede in Betracht. Es kann ein Anspruch auf regelmäßige Qualifizierungsgespräche vereinbart werden, ein Teilhabeanspruch, ein Anspruch auf Bestandsschutz-Qualifizierung oder Anpassungsqualifizierung.

Rechtlich freier als die Tarifvertragsparteien sind die Betriebspartner bei Vereinbarung eines selbständigen Weiterbildungsanspruchs: Die Betriebspartner haben zwar die Grundrechte der Arbeitnehmer zu beachten. Diese werden durch eine bloße Anspruchsgewährung aber nicht berührt. Hierdurch wird nur in die Rechtsposition des Arbeitgebers eingegriffen. Da der Arbeitgeber selbst Vertragspartei ist und die Betriebsvereinbarung – anders als ein Tarifvertrag – nicht ohne seine unmittelbare Beteiligung für ihn Wirkung entfaltet, können Ansprüche auf

---

855 Richardi in: Richardi BetrVG § 77 Rn. 59.
856 Matthes in: MüArbR § 239 Rn. 24 bis 26.
857 Matthes in: MüArbR § 239 Rn. 24.

Weiterbildung für die Arbeitnehmer in größerem Umfang geregelt werden. Der Arbeitgeber kann sich beispielsweise in zeitlicher und thematischer Hinsicht zu betrieblichen Weiterbildungsangeboten verpflichten, die erheblich über die Grenzen der Landesweiterbildungsgesetze hinausgehen.

Wegen des betrieblichen Geltungsbereichs einer Betriebsvereinbarung bietet sich die innerbetriebliche Organisation und Durchführung von Weiterbildung an. Insoweit wäre allerdings das rein praktische Problem der mangelnden Anerkennung und Verwendbarkeit auf anderen Arbeitsplätzen zu bedenken. Daher dürfte die externe Durchführung von Weiterbildung zu einem größeren Nutzen – zumindest für den weitergebildeten Arbeitnehmer – bedeuten.

Ferner besteht die Möglichkeit, die oben als besonders förderungsbedürftig eingestuften Arbeitnehmergruppen[858] zu privilegieren. Die kollektive Gestaltung in diesem Bereich wäre angesichts der unzureichenden gesetzlichen Lage besonders sinnvoll. Hierzu fällt auf, dass in der Vergangenheit von dieser Möglichkeit nur selten Gebrauch gemacht wurde. *Busse/Heidemann* legen in ihrer aktuellen Betriebsvereinbarungs-Studie dar, dass ältere Arbeitnehmer in vielen Betriebsvereinbarungen ausdrücklich von der Verpflichtung zur Teilnahme an Mitarbeitergesprächen zur Weiterbildung ausgenommen werden.[859] In der Literatur wird die ausdrückliche Regelung von Weiterbildungsangeboten für besonders förderungsbedürftige Arbeitnehmer teilweise befürwortet, beispielsweise für Elternzeitler.[860]

b) Kostenbeteiligungs- und Rückzahlungsklauseln

Da die Betriebsparteien eine grundsätzlich umfassende Kompetenz zur Regelung von formellen und materiellen Arbeitsbedingungen haben, können sie auch Regelungen treffen, welche die Arbeitnehmer belasten.[861] Im Hinblick auf die Weiterbildungskosten ist daher die Aufnahme von Rückzahlungsklauseln in Betriebsvereinbarungen möglich.[862] Wie bereits dargestellt, sind bei belastenden Maßnahmen stets die Grundrechte der Arbeitnehmer sowie die Vorgaben des § 75 BetrVG zu beachten, so dass eine nicht vorgesehene Kostenbeteiligung der Arbeitnehmer oder eine solche, die sie ausschließlich oder unverhältnismäßig belastet unzulässig sein dürfte. Eine materielle

---

858 Siehe Teil 2: A. II.
859 Busse/Heidemann, Betriebliche Weiterbildung, S. 100.
860 Fitting BetrVG § 97 Rn. 12.
861 BAG, Urteil vom 12.12.2006, Az. 1 AZR 96/06, NZA 2007, 453, 454.
862 Joussen in: BeckOK Arbeitsrecht § 611 BGB Rn. 207; Poeche/Reinecke in: Küttner Personalbuch 2012 „Rückzahlungsklausel" Rn. 2.

Richtigkeitsgewähr wie Tarifverträgen kommt der Betriebsvereinbarung jedenfalls nicht zu. Dies folgt daraus, dass Betriebsräte nicht die gleiche Machtstellung haben wie Gewerkschaften.[863] Andererseits unterliegen Betriebsvereinbarungen gem. § 10 Abs. 4 BGB nicht der AGB-Kontrolle gem. §§ 305 ff. BGB, so dass den Betriebspartnern eine größere Gestaltungsfreiheit zukommt als den Individualvertragsparteien.

c) Verpflichtung zur Weiterbildung

Aufbauend auf den obigen Überlegungen zur Verpflichtung zur Weiterbildung allein aus der Beteiligung des Betriebsrats stellt sich hier die Frage, ob Betriebsrat und Arbeitgeber durch Abschluss einer Betriebsvereinbarung Kriterien aufstellen können, nach denen Arbeitnehmer zur Weiterbildung verpflichtet sind. Wie bereits dargestellt können durch Betriebsvereinbarung auch belastenden Maßnahmen geregelt werden, sofern die Grundrechte der Arbeitnehmer sowie die Vorgaben des § 75 BetrVG gewahrt werden. Eine Verpflichtung zur Weiterbildung wäre also nur innerhalb dieser Grenzen möglich. Es ergeben sich daher keine Unterschiede zu den Möglichkeiten, Arbeitnehmer tarifvertraglich zur Weiterbildung zu verpflichten.[864] Besonders praxisrelevant ist, dass der Bereich der privaten Lebensführung der Arbeitnehmer keinesfalls zum Regelungsgegenstand einer Betriebsvereinbarung werden darf und aus diesem Grund keine Vereinbarungen über die Verwendung der Vergütung oder der Freizeit getroffen werden können.[865]

Eine zulässige Gestaltungsmöglichkeit wäre es, das arbeitgeberseitige Direktionsrecht gem. § 106 GewO durch Betriebsvereinbarung im Hinblick auf Weiterbildung zu erweitern oder zu konkretisieren. Nach der Rechtsprechung des BAG kann das Direktionsrecht nicht nur einzelvertraglich, sondern auch kollektivvertraglich erweitert werden, sofern nicht zwingendes Recht entgegensteht.[866]

2. Betriebliche Normen

Weiterer Gegenstand einer Betriebsvereinbarung kann die Errichtung eines paritätischen Berufsbildungsausschusses sein.[867] In Betrieben mit einer Belegschaft von

---

863 Backhaus in: A/P/S § 22 TzBfG Rn. 22.
864 Siehe Teil 2: E. II. 1. g).
865 BAG, Urteil vom 11.07.2000, Az. 1 AZR 551/99, NZA 2001, 462, 464; BAG, Urteil vom 12.12.2006, Az. 1 AZR 96/06, NZA 2007, 453.
866 Sandmann, NZA 2008, Beil. zu Heft 1, S. 17, 20.
867 Kraushaar, AuR 1989, 173, 177; Gilberg, AiB 2000, 13, 16; Hammer, AuR 1985, 210, 213; Rische-Braun, WSI-Mitt. 1986, 1, 1.

mehr als 100 Arbeitnehmern kommt die Errichtung eines Ausschusses nach § 28 BetrVG in Betracht. Diesem Ausschuss können bestimmte Aufgaben übertragen werden, etwa die Berufsbildung. Auf diese Weise kann eine Spezialisierung der Betriebsratsmitglieder erreicht werden.[868] Dies ist in Angelegenheiten der Berufsbildung sinnvoll, da betriebswirtschaftliche und pädagogische Kenntnisse für Fragen der Berufsbildung relevant sind, für andere Aufgabenfelder des Betriebsrats aber keinerlei Bedeutung haben. § 28 Abs. 2 BetrVG eröffnet darüber hinaus die Möglichkeit, dass der Ausschuss paritätisch mit Mitgliedern des Betriebsrats und vom Arbeitgeber entsandten Personen besetzt ist. In diesem Fall obliegen dem Ausschuss die übertragenen Aufgaben zur selbständigen Entscheidung, also mit Sachentscheidungskompetenz.[869]

Daneben kann die Bestellung eines ständigen Bildungsbeauftragten sinnvoll sein,[870] der nicht mit der in § 98 Abs. 2 BetrVG vorgesehenen, mit der Durchführung der betrieblichen Berufsbildung beauftragten Person zu verwechseln ist. Anders als der Ausbilder nach § 98 Abs. 2 BetrVG hätte ein ständiger Bildungsbeauftragter die Funktion eines betrieblichen „Kontroll- und Beschwerdeorgans"[871] in Fragen der Berufsbildung.

3. Betriebsverfassungsrechtliche Normen

Im Gegensatz zu der umstrittenen Möglichkeit, die Beteiligungsrechte des Betriebsrats durch Tarifvertrag zu erweitern, ist eine solche Vereinbarung durch Betriebsvereinbarung nach dem eindeutigen Wortlaut des § 102 Abs. 6 BetrVG für die Mitbestimmung des Betriebsrats beim Ausspruch von Kündigungen möglich. Es entspricht wegen der thematischen Nähe zu sonstigen personellen Angelegenheiten der allgemeinen Auffassung, dass die Erweiterung der Beteiligungsrechte des Betriebsrats in einer freiwilligen Betriebsvereinbarung generell möglich ist.[872] Auch insoweit sei auf die obigen Ausführungen zur Gestaltung durch Tarifvertrag verwiesen.

---

868 Gilberg, AiB 2000, 13, 16.
869 Mauer in: BeckOK Arbeitsrecht § 28 BetrVG Rn. 4.
870 Gilberg, AiB 2000, 13, 17.
871 Gilberg, AiB 2000, 13, 17.
872 Fitting BetrVG § 1 Rn. 249; Hempelmann, Die freiwillige Betriebsvereinbarung, S. 150; Löwisch/Kaiser BetrVG § 88 Rn. 15; Richardi in: Richardi BetrVG Einleitung Rn. 139; Werner in: BeckOK Arbeitsrecht § 77 BetrVG Rn. 43.

V. Fazit

Die Weiterbildung als Bestandteil der Berufsbildung i. S. d. §§ 96 bis 98 BetrVG kann Gegenstand einer Betriebsvereinbarung sein, da es sich hierbei um eine Angelegenheit handelt, die der funktionellen Zuständigkeit der Betriebspartner unterfällt. Die Betriebspartner haben bei Abschluss einer Betriebsvereinbarung die Grundsätze des freiheitlichen und sozialen Rechtsstaats gem. Art. 20 GG und die Grundrechte der Arbeitnehmer zu beachten.

Da dem Betriebsrat in Berufsbildungsfragen kein einheitliches Beteiligungsrecht zusteht, kommt hinsichtlich der mitbestimmungspflichtigen Tatbestände der Abschluss einer mitbestimmten, ansonsten der Abschluss einer freiwilligen oder insgesamt der Abschluss einer teilmitbestimmten Betriebsvereinbarung in Betracht. Dies ist möglich, weil § 88 BetrVG auch auf andere als soziale Angelegenheiten Anwendung findet und die Betriebspartner freiwillige Betriebsvereinbarungen über die nicht mitbestimmungspflichtigen Sachverhalte der Berufsbildung abschließen können. Sind in einer teilmitbestimmten Betriebsvereinbarung über Weiterbildung mitbestimmte und freiwillige Elemente so eng miteinander verwoben, dass keine sinnvolle Aufspaltung möglich ist, hat eine gemeinsame Behandlung der teilmitbestimmten Betriebsvereinbarung zu erfolgen. Andernfalls wird die Betriebsvereinbarung in einen mitbestimmten und einen freiwilligen Teil aufgespalten und getrennt voneinander behandelt. Dies wirkt sich auf die Frage der Erzwingbarkeit, die Nachwirkung und das Verhältnis zum Tarifrecht aus. Ob eine Aufspaltung möglich ist, hängt von der konkreten Ausgestaltung der Betriebsvereinbarung im Einzelfall ab und kann nicht pauschal beantwortet werden. Die Regelungsbefugnis der Betriebspartner findet ihre Grenze in § 77 Abs. 3 BetrVG.

Als mögliche Inhalte einer Betriebsvereinbarung kommen dieselben Themen in Betracht wie für einen Tarifvertrag.

Durch Inhaltsnormen können verschieden stark ausgestaltete Ansprüche auf Weiterbildung begründet, Rückzahlungsregelungen getroffen und Arbeitnehmer nur in Grenzen zur Weiterbildung verpflichtet werden.

Durch betriebliche Normen kann ein paritätischer Berufsbildungsausschuss gebildet oder ein ständiger Bildungsbeauftragter bestellt werden. Durch betriebsverfassungsrechtliche Normen können die Betriebspartner die Beteiligungsrechte des Betriebsrats erweitern.

Teil 3: Schlussbetrachtung

A. Zusammenfassung

Der Inhalt der vorliegenden Arbeit ist wie folgt zusammenzufassen:

I. Allein aus der Natur des Arbeitsverhältnisses heraus besteht kein selbständiger Anspruch auf Weiterbildung. Die teilweise in der Literatur vertretene andere Auffassung ist praktisch von äußerst geringer Relevanz. Ein Anspruch kann sich unter dem Gesichtspunkt der Gleichbehandlung der Arbeitnehmer ergeben, da ein derivatives Teilhaberecht an Weiterbildungsangeboten des Arbeitgebers zu bejahen ist.
Ebenso besteht keine generelle Weiterbildungsverpflichtung allein aus der Natur des Arbeitsverhältnisses heraus. Für die Annahme einer Verpflichtung zur Weiterbildung müssen weitere Umstände hinzutreten. Anhand des konkreten Inhalts des Arbeitsverhältnisses und abhängig von den Begleitumständen des Arbeitsverhältnisses kann sich eine Verpflichtung ergeben.

II. Auf Ebene des Verfassungs- und Bundesrechts fehlt es an einer allgemeinen Rechtsgrundlage für Weiterbildung. Daher ist die Mitbestimmung des Betriebsrats in Angelegenheiten der Berufsbildung besonders wichtig, da bei Vorliegen folgender Voraussetzungen ein Individualanspruch auf Weiterbildung zugunsten eines Arbeitnehmers entsteht:
Aus der Ausübung von Mitbestimmungsrechten des Betriebsrats kann sich nur dann ein Individualanspruch zugunsten eines Arbeitnehmers ergeben, wenn das Mitbestimmungsrecht dem positiven Konsensprinzip folgt. Denn in diesen Fällen müssen die Betriebspartner zusammenwirken, um eine Verbesserung des Status Quo herbeizuführen. Aus einem Mitbestimmungsrecht, das dem negativen Konsensprinzip folgt, kann sich kein Individualanspruch ergeben, da der Betriebsrat in diesen Fällen nur überwacht, ob der Arbeitgeber die Arbeitnehmerbelange bei seinen Entscheidungen ausreichend beachtet. Darüber hinaus muss der Tatbestand des Mitbestimmungsrechts einen dahingehenden Individualbezug aufweisen, dass der Kreis der Anspruchsberechtigten aus dem Gesetzeswortlaut erkennbar ist. Zuletzt muss eine Regelung durch Anrufen der Einigungsstelle erzwingbar sein, da der Arbeitgeber sich sonst einer Umsetzung der Vorschläge des Betriebsrats entziehen könnte.
Daher ergeben sich aus der entsprechenden Mitbestimmung des Betriebsrats folgende Ansprüche auf Weiterbildung:
Im Falle einer tätigkeitsändernden Maßnahme i. S. d. § 97 Abs. 2 BetrVG hat ein entsprechender Einigungsstellenspruch individualbegünstigende

Wirkung. Der Arbeitnehmer hat einen Anspruch auf Einführung der Weiterbildungsmaßnahme, Teilnahme an dieser und Kostenübernahme. Im Anwendungsbereich des § 98 Abs. 1 BetrVG hat der Einigungsstellenspruch Anspruchsqualität zugunsten des einzelnen Arbeitnehmers. Der Anspruch umfasst das „Wie" der Durchführung, welches die Einigungsstelle vorgibt. Das „Wie" bezieht sich auf Inhalt, Umfang und Methode der Vermittlung von Kenntnissen, Fähigkeiten und Fertigkeiten sowie Inhalt, Umfang und Ausgestaltung der abschließenden Prüfung. Das „Ob" der Bildungsmaßnahme ist hiervon nicht umfasst. Ein dahingehender Anspruch ergibt sich aber aus einem entsprechenden Spruch der Einigungsstelle im Rahmen des § 98 Abs. 3 BetrVG. Danach hat der als Teilnehmer benannte Arbeitnehmer gegenüber dem Arbeitgeber einen Anspruch darauf, dass die Weiterbildungsmaßnahme, die das Mitbestimmungsrecht gem. § 98 Abs. 3 BetrVG ausgelöst hat und die zur Grundlage des Einigungsstellenverfahrens geworden ist, tatsächlich durchgeführt wird und er hieran teilnehmen darf.

Die Belange älterer Arbeitnehmer, Teilzeitbeschäftigter und von Arbeitnehmern mit Familienpflichten werden durch den Teilhabeanspruch gem. § 96 Abs. 2 S. 2 BetrVG geschützt und gem. § 98 Abs. 3 BetrVG bevorzugt beachtet.

Demgegenüber kann sich eine Verpflichtung des Arbeitnehmers zur Weiterbildung nur im Fall des § 97 Abs. 2 BetrVG ergeben. Grund hierfür ist der kündigungspräventive Zweck der Norm. Voraussetzung ist – wie bei dem mit § 97 Abs. 2 BetrVG korrespondierenden § 1 Abs. 2 S. 3 KSchG – dass der Arbeitnehmer sein Einverständnis mit der Weiterbildungsmaßnahme erklärt hat. Das erklärte Einverständnis schließt widersprüchliche Ergebnisse der Anwendung von § 97 Abs. 2 BetrVG einerseits und von § 1 Abs. 2 S. 3 KSchG andererseits aus.

III. Auf Ebene des Landesrechts bestehen in zwölf Bundesländern Gesetze über die Weiterbildung von Arbeitnehmern. Diese gewähren ausnahmslos einen Anspruch auf entgeltliche Freistellung von der Arbeit zwecks Teilnahme an einer Weiterbildungsmaßnahme. Die unmittelbaren Kosten für die Weiterbildungsmaßnahme sind vom Arbeitnehmer selbst zu tragen. Inhaltlich gewähren alle Ländergesetze Bildungsurlaub für berufliche und politische Bildung. In einigen Ländern ist darüber hinaus allgemeine, kulturelle und auf die Ausübung eines Ehrenamtes gerichtete Weiterbildung möglich. Der Anspruch besteht in den meisten Ländern für fünf Arbeitstage je Kalenderjahr, wobei die Freistellunganspüche von zwei aufeinanderfolgenden Jahren miteinander verbunden werden können. Der Arbeitgeber kann den Antrag auf Bildungsurlaub unter bestimmten Voraussetzungen ablehnen.

Eine Verpflichtung des Arbeitnehmers zur Weiterbildung gegenüber seinem Arbeitgeber ergibt sich aus keinem der Ländergesetze.

IV. Für die besondere Situation, dass ein Arbeitsverhältnis konkret von personen-, verhaltens- oder betriebsbedingter Kündigung bedroht ist, gebietet § 1 Abs. 2 S. 3 KSchG Anlass zu einer differenzierten Untersuchung. Nach § 1 Abs. 2 S. 3 KSchG ist eine Kündigung sozial ungerechtfertigt, wenn die Weiterbeschäftigung des Arbeitnehmers nach zumutbaren Umschulungs- oder Fortbildungsmaßnahmen möglich ist. Daher haben Arbeitnehmer, deren Arbeitsverhältnis konkret bestandsgefährdet ist, einen Anspruch auf Weiterbildung gem. § 1 Abs. 2 S. 3 KSchG, wenn sie ihr Einverständnis mit der Umschulungs- bzw. Fortbildungsmaßnahme erklärt haben. Der Anspruch umfasst die bezahlte Freistellung von der Arbeit während der Umschulungs- bzw. Fortbildungsmaßnahme und die Übernahme der unmittelbaren Weiterbildungskosten. Die Fortbildung bzw. Umschulung muss dem Arbeitgeber *„zumutbar"* sein, was im Wege einer umfassenden Interessenabwägung zu prüfen ist.

Mit dem Anspruch korrespondiert keine Verpflichtung, es sei denn der Arbeitnehmer hat sich selbst verpflichtet, indem er die Umschulung bzw. Fortbildung gegenüber dem Arbeitgeber beansprucht hat. In diesem Fall wird die Weiterbildungsteilnahme zur Hauptpflicht aus dem Arbeitsverhältnis, die im Synallagma zur Entgeltzahlung steht. Im Fall des Scheiterns der Weiterbildungsmaßnahme besteht nach allgemeinen Grundsätzen ein Schadensersatzanspruch des Arbeitgebers, der eine schuldhafte Pflichtverletzung des Arbeitnehmers voraussetzt.

V. Zugunsten mancher sozial schutzbedürftiger Arbeitnehmergruppen bestehen sozialrechtliche Möglichkeiten zur Förderung von Weiterbildung. Diese beeinflussen aber nicht die Vertragsbeziehung zwischen den Arbeitsvertragsparteien, insbesondere werden keine arbeitsrechtlichen Ansprüche und Verpflichtungen geschaffen.

VI. Für die Mitglieder des Betriebsrats hat der Gesetzgeber in § 37 Abs. 6 und 7 BetrVG ein Weiterbildungssystem geschaffen, das den Erwerb der für die Betriebsratstätigkeit erforderlichen und geeigneten Kenntnissen ermöglicht. Ziel dieser Regelungen ist die Herstellung intellektueller Parität in den Bereichen, die der Mitbestimmung des Betriebsrats unterliegen.

Anspruchsinhaber des Anspruchs aus § 37 Abs. 6 BetrVG ist neben dem Betriebsrat auch das einzelne Betriebsratsmitglied. Bei der Anspruchsvoraussetzung *„Erforderlichkeit"* handelt es sich um einen unbestimmten Rechtsbegriff. Die weiteren Voraussetzungen (Entsendebeschluss des Betriebsrats und

Unterrichtung des Arbeitgebers) bereiten i. d. R. keine praktischen Schwierigkeiten. Eine Verhältnismäßigkeitsprüfung findet nur ausnahmsweise statt, um den Arbeitgeber nicht mit unzumutbaren Schulungskosten zu belasten.

Der Anspruch nach Abs. 7 besteht für *„geeignete"* Schulungen. Die *„Geeignetheit"* ist in einem Anerkennungsverfahren durch die zuständige oberste Arbeitsbehörde des Landes festzustellen. Der Anspruch hat die bezahlte Freistellung zum Inhalt und erstreckt sich mangels gesetzlicher Regelung weder auf Freizeitausgleich noch auf die Kostentragung für die Schulungsmaßnahme selbst. Über die zeitliche Lage der Schulungsteilnahme entscheidet der Betriebsrat durch Beschluss.

Auf Grund der Schutzfunktion des Betriebsrats, der die Rechte der Belegschaft wahrt, ist das einzelne Mitglied gegenüber der Arbeitnehmerschaft verpflichtet, an erforderlichen Veranstaltungen nach Abs. 6 teilzunehmen. Gegenüber dem Arbeitgeber besteht keine Verpflichtung, weil die Schulungsteilnahme nicht der Wahrung der Interessen des Arbeitgebers dient. Infolge eines entsprechenden Entsendebeschlusses ist das entsandte Mitglied auch gegenüber dem Gremium Betriebsrat zur Schulungsteilnahme verpflichtet.

VII. Für andere betriebliche Interessenvertreter bestehen nur teilweise eigene gesetzliche Regelungen über Schulung und Fortbildung. Im Ergebnis kann für alle Interessenvertreter ein Weiterbildungsanspruch bejaht werden, teilweise aus eigenständiger gesetzlicher Regelung bzw. Verweis auf § 37 BetrVG, teilweise ergeben sie sich aus der Mitgliedschaft im Betriebsrat, teilweise ist wegen der Schutzfunktion des jeweiligen Gremiums gegenüber der vertretenen Arbeitnehmerschaft eine analoge Anwendung der für Betriebsratsmitglieder bestehenden Ansprüche geboten.

Die Ersatzmitglieder des Betriebsrats, die Mitglieder des Wahlvorstandes, die Mitglieder des Gesamt- oder Konzernbetriebsrat und die Mitglieder des Wirtschaftsausschusses haben einen Schulungsanspruch aus § 37 BetrVG, der die *„Erforderlichkeit"* voraussetzt, zum Teil auch die *„Geeignetheit"* ausreichen lässt.

Für die Mitglieder der JAV folgt der Weiterbildungsanspruch aus § 65 Abs. 1 BetrVG, der auf § 37 BetrVG verweist. Gleiches gilt für die Mitglieder der Schwerbehindertenvertretung, da § 96 Abs. 4 SGB IX die entsprechende Anwendung des § 37 BetrVG vorsieht.

Die Mitglieder des Sprecherausschusses können einen Schulungsanspruch gem. § 14 Abs. 1 und 2 SprAuG geltend machen.

Mitglieder des EBR haben einen Schulungsanspruch gem. §§ 38, 39 ERBG.

Arbeitnehmervertreter im AR haben ebenfalls einen Anspruch auf Weiterbildung, da die Teilnahme an erforderlichen Schulungen sie zum Fernbleiben von ihrer sonstigen Tätigkeit ohne Vergütungsminderung berechtigt und die Kosten für die Maßnahme selbst gem. §§ 670, 675 BGB erstattet werden.

Alle Interessenvertreter sind auf Grund der Pflicht zur sach- und ordnungsgemäßen Amtsausübung gegenüber der durch sie repräsentierten Arbeitnehmerschaft und gegenüber dem Gremium, dem sie angehören – die Arbeitnehmervertreter gegenüber der Gesellschaft – zur Weiterbildung verpflichtet.

VIII. Die Weiterbildung von betriebszugehörigen Betriebsbeauftragten richtet sich nicht nur nach dem Inhalt des Arbeitsvertrages, sondern auch nach den zu beachtenden Vorgaben aus Gesetz und Verordnung. Für die meisten gesetzlich vorgeschriebenen Betriebsbeauftragten in den Bereichen des Arbeits- und Gesundheitsschutzes, des Umweltschutzes und des Datenschutzes besteht eine Unterstützungspflicht des Arbeitgebers gegenüber dem Beauftragten, die insbesondere die Ermöglichung der Weiterbildung umfasst. Diese beinhaltet die bezahlte Arbeitsfreistellung sowie die Kostentragung für die Weiterbildungsmaßnahme selbst.

Der Gefahrgutbeauftragte und der Strahlenschutzbeauftragte hingegen tragen die alleinige Verantwortung dafür, dass die erforderliche Weiterbildung erfolgt. Gegen den Arbeitgeber besteht kein Anspruch auf zeitliche oder finanzielle Ermöglichung der Weiterbildung.

Eine Verpflichtung zur Weiterbildung ist nur für zwei Betriebsbeauftragte normiert: Für den Strahlenschutzbeauftragten i. S. d. StrlSchV sowie i. S. d. RöV besteht die Verpflichtung, mindestens alle fünf Jahre an einer Weiterbildungsmaßnahme teilzunehmen und hierdurch die Fachkunde nachzuweisen. Der Gefahrgutbeauftragte muss Inhaber einer Schulungsbescheinigung sein, die alle fünf Jahre durch Teilnahme an einer Schulung und Ablegen einer Prüfung zu aktualisieren ist.

Für alle übrigen Beauftragten ergibt sich eine Verpflichtung zur Weiterbildung gegenüber dem Arbeitgeber aus dem Schutzzweck der Bestellpflicht eines Beauftragten. Wegen der hohen Verantwortung gegenüber einer Gruppe oder der Allgemeinheit und der Wichtigkeit des Schutzguts muss die erforderliche Qualifikation nicht nur zum Zeitpunkt der Bestellung, sondern auch während der Amtsausübung vorhanden sein. Andernfalls kann der Beauftragte abberufen werden. Einzig für den Beauftragten für Biologische Sicherheit gibt es keine Abberufungsmöglichkeit. Hier besteht die Möglichkeit der Kündigung aus personenbedingten Gründen, so dass auf diese Weise die Weiterbildungsteilnahme erzwungen werden kann.

IX. Weiterbildung stellt bisher keinen Schwerpunkt der Tarifpraxis dar, obwohl die Möglichkeit zur Regelung von Weiterbildung in Tarifverträgen grundsätzlich besteht. Die Regelungsbefugnis der Koalitionspartner wird durch Art. 9 Abs. 3 GG auf „Arbeits- und Wirtschaftsbedingungen" festgelegt und einfachgesetzlich durch § 1 TVG konkretisiert. Inhaltsnormen, Betriebsnormen, betriebsverfassungsrechtliche Normen sowie die Vereinbarung Gemeinsamer Einrichtungen können Weiterbildung zum Gegenstand haben.

Durch eine Inhaltsnorm kann einem Arbeitnehmer ein Weiterbildungsanspruch verschafft werden. Dessen Intensität und Reichweite sind Verhandlungssache der Koalitionspartner. Ggf. müssen die Vorgaben des BVerfG beachtet werden. Inhaltsnormen unterliegen der Wirksamkeitskontrolle. Eine Verpflichtung zur Anpassungs- oder Erhaltungsqualifizierung ist möglich.

Durch eine Betriebsnorm lässt sich eine Weiterbildungsabteilung etablieren, deren Vorhandensein die betriebliche Weiterbildungssituation möglicherweise verbessert, von der aber keine Verbindlichkeit ausgeht.

Durch betriebsverfassungsrechtliche Normen im Tarifvertrag können die Beteiligungsrechte des Betriebsrats in Angelegenheiten der Berufsbildung erweitert werden. Auf diese Weise können einzelne Arbeitnehmer einen selbständigen Anspruch auf Weiterbildung erhalten. Eine Verpflichtung kommt auf diese Weise nicht in Betracht, da schon die Auseinandersetzung mit den gesetzlich geregelten Beteiligungsrechten gezeigt hat, dass eine Verpflichtung nur in der Ausnahmesituation des § 97 Abs. 2 BetrVG möglich ist.

Schließlich stellen Gemeinsame Einrichtungen ein weiteres Instrument dar, Weiterbildung einer tariflichen Regelung zuzuführen. Unmittelbare Ansprüche oder Pflichten ergeben sich nicht.

X. Weiterbildung fällt als Bestandteil der Berufsbildung i. S. d. §§ 96 bis 98 BetrVG in die funktionelle Zuständigkeit der Betriebspartner und kann daher Gegenstand einer Betriebsvereinbarung sein. Die Regelungsbefugnis der Betriebspartner findet ihre Grenze in § 77 Abs. 3 BetrVG.

Da dem Betriebsrat in Berufsbildungsfragen kein einheitliches Beteiligungsrecht zusteht, ist zu differenzieren: Hinsichtlich der mitbestimmungspflichtigen Tatbestände kommt der Abschluss einer mitbestimmten, ansonsten der Abschluss einer freiwilligen Betriebsvereinbarung in Betracht. Eine einheitliche Betriebsvereinbarung über alle Berufsbildungsfragen kann als teilmitbestimmte Betriebsvereinbarung geschlossen werden. Je nachdem ob mitbestimmte und freiwillige Elemente so eng miteinander verwoben sind, dass keine sinnvolle Aufspaltung möglich ist, wirkt sich dies auf die Frage der Erzwingbarkeit, die Nachwirkung und das Verhältnis zum Tarifrecht aus.

Wann eine Aufspaltung möglich ist, hängt von der konkreten Ausgestaltung der Betriebsvereinbarung im Einzelfall ab und kann nicht pauschal beantwortet werden.

Als mögliche Inhalte einer Betriebsvereinbarung kommen zum einen Inhaltsnormen in Betracht. Auf diese Weise können verschieden stark ausgestaltete Ansprüche auf Weiterbildung begründet, Rückzahlungsregelungen getroffen und Arbeitnehmer nur in Grenzen zur Weiterbildung verpflichtet werden. Zum anderen kann die Betriebsvereinbarung betriebliche Normen enthalten, etwa über die Bildung eines paritätischen Berufsbildungsausschusses oder die Bestellung eines ständigen Bildungsbeauftragten. Ferner können betriebsverfassungsrechtliche Normen enthalten sein, die die Beteiligungsrechte des Betriebsrats erweitern.

B. Fazit

Aus der vorstehenden Zusammenfassung ergibt sich folgendes Fazit:

Die Weiterbildung von regulären Arbeitnehmern ist im deutschen Rechtssystem im Allgemeinen und bei Vorliegen eines besonderen Weiterbildungsbedürfnisses lückenhaft geregelt und im Ergebnis unzureichend. Der Gesetzgeber sieht die Verantwortung für Weiterbildung in erster Linie bei den Arbeitsvertragsparteien selbst und lässt eine ergänzende Regulierung durch die Sozialpartner und die Betriebspartner zu.

Weiterbildung kann im eigenen Interesse erfolgen, im Interesse des Arbeitgebers oder im Interesse einer Funktion gegenüber einer Gruppe (beispielsweise Belegschaft) oder der Allgemeinheit.

Selbständige Ansprüche auf Weiterbildung ergeben sich aus Landesgesetzen. Von ihnen wird selten Gebrauch gemacht, obwohl die Geltendmachung an keine besonderen Voraussetzungen geknüpft ist.

Ansprüche und Verpflichtungen bestehen im Übrigen nur dann, wenn ein Schutzzweck dies erfordert. Der gesetzlich intendierte Schutz kann zugunsten des betroffenen Arbeitnehmers selbst oder zugunsten von Dritten bestehen, für die der Arbeitnehmer eine Verantwortung trägt.

Der Erfolg von Weiterbildung hängt von den individuellen Gegebenheiten ab. Qualifizierungsbedarf, Qualifizierungsbereitschaft und Qualifizierungsmethode lassen sich nicht pauschal bestimmen. Gleichwohl ist es erforderlich, dass Mechanismen bestehen, die es den Betroffenen ermöglichen, Bedarf, Bereitschaft und Methode anzuzeigen, geltend zu machen und umzusetzen. Dafür bedarf es nach hier vertretener Auffassung eines Anspruchs sowie auf der Gegenseite einer damit einhergehende Verpflichtung. Da solche ausdrücklichen Vorgaben nur selten im Gesetz zu finden sind und sich auch nicht immer im Wege einer Auslegung ermitteln lassen, ist die aktuelle Rechtslage als lückenhaft und unzureichend zu bewerten.

Weil Ansprüche und Verpflichtungen selten klar geregelt sind, spielen die Betriebsräte eine entscheidende Rolle bei der Weiterbildung von Arbeitnehmern. Diese Rolle ließe sich betonen, indem Weiterbildung stärker als in der Vergangenheit Gegenstand von Betriebsvereinbarungen wird.

Die Regelung von Weiterbildung durch Tarifvertrag ist ebenfalls möglich. Wegen des räumlichen Geltungsbereichs können individuelle Umstände weniger stark berücksichtigt werden. An dieser Stelle ist es sinnvoll, betriebliche und betriebsverfassungsrechtliche Regelungen in den Tarifvertrag aufzunehmen und über diesen Umweg den Betriebspartnern die Verantwortung für die nähere Ausgestaltung zu übertragen.

C. Literaturverzeichnis

Abeln, Christoph	*Organrechtliche und kündigungsrechtliche Stellung des Sprecherausschussmitglieds im Vergleich zum Betriebsratsmitglied* Frankfurt a. M. 1993
Ackermann, Karl-Friedrich	*Führungskräfteentwicklung unter dem Aspekt der „Employability"* In: Employability – Herausforderungen für die strategische Personalentwicklung 4. Auflage Wiesbaden 2009 S. 339–356 zit.: Ackermann in: Employability, S.
Alexander, Peter	*Das weite Verständnis der betrieblichen Berufsbildung* Neue Zeitschrift für Arbeitsrecht 1992, S. 1057–1061
Althauser, Ulrich; Beywl, Wolfgang	*Weiterbildung* Zeitschrift für Grundlagen, Praxis und Trends http://www.personalwirtschaft.de/de/html/content/500/Zeitschrift-Weiterbildung/, abgefragt am 10.11.2012
Arnold, Rolf	*Weiterbildung* Ermöglichungsdidaktische Grundlagen München 1996
Arnold, Rolf; Nolda, Sigrid; Nuissl, Ekkehard	*Wörterbuch Erwachsenenbildung* 2. Auflage Regensburg 2010
Ascheid, Reiner; Preis, Ulrich; Schmidt, Ingrid	*Kündigungsrecht* 4. Auflage München 2012 zit.: Bearbeiter in: A/P/S § Rn.

Assenmacher, Simon	*Funktionen und Befugnisse der Gemeinsamen Einrichtungen der Tarifvertragsparteien* Münster 2003
Aufhauser, Rudolf; Brunhöber, Hannelore; Igl, Peter	*Arbeitssicherheitsgesetz: Handkommentar* 3. Auflage Baden-Baden 2004 zit.: Bearbeiter in: HK ASiG § Rn
Bächle, Hans-Ulrich	*Der Weiterbeschäftigungsanspruch während des Kündigungsschutzprozesses*, Neue Juristische Wochenschrift 1979, S. 1663–1667
Bahnmüller, Reinhard; Fischbach, Stefanie	*Qualifizierung und Tarifvertrag* Befunde aus der Metallindustrie Baden-Württembergs Hamburg 2006
Bahnmüller, Reinhard; Fischbach, Stefanie; Jentgens, Barbara	*Was nützen und bewirken* Qualifizierungstarifverträge? WSI-Mitteilungen 2007, Heft 2, S. 71–79
Bahnmüller, Reinhard	*Tarifpolitik und Weiterbildung* neue Entwicklungen und alte Fragen WSI-Mitteilungen 2002, Heft 1, S. 38–44
Bahnmüller, Reinhard	*Tarifvertragliche Regulierung von Weiterbildung: Ansatzpunkte und Erfahrungen.* Expertenworkshop „Perspektiven für Weiterbildungsforschung und -politik: Weiterbildung und Sicherung des Arbeitskräftebedarfs im demografischen Wandel" Göttingen 09.03.2012 www.bibb.de/dokumente/pdf/stst_foko_120309_arbeitskaeftebedarf_im_demografischen_wandel_bahnmueller.pdf, abgefragt am 17.05.2013
Baldin, Klaus-M.	*Employability für ältere Mitarbeiter* Eine neue Anforderung in der Personal- und Organisationsentwicklung

	In: Employability – Herausforderungen für die strategische Personalentwicklung 4. Auflage Wiesbaden 2009 S. 426–444 zit.: Baldin in: Employability, S.
Baltes, Katrin; Hense, Andre	*Weiterbildung als Fahrschein aus der Zone der Prekarität?* *Berlin 2007* http://www.ratswd.de/download/workingpapers2007/04_07.pdf, abgefragt am 16.09.2012
Bamberger, Heinz Georg; Roth, Herbert	*Beck'scher Onlinekommentar BGB* Edition 24, 01.08.2012 München 2012 zit.: Bearbeiter in: BeckOK BGB § Rn.
Bauer, Jobst-Hubertus	*Neues Spiel bei der Betriebsänderung und der Beschäftigungssicherung?* Neue Zeitschrift für Arbeitsrecht 2001, S. 375–379
BAVC und IG BCE	*Tarifvertrag „Lebensarbeitszeit und Demografie"* http://www.arbeit-demografie.nrw.de/includes/download/Chemietarifpaket_2008pdf, abgefragt am 01.10.2012
Bayer, Mechthild	*Bundesgesetzinitiative zur Weiterbildung – Anstöße und Verlauf* In: Lernzeiten – für ein Recht auf Weiterbildung Hamburg 2002 S. 164–186 zit.: Bayer in: Lernzeiten, S.
Bayer, Mechthild; Haag, Gerold	*Arbeitshilfe zur tarifpolitischen Gestaltung der beruflichen Weiterbildung* Berlin 2007
Becker, Karl; Wamsler, Thomas;	*Betriebsverfassungsgesetz* LexisNexis Kommentar für die Praxis

Helm, Rüdiger; Stevens-Bartol, Eckart; Seebacher, Krikor R.	11. Auflage Münster 2008
Behringer, Friederike	*Zur Selektivität der Teilnahme an beruflicher Weiterbildung. Ein theoretisch-empirischer Beitrag* In: Lernen und Weiterbildung als permanente Personalentwicklung München 2003 S. 63–87
Beicht, Ursula; Berger, Klaus; Moraal, Dick	*Aufwendungen für die berufliche Weiterbildung in Deutschland* Sozialer Fortschritt 2005, S. 256–266
Bellmann, Lutz; Leber, Ute	*Denn wer da hat, dem wird gegeben* Bildungsurlaub unter Generalverdacht, Informationsdienst des Instituts für Arbeitsmarkt- und Berufsforschung der Bundesanstalt für Arbeit 2003, Heft 1, S. 15–16
Benz, Elena	*Auf dem Weg zum lebenslangen Lernen* Die Berufsbildungspolitik der Europäischen Union und die tatsächliche und rechtliche Situation der beruflichen Weiterbildung Frankfurt a. M. 2007
Berg, Peter; Platow, Helmut; Schoof, Christian; Unterhinninghofen, Hermann	*Tarifvertragsgesetz und Arbeitskampfrecht* 3. Auflage Frankfurt a. M. 2010
Berkowsky, Wilfried	*Die personenbedingte Kündigung – Teil 1*, Neue Zeitschrift für Arbeitsrecht – Rechtsprechungsreport 2001, S. 393–405
Bertelsmann Stiftung	*Glück, Freude, Wohlbefinden – welche Rolle spielt das Lernen?* Ergebnisse einer repräsentativen Umfrage http://www.bertelsmann-stiftung.de/bst/

	de/media/xcms_bst_dms_23599_23600_2.pdf, abgefragt am 02.10.2012
Beuthien, Volker	*Unternehmerische Mitbestimmung kraft Tarif- oder Betriebsautonomie – Teil I* Zeitschrift für Arbeitsrecht 1983, S. 141–168
BIBB	Weiterbildungs-Innovations-Preis (WIP) *http://www.bibb.de/de/1898.htm*, abgefragt am 02.10.2012
Birg, Herwig	*Integration und Migration im Spiegel harter Daten* Frankfurter Allgemeine Zeitung vom 09.04.2009, S. 37
Birk, Rolf	*Umschulung statt Kündigung* In: Festschrift für Otto Rudolf Kissel zum 65. Geburtstag München 1994 S. 51–75 zit.: Birk in: FS Kissel, S.
Boecken, Winfried; Joussen, Jacob	*Teilzeit- und Befristungsgesetz* 3. Auflage Baden-Baden 2012
Böse, Martin	*Die Garantenstellung des Betriebsbeauftragten* Neue Zeitschrift für Strafrecht 2003, 636–641
Brehmer, Wolfram; Seifert, Hartmut	*Sind atypische Beschäftigungsverhältnisse prekär?* Eine empirische Analyse sozialer Risiken Zeitschrift für Arbeitsmarktforschung 2008, S. 501–531
Brödel, Rainer	*Strukturfragen des Bildungsurlaubs* WSI-Mitteilungen 1982, Heft 5, S. 360–368
Bundesagentur für Arbeit	*Pressemitteilung vom 22.03.2012* http://www.arbeitsagentur.de/nn_27044/nn_170200/Dienststellen/RD-N/Luebeck/

	AA/Presse/Presseinformationen/2012/ 30-2012.html, abgefragt am 22.07.2012
Bundesministerium für Arbeit und Soziales	*Psychische Gesundheit im Betrieb* Arbeitsmedizinische Empfehlung Bonn 2011
Bundesministerium für Arbeit und Soziales	*Fortschrittsreport „Altersgerechte Arbeitswelt"* Ausgabe 1: Entwicklung des Arbeitsmarkts für Ältere Bonn, Berlin 2012
Bundesministerium für Arbeit und Soziales	*Aufbruch in die altersgerechte Arbeitswelt* Bericht der Bundesregierung gemäß § 154 Abs. 4 Sechstes Buch Sozialgesetzbuch zur Anhebung der Regelaltersgrenze auf 67 Jahre Berlin 2010
Bundesministerium für Bildung und Forschung	*Aufstieg durch Bildung* Qualifizierungsoffensive der Bundesregierung Bonn, Berlin 2008
Bundesministerium für Bildung und Forschung	*Empfehlungen des Innovationskreises* Weiterbildung für eine Strategie zur Gestaltung des Lernens im Lebenslauf Bonn, Berlin 2008 Zit.: BMBF, Empfehlungen des Innovationskreises Weiterbildung, S.
Bundesministerium für Bildung und Forschung	*Lernen im Lebenslauf* http://www.bmbf.de/de/lebenslangeslernen. php, abgefragt am 02.10.2012
Bundesministerium für Bildung und Forschung	*Berufsbildungsbericht 2012* Bonn/Berlin 2012
Bundesministerium für Bildung und Forschung	*Konzeptionelle Grundlagen für einen Nationalen Bildungsbericht* Berufliche Bildung und Weiterbildung/ Lebenslanges Lernen Bonn, Berlin 2008

Bundesministerium für Bildung und Forschung	*Pressemitteilung vom 05.03.2008* http://www. bmbf.de/press/2254.php, abgefragt am 02.10.2012
Bundesministerium für Bildung und Forschung	*Vortrag zum Thema „Bildungsperspektiven für Deutschland* http://www.bmbf.de/pubRD/mr_20060504.pdf, abgefragt am 02.10.2012
Bundesministerium für Bildung und Forschung	*Programm für Lebenslanges Lernen: Europäisches Bildungsprogramm für Jedermann* http://www.bmbf.de/de/919.php, abgefragt am 02.10.2012
Burkert, Anne	*Das neue Mitbestimmungsrecht des Betriebsrats gemäß § 97 Abs. 2 BetrVG* Frankfurt a. M. 2005
Busse, Gerd; Heidemann, Winfried	*Betriebliche Weiterbildung* Betriebs- und Dienstvereinbarungen Analyse und Handlungsempfehlungen 3. Auswertung Frankfurt a. M. 2012
Busse, Gerd; Seifert, Hartmut	*Tarifliche und betriebliche Regelungen zur beruflichen Weiterbildung* Gutachten für das Bundesministerium für Bildung und Forschung Düsseldorf 2009
Chemie-Stiftung Sozialpartner-Akademie	*Berufliche Weiterbildung* http://www.cssa-wiesbaden.de/weiterbildung.html, abgefragt am 29.09.2012
Christoffer, Thorsten	*Die Erforderlichkeit von Schulungs- und Bildungsveranstaltungen für Jugend- und Auszubildendenvertreter* Neue Zeitschrift für Arbeitsrecht – Rechtsprechungsreport 2009, S. 572–575

Czychowski, Manfred (Hrsg.)	*Wasserhaushaltsgesetz: unter Berücksichtigung der Landeswassergesetze* Kommentar 7. Auflage München 2007
Däubler, Wolfgang	*Handbuch Schulung und Fortbildung* Gesamtdarstellung für betriebliche Interessenvertreter 5. Auflage Frankfurt a.M. 2004
Däubler, Wolfgang; Kittner, Michael; Klebe, Thomas; Wedde, Peter	*Betriebsverfassungsgesetz mit Wahlordnung und EBR-Gesetz* 13. Auflage Frankfurt a.M. 2012
Däubler, Wolfgang	*Betriebliche Weiterbildung als Mitbestimmungsproblem* Status quo und rechtspolitische Perspektiven Der Betriebs-Berater 2000, S. 1190–1195
Däubler, Wolfgang (Hrsg.)	*Tarifvertragsgesetz* 3. Auflage Baden-Baden 2012
Dehnbostel, Peter	*Berufliche Weiterbildung* Grundlagen aus arbeitnehmerorientierter Sicht Berlin 2008
Dehnbostel, Peter	*Arbeits- und berufsorientierte Kompetenzentwicklung aus betrieblicher Perspektive* In: Kompetenzen für eine zukunftsfähige arbeitsorientierte Allgemeinbildung Baltmannsweiler 2007 S. 231–247 zit.: Dehnbostel in: Kompetenzen für eine zukunftsfähige arbeitsorientierte Allgemeinbildung, S.
Deinert, Olaf	*Lohnausfallprinzip in § 37 BetrVG und Verbot der Diskriminierung wegen des*

	Geschlechts, Neue Zeitschrift für Arbeitsrecht 1997, S. 183–189
Deutscher Bildungsrat	*Strukturplan für das Bildungswesen* Zur Situation und Aufgabe der deutschen Erwachsenenausbildung Stuttgart 1970
DGB Bundesvorstand	*Arbeitsmarkt Aktuell Nr. 6 /November 2011* http://www.ak-sozialpolitik.de/dukumente/2011/2011-11-14%20DGB.pdf, abgefragt am 01.07.2012
Dietrich, Thomas; Müller-Glöge, Rudi; Preis, Ulrich; Schaub, Günter	*Erfurter Kommentar zum Arbeitsrecht* 13. Auflage München 2013
Deutsches Institut für Erwachsenenbildung	*Trends der Weiterbildung* DIE-Trendanalyse 2008 Bielefeld 2008
Die Bundesregierung	*Beschäftigung sichern* http://www.bundesregierung.de/Content/DE/Publikation/Bestellservice/_Anlagen/2009-08-04-flyer-arbeitsmarkt,property=publicationFile.pdf, abgefragt am 01.09.2009
Dohmen, Dieter	*Demografischer Wandel, Bildung und Personalentwicklung* Bildung entscheidet über Zukunft des Standortes Deutschland, Personalführung 2007, Heft 9, S. 24–31
Döring, Klaus W.	*Handbuch Lehren und Trainieren in der Weiterbildung* Weinheim 2008
Drexel, Ingrid	*Dreißig Jahre gesetzliche Regelung der beruflichen Weiterbildung* In: Lernzeiten – für ein Recht auf Weiterbildung Hamburg 2002 S. 47–58 zit.: Drexel in: Lernzeiten, S.

Dütz, Wilhelm	*Verfahrensrecht der Betriebsverfassung* Arbeit und Recht 1973, S. 353–372
Dütz, Wilhelm; Säcker, Franz Joseph	*Zum Umfang der Kostenerstattungs- und Kostenvorschusspflicht des Arbeitgebers gem. § 40 BetrVG* Der Betrieb 1972 Beilage zu Heft 41, S. 16
Düwell, Franz Josef	*Handkommentar Betriebsverfassungsgesetz* 3. Auflage Baden-Baden 2010
Eich, Rolf-Achim	*Die Schulung und Bildung von Betriebsräten* Der Betriebs-Berater 1973, S. 1032–1035
Eich, Rolf-Achim	*Betriebsvereinbarung – Das verkannte Medium* Neue Zeitschrift für Arbeitsrecht 2010, S. 1389–1395
Eichhorn, Heinz-Joseph; Hickler, Helmut	*Handbuch Betriebsvereinbarung* Mit Mustervereinbarungen auf CD-ROM 4. Auflage Frankfurt a.M. 2007
Eicher, Wolfgang; Schlegel, Rainer	*Sozialgesetzbuch III Arbeitsförderungsrecht*, 100. Ergänzungslieferung Baden-Baden 2010 zit.: LPK-SGB III § Rn.
Eichert, Christof	*Menschen mit Zuwanderungshintergrund* Chancen für den (Bildungs-) Standort Deutschland In: Employability – Herausforderungen für die strategische Personalentwicklung 4. Auflage Wiesbaden 2009 S. 19–30 zit.: Eichert in: Employability, S.
Engelhardt, Frank	*Kündigung und Nachwirkung von teilmitbestimmten Betriebsvereinbarungen* Bonn 1998

Epping, Volker; Hillgruber, Christian	*Beck'scher Onlinekommentar GG* Edition 15, 01.07.2012 München 2012 zit.: Bearbeiter in: BeckOK GG Art. Rn.
Etzel, Gerhard	*Betriebsverfassungsrecht* 8. Auflage Neuwied Kriftel 2002
Etzel, Gerhard; Bader, Peter; Fischermeier, Ernst; Friedrich, Hans-Wolf; Griebeling, Jürgen; u.a.	*Gemeinschaftskommentar zum* *Kündigungsschutzgesetz und zu sonstigen* *kündigungsschutzrechtlichen Vorschriften* 10. Auflage Köln 2013 zit.: Bearbeiter in: Etzel u.a. KR § Rn.
Faßhauer, Jochen	*Rechtsfragen zur unbezahlten Freistellung* Neue Zeitschrift für Arbeitsrecht 1986, S. 453–457
Faude, Michael	*Schulungsansprüche von Aufsichtsratsmit-* *gliedern der Arbeitnehmer?* Der Betrieb 1983, S. 2249–2252
Fiebig, Stefan; Gallner, Inken; Mestwerdt, Wilhelm; Nägele, Stefan	*KSchG* 4. Auflage Baden-Baden 2012
Fitting, Karl (Hrsg.)	*Betriebsverfassungsgesetz Kommentar* 26. Auflage München 2012
Fonk, Hans-Joachim	*Auslagenersatz für Aufsichtsratsmitglieder* Neue Zeitschrift für Gesellschaftsrecht 2009, S. 761–771
Forum Berufsbildung	*http://www.forum-berufsbildung.de/*, abge- fragt am 02.10.2012
Franzen, Martin	*Das Mitbestimmungsrecht des Betriebsrats* *bei der Einführung von Maßnahmen der be-* *trieblichen Berufsbildung nach § 97 II BetrVG*

	Neue Zeitschrift für Arbeitsrecht 2001, S. 865–871
Fracke, Susanne	*Die betriebliche Weiterbildung* Verantwortung des Arbeitgebers im intakten und bestandsgefährdeten Arbeitsverhältnis Berlin 2003
Füssel, Hans-Peter	*Recht der Weiterbildung – Recht auf Weiterbildung* In: Lernzeiten – für ein Recht auf Weiterbildung Hamburg 2002 S. 31–46 zit.: Füssel in: Lernzeiten, S.
Gagel, Alexander	*SGB II /SGB III* 48. Ergänzungslieferung München 2013
Galperin, Hans; Löwisch, Manfred	*Betriebsverfassungsgesetz Band I: §§ 1–73* 6. Auflage Heidelberg 1982
Galperin, Hans; Löwisch, Manfred	*Betriebsverfassungsgesetz Band II: §§ 74–132* 6. Auflage Heidelberg 1982
Gamillscheg, Franz	*Kollektives Arbeitsrecht* Ein Lehrbuch Band II: Betriebsverfassung München 2008
Gaul, Björn	*Das neue Gesetz über die Europäischen Betriebsräte* Neue Juristische Wochenschrift 1996, S. 3378–3385
Gaul, Björn	*Die Einrichtung Europäischer Betriebsräte* Neue Juristische Wochenschrift 1995, S. 228–232
Gaul, Björn	*Die Weiterbeschäftigung nach zumutbaren Umschulungs- oder Fortbildungsmaßnahmen* Betriebsberater 1995, S. 2422–2428

Giesberts, Ludger; Reinhardt, Michael	*Beck'scher Onlinekommentar Umweltrecht* Edition 27, 01.02.2013 München 2013 zit.: Bearbeiter in: BeckOK Umweltrecht § Rn.
Giesen, Richard	*Rechtspolitik der „atypischen" Arbeitsverhältnisse* Neue Zeitschrift für Sozialrecht 2010, S. 473–479
Gilberg, Dirk	*Betriebsratsarbeit für die Berufsbildung* Arbeitsrecht im Betrieb 2000, S. 13–18
Gilberg, Dirk	*Die Mitwirkung des Betriebsrats bei der Berufsbildung* Heidelberg 1999
Goldschmidt, Ulrich	*Der Sprecherausschuss* Leitfaden für die Praxis 2. Auflage Neuwied 2007
Gola, Peter; Schomerus, Rudolf; Klug, Christoph	*Bundesdatenschutzgesetz* Kommentar 9. Auflage München 2007
Goos, Wolfgang	*Betriebsvereinbarungen über Weiterbildung* Zeitschrift für Arbeitsrecht 1991, S. 61–66
Gross, Roland; Thon, Horst; Ahmad, Natascha; Woitaschek, Frank	*Kommentar zum Betriebsverfassungsgesetz* 2. Auflage Köln 2008
Greßlin, Martin	*Teilzeitbeschäftigte Betriebsratsmitglieder* Baden-Baden 2004
Grunsky	*Anmerkung zu BAG vom 17.12.1981* AP Nr. 41 zu § 37 BetrVG 1972
Hamm, Ingo	*Mitbestimmung und Berufsbildung* Arbeit und Recht 1992, S. 326–335

Hammer, Ulrich	*Unternehmensbezogene Informationen als Grenze des Mitbestimmungsrechts bei betrieblichen Fort- und Weiterbildungsmaßnahmen?* Arbeit und Recht 1985, S. 210–216
Hammer, Ulrich	*Berufsbildung und Betriebsverfassung* Begriff und Grenzen der Beteiligungsrechte des Betriebsrats bei betrieblichen Berufsbildungsmaßnahmen Baden-Baden 1990
Hanau, Peter; Stoffels, Markus	*Beteiligung von Arbeitnehmern an den* Kosten der beruflichen Fortbildung Zulässigkeit und Grenzen Stuttgart 1992
Hansen, Anne	*Hinein in den Förderdschungel* Handelsblatt vom 09.07.2012
Haßlöcher, Thomas	*Mitarbeiterqualifizierung als Erfolgskonzept Betriebsverfassungsrechtlich gestützte Förderung und Sicherung von Beschäftigung im Unternehmen* Heidelberg 2003
Heckes, Jasmin	*Der Rechtsschutz gegen Behördenentscheidungen nach 37 Abs. 7 BetrVG* Baden-Baden 2001
Heidemann, Winfried	*Absicherung lebenslangen Lernens durch Tarifverträge und Betriebsvereinbarungen?* Recht der Jugend und des Bildungswesens 2002, S. 282–294
Heilmann, Joachim; Taeger, Jürgen	*Rechtsstellung und Haftung der* Betriebsbeauftragten Oldenburg 1997
Heinze, Meinhard	*Personalplanung, Einstellung und Kündigung* Die Mitbestimmung des Betriebsrats bei personellen Maßnahmen Stuttgart 1982

Hempelmann, Gerrit	*Die freiwillige Betriebsvereinbarung in Vergangenheit und Gegenwart* Frankfurt a.M. 1997
Henssler, Martin	*Münchener Kommentar zum BGB* Band 4: Schuldrecht Besonderer Teil II (§§ 611–704, EFZG, TzBfG, KSchG) 6. Auflage München 2012 zit.: Bearbeiter in: MüKo BGB § Rn.
Henssler, Martin; Willemsen, Heinz Josef; Kalb, Heinz-Jürgen	*Arbeitsrecht Kommentar* 4. Auflage Köln 2010 zit.: Bearbeiter in: HWK § Rn.
Hermeler, Ludger	*Die Erweiterung der personellen Mitwirkungs- und Mitbestimmungsrechte des Betriebsrats durch Tarifvertrag* Münster 1993
Herrmann, Elke	*Kollektivautonomie contra Privatautonomie: Arbeitsvertrag, Betriebsvereinbarung und Mitbestimmung* Neue Zeitschrift für Arbeitsrecht 2000, Beilage zu Heft 3, S. 14–23
Hess, Harald; Schlochauer, Ursula; Worzalla, Michael; Glock, Dirk; Nicolai, Andrea; Rose, Franz-Josef	*Kommentar zum Betriebsverfassungsgesetz* 8. Auflage Neuwied 2011 Zit.: Bearbeiter in: Hess u. a. BetrVG § Rn.
Hirschberg, Lothar	*Der Grundsatz der Verhältnismäßigkeit* Göttingen 1981
Hoffmann, Dietrich; Preu, Peter	*Der Aufsichtsrat* Ein Leitfaden für Aufsichtsräte 5. Auflage München 2003

Hohmeister, Frank	*Die teilmitbestimmte Betriebsvereinbarung im Spannungsverhältnis zwischen § 77 Abs. 3 und § 87 Abs. 1 BetrVG* Der Betriebs-Berater 1999, S. 418–421
Hommelhoff, Peter	*Die Autarkie des Aufsichtsrats* Zeitschrift für Unternehmens- und Gesellschaftsrecht 1983, S. 551–580
Hopt, Klaus; Wiedemann, Herbert (Hrsg.)	*Aktiengesetz: Großkommentar* Band 4 §§ 95–117 4. Auflage Berlin 2006 zit.: Bearbeiter in: GK-AktG § Rn.
von Hoyningen-Huene, Gerrick	*Betriebsverfassungsrecht* 6. Auflage München 2007
von Hoyningen-Huene, Gerrick; Linck, Rüdiger	*KSchG* 14. Auflage München 2007
Hromadka, Wolfgang; Maschmann, Frank	*Arbeitsrecht Band 2* Kollektivarbeitsrecht + Arbeitsstreitigkeiten Berlin/Heidelberg 1999
Hromadka, Wolfgang Sieg, Rainer	*Sprecherausschussgesetz* 2. Auflage Köln 2010
Hromadka, Wolfgang	*§ 77 Abs. 3 BetrVG und die teilmitbestimmte Betriebsvereinbarung* In: Festschrift für Günter Schaub zum 65. Geburtstag München 1998 S. 337–346 zit.: Hromadka in: FS Schaub, S.
IG Metall	*Die Behandlung der Einzelfragen des § 37 Abs. 6 BetrVG* Frankfurt a. M. 1982

Jacklofsky, Swantje	*Arbeitnehmerstellung und Aufsichtsratsamt* *Arbeitsrechtliche Aspekte hinsichtlich der unternehmensangehörigen Aufsichtsratsmitglieder der Arbeitnehmer* Berlin 2001
Jacobi, Günter; Rausch, Jürgen	*Auslagenerstattung an Betriebsratsmitglieder bei Teilnahme an Schulungs- und Bildungsveranstaltungen nach § 37 Abs. 6 BetrVG* Der Betrieb 1972, S. 972–974
Jäger, Christiane	*Bildungsfreistellung* Außerschulische Bildung 2007, Heft 2, S. 174
Kade, Sylvia	*Altern und Bildung* Eine Einführung Bielefeld 2007
Käufer, Katja	*Weiterbildung im Arbeitsverhältnis* Baden-Baden 2002
Kempen, Otto Ernst; Zachert, Ulrich	*Tarifvertragsgesetz* 4. Auflage Frankfurt a. M. 2006
Kittner, Michael; Däubler, Wolfgang; Zwanziger, Bertram	*Kündigungsschutzrecht* 8. Auflage München 2011
Klebe, Thomas; Schumann, Manfred	*Das Recht auf Beschäftigung im Kündigungsschutzprozess* Köln 1981
Klinkhammer, Heinz	*Die Erstattungspflicht des Arbeitgebers für Schulungskosten der Betriebsratsmitglieder* Der Betriebs-Berater 1973, S. 1399–1403
Klier, Manfred	*Die Zukunft der Arbeit* Informationstechnologien Arbeitsorganisation Weiterbildung Sternfels 1999
Kollmer (Hrsg.)	*Arbeitsschutzgesetz* Kommentar München 2005

Konzen, Horst	*Der Regierungsentwurf des Betriebsverfassungsreformgesetzes* Recht der Arbeit 2001, S. 76–92
Kopp	*Probleme des „Bildungsurlaubs" nach § 37 Abs. 7 BetrVG* Arbeit und Recht 1976, S. 333–337
Kortstock, Ulf	*Nipperdey Lexikon Arbeitsrecht* Rechtsstand 01.05.2009 München 2009
Köstler, Roland; Zachert, Ulrich; Müller, Matthias	*Aufsichtsratspraxis* Handbuch für die Arbeitnehmervertreter im Aufsichtsrat 9. Auflage Frankfurt a. M. 2009
Kraft, Alfons	*„Allgemeiner Bildungsurlaub" auf Kosten des Arbeitgebers* Eine unzulässige Bevorzugung von Betriebsratsmitgliedern? Der Betrieb 1973, S. 2519–2525
Kraft, Alfons	*Mitbestimmungsrechte des Betriebsrates bei betrieblichen Berufsbildungs- und sonstigen Bildungsmaßnahmen nach § 98 BetrVG* Neue Zeitschrift für Arbeitsrecht 1990, S. 457–461
Kraushaar, Bernhard	*Betriebliche Berufsfortbildung und Betriebsrat* Arbeit und Recht 1989, S. 173–178
Goette, Wulf; Habersack, Matthias	*Münchener Kommentar zum Aktiengesetz* Band 2: §§ 76–117 (MitbestG, DrittelbG) 3. Auflage München 2008 zit.: Bearbeiter in: MüKo AktG § Rn.
Kruse, Jürgen; Lüdtke, Peter-Bernd; Reinhard, Hans-Joachim;	*Sozialgesetzbuch III Arbeitsförderung* Baden-Baden 2008 zit.: LPK-SGB III § Rn.

Winkler, Jürgen; Zamponi, Irene	
Kuwan, Helmut	*Weiterbildung im Europäischen Vergleich: Wo steht Deutschland?* http://www.bibb.de/dokumente/pdf/ak_5-1_kuwan.PDF, abgefragt am 08.05.2013
Kühnlein, Gertrud; Klein, Birgit	*Bildungsgutscheine* Mehr Eigenverantwortung, mehr Markt, mehr Effizienz? Düsseldorf 2003
Künzl, Reinhard	*Freistellung von Betriebsratsmitgliedern für Schulungsveranstaltungen* Zeitschrift für Arbeitsrecht 1993, S. 341–372
Küttner, Wolfdieter (Hrsg.)	*Personalbuch 2012* 19. Auflage München 2012
von Landmann, Robert; Rohmer, Gustav	*Umweltrecht* 65. Ergänzungslieferung München 2012
Laßmann, Nikolai; Rupp, Rudi	*Handbuch Wirtschaftsausschuss* Handlungsmöglichkeiten für eine aktive Informationspolitik 7. Auflage Frankfurt a. M. 2009
Laux, Helga; Schlachter, Monika	*Teilzeit- und Befristungsgesetz* 2. Auflage München 2011
Lenske, Werner; Werner, Dirk	*Umfang, Kosten und Trends der betrieblichen* Weiterbildung http://www.iwkoeln.de/Portals/0/pdf/trends01_09_3.pdf, abgefragt am 02.10.2012
Leupold, Andreas; Glossner, Silke	*Münchener Anwaltshandbuch IT-Recht* München 2008
Liebers, Gottfried	*Schulungsveranstaltungen gemäß § 37 Abs. 7 BetrVG – nach 7 Jahren Praxis* Der Betrieb 1980, S. 638–642

Linder, Georg-Wulf	*Anmerkung zum Urteil des BAG vom 20.11.1973* Neue Juristische Wochenschrift 1974, S. 1349
Loritz, Karl-Georg	*Die Erforderlichkeit und Geeignetheit von Betriebsräte- Schulungs- und Bildungsveranstaltungen* Neue Zeitschrift für Arbeitsrecht 1993, S. 2–10
Losch, Bernhard	*Ordnungsgrundsätze der Weiterbildung* Berlin 1988
Lotter, Markus	*Beschäftigungssicherung durch betriebliche Berufsbildungsmaßnahmen unter Beteiligung des Betriebsrats nach dem BetrVG* Ein Qualifizierungskonzept für den Betriebsrat, um betriebliche Berufsbildungsmaßnahmen einzuleiten, zu betreuen und zu bewerten Kassel 2010
Löwisch, Manfred; Rieble, Volker	*Tarifvertragsgesetz* 3. Auflage München 2012
Löwisch, Manfred; Kaiser, Dagmar	*Betriebsverfassungsgesetz* 6. Auflage Frankfurt a. M. 2010
Löwisch, Manfred	*Änderung der Betriebsverfassung durch das Betriebsverfassungs-Reformgesetz* Der Betriebs-Berater 2001, S. 1734–1746
Löwisch, Manfred	*Beschäftigungssicherung als Gegenstand betrieblicher und tariflicher Regelungen und von Arbeitskämpfen* Der Betrieb 2005, S. 554–559
Lübbersmann, Patrick	*Zulässigkeit arbeitsvertraglicher und tarifvertraglicher Rückzahlungsklauseln hinsichtlich der Kosten für die berufliche Fortbildung des Arbeitnehmers* Münster 2001 zit.: Lübbersmann, Rückzahlungsklauseln, S.
Lutter, Marcus	*Professionalisierung des Aufsichtsrats* Der Betrieb 2009, S. 775–779

Lutter, Marcus; Krieger, Gerd	*Rechte und Pflichten des Aufsichtsrats* 5. Auflage Köln 2008
Lutter, Marcus; Hommelhoff, Peter	*GmbHG Kommentar* 18. Auflage Köln 2012
Maser, Peter; Göttle, Maren	*Rechtlicher Rahmen für die Vergütung des Aufsichtsrats* Neue Zeitschrift für Gesellschaftsrecht 2013, 201–208
Maunz, Theodor; Dürig, Günter	*Grundgesetz* 65. Ergänzungslieferung München 2012
Meinel, Gernod; Heyn, Judith; Herms, Sascha	*Teilzeit- und Befristungsgesetz* Kommentar 4. Auflage München 2012
Moll, Wilhelm (Hrsg.)	*Münchener Anwaltshandbuch Arbeitsrecht* 3. Auflage München 2012 zit.: Bearbeiter in: Moll ArbR § Rn.
Mosch, Ulrich; Oelkers, Felix	*Mitbestimmung bei betrieblichen* Bildungsmaßnahmen Neue Juristische Wochenschrift-Spezial 2008, S. 594–595
Müller, Gerhard	*Arbeitskampf und Recht* Frankfurt a. M. 1987
Mutschler, Bernd; Schmidt-De Caluwe; Coseriu, Pablo	*Sozialgesetzbuch III Arbeitsförderung* 5. Auflage Baden-Baden 2013 zit.: Mutschler u.a. SGB III § Rn.
Nagel, Bernhard	*Das Recht auf Weiterbildung für Ältere* In: Festschrift für Hans-Bernd Schäfer zum 65. Geburtstag München 2008

	S. 677–689 zit.: Nagel in: FS Schäfer, S.
Natzel, Benno	*Berufsbildungsrecht* Ausbildung, Fortbildung und Umschulung 3. Auflage Stuttgart 1982
Netzwerk Weiterbildung Brand, Jürgen	*http://www.netzwerk-weiterbildung.info/*, abgefragt am 02.10.2012 SGB III Arbeitsförderung 6. Auflage München 2012
Oetker, Hartmut	*Die Mitbestimmung der Betriebs- und Personalräte bei der Durchführung von Berufsbildungsmaßnahmen* Zugleich ein Beitrag zu den Schranken der Mitbestimmung Neuwied 1986
Oetker, Hartmut	*Anmerkung zum Urteil des LAG S-H vom 04.12.1990* LAGE Nr. 35 zu § 37 BetrVG 1972
Oetker, Hartmut	*Grundprobleme bei der Anwendung des Sprecherausschussgesetzes* Zeitschrift für Arbeitsrecht 1990, S. 43–86
Otto, Hansjörg; Schwarze, Roland	*Tarifnormen über Gemeinsame Einrichtungen und deren Allgemeinverbindlicherklärung* Zeitschrift für Arbeitsrecht 1995, S. 639–698
Pahlen, Ronald	*Der Grundsatz der Verhältnismäßigkeit und die Erstattung von Schulungskosten nach dem BetrVG 72* Berlin 1979 zit.: Pahlen, Verhältnismäßigkeit und Schulungskosten, S.
Petersen, Thieß	*Handbuch zur beruflichen Weiterbildung* Leitfaden für das Weiterbildungsmanagement im Betrieb Frankfurt a. M. 2000

Peter, Gabriele	*Schulung und Bildung von Betriebsratsmitgliedern* Handlungshilfe für Betriebsräte zu § 37 Abs. 6, 7 BetrVG 4. Auflage Frankfurt a. M. 2012
Pielow, Johann-Christian	*Beck'scher Onlinekommentar Gewerberecht* Edition 17, 01.07.2012 München 2012 zit.: Bearbeiter in: BeckOK GewO § Rn.
Pieper, Ralf	*Arbeitsschutzrecht* Arbeitsschutzgesetz, Arbeitssicherheitsgesetz und andere Arbeitsschutzvorschriften 5. Auflage Frankfurt a. M. 2012
Potthoff, Erich; Trescher, Karl; Theisen, Manuel René	*Das Aufsichtsratsmitglied* 6. Auflage München 2003
Preis, Ulrich	*Ein modernisiertes Arbeits- und Sozialrecht für eine alternde Gesellschaft* Neue Zeitschrift für Arbeitsrecht 2008, S. 922–926
Preis, Ulrich	*Prinzipien des Kündigungsrechts bei Arbeitsverhältnissen* München 1987
Pulte, Peter	*Betriebsbeauftragte in der Wirtschaft* Schriften zum Betriebs-/Gefahrenschutz 4. Auflage Troisdorf 2009
Raab, Thomas	*Betriebliche und außerbetriebliche Bildungsmaßnahmen* Neue Zeitschrift für Arbeitsrecht 2008, S. 270–275
Raab, Thomas	*Der kollektive Tatbestand als Voraussetzung der Mitbestimmung des Betriebsrats in sozialen Angelegenheiten* Zeitschrift für Arbeitsrecht 2001, S. 31–66

Regierungskommission Deutscher Corporate Governance Kodex	*Deutscher Corporate Governance Kodex* http://www.corporate-governance-code.de/, abgefragt am 15.05.2013
Reichold, Hermann	*Die reformierte Betriebsverfassung 2001* Ein Überblick über die neuen Regelungen des Betriebsverfassungs-Reformgesetzes Neue Zeitschrift für Arbeitsrecht 2001, S. 857–865
Richardi, Reinhard; Wissmann, Hellmut; Wlotzke, Ottfried; Oetker, Hartmut (Hrsg.)	*Münchener Handbuch zum Arbeitsrecht* 3. Auflage München 2009 zit.: Bearbeiter in: MüArbR § Rn.
Richardi, Reinhard (Hrsg.)	*Betriebsverfassungsgesetz mit Wahlordnung* 13. Auflage München 2012
Richter, Achim; Gamisch, Annett	*Wachsendes Bewusstsein auf das neue Rechtsgebiet „Bildungsrecht"* Tarifliche Ansprüche auf Weiterbildung Arbeit und Arbeitsrecht 2007 Heft 2, S. 95–98
Richardi, Reinhard	*Erweiterung der Mitbestimmung des Betriebsrats durch Tarifvertrag* Neue Zeitschrift für Arbeitsrecht 1988, S. 673–677
Rieble, Volker	*Erweiterte Mitbestimmung in personellen Angelegenheiten* Neue Zeitschrift für Arbeitsrecht Sonderheft 2001, S. 48–60
Rieble, Volker	*Qualifizierungstarifverträge* In: Festschrift 50 Jahre Bundesarbeitsgericht München 2004 S. 831–858 zit.: Rieble in: FS 50 Jahre BAG, S.
Rieble, Volker	*Betriebliche versus tarifliche Unkündbarkeit* Neue Zeitschrift für Arbeitsrecht 2003, S. 1243–1246

Rische-Braun, Doris	*Mitbestimmung in der betrieblichen Weiterbildung* WSI-Mitteilungen 1986, Heft 1, S. 1–5
Rolfs, Christian; Giesen, Richard; Kreikebohm, Ralf; Udsching, Peter	*Beck'scher Onlinekommentar Arbeitsrecht* Edition 25, 01.09.2012 München 2012 zit.: Bearbeiter in: BeckOK Arbeitsrecht § Rn.
Rolfs, Christian; Giesen, Richard; Kreikebohm, Ralf; Udsching, Peter	*Beck'scher Onlinekommentar Sozialrecht* Edition 29, 01.03.2013 München 2013 zit.: Bearbeiter in: BeckOK Sozialrecht § Rn.
Rolfs, Christian	*Arbeitsrechtliche Aspekte des neuen Arbeitsförderungsrechts* Neue Zeitschrift für Arbeitsrecht 1998, S. 17–23
Rolfs, Christian	*Übergang vom Erwerbsleben in den Ruhestand* Deutsches Arbeits- und Sozialrecht Neue Zeitschrift für Arbeitsrecht Beilage 2010, S. 139–144
Romer, Ulrich Karl	*Das Sprecherausschussgesetz und die analoge Anwendung des Betriebsverfassungsgesetzes* Kulmbach 1996
Rumpff, Klaus; Boewer, Dietrich	*Mitbestimmung in wirtschaftlichen Angelegenheiten* 3. Auflage Heidelberg 1990
Rüthers, Bernd	*Reform der Reform des Kündigungsschutzes?* Neue Zeitschrift für Arbeitsrecht 1998, S. 283–284
Säcker, Franz Jürgen; Oetker, Hartmut	*Grundlagen und Grenzen der Tarifautonomie* Erläutert anhand aktueller tarifpolitischer Fragen München 1992
Sandmann, Bernd	*Alter und Leistung: Fördern und Fordern* Neue Zeitschrift für Arbeitsrecht 2008, Beilage zu Heft 1, S. 17–24

Sandmann, Bernd; Schmitt-Rolfes, Günter	*Arbeitsrechtliche Probleme der* Arbeitnehmerweiterbildung Zeitschrift für Arbeitsrecht 2002, S. 295–333
Schaub, Günter; Koch, Ulrich; Linck, Rüdiger; Vogelsang, Hinrich	*Arbeitsrechts-Handbuch* 14. Auflage München 2011
Schaub, Günter (Hrsg.)	*Arbeitsrechtliches Formular- und Verfahrenshandbuch* 9. Auflage München 2008 zit.: Schaub Formularsammlung
Schaub, Günter; Koch, Ulrich	*Arbeitsrecht von A-Z* 18. Auflage München 2009
Schiefer, Bernd	*Inhalt und Kosten von Betriebsratsschulungen* Neue Zeitschrift für Arbeitsrecht 1995, S. 454–457
Schiefer, Bernd	*Schulungs- und Bildungsveranstaltungen gemäß § 37 Abs. 7 BetrVG* Tatsächliche und rechtliche Aspekte Begriff der Geeignetheit, gerichtliche Überprüfbarkeit des Anerkennungsbescheids, Rechtswegproblematik und Anfechtungsberechtigung Der Betrieb 1991, S. 1453–1464
Schiefer, Bernd	*Schulung und Weiterbildung im Arbeits- und Dienstverhältnis* Stuttgart 1993
Schiefer, Bernd	*Schulung und Weiterbildung im Arbeits- und Dienstverhältnis* Neue Zeitschrift für Arbeitsrecht 1993, S. 822–827

Schiersmann, Christiane	*Berufliche Weiterbildung* Wiesbaden 2007
Schlaffke, Peter	*Regelungen zur Weiterbildung im Tarifvertrag Eine Untersuchung von Sozialpartner-Vereinbarungen und ihrer Bedeutung unter Berücksichtigung gesetzlicher Vorgaben* Köln 1996
Schmitt, Jochem	*SGB VII* Gesetzliche Unfallversicherung Kommentar 3. Auflage München 2008
Scholz, Rupert	*Koalitionsfreiheit als Verfassungsproblem* München 1971
Scholz, Franz (Hrsg.)	*GmbHG* Kommentar Band II §§ 35–52 GmbHG 10. Auflage München 2007
Schömann, Klaus; Baron, Stefan	*Zustandsbeschreibung der Weiterbildung in Deutschland im internationalen Vergleich* In: Altern, Bildung und lebenslanges Lernen Band 2 Altern in Deutschland Halle (Saale) 2009 S. 31–41 Schömann/Baron in: Altern, Bildung und lebenslanges Lernen, S.
Schönefelder, Erwin; Kranz, Günter; Wanka, Richard	*Sozialgesetzbuch III Arbeitsförderungsrecht* 3. Auflage, 14. Lieferung Stuttgart Mai 2010
Schönhöft, Andreas	*Rückzahlungsverpflichtungen in Fortbildungsvereinbarungen*

	Neue Zeitschrift für Arbeitsrecht – Rechtsprechungsreport 2009, S. 625–631
Sieder, Frank; Zeitler, Herbert; Dahme, Heinz;	*Wasserhaushaltsgesetz*, *Wasserabgabengesetz* 43. Ergänzungslieferung München 2012 zit.: S/Z/D WHG § Rn.
Spellbrink, Wolfgang; Eicher, Wolfgang	*Kasseler Handbuch des Arbeitsförderungsrechts* Das SGB III in Recht und Praxis München 2003 zit.: Bearbeiter in: Kasseler Handbuch § Rn.
Spilger, Andreas Michael	*Tarifvertragliches Betriebsverfassungsrecht* Rechtstatsachen und Rechtsfragen tarifvertraglicher Regelungen von Betriebsratsrechten Berlin 1988
Stahlhacke, Eugen; Preis, Ulrich; Vossen, Reinhard (Hrsg.)	*Kündigung und Kündigungsschutz im Arbeitsverhältnis* 10. Auflage München 2010 zit.: Bearbeiter in: SPV Rn.
Stege, Dieter; Weinspach	*Betriebsverfassungsgesetz* Handkommentar für die betriebliche Praxis 8. Auflage Köln 1999
Stege, Dieter; Schiefer, Bernd	*Bildungsurlaub auf dem Prüfstand* Entwicklung des Bildungsurlaubs und aktuelle Problematik Neue Zeitschrift für Arbeitsrecht 1992, S. 1061–1068
Streckel, Siegmar	*Teilnahme von Betriebsräten an Schulungs- und Bildungsveranstaltungen nach § 37 Abs. 6 und 7 BetrVG* Der Betrieb 1974, S. 335–339

Tippelt, Rudolf; von Hippel, Aiga	*Handbuch Erwachsenenbildung/Weiterbildung* 5. Auflage Wiesbaden 2011
Uhlenbruck, Wilhelm; Laufs, Adolf (Hrsg.)	*Handbuch des Arztrechts* 3. Auflage München 2002
von Hauff, Michael; Seitz, Nicola	*Welche Bedeutung hat Employability?* Globalisierung der Arbeitsmärkte In: Employability – Herausforderungen für die strategische Personalentwicklung 4. Auflage Wiesbaden 2009 S. 31–42 zit.: v. Hauff/Seitz in: Employability, S.
Versteyl, Ludger-Anselm; Mann, Thomas; Schomerus, Tomas	*Kreislaufwirtschaftsgesetz* Kommentar 3. Auflage München 2012 zit.: Bearbeiter in: V/M/S KrWG § Rn.
Vester, Michael; Teiwes-Kügler, Christel; Lange-Vester, Andrea	*Der neue Arbeitnehmer* Hamburg 2007
Vierhaus, Hans-Peter	*Die neue Gefahrgutbeauftragtenverordnung aus der Sicht des Straf-, Ordnungswidrigkeiten- und Umweltverwaltungsrechts* Neue Zeitschrift für Strafrecht 1991, S. 466–469
Waltermann, Raimund	*Alternde Arbeitswelt – Welche arbeits- und sozialrechtlichen Regelungen empfehlen sich?* Neue Juristische Wochenschrift 2008, S. 2529–2536
Walter, Norbert	*Deutsche – immer weniger und immer älter: was ist zu tun?* Konzepte für eine flexible, innovationsorientierte Arbeitswelt von morgen 4. Auflage Wiesbaden 2009

Weiß, Reinhold	*Tarifvertragliche Regelungen zur Finanzierung der betrieblichen Weiterbildung* Zentrales zukünftiges Handlungsfeld oder Mythos? Finanzierung der beruflichen Weiterbildung (Friedrich-Ebert-Stiftung Gesprächskreis Arbeit und Soziales 103), S. 45–57 Bonn 2005
Weiss, Manfred; Weyand, Joachim	*Betriebsverfassungsgesetz* 3. Auflage Baden-Baden 1994
Weiß, Reinhold	*Ausgelernt?* Befunde, Interpretationen und Empfehlungen zum lebensbegleitenden Lernen älterer Menschen In: Altern, Bildung und lebenslanges Lernen Band 2 Altern in Deutschland Halle (Saale) 2009 S. 43–61 Weiß in: Altern, Bildung und lebenslanges Lernen, S.
Wichert, Joachim	*Betriebsräteschulungen gemäß § 37 Abs. 6 BetrVG* Voraussetzungen und Grenzen der Kostentragungspflicht des Arbeitgebers Der Betrieb 1997, S. 2325–2330
Wiese, Günter u.a.	*Gemeinschaftskommentar Betriebsverfassungsgesetz* *Band I: §§ 1–73 b* 9. Auflage München 2010 zit.: Bearbeiter in: GK BetrVG I § Rn.
Wiese, Günter u.a.	*Gemeinschaftskommentar Betriebsverfassungsgesetz*

	Band II: §§ 74–132 9. Auflage München 2010 zit.: Bearbeiter in: GK BetrVG II § Rn.
Wiedemann, Herbert; Stumpf, Hermann	*Tarifvertragsgesetz* 7. Auflage München 2007
Wisskirchen, Gerlind; Bissels, Alexander; Schmidt, Till	„*Der unzeitgemäße Arbeitnehmer*": Die Änderung von Anforderungen an Mitarbeiter als Kündigungsgrund Neue Zeitschrift für Arbeitsrecht 2008, S. 1386–1393
Wittpoth, Jürgen	*Einführung in die Erwachsenenbildung* 3. Auflage Stuttgart 2009
Wlotzke, Otfried; Wißmann, Hellmut; Koberski, Wolfgang; Kleinsorge, Georg (Hrsg.)	*Mitbestimmungsrecht* 4. Auflage München 2011 zit.: Bearbeiter in: WWKK § Rn.
Wlotzke, Otfried; Preis, Ulrich; Kreft, Burghard	Betriebsverfassungsgesetz Kommentar 4. Auflage München 2009 zit.: Bearbeiter in: WPK BetrVG § Rn.
Zachert, Ulrich; Queck, Anne	*Demografischer Wandel und Beschäftigungssicherung im Betrieb und Unternehmen* Informations- und Beteiligungsrechte der Betriebsräte Düsseldorf 2009

Schriften zum Recht der Arbeit

Herausgegeben von Olaf Deinert / Rüdiger Krause

Das Arbeitsrecht regelt die Bedingungen, unter denen durch Kooperation von Arbeitgebern und Arbeitnehmern wirtschaftliche Werte geschaffen und die daraus entstehenden Erträge verteilt werden. Dabei muss sich das Arbeitsrecht in einem immer stärkeren Maße den Herausforderungen einer globalisierten Ökonomie einerseits und sich ständig verändernden gesellschaftlichen Anschauungen andererseits stellen. Das Arbeitsrecht nimmt daher eine zentrale Rolle in der Struktur moderner Industrie- und Dienstleistungsgesellschaften ein. Kein anderes Rechtsgebiet steht deshalb so stark im Spannungsfeld der politischen und sozialen Kräfte sowie zugleich im Blickpunkt der Öffentlichkeit. Die Reihe „Schriften zum Recht der Arbeit" soll die wissenschaftliche Auseinandersetzung mit dem Arbeitsrecht und dem betrieblichen Sozialrecht fördern, indem sie einen Rahmen für einschlägige Publikationen schafft. Sie vereint vorwiegend Dissertationen zu diesen Themen, die mit mindestens „cum laude" bewertet worden sind.

Manuskriptvorschläge sind in Papierform an die Herausgeber zu richten: Professor Dr. Olaf Deinert / Professor Dr. Rüdiger Krause, Institut für Arbeitsrecht, Georg-August-Universität Göttingen, Platz der Göttinger Sieben 5, 37073 Göttingen.

Band 1 Elisa Maria Wolf: Druckkündigungen mit diskriminierendem Hintergrund. 2012.

Band 2 Daniel Hader: Die Differenzierung nach der Gewerkschaftsmitgliedschaft durch Vereinbarung. 2012.

Band 3 Nils Seibert: Die Begründung und Beendigung von Arbeitsverhältnissen und Arbeitsverträgen. 2012.

Band 4 Maximilian Federhofer: Europäisches Tarifrecht? Zum Verhältnis von Grundfreiheiten und Grundrechten im Hinblick auf nationale Sachverhalte mit Tarifbezug. 2013.

Band 5 Sara Günther: Arbeitsrechtlicher Antidiskriminierungsschutz und Diversity Management. AGG - Pflicht und Chance zugleich. 2013.

Band 6 Jun Zhu: Die Mankohaftung im Arbeitsverhältnis nach der Schuldrechtsmodernisierung. 2013.

Band 7 Philip Owschimikow: Datenscreening zwischen Compliance-Aufgabe und Arbeitnehmerdatenschutz. Zugleich eine Bewertung des Regierungsentwurfs eines Gesetzes zur Regelung des Beschäftigtendatenschutzes. 2014.

Band 8 Jennifer Rasche: Arbeitnehmerweiterbildung. Gesetzlicher Rahmen und kollektive Gestaltungsmöglichkeiten. 2014.

www.peterlang.com